U0113405

本书受西安邮电大学陕西信息产业发展基金资助

一带一路
物流新词汇

YI DAI YI LU WU LIU XIN CI HUI

西安市发展和改革委员会　陕西省物流学会

联合编纂

文汇出版社

物流事业 大有可为

——习近平

　　"你们的事业大有可为。"这是中共中央总书记、国家主席习近平近日视察山东物流企业时，对物流一线干部职工讲的话。表达了党和国家对物流业的高度重视，既是习总书记对物流行业的肯定，更是对广大物流从业者的殷切期望和巨大鼓舞及鞭策。

　　物流事业大有可为，是由物流所创造的价值决定的。物流可以创造时间的价值，可以创造加工附加价值，可以创造利润价值，为企业带来"第三利润源"等。

　　物流事业大有可为，是由物流的产业地位所决定的。物流是国民经济的动脉，是连接国民经济各个部分的纽带；物流是实现商品价值和使用价值的物质基础；物流决定着市场的广度、规模和方向。

　　物流事业大有可为，是它对宏观经济和微观经济效益具有直接制约作用。物流作为融合运输业、仓储业、货代业和信息业等的复合型服务产业，涉及领域广，吸纳就业人数多，促进生产、拉动消费作用大，是国民经济的重要组成部分。在促进产业结构调整、转变经济发展方式和增强国民经济竞争力等方面，都发挥着十分重要的作用。

一带一路

是国家倡议
是文明高度
是文化自信
是民族希望
是产业聚集
是物流之路
是西安机遇

《一带一路物流新词汇》编辑委员会

主　任

强晓安

副主任

陈长春
赵寅科
师胜友
张万善
张　鸿

委员

董千里　郝渊晓　别家昕
侯海云　黄　辉　耿铁鹏
葛金田　季百成　计　炜
张湘莹

《一带一路物流新词汇》编辑部

主编

陈长春

执行主编

张　鸿

执行副主编

董千里　　郝渊晓　　侯海云　　别家昕　　耿铁鹏

副主编（按姓氏拼音字母顺序排列）

陈菊红　　陈希荣　　陈新武　　黄　辉　　李忠琳　　苏菊宁
王柏荀　　王　瑛　　赵小惠　　赵会娟　　朱长征　　周海明

编委（按姓氏拼音字母顺序排列）

毕殿国　　陈永军　　董弋萱　　范鸿喜　　符振东
方　静　　葛金田　　华慧婷　　刘　平　　山红梅
王继祥　　王随学　　闫奕荣　　张晓鹏　　郑煜坤

特邀审稿

（中文）：贾映谦　　顾霈渔
（英文）：王柏荀　　赵会娟　　苏　娟

统筹策划

耿铁鹏　　别家昕

序言

————

　　改革开放是推动中国经济与社会发展最为强劲的引擎，尤其是起步虽晚的物流业，三十多年来，相较于其他产业，其发展速度、规模以及在国民经济和社会生活中所占的地位等，并未引人注目。进入 21 世纪，管理科学和电子商务的发展，使物流产业经历了质的飞跃，并在全球范围掀起"物流革命"的浪潮。随着习近平主席"一带一路"倡议的提出和发展，更使得这一产业不但加快向纵深拓展、向精细化和个性化嬗变，亦获得各个层面前所未有的重视。

　　毋庸置疑，经过理念导入、引进模仿、学习吸收、宣传推动等阶段后，我国的物流产业已进入创新发展阶段。然而，有鉴于起步晚、基础差这两大特点，与发达国家相比，其无论在理论研究还是实践方面都相对落后，整体功能亦未得到充分的发挥。这种状况的具体体现，从直观角度可梳理归纳出许多，如成本居高不下、服务水平欠佳、信息技术尚未全覆盖、企业实力不强、管理重叠交叉、市场活跃程度不高……种种问题，这些固然与支撑这一产业的机构设置及"物"的现状等密切相关，但归根结底，关于这一领域理论研究和理念的相对滞后，也是问题的症结。在研究领域，与发达国家相比，虽正在迎头赶上，但总体处于弱势地位。由于受体制、环境和传统沿袭等种种因素的影响和制约，国内关于物流科学的研究与分析等，在相当程度上还"空悬"在大专院校及一些研究机构的"象牙塔"里，与落地实践、物流企业从业人员以及相关管理部门的熟知熟用，有着很大的距离。

　　国务院在《物流业发展中长期规划（2014 － 2020 年）》中明确提出，要"加强物流领域理论研究，完善我国现代物流业理论体系，积极推进产学研用结合"。《陕西物流业发展中长期规划（2015－2020年）》亦在坦承"我省物流业仍处于生长期的初期阶段"的同时，刻意强调了"物流理念意识还不够强"的问题。故此，在积极实践、奋力推进行业实体领域先试先行的同时，以创新驱动为引领，强化物流研究方面的改革与推陈出新，以理论联系实际为准则，推动学院模式与实践领域的相互契合，以使得相关政策的制定和实体运行能思路开阔、高屋建瓴，较为精准地把握趋势、少走错路和弯路，亦是当今物流业发展之诸多任务中的重中之重。

正是基于以上宏观背景和西安市作为全国物流节点城市、丝路经济新起点的特殊地位，由西安市发展和改革委员会和陕西省物流学会共同编纂了《一带一路物流新词汇》。这部《词汇》围绕国家发改委赋予我市试点工作的主要内容，立足西安、辐射西北、贯穿欧亚大陆桥。充分发挥西安区域中心作用，积极构建国际化合作新平台，打造双向开放的国际物流枢纽城市和临空产业聚集发展的航空物流枢纽，推进西安与丝绸之路沿线国家和地区的多双边经贸合作。

这部《词汇》尤为注重国际化和现代化，每条词汇用英文标注，收录的词条70%左右属新知识、新理论、新方法范畴，涉及内陆港、口岸、保税、航空物流、临空产业、高铁物流、电子商务、冷链物流、邮政物流、物流集成、集成物流、产业联动、多式联运等领域。把物流概念、专业术语标准化、规范化，以满足各级管理干部、理论工作者、教师、学生及物流行业的实际操作者学习应用的需要。

可以说，这部《词汇》的策划，无论就立意、宗旨，还是已明确的服务对象，以及确立的编纂方向及主体内容而言，都思虑周密、紧贴实际，其成果足以为使用者提供长久可靠的基础性参考，不失为在当今喧嚣的学术氛围里，一项清醒而冷静的奉献之举。更可以看到的是，组织者为编纂好这一书目，聚集了一批省内外在物流领域里卓有建树的专家、教授、学者和实践工作者，集思广益，切磋会商，祛芜存真，精研细编，相信经这样的运作后，成果面世之日，也即是理论结合实际、物流研究者与实践者携手共进之时。

这部《词汇》将作为西安的一张名片，希望她能够为西安市、陕西省乃至国内物流产业的稳步和快步发展，发挥其应有的作用。

《一带一路物流新词汇》编辑委员会
2018年3月

凡例

——————

1. 本书共收词条四千七百余条，是目前国内物流词汇同类工具书中收集词条最多的一本。

2. 本词汇的词条目录按汉语拼音字母次序排序。在目录中，遇有外文字母排头的词目，则以该词条中出现的英文第一个字母为序排列。

3. 查阅方法：

如查英文"B2B"，首先在目录中找其第一个字母"B"，按序再找"B2B"，页码显示为3，翻到第3页查看。

如查中文"供应链管理"，首先在目录中找"供"拼音的第一个字母"G"，按序再找"供应链管理"，页码显示为66，翻到第66页查看。

4. 为了确保词汇的科学性、准确性，本词汇全部词条均附有英文对照，以帮助读者参考其他文献。

5. 每个词目后附有简要中文释义。

6. 本书于2017年6月截稿。此后发生的变动，再版时增补或修改。

本词汇最后附录内容仅供读者参考。

目录

C

G

H

J

K

M

N

O

P

Q

R

附录

后记

A

AAE 快递 American Asia Express

全球领先的国际专线快递、物流和供应链增值服务提供商，以创新和专注见称，依托其全球网络、完备的 IT 系统支持，为客户提供专业的、个性化的国际专线快递服务和行业应用解决方案。

ABC 分类管理 ABC Classified Management

将库存物品按品种和占用资金的多少分为特别重要的库存（A 类）；一般的库存（B 类）；不重要的库存（C 类）三个等级，然后针对不同等级进行管理和控制。

AP 管理 Account Payable Management

对 B2C 电商应该支付给供应商的服务费用进行核算、支付，确保所发生服务费用的及时性及准确性。

ASN Advance Shipping Notice

预到货通知单 Advance Shipping Notice 的缩称。预到货通知单，是收货段用来进行供应商收货、理货的单据。

A 级物流企业评估
A-level Logistics Enterprise Assessment

A 级物流企业有运输型、仓储型、综合服务型三种类型，划分为 A、AA、AAA、AAAA、AAAAA 五个等级，AAAAA 级为最高级。

A 型保税物流中心
A Type Bonded Logistics Center

经海关批准，由中国境内企业法人经营、专门从事保税仓储物流业务的海关监管场所。

阿尔山公路口岸 Arxan Inland Port

国家二类口岸。位于阿尔山市西部 45 公里，中蒙边界努木尔根河右岸门山处，与蒙古国松贝尔口岸相对应，是与蒙古、独联体以至整个欧洲开展经济技术合作，扩大产品出口和劳务输出，扩大对外开放和发展国际旅游业的重要通道。

阿拉山口陆运口岸 Alashankou Inland Port

为中哈边境常年开放口岸，位于新疆维吾尔自治区西北部，博尔塔拉蒙古自治州博乐市境内的东北角，是第二座亚欧大陆桥中国段西部的桥头堡，国家一类口岸。

阿里巴巴 Alibaba

中国最大的网络公司和世界第二大网络公司，是由马云在 1999 年创立的企业对企业的网上贸易市场平台。阿里巴巴已经形成了一个通过自有电商平台沉积以及 UC、高德地图、企业微博等端口导流，围绕电商核心业务及支撑电商体系的金融业务，以及配套的本地生活服务、健康医疗等，囊括游戏、视频、音乐等泛娱乐业务和智能终端业务的完整商业生态圈。

阿日哈沙特公路口岸
Arihashate Highway Port

位于呼伦贝尔市新巴尔虎右旗阿敦础鲁苏木境内，与蒙古东方省乔巴山市哈比日嘎口岸相对应。

安灯系统 Andon System

生产线操作人员根据物料消耗状况，通过信息化系统第一时间将需求请求反馈至备料区，缩短物料配送周期，实现配送责任可追溯。

安卡拉 - 伊斯坦布尔高铁
Ankara-Istanbul High-speed Railway

全长 533 公里，是中国与土耳其建交 40 年来最大的工程合作项目，也是中国企业在北约国家拿下的第一单高铁项目。

安全电子交易协议
Secure Electronic Transaction

一种应用于因特网（Internet）环境下，以信用卡为基础的安全电子交易协议，它给出了一套电子交易的过程规范。通过 SET 协议可以实现电子商务交易中的加密、认证、密钥管理机制等，保证了在因特网上使用信用卡进行在线购物的安全。

安全负载 Safety Load

装卸车后，检查车辆、检查货物、检查装卸设备与设施（包括机械、辅具、备品、防护信号等）的状态是否符合整理作业的要求。

安全检查 Security Check

为了保证航空运输的安全，按规定对收运的货物进行的检查，包括人工、安检仪检查。

安全距离 Safe Distance

为保证货运设备、货物和作业人员的安全而规定的货垛及其他设备、设施与运输设备之间的最小距离。

安全库存 Safety Stock

又称安全存储量、保险库存，是指为了防止不确定性因素（如大量突发性订货、交货期突然提前、临时用量增加、交货误期等特殊原因）而预计的保险储备量（缓冲库存）。

安全绳 Safety Rope

防止叉车货叉上货物倒塌，对其进行捆绑的绳索。

岸边集装箱起重机 Gantry Crane

在集装箱码头前沿，可沿岸边移动，以对准船舶货位，进行装卸作业的集装箱起重机。

岸边抓斗卸船机 Ship Unloader

抓斗小车沿桥架运行的散货卸船作业专用的起重机。

按单分拣 Sort by Order

分拣人员、分拣工具巡回于商品的储存场所，按照客户订单要求，从经过的货位或者货架上挑选出所需的商品。

按货种命名的集装箱 Container by Cargo

专门或基本上用于装运某种特定货物的集装箱，如装运汽车或动物的集装箱等。运输动物的箱型代号为S0，运输汽车的箱型代号为S1，运输鱼类的集装箱代号为S2，空号是留给其他以货物种类命名的集装箱的备用号。

按钮操纵起重机 Pendant-operated Hoist

通过电缆与葫芦小车，或与独立电缆滑车相连的按钮装置进行操作的起重机。

凹板运输车 Concave plate Truck

运输车在前后两列车之间，增加一个凹型板结构，以降低行驶高度。由于列车与凹板连接部位的结构限制，其承载能力一般为50 ～ 300 吨。

B2B Business to Business

B to B 全称 Business to Business，一种常见的电子商务模式，即企业与企业之间通过电子商务平台进行商务合作的模式。

B2B 交易平台 B2B Trading Platform

电子商务的一种模式，进行电子商务交易的供需双方都是商家，共同使用了 Internet 的技术或各种商务网络平台完成商务交易的过程。即商业对商业，或者企业与企业之间通过互联网进行产品、服务及信息的交换。

B2C Business to Customer

B to C 全称 business to customer。一种常见的电子商务模式，即企业与消费者之间通过电子商务平台进行交易的模式。

Bin Bin

将商品实物从目前的 BIN 位移转到另一个 BIN 位，并做系统账目移转的作业。

Bin a lock Lock a Bin

将某 BIN 位锁定，其他商品进出此 BIN 位的作业。

Bin a unlock Unlock a Bin

将某 BIN 位从锁定状态释放，使其可以进行账目进出的作业。

Bin Storage Bin Storage

商品存放的储位。

BOX ID BOX Identity

箱标识号码 BOX Identity 的简写。指箱标识号码的意思，用于区分不同的箱号，使其具有唯一性。

班次 Runs

定时往来的交通运输工具开行的次数。

班次密度 Runs Frequency

在单位时间内，班线上发出的班车数。

班列运输 Freight Block Train Transportation

铁路开行的发到站间直通、定点、定时、定线、定车次、定价的货物列车。

班轮运输 Liner Service

在固定的航线上，以既定的港口顺序，按照事先公布的船期表航行的水上运输方式。

搬移费 Moving Cost

对集装箱搬移作业（不含前方堆场和中转第一次落箱的搬移拆箱、翻箱）按不同箱型分段、分次计算的费用。

搬运 Moving

在同一场所内，对物品进行水平移动为主的作业。

办理托运手续 Procedure of Check-in Baggage

托运人或其代理人为托运货物而按照规定程序办理的各项业务及政府部门规定的管制性手续。

半成品库存 Semi-Finished Goods Inventory

经过一定生产过程并已检验合格交付半成品仓库保管，但尚未制造完工成为成品，仍需进一步加工的中间产品的库存。

半封闭储煤场 Semi-Closed Coal Storage Shed

用于储存煤炭的四周和屋顶未全部封闭的棚型构筑物。

半刚性容器 Semi-rigid Container

具有刚性容器的结构，但用人力能使之弯曲，而且当这个力量清除之后不能恢复原状的容器。

半挂车 Semi-trailer

由牵引车承载的无前轴的载货车辆。车轴置于车辆重心（当车辆均匀受载时）后面，并且装有可将水平或垂直力传递到牵引车的联结装置的挂车。

半挂牵引车 Tractor-trailer

装备有特殊装置用于牵引半挂车的商用车辆。

半集装箱船 Semi-container Vessel

一部分货舱作为集装箱专用舱，其他货舱为杂货舱的船舶。

半门式起重机 Semi-goliath Crane

其桥架梁一端直接支承在轨道上，另一端通过支腿支承在轨道上的起重机。

半门座起重机 Semi Portal Crane

安装在半门座上，下方可通过铁路或公路车辆的移动式回转起重机。

半纵列式中间站 Semi-Tandem Intermediate Station

上、下行到发线有效长部分错开布置的中间站。

包材 Packaging Materials

生产运作过程中为包装和保护商品而使用的纸箱、PE 袋、填充材料、周转防盗材料、打包封箱辅材和标识贴等相关耗材。

包舱运输 Blocked Space Transportation

托运人依据所托运的货物，按照与承运人约定的条件，包用飞机舱位的运输。

包车取消费和包车空驶损失费 Charted Cancellation Charge and Empty Curise Loss

旅客或托运人取消包车以及造成车辆空驶时，补偿承运人损失的费用。

包车停歇延滞和供车延误费 Stop Delay and Demurrage Charge

计程包车因用户责任造成车辆停歇延滞，承运人可向用户核收车辆停歇延滞费；承运人未如期供车，应付给用户供车延误费，延误时间以半小时为单位递进计费。

包干计费里程 Agreed Lump-sum Charged Distance

在一定区域或同一线路进行多点运输时，按承托双方协议确定的平均计费里程。

包裹 Package

指包扎成件的包、由邮局寄送的包件、在海洋运输中不要求签发提单的小件货物或个人行李等含义。目前跨境电商发展也带来了跨境小包货运发展。

包裹登单计算机处理系统 Computer Processing System for Parcel Listing

制作包裹清单、路单的计算机系统。

包裹分拣机 Parcel Sorting Machine

分拣包裹的专用机械设备。

包裹收寄机 Parcel Posting Machine

用于收寄包裹，能自动称重、计费及填打包裹详情单的设备。

包机运输 Charter Transportation

承运人按照与包机人事先签订的包机运输合同所进行的货物运输。

包机运输协议书 Charter Agreement

包机人与承运人就包用承运人的飞机所订立的合同的一部分。

包装 Package

在流通过程中保护产品、方便储运、促进销售，按一定技术方法而采用的容器、材料及辅助物等的总体名称。也指为了达到上述目的而采用容器、材料和辅助物的过程中施加一定技术方法等的操作活动。

包装标志 Packaging Mark

为了便于货物交接、防止错发错运，便

于识别，便于运输、仓储和海关等有关部门进行查验等工作，也便于收货人提取货物，在进出口货物的外包装上标明的记号。

包装标准 Packaging Standards

为保障物品在贮藏、施工、安装、验收等需要协调统一的事项所制订的标准。

包装标准化
Packaging Standardization

为在一定的范围内获得最佳秩序，对实际的或潜在的问题制定共同的和重复使用的规则，称为标准化。包装标准化工作就是制定、贯彻实施包装标准的全过程活动。

包装成本 Packing Cost

企业为完成各种原料和产品的包装业务而发生的全部成本。包括运输包装费和集装、分装包装费，业务人员的工资福利、包装设施年折旧、包装材料消耗、设施设备维修保养费、业务费。计量单位：万元。

包装单元化 Packaging Unitization

将商品以一定的单位数量进行包装，以提高搬运和物流的效率。

包装管理 Packaging Management

对产品的包装进行计划、组织、指挥、监督和协调工作，它是企业管理的重要组成部分。由于企业的产品品种和生产规模等情况不同，因而在包装管理方法和实际应用方面存在着差别。

包装货物 Packed Goods

用容器、包装物盛装或包扎的货物。

包装机械 Package Machinery

完成全部或部分包装过程的机械。包装过程包括充填、裹包、封口等主要工序，以及与其相关的前后工序，如清洗、堆码和拆卸等。使用机械包装产品可提高生产率，减轻劳动强度，适应大规模生产的需要，并满足清洁卫生的要求。

包装件 Package

货物经过包装所形成的整体。

包装量 Packing Amount

报告期内原燃料和产品从生产地到消费地过程中，经过物流企业施加包装过程的货物数量。计量单位：万吨。

包装模数 Packing Modulus

关于包装基础尺寸的标准化及系列尺寸选定的一种规定。

包装平均价格 Average Price of Package

报告期内物流企业完成各种钢铁原燃料和产品的包装业务，所取得的业务收入与包装作业量之比。包装平均价格＝包装收入 ÷ 包装量。计量单位：元／吨。

包装清单 Packing List

对货物进行包装后，包装盒／包装袋里面所包含的所有物品的单据。

包装信息 Packaging Information

针对包装行业需要所提供的，在实践中起继承、借鉴和参考作用的知识。

包装容器 Packing Container

为储运货物而使用的盛装货物的器具总称。如：箱、桶、罐、瓶等。

包装系列化 Packaging Serialization

用一种共性特征来规范产品入库包装尺寸，实现仓储小范围内周转器具的系列化，降低包装和搬运成本。

包装系统 Packaging System

由包装形式、包装材料、包装结构、包装装潢、包装工艺、包装技术、包装作业机械设备、运输包装、包装管理、包装废弃物处理等各要素组成。

包裹标识号码 Packing ID

Packing Identity 的简写，表示包裹标识号码的意思，用于区分不同的包裹，使其具有唯一性。

保管 Storage

对物品进行储存，并对其进行物理性管理的活动。

保管费 Custodial Fee

对堆存在港口仓库、堆场的货物征收的费用。

保管收入 Custody Income

物流经济活动中，参与货物的配送、流通加工、包装、信息及相关服务、仓储以及其他属于保管环节活动，所取得的业务收入。计量单位：万元。

保价费 Insurance Fee

寄件人在交寄邮件或快件时，申报内件价值，邮政企业或快递企业按内件价值的一定比例计收的费用。

保价快件 Insured Express

寄件人按规定交付保价费，由快递企业对该快件的丢失、损毁、内件不符等承担相应赔偿责任的快件。

保价邮件 Insured Mail

寄件人按规定交付保价费，邮政企业按规定承担赔偿责任的给据邮件。

保价运输 Insured Transportation

按保价货物办理托运手续，在发生货物赔偿时，按托运人声明价格及货物损坏程度予以赔偿的货物运输。

保税仓 Bonded Warehouse

经海关批准设立的用来存储保税货物及其他未办结海关手续货物的多功能仓储库房，包括公用型和自用型两类。

保税工厂 Bonded Factory

经海关批准专门生产出口产品的保税加工装配企业。

保税货物 Bonded Goods

经海关批准未办理纳税手续进境，在境内储存、加工、装配后复运出境的货物。

保税加工 Bonded Processing

拟用于制造、加工的货物在海关监管下暂缓缴纳进口税，作为原料、半成品临时进口，经加工后复运出口的一种保税形式。

保税区 Bonded Area

在境内的港口或邻近港口、国际机场等地区建立的在区内进行加工、贸易、仓储和展览，由海关监管的特殊区域。

保税物流 Bonded Logistics

保税业务经营者经海关批准将货物在税收保全状态下从供应地到需求地的有效流动，包括采购、运输、存储、简单加工、增值服务、检测、分销、配送、流转、调拨等环节，以及为实现这一流动而进行的计划、管理、控制过程。

**保税物流工程
Bonded Logistics Engineering**

在海关监管区域内，设置相关部门及运行相关保税、通关职能的一系列活动。

**B 型保税物流中心
B Type Bonded Logistics Center**

经海关批准，由中国境内一家企业法人经营，多家企业进入并从事保税仓储物流业务的海关集中监管场所。

**保税展示交易平台
Bonded Display and Trading Platform**

经保税区内主管海关批准，区内企业可以在区内专用的展示场所举办商品展示活动，展示货物要在海关备案并接受海关监管；若区内企业到区外其他地方举办商品展示活动，海关要比照暂时进境货物的管理规定，办理相关手续。

保税制度 Bonded System

一种国际通行的海关制度。是指经过海关批准的境内企业所进口的货物，在海关监管下在境内指定的场所储存、加工、装配，并暂缓交纳各种进口税费的一种海关监管业务制度。

保温车 Insulated Car

又叫冷藏车，是运送鱼、肉、鲜果、蔬菜等易腐货物的专用车辆。这些货物在运送过程中需要保持一定的温度、湿度和通风条件，因此保温车的车体装有隔热材料，车内设有冷却装置、加温装置、测温装置和通风装置等，具有制冷、保温和加温三种性能。

保温罐 Insulated Tank

保温罐具有节能、消声、耐腐、生产能力强、清洗方便等优点，广泛用于乳品行业、食品、制药、化工、饮料等工业部门，作为加热、保温、杀菌处理或贮藏水液的必须设备，特别适用于水液的巴氏消毒灭菌和保温。

保温集装箱 Thermal Container

具有隔热功能的箱壁、箱门、箱底和箱顶，能够减缓箱体内外热量交换的集装箱。

保温集装箱远程调节监控
Remote Control of Thermal Container

一种利用通信和数据处理技术，由码头控制中心对保温集装箱的温度值等信息的采集和修正进行远程监控的系统。

保温运输 Insulated Transportation

在易腐货物的运输过程中，车内无须采用制冷设备或加温设备，只靠车体本身的隔热结构减少内外的热交换，以保证易腐货物的运输质量。

保鲜技术 Preservation Technology

为使食物保持天然的本质，通过真空法、低温法、冷冻法、加保鲜剂法等技术手段，对食物进行处理。

保鲜剂 Preservative

在贮藏过程中保持食品固有的色、香、味、形及其营养成分，为此而应用的化学品称为保鲜剂。

保鲜膜 Plastic Wrap

一种塑料包装制品，通常以乙烯为母料通过聚合反应制成，主要用于生鲜及熟食包装等场合，在冷链物流的食品包装领域有广泛应用。

保险储备量 Security Reserve

按照某一订货量和再订货点发出订单后，如果需求增大或送货延迟，就会发生缺货或供货中断。为防止由此造成的损失，就需要多储备一些存货以备应急之需，称为保险储备量。

保修服务 Warranty Service

卖方提供给购买者的一种保险政策，是厂家保证在规定限期内对售出的商品负责保养、修理、维修的承诺。

保修流程 Warranty Procedure

企业应该对保修系统和结构进行必要的设计和更好的实施，以便从组件、配件及SKU多个层面对损坏间隔平均时间进行持续的闭环跟踪，并且对零部件、组件之间的损坏关联性进行识别。

报关 Customs Declaration

在快件进出关境或国境时，由快递服务组织或其代理人向海关申报、交验规定的单据和快件，申请办理进出口手续的过程。

报关报检管理系统
Passing Management System

集报关、商检、卫检、动植物检验检疫等功能管理于一体的信息管理系统，与海关、商检、卫检、动植物检验检疫系统无缝链接。

报关行 Customs Broker

经海关准予注册登记，接受进出口货物收发货人的委托，以进出口货物收发货人名义或者以自己的名义，向海关办理代理报关业务，从事报关服务的境内企业法人的企业。

报关中介 Customs Agency

代理人替进出口货物收发货人、进出境运输工具负责人、进出境物品所有人等向海关办理货物、物品或运输工具进出境手续及相关海关事务的过程，包括向海关申报、交验单据证件，并接受海关的监管和检查等。

报关代理 Customs Declaration Agent

邮政企业或快递企业接受寄件人或收件人委托，就其收寄的国际邮件或国际快件，向海关申请办理进出口手续的过程。

报检
Declaration for Quarantine Inspection

快递服务组织或其代理报检人根据有关法律、法规的规定，向检验检疫机构申请对国际快件以及港澳台快件进行检验检疫、鉴定，以获得出入境的合法凭证及某种公证证明所必须履行的法定程序和手续。

北斗卫星导航系统
BeiDou Navigation Satellite System (BDS)

中国自行研制的全球卫星导航系统。系统由空间段、地面段和用户段三部分组成：空间段包括五颗静止轨道卫星和三十颗非静止轨道卫星，地面段包括主控站、注入站和监测站等若干个地面站，用户段包括北斗用户终端以及与其他卫星导航系统兼容的终端。可在全球范围内全天候、全天时为各类用户提供高精度、高可靠定位、导航、授时服务，并具短报文通信能力。

备货车 Railway Lorry

属于厂矿、企事业单位所有并经签订过协议（合同）的车辆，其车体中部标明"某某企业自备车"字样及企业所在地的车站名称，在铁路营业线上行驶的货车。

背载 piggy-back

一辆商用车承载另一辆商用车的相关作业过程。

被动性场元 Passive Element of Field

对集成场的场元进行的一种分类的类别。场元素具有吸引或被吸引、作用与被作用关系。当场元素只具有被吸引与被集聚作用时称为被动性场元。在物流集成过程中，大多数都是被动性场元，而且更关注主动性场元的作用，即具有主导性、组织性作用的场元。

被动性合成场元
Passive Synthesis Elements of Field

整体上不具有主动整合其他合成场元能力的集成场范畴。

绷绳 Guy-wire

起重机将货物的一端提离地面或货堆的单根吊索。

比例运价 Construction Rates

为构成全程直达运价而采用经某一指定点的运价与其他公布运价组合的方法而形成的运价。

闭环供应链 Closed Loop Supply Chains

包括企业从采购到销售的正向供应链和产品回收与生命周期支持的逆向供应链。它的目的是对物料的流动进行封闭处理，减少污染排放和剩余废物，同时以较低的成本为顾客提供服务。

闭环物流 Closed Loop Logistics

通过产品的正向交付与逆向回收再利用，使资源、生产、消费、废气的开环过程变成了资源、生产、消费、再生资源的闭环反馈式循环过程。

壁式悬臂起重机 Wall Crane

固定在墙壁上或者可沿安装在墙壁或承重结构上的高架轨道运行的悬壁起重机。

臂架 Jib Boom

保证取物装置获得必要幅度和起升高度的结构件。

臂架变幅 Luffing

臂架在垂直平面内的角运动。

边板 Lead Board

位于托盘面板最外边缘的铺板条。

边境仓 Border Warehouse

边境仓是依托边境口岸和跨境物流通道，针对跨境电商建立在边境地区的为邻近国家提供跨境物流、通关和仓储等多种服务功能的配送系统，也是跨境电商物流的升级版。

编发场 Marshalling Yard

由办理车列集结、编组作业及列车出发作业的调车线组成的车场。

编组站 Classification Yard

担当大量列车解体和编组作业，编组直达、直通和其他列车的车站，还进行更换机车和乘务人员，对货物列车中的车辆进行技术检修和货运检查整理作业。设有专用的到达场、出发场、调车场、驼峰调车设备以及机车整备、车辆检修等设备。

变幅 Luffing

通过臂架的俯仰、移动或起重小车的运行使取物装置改变位置。

变幅机构 Luffing Mechanism

通过变换臂架和副臂的倾角改变幅度和起升高度的机构。

变幅时间 Luffing Period

在 10m 高处风速不超过 3m/s 的条件下，起重机置于水平道路上，且其所带载荷等于最大幅度时重量的条件下进行测定。

变幅速度 Luffing Speed

在稳定运动状态下，工作载荷水平位移的平均速度。

变更运输 Consignment Alteration

对已托运的或已起运的货物，变更到达地点或收货人等的业务活动。

变频制冷 Frequency Refrigeration

压缩机将制冷剂在制冷系统内进行制冷循环过程中，由蒸发器中蒸发吸热后的低温、低压饱和气体制冷剂，从蒸发器经吸气管（回气管）吸入压缩机压缩成高温高压力气态制冷剂，并经过排气管排出，送入冷凝器冷却，再经毛细管降压节流后进入蒸发器蒸发，如此循环进行。

变质事故 Deterioration Accident

货物在运输、装卸、保管过程中发生变质的情况。

便携包装 Portable Package

为方便消费者携带，装有提手或类似装置的包装。

便携式数据终端 Portable Data Terminal

以无线电形式与主机连接，在大型仓库、超市等场所灵活移动，用于读取商品包装上的条形码，盘点库存。

便移式起重机 Mobile Crane

安装在底座上，可由人力或借助于辅助设备从一个场地移至另一场地的起重机。

标准关 Standardized Sling-Load

根据每件货物的质量和外形尺寸，配合起重机的起重能力和吊货工具的类型而规定的各种货组的型式。

标准化包装 Standardized Packaging

对同一类产品包装的类型、容积、质量检验以及印刷标志等实行统一规定的技术准则。

标准库存 Standard Inventory

为了满足生产经营的需要，保证物料能够平顺的流动，同时又要防止库存量太多造成积压，而在每个生产工序间存放的一定量的库存。标准库存的大小，取决于下游工序需求的大小和上游生产能力的大小。

标准箱
Twenty-Foot Equivalent Units (TEU)

集装箱的统计换算单位。以 20 英尺型集装箱为一个标准箱。

标准作业 Standard Operation

将作业人员、作业顺序、工序设备的布置、物流过程等问题做最适当的组合，以达到生产目标而设立的作业方法。它是以人的动作为中心、按没有浪费的操作顺序进行生产的方法。

冰温贮藏 Ice-Temperature Storage

为使农产品、水产品等保持刚刚摘取的新鲜度，把对生物进行冷藏的温度控制在0℃开始到生物体冻结温度的范围内。

并行工程 Concurrent Engineering

为达到产品及其相关的各种过程（包括制造过程和支持过程）的一体化并行设计而采取的一种系统性的方法。

并列式铁路枢纽
Parallel Arrangement Railway Terminal

几条干线分别在枢纽两端汇合引入，主要客运站与编组站平行布置在枢纽内两条并行的通道上所形成的铁路枢纽。

播种式拣货 Sowing Picking

将每批订单上的同类商品各自累加起来，从储存仓位上取出，集中搬运到理货场所，然后将每一客户所需的商品数量取出，分放到不同客户的暂存货位处，直到配货完毕。

泊位 Berth

码头供船舶停靠系泊的位置。

泊位通过能力
Throughput Capacity of Berth

泊位在一定时期内可以装卸船舶所载货物的额定数量。

泊位占用率 Berth Occupancy Ratio

泊位占用小时数占日历小时数的比值。

泊位占用率＝泊位占用小时数÷日历泊位小时数×100%。

补机摘挂站 Supplementary Station

在采用双机牵引的区段，列车加挂补机或摘下补机的车站。

不定期航班 Non-Scheduled Flight

以不固定班期、时刻进行运输飞行的航班。

不间断原则 Uninterrupted Principle

生产或运输过程中，尽量减少停滞时间的原则。

不完整的上部结构 Incomplete Superstructure

不设连接两个端部的永久性纵向承载构件，但属底部结构者除外。

不迂回原则 Non-circuitous Principle

不将产品进行多次重复加工生产、搬运的原则。

步班邮路
Post Routes for Walking Delivery

非机动车辆的一种，是利用板车架子车及各种人力推拉车和肩挑背扛步行运输邮件的路线。

C2C Customer to Customer

C to C 全称 Consumer to Consumer。同 BTOB、BTOC 一样，一种常见的电子商务模式，即用户与用户之间通过电子商务平台进行交易的模式。

Call Call Center

电话客服中心。

COD Cash On Delivery

Cash On Delivery 的简写，货到付款的支付方式。

COE 快递 COE Express

中国东方快递有限公司。

Cost and Freight （CFR）

成本加运费价，又称运费在内价。在装运港货物越过船舷卖方即完成交货，卖方必须支付将货物运至指定的目的港所需的运费和费用。简单理解为 CFR 价 =FOB 价 + 租船订舱费 + 装运港至目的港的运费。

采购管理系统 Purchase Management System

通过采购申请、采购订货、进料检验、仓库收料、采购退货、购货发票处理、供应商管理、价格及供货信息管理、订单管理、质量检验管理等功能综合运用的管理系统，对采购过程进行有效的双向控制和跟踪，实现完善的企业物资供应信息管理。

采购计划 Procurement Plan

在了解市场供求的情况下，在掌握物料使用和消耗规律的基础上，为维持正常的产销活动，在特定时期内对物料采购活动做出预见性的安排和部署。

采购技术 Procurement Technology

采购主体在采购活动中所采用的一切技术手段和方法、知识、经验、技能的总和。

采购经理人指数 Purchase Management Index

通过对采购经理的月度调查汇总出来的指数，反映了经济的变化趋势。

采购谈判 Procurement Negotiation

商务谈判的一种，是指企业的采购方与供应商之间为了完成交易目标而进行的协商的过程。

采购物流 Purchasing Logistics

包括原材料等一切生产物资的采购、进货运输、仓储、库存管理、用料管理和供应管理，也称为原材料采购物流。

菜鸟网络 CAINIAO Network

基于互联网思考和互联网技术，对未来判断而建立的创新型企业。企业的愿景是建设一个数据驱动、社会化协同的物流及供应链平台。

菜鸟物流 CAINIAO Logistics

由阿里巴巴集团联合快递公司及相关金融机构成立的开放的社会化物流大平台，目标是在全国任意一个地区都可以做到 24 小时送达。

仓储 Storage

根据市场和客户的要求，为了确保货物没有损耗、变质和丢失，为了调节生产、销售和消费活动以及确保社会生产、生活的连续性，而对原材料等货物进行储存、保管、管理、供给的作业活动。

仓储操作人员 Storage Operator

从事仓储服务的工作人员，包括驾驶员、作业人员等。

仓储叉车 Warehouse Forklift

为仓库内货物搬运而设计的叉车。除了少数仓储叉车（如手动托盘叉车）是采用人力驱动的，其他都是以电动机驱动的，因其车体紧凑、移动灵活、自重轻和环保性能好而在仓储业得到普遍应用。

仓储成本 Warehousing Cost

仓储企业在开展仓储业务活动中各种要素投入的以货币计算的总和。仓储成本是物流成本的重要组成部分,对物流成本的高低有直接影响。

仓储单龄 Packing Efficiency

从订单生成拣货单到分拣包装完成分拨的整个作业过程所耗用的时间,常作为衡量储配订单处理效率的指标。

仓储 / 仓库费用 Warehousing Charge

存货人委托保管人保管货物时,保管人收取存货人的服务费用,包括保管和装卸等各项费用;或企业内部仓储活动所发生的保管费、装卸费以及管理费等各项费用。

仓储 / 仓库管理 Warehouse Management

对仓库及仓库内的物资所进行的管理,是仓储机构为了充分利用所具有的仓储资源提供高效的仓储服务所进行的计划、组织、控制和协调过程。

仓储 / 仓库管理系统 Warehouse Management System

一个实时的计算机软件系统,它能够按照运作的业务规则和运算法则,对信息、资源、行为、存货和分销运作进行更完美地管理,使其最大化满足有效产出和精确性的要求。

仓储 / 仓库合同管理 Warehouse Contract Management

当事人双方约定由仓库经营者为存货人保管储存的货物,存货人为此支付报酬的合同管理。

仓储 / 仓库面积 Warehouse Space

用于保管、储存物品的建筑物和场所的面积,包括库房面积和货场面积。计量单位:平方米。

仓储/仓库配送 Warehousing Distribution

能为客户提供仓储、运输、配送、包装;为商贸流通企业、生产企业等提供一体化的供应链解决方案和整体物流服务,帮助企业、客户降低物流成本,解除后顾之忧的第三方物流企业专业综合物流服务。

仓储平均价格 Average Warehouse Price

物流企业完成各种原燃料和产品的仓储业务,所取得的业务收入与仓储货物量之比。仓储平均价格＝仓储收入 ÷ 仓储货物量。计量单位:元 / 吨。

仓储/仓库设备 Warehousing Facilities

具备物流相关功能,可长期使用,并在反复使用中基本保持原有实物形态的物质资料。

仓储设备设施管理 Warehousing Facilities Management

对设备设施的选购配置、投入使用、维修保养、改造更新全过程的控制管理。

仓储 / 仓库设施 Warehousing Facilities

具备物流相关功能和提供仓储服务的场所。

仓储 / 仓库设施浪费 Waste of Storage Facilities

仓储资源闲置、仓库利用率过低的现象。

仓储物流 Warehouse Logistics

表示一项活动或一个过程,是以满足供应链上下游的需求为目的,在特定的有形或无形的场所,运用现代技术对物品的进出、库存、分拣、包装、配送及其信息进行有效的计划、执行和控制的物流活动。

仓储指令 Storage Instructions

传达给仓储方的一组仓储信息,包括乘用车、接车人、时间等与仓储相关的信息。

仓储质损 Quality Damage of Storage

因仓储过程造成的质量缺陷、损坏、缺失及出现非原厂规定部件等。

仓储中心 Storage Center

也称为仓库,为存放物品的建筑物和场地,可以为房屋建筑、大型容器、洞穴或者特定的场地等,具有存放和保护物品的功能。

仓单 Warehouse Receipt

保管人（仓库）在与存货人签订仓储保管合同的基础上，对存货人所交付的仓储物品进行验收之后出具的物权凭证。

仓单质押融资 Warehouse Financing

出质人以保管人的仓单为质物，向质权人出具的申请贷款的业务，保管人对仓单的真实性和唯一性负责，是物流企业参与下的权利质押业务。

仓库 Warehouse

为存放怕受自然条件影响的货物、危险货物和贵重货物而修建在普通站台上的封闭式建筑物。

仓储 / 仓库安全管理
Warehouse Security Management

针对物品在仓储环节对仓库建筑要求、照明要求、物品摆放要求、消防要求、收发要求、事故应急救援要求等综合性管理措施。

仓库布局 Warehouse Layout

在一定区域或库区内，对仓库的数量、规模、地理位置和仓库设施、道路等各要素进行科学规划和总体设计。

仓库管理子系统
Warehouse Management Subsystem

第三方物流管理信息系统的一个重要模块，记录和管理仓库活动的每一个环节，以支持货主企业对于其货物仓储管理的要求为主，对于各种不同货主的服务需求，通过设定规则全面管理物流仓储作业，可以对不同地域、不同属性、不同规格的仓库资源实现集中管理。

仓库计划管理
Warehouse Plan Management

用计划来组织、指导和调节仓库一系列管理活动的总称。

仓库目视化管理
Warehouse Visual Management

利用形象直观、色彩适宜的各种视觉感知信息把仓库潜在的大多数异常明显化。

仓库温湿度管理 Warehouse Temperature and Humidity Management

采用密封、通风与吸潮相结合的办法，对仓库内温湿度进行控制和调节等管理工作。

仓库选址系统
Warehouse Location System

利用信息技术手段辅助完成仓库选址的分析和决策的管理系统。

仓配一体化服务
Warehouse One-Stop Services

为客户提供一站式仓储配送服务。仓储与配送作为电子商务后端的服务，主要是解决卖家货物配备（集货、加工、分货、拣选、配货、包装）和组织对客户的送货。

仓配一体化物流产业 Warehouse Industry of One-Stop Services

仓配一体化旨在为客户提供一站式仓储配送服务。仓储与配送作为电子商务后端的服务，主要是解决卖家货物配备（集货、加工、分货、拣选、配货、包装）和组织对客户的送货。

仓容定额 Warehouse Capacity Quota

仓库有效面积和单位面储存量的乘积，即仓库的容量，或称该仓库的储存能力。

舱单 Manifest

船舶公司或其代理根据所签发的提单编制的船舶实际载运集装箱货物的单证。

舱内作业 Under Deck Operation

在船舱内进行的货物装卸及辅助作业。

舱时量 Tons per Hour Per Hatch

平均每艘船，每小时所完成的装卸货物吨数。单位为吨每船时。舱时量＝装卸货物总吨数÷船舶实际装卸艘时数。

舱位控制 Slot Control

对飞机货舱舱位有计划分配利用的具体

管理措施。

操作标签 Handling Label

在储存、运输过程中，为使操作符合货物要求，按规定的标准以简单醒目的图案和文字表明在外包装固定位置上的标记。

操作吨
Throughput Per Hour in Thousand Tons

每通过一个操作过程所装卸、搬运的货物数量。计量单位：吨。

操作方法 Method of Operation

装卸工人、辅助作业工人和机械司机在完成某项作业时所采用的具体作业方法。

操作工序 Operating Sequence

港口装卸过程中，能够形成一个基本单元的操作部分，是操作过程的组成部分。

操作过程 Operational Process

货物在港口换装过程中进行的一次连续的作业。

操作系数
Ration of Cargo Handled/Physical Ton

操作吨与装卸自然吨的比值。

侧壁 Sidewall

箱体侧部的封板，属承载构件，不包括上侧梁、下侧梁和相应的角结构。除另有规定外，侧壁至少能承受该类型满载集装箱产生的载荷，用侧框时会与端框和箱底结构混同而难以分清。除罐式集装箱外，其他类型集装箱最好不用这个术语。

侧门 Side Door

设在箱体侧部可供启闭的箱门组合件。

侧面 Side

长度方向的托盘垂直面。

侧面吊装型集装箱自装自卸
Auto loading/unloading of Side Hoisting

从车辆侧面，通过在车上横向移动的变幅式吊具将集装箱吊上吊下的自装自卸车。

侧面式叉车 Side Forklift

叉车的门架、起升机构和货叉位于叉车的中部，可以沿着横向导轨移动，货叉位于叉车的侧面，侧面还有一货物平台。

侧移叉 Side Forklift

用于将带托盘的货物左右移动对位，便于货物的准确叉取和堆垛，提高了叉车的工作效率，延长了叉车的使用寿命，减轻了操作人员的劳动强度，节省了仓库空间，提高了仓库的利用率。

侧移堆高车 Stacker

货叉安装在侧面，侧面对成件托盘货物进行装卸、堆高、堆垛和短距离运输作业，主要适用通道过小的场合。

策略性采购 Strategic Procurement

系统地应用采购和供应商管理技术与方法，优化买—卖双方的关系，令整个供应链采购成本降到最低限度。

层垫 Layer

一种板子，通常是纸板或厚的硬纸板。放在单元货物的各层之间，以加强货物的稳定性。

叉槽 Fork Pockets

纵梁下部的切口，便于货叉从与纵梁成直角的方向插入。

叉车属具 Forklift Attachments

为扩大叉车对特定物品的作业而附加或替代原有货叉的装置。

叉夹 Fork Clamps

既可用于叉托盘货物又可用于夹取货物，也可作调距叉使用，如在货叉上装上可拆卸夹臂，可夹持油桶、石（砖）块等多种货物。

插腿式叉车 Straddle Forklift

在叉车前面具有两个插腿的一种叉车类型，基本上大多数的叉车都属于插腿式叉车。适用于工厂车间、仓库内效率要求不高，但需要有一定堆垛、装卸高度的场合。

查询 Inquiry

用户向邮政企业或快递企业查找、询问已交寄的邮件或快件处理状态或处理结果的过程。

查询答复时限 Time Limit for Inquiry

快递服务组织承诺的快递服务时限到达之时起，到用户可以将快件视为丢失的时间间隔。

差别运价 Differential Rate

对不同车辆、道路、营运方式、货种、箱型等运输条件采用不同的运价率计价。

差错控制 Error control

针对家电零售企业配送过程中的诸多不确定因素，建立家电配送物流质量管理的科学评估体系，严格地识别、分析与物流配送质量有关的差错控制因素，通过对各个因素的有效控制，实现不断消除家电配送物流过程中的差错。

拆垛 Unstacking

按货物运输和保管的要求拆除货垛的作业。

拆解 Dismantling

将产品分拆成零部件。

拆解中心 Dismantling Center

对各种废旧品进行拆解、清洗、分类的机构。

拆箱 Devanning

从集装箱内取出货物的操作。包括验封、开箱、卸货归垛、理货及整理箱子等。

拆装箱比 Stuffing and Devanning Ratio

在一定时间内，港口集装箱中转站、货运站拆装箱换算箱数与所通过的重箱换算箱数的百分比。

拆装箱费 Stuffing and Devanning Charge

拆装箱经营人对拆装箱作业收取的费用。

拆装箱库 Stuffing and Devanning Shed

进行拆箱、装箱、拼箱、货物分拣、堆垛等作业的仓库。

拆装箱量 Stuffing and Destuffing Volume

在一定时间内，码头、场站拆装集装箱的换算箱量。

拆装箱能力 Stuffing and Devanning Capacity

在一定时期内，可以完成的拆装箱数，按标准箱计。

拆装箱作业场 Stuffing and Devanning Area

把货物从集装箱中取出或装入的作业场地。

产后预冷 Postpartum Precooling

蔬果等易于腐烂破损的农作物，在生产后为了便于运输，储存，延长保质期，便于后期供给而做的冷冻或保鲜措施。

产能合作 Cooperation of Industrial Capacity

两个存在意愿和需要的国家或地区之间进行产能供求跨国或者跨地区配置的联合行动。

产品包装标准 Product Packaging Standards

在生产技术活动中，对所有制作的运输包装和销售包装的品种、规格、尺寸、参数、工艺、成分、性能等所做的统一规定，称为产品包装标准。

产品电子代码 Electronic Product Code（EPC）

开放的、全球性的编码标准体系，由标头、管理者代码、对象分类和序列号组成，是每个产品的唯一性代码。

产品电子代码系统 EPC System

在计算机互联网和无线通信等技术基础上，利用 EPC 标签、射频识读器、中间件、对象名解析、信息服务和应用系统等技术构造的一个实物信息互联系统。

产品回收 Product Recycling

为了以最小的成本恢复产品最大的经济价值，同时满足技术、生态与法律的限制，将无法进行整修、修理或者再销售的返还无用商品进行回收。

产品价值流 Production Value Chain

通过物料流、信息流和设计流的三方面完美配合所产生的最终产品交付，并给它赋予价值的全部活动。

产品退货 Product Return

仓库按订单或合同将货物发出后，由于某种原因，客户将产品退回仓库。产品生命周期前期会出现退货激增的情况，之后产品的退货率会降到一个比较平稳的水平。

产品销毁率 Product Destruction Rate

销毁产品数量与产品总数的比值。

产业联动 Industry Linkage

以产业关联为基础，实现产业衔接过程的精准对接、无缝衔接、优势互补、相互促进、共享绩效，实现区域产业的协同发展。产业联动可以达到优化区域产业结构、提升产业能级、增强区域产业竞争力的目的。

产业链 Industry Chain

产业依据前、后向关联关系组成的一种网络结构称为产业链。产业链的实质就是产业关联。产业关联的实质就是各产业相互之间的供给与需求、投入与产出的关系。

产业园区 Industrial Park

为促进某一产业发展为目标而创立的特定空间区域，是区域经济发展、产业调整升级的重要空间聚集形式。可担负聚集创新资源、培育新兴产业、推动城市化建设等一系列的重要使命。

产业转移 Industrial Transfer

在市场经济条件下，发达区域的部分企业顺应区域比较优势的变化，通过跨区域直接投资，把部分产业的生产转移到发展中区域进行，从而在产业的空间分布上表现出该产业由发达区域向发展中区域转移的现象。

场 Field

场是物质存在的一种形式。在物流集成中引入集成场的范畴，是借用场的科学理念、方法来定性和定量分析研究物流集成过程中主动优化等问题。

场到场 CY to CY

承运人在起运地集装箱堆场整箱接货，负责运抵目的地集装箱场，整箱交付收货人。

场到门 CY to Door

承运人在起运地集装箱堆场整箱接货，负责运抵收货人的工厂或仓库，整箱交货。

场到站 CY to CFS

承运人在起运地集装箱堆场整箱接货，负责运抵目的地集装箱货运站，拆箱后，按件交付收货人。

场地分配计划 Utilization Plan of Storage Space

按照不同货种，对港区场地进行分配的计划。

场界 Field Scope

在运用集成场理论分析过程中，当物流集成力突然降为零的集成活动的边界，就是场界。集成场界的界面关系是很复杂的集成关系管理，对其运作研究过程就是进行界面管理。

场库 Storage Yard

货场内的堆货场、货物站台、仓库等货运设备的统称。

场库作业 Storage Yard Operation

在仓库、货棚或露天货场上进行的货物装卸、搬运、堆码作业及辅助作业统称场库作业。

场论 Field Theory

用来表述有关场的基础理论。这里主要是指描述物流集成过程中所形成的集成场关系理论，它体现了运用系统学观察、分析人工集成事物运动的基本观点和方法，其实质上是按照集成管理科学规律进行分析，体现了物流集成过程观察与优化的理论。

场内运输时间
Transportation Time in Yard

报告期内各种钢铁原燃料和产品在钢铁企业内部库场进行短途运输的总时间。计量单位：小时。

场外在途时间 Otc Traveling Time

报告期内各种钢铁原燃料和产品在钢铁企业外部进行运输的总时间。计量单位：小时。

场线 Field Lines

货流（流体、流量、流向、流距、流程）、载体（载运工具）、通道、基地、制度等场元联结而合成的一组关系。场线量化描述可用物流集成作业过程轨迹或其产出函数的表现，可以概括为集成系统运作轨迹及其全程场线绩效。

场线创新机理
Field Lines Innovation Mechanism

应用于物流与供应链场线（十要素）形成与运行过程的综合变革活动。场线创新是集技术、组织与管理为一体的新的要素结构关系，以取得质量、效率和成本显著绩效，可称为场线集成创新动因。物流场线包括货流、载体、通道、基地、制度等场元联结而合成的一组关系。其创新机理主要以从瓶颈消除、能力提升、能源改进、场线优化等方面寻求创新动因。运用场线集成创新机理，有利于发现货源、物流通道、载运工具、支持系统等的集成创新突破点和实现途径。

场线机理 Field Lines Mechanism

针对物流与供应链产出过程，基于专业化、组织化的产出函数表达形式和测量全程绩效，可以通过绩效验证仿真有关创新动因、运作方式等的原理，有利于提高并更准确地测量和表达全程绩效描述的有关指标。

场线综合创新机理 Field Lines Comperhensive Innovation Mechanism

强调由构成物流与供应链场线的几方面合成场元同时进行变革、重组、协同等综合整合工作所形成的全程场线绩效突变的原理。

场线组织机理
Field Lines Organization Mechanism

集成体主导的有明确地进行物流运行过程要素结构与关系形成的体系，即有目标、有资源、有任务、有联系、有支持过程的物流集成场线运行轨迹体系。

场箱位 Slot

集装箱堆场上为整齐码放集装箱而预先画好的长方形格子，并编有号码。

场箱位号 Slots Number

表示集装箱在堆场上所处位置的一组数字，一般由衍、列、层共四位至六位数字组成。

场源 Field Source

物流集成场产生吸引力或辐射力之源泉。通常是以复合场源方式通过承载于物流基核形成集聚与辐射作用，例如，陆港、海港、空港物流园区等所能产生集成引力的功能要素。

场源作用 Field Source Effect

基核产生集成引力作用之源，具有引导资源、功能集聚，支持场线形成和辐射等功能。基核场源种类、性质和结构表达了基核基本功能的内在原因，主导了产业集聚的内在机理。

场站经营人 Yard Operator

集装箱中转站、货运站的经营者。

场站收据 Dock Receipt

承运人签发的证明港口经营人已经收到集装箱货物并对货物开始负责的凭证。承运人委托集装箱码头、中转站或内陆站收到集装箱后签发的收据。

敞顶式集装箱 Open Top Container

没有刚性箱顶的集装箱，但具有通过可以转动或可拆卸的顶梁来支撑的柔性顶篷或可以移动的刚性顶盖，其他部分与通用集装箱类似。

敞开包装 Open Package

将产品固定在底座上，对其余部分不再进行包装的一种包装，多用于机电产品。

敞口集装箱船
Open-Hatch Container Vessel

一种特殊设计的集装箱船，其一个或多个货舱不需设置舱口盖。

超大货物 Oversized Cargo

超过承运人规定尺寸的货物。

超高作业 Over-height Stacking

超过规定高度部分的堆码和拆垛的作业。

超期配送拒收
Extended Distribution Rejected

连续配送三天仍未联系上客户而做拒收处理的订单。

超重倾覆力矩 Load-Tipping Moment

载荷中心线至倾覆线的距离 A 和与之相对应的载荷 Q 的乘积，$MA=A \times Q$。

超市管理 Supermarket Management

对产品的使用信息、上线前仓库信息进行绑定，明确产品的物流信息，实现产品的预拣选、配送。

超限车 Over-limit Truck

装有超限货物的车辆。

超限货物 Out of Gauge Freight

货物装车后，车辆停留在平直线路上或运行在曲线线路上时，货物的任何部位的实测宽度、计算宽度或高度超过机车车辆限界或特定区段装载限界的货物。

超限货物的附加偏差量
Additional Deviation of Out of Gauge Cargo

由于车辆走行部分游间和线路在曲线处轨距加宽而产生的偏差量。

超限货物的计算宽度
Computed Width of Out of Gauge Cargo

货物的实测宽度加上货物检定断面计算点的偏差量（包括附加偏差量）减去建筑接近限界曲线水平距离加宽值。

超限货物检查架
Inspection Rack of Out of Gauge Freight

由于有的超限货物的超限程度与经由某一区段的建筑接近限界非常接近，为了保证超限车的运行安全，按照超限货物的超限程度制作的一种检查装置。

超限货物偏差量
Amount of Deviation of Out-of-gauge Freight

超限货物装车后，行经曲线线路时，车辆的纵中心线和线路中心线不在同一垂直平面上，产生了偏移，其偏移距离称为偏差量。该偏差量又分为内偏差量和外偏差量。

超限运输 Over-limit Transportati

货运车辆在装载货物后的外廓尺寸、轴荷及质量超过规定限制的货物运输。

超限种类 Category of Out of Gauge Cargo

根据超限货物超出机车车辆限界的不同部位可分为上部超限、中部超限、下部超限，或分为侧超限和两侧超限。

超长货物 Lengthy Cargo

一车负重，突出车端，需要使用游车或跨装运输的货物。

超重货物 Overweight Cargo

超过承运人规定重量的货物。

超市配送产业
Supermarket Distribution Industry

超市配送指在经济合理区域范围内，根据各连锁超市要求，对商品进行分拣、加工、包装、分割、组配等作业，并按时送达指定地点的物流活动。按超市与供应商的关系划分，配送可分直配、协配、授权自采和日常配送四种方式。

潮州港 Chaozhou Port

位于广东省潮州市饶平县，为国家一类

对外开放口岸。

车吨位产量 Output Capacity Per Tonnage

在一定时期内，车辆平均每个吨（客）位完成的周转量，按主车综合或主、挂车分别计算，是反映每个吨（客）位运用情况的综合效率指标。

车后服务平台 After-Sales Service Platform for Automotive

利用信息化手段，围绕汽车售后使用环节中各种后继需要和服务而产生的一系列交易活动提供服务的网络化系统。

车货匹配平台
Infromation Platform for Cargo and Truck

通过线上平台实现去中介化，利用互联网技术和信息技术提高信息检索能力和匹配效率，减少司机的等待时间、空驶距离，提高满载率。

车联网 Internet of Truck

车与车、车与路、车与人、车与传感设备等交互，实现车辆与公众网络通信的动态移动通信系统。

车联网系统 Internet System of Truck

利用先进传感技术、网络技术、计算技术、控制技术、智能技术，对道路和交通进行全面感知，实现多个系统间大范围、大容量数据的交互，对每一辆汽车进行交通全程控制，对每一条道路进行交通全时空控制，以提高交通效率和交通安全为主的网络与应用。

车辆处置费 Vehicle Adaptation Charge

为运输特种货物或特种集装箱，改装、拆卸和清理车辆的费收。

车辆道口分配系统
Vehicle Distribution System

使运输车辆取货、到达仓库、转运分配、卸货、返空整个环节可以通过控制塔统一进行目视化监控指挥。

车辆吊具

Tong-Type Lifting Gear of Vehicle

利用真空或电磁原理吸取货物进行装卸的装置。如真空吸盘、电磁吸盘。

车辆负重面长度
Length of Loading Surface of Vehicle

货车地板负担货物重量的长度。

车辆交接单
Intercharge Receipt of Wagons

在国际货物联运中，交付方与接受方移交车辆的凭据。

车辆线路模型 Vehicle Routing Model

用于解决一个起始点、多个终点的货物运输中，如何降低物流作业费用，并保证服务质量的问题，包括决定使用多少车辆、每辆车的行驶路线等。

车辆箱位利用率
Utilization Ratio of Truck Slot

集装箱车辆载运的集装箱换算箱数与车辆箱位数的百分比。

车辆箱位数 Slot Capacity of a Trunk

集装箱车辆额定装载集装箱换算箱数。

车辆营运绩效指标
Vehicle Operation Performance Indicator

一定时期内，反映车辆运营的经济效果和效率的指数。

车辆装载能力
Vehicle Loading Capacity

用额定载货标记吨位或载客标记客位反映车辆运输能力的参数。

车门卡 Check Station

卡住车门以防止落下的工具。

车内作业 Operation in Truck

在铁路车辆和汽车车厢内进行的货物装卸及辅助作业。

车位 Loading Space

在仓库或货场专门用于车辆装卸货物的位置。

车型配载 Truck Loading

根据大件货物的准确尺寸、重量信息、包装方式和储存运输要求，结合运输线路的实际条件，考虑车辆的整体载荷和载货平台尺寸，确保车辆配重在横向和纵向上的平衡，选择合适的车型进行装运。

车载终端 Truck Terminal

安装在车辆上，自带操作系统、显示屏、键盘，利用车辆的直流电源供电，用于车辆与仓储物流管理系统之间进行通信，采用无线方式传输信号。仓储物流管理系统下达给车辆的任务会以清单的方式显示在车载终端上，车辆驾驶员可通过车载终端查询和确认任务的完成情况。

车货匹配物流产业
Car Goods Match Logistics Industry

车货匹配实际上就是通过线上平台实现去中介化，利用互联网技术和信息技术提高了信息检索能力和匹配效率，减少司机的等待时间、空驶距离，去中介化，提高满载率。车货匹配平台主要利用"互联网+"的优势，通过物流APP、WEB或其他系统的开发，将线下车源、货源等进行整合，并在线上通过APP、WEB或者其他系统进行发布信息并精确匹配，解决物流信息不对称性。跟车货匹配物流相关物流经济活动的集合即为车货匹配物流产业。

撤回 Withdrawal

邮政企业或快递企业按寄件人申请，将已交寄的邮件或快件撤销寄递并返还寄件人的过程。

衬垫材料 Cushion Material

为防震、防漏等而采用的辅助包装材料。广义上包括表面保护材料、填充材料和支撑固定材料。

称量装置 Weighing Devices

针对起重、运输、装卸、包装、配送以及生产过程中的物料实施重量检测的设备。

撑架 Lifting Spreader

是一种配合托盘进行装卸作业的专用工具。由一只吊环和两根钢管制成的托棍组成。每根托棍用两根钢丝绳与吊环连接，又称货板托棍。

成本加保险费加运费合同
Cost, Insurance and Freight Contract

又称承运检查到岸价格合同，是指卖方负责把包括成本、保险费和全程运费价格的货物交到装运港的船上，并及时向买方提供适当的装运单据，买方承担货物在货运港越过船舷以后的一切风险的一种国际货物买卖合同。

成本加运费 Cost and Freight（CFR）

卖方必须支付把货物运至指定目的港所需的开支和运费，但从货物交至船上甲板后，货物的风险、灭失或损坏以及发生事故后造成的额外开支，在货物越过指定港的船舷后，就由卖方转向买方负担，另外要求卖方办理货物的出口结关手续。

成件包装货物 Packed Goods

具有运输包装且能够清点件数的货物。

成组比重 Ratio of Unitization

成组运输、成组装卸、成组堆垛的货物数量分别占适宜成组货物数量的百分比。

成组堆垛 Unitized Stacking

集并成组货物的堆垛作业。

成组工具 Unitized Devices

通过集并来扩大货物单元的专用工具。

成组技术 Group Technology（GT）

按照一定的准则分类成组，同组事物能够采用同一方法进行处理，以便提高效益的技术。

成组量 Volume of Unitized Cargo

成组运输、成组装卸、成组堆垛的货物数量。

成组运输 Unitized Transportation

采用各类器具将件货或散装货物集零成组后，进行装卸、运送的货物运输。

成组装车 Cargo Loading by Groups

在同一装车站按货物的同一卸车站或按前方编组站列车编组计划规定的解体站组织装车成组，每组车数五辆以上，且通过一个或一个以上编组站不进行拆解的装车组织方法。

成组装卸 Unitized Cargo Handling

对集并成组的货物所进行的装卸作业。

承运 Acceptance of Consignment

承运人按规定办法接受托运人委托承担运送货物的行为。按照合同，履行货物运输全过程责任的业务活动。

承运检查
Check Before Acceptance of Conveyance

易腐货物承运前对其进行检查，其中包括：标志易腐货物运输特点的事项是否填记完全、确切和明确，质量、包装是否良好；冷却货物和冻结货物温度是否符合要求，凭证文件是否齐全。

承运人责任险和货物运输险的区别
The Carrier's Liability Insurance and the Difference Between the Risk of Carriage of Goods

承运人责任险属于责任险，保险范围是由承运人造成的损失。不包括自然灾害等不可抗力；货物运输险属于财产险，保险范围更广，保险范围包括自然灾害等不可抗力造成的损失。

承运温度和交付温度
Carrying and delivery temperature

易腐货物承运时和交付时的温度。

城市配送 Urban Distribution

在城市范围内，以商业活动和居民生活为主要服务对象，满足城市经济社会发展需要的配送活动。

城市配送型物流园区
City Distribution Logistics Park

保障商贸与城市生产的物流园区，服务于特定城市。

城市配送中心 City Distribution Center

按服务范围分类的一种配送中心，是以城市范围为配送范围的配送中心。由于城市范围一般处于汽车运输的经济里程，这种配送中心可直接配送到最终用户，且采用汽车进行配送。

城市网 City Network

由城市（不含市管县）范围内的邮政营投局所及设施、邮件处理中心和市内邮路，按照一定的原则和方式组织起来的从事邮政通信活动的网络体系。

城市物流 City Logistics

为城市服务的物流，服务于城市经济发展的需要，指物品在城市内部的实体流动，城市与外部区域的货物集散以及城市废弃物清理的过程，并存在不同的模式、体系和存在形态，和其他形式的物流有一定区别。

城市物流信息平台
City Logistics Information Platform

通过对城市区域内物流信息的采集，为生产、销售及物流企业的信息系统提供基础物流信息，满足企业信息系统对物流公用信息的需求和功能实现，通过物流共享信息，支撑政府部门间行业管理与市场规范化方面协同工作机制的建立。

乘用车仓储
Passenger car storage/warehouse

乘用车及随车物品出库、存放、防护、保养、管理等方面的服务过程。

持有成本 Holding Cost

在仓库中为了保持存货而发生的成本，即货物从入库到出库期间所发生的成本。

充气袋 Inflated Bag

利用充气机将 PE 充气膜充气成袋的缓

冲防护材料。

重新设计供应链 Supply Chain Redesign

重新设计供应链的结构、目标及竞争策略等。

抽叉

Withdrawal Weighting Transducer

将货叉从货件下退出的动作（工步）。

抽索 Withdrawal a Sling

将吊索从货件下面抽出来，是解索方式之一。

出仓 Processors

将库内货物按货邮舱单和航空货运单进行核对后单独存放并准备运输的工作。

出发场 Departure Yard

办理列车出发作业的车场。

出口加工区 Export Processing Zone

一个国家或地区在其港口或邻近港口、机场、车站等地方，划出一定的范围，提供减免关税等优惠待遇，鼓励外国企业在区内进行投资建厂，生产以出口为主的制成品的加工区域。

出口监管仓库 Export Supervised Warehouse

经海关批准设立，对已办结海关出口手续的货物进行存储、保税物流配送、提供流通性增值服务的海关专用监管仓库。

出口退税 Drawback

国家为帮助出口企业降低成本，增强出口产品在国际市场上的竞争力，鼓励出口创汇而实行的由国内税务机关退还出口商品国内税的措施。

出口外汇核销单

Export Foreign Exchange Verification Form

由国家外汇管理局统一管理和制发，各分支局核发，出口单位凭此向海关办理出口报关，向银行办理出口收汇，向外汇管理部门办理出口收汇核销，向税务机关办理出口退税申报的有顺序编号的重要凭证。

出口箱平均堆存天数

Average Storage Period of Export Container

出口集装箱在码头累计堆存天数与出口集装箱自然箱数的百分比。

出库 EX-warehouse

货物从仓库中搬出的作业。

出库单 Outbound Delivery Order

体现客户所订购商品信息和B2C电商售后服务政策的单据。

出库吨数 Tons of Cargo Delivered

一定时期内，在库场堆存的货物经提取及由车、船装运出的数量。

初始包装 Original Package

直接与产品接触的包装。

储存保管 Storage

仓储的基本任务是存储保管、存期控制、数量管理、质量维护；同时，利用物资在仓储的存放，开发和开展多种服务是提高仓储附加值、促进物资流通、提高社会资源效益的有效手段，因而也是仓储的重要任务。

储存型配送中心

Storage Distribution Center

按配送中心的功能分类的一种配送中心，有很强的储存功能。

储罐 Storage Tank

化工物流园区内，罐车装运危险货物的存储及周转设备。危险货物在储罐中的存储量大小及存储时间长短，影响着危险货物罐车运输的周转周期及单次运输所需要的罐车数量。

储配中心 Storage and Distribution Center

负责B2C电商网站所销售商品的收货、储存、拣货备货和配送等作业的物流中心。

处理员 Express Item Operator

从事快件分拣、封发、转运等工作的人员。

传送带车 Conveyor Belt

用于传递货物、邮件和行李的专用车辆。

重复购买率 Repeat Purchase Rate

消费者对该品牌产品或者服务的重复购买次数。重复购买率越多，反映出消费者对品牌的忠诚度就越高，反之则越低。

重复使用 Reuse

通过对于包装的所有运作，使其预期地并且有计划地在其生命周期之内完成有限次数的周转或循环，是预先设计的再灌装或用于相同的产品，用或不用辅助产品维持投放市场；受生命周期的制约，如此重复使用的包装也将成为包装废弃物。

重复运输 Duplicated Transport

一批货物运达到站后，不经过任何加工或必要的作业，又重新装车再次运输。

传统物流园区
Traditional Logistics Park

一些物流活动相对集中的区域，其并没有完善的规划和运营方案，是一种自发形成的后来加适当规范的物流集中场所。其主要实现的是货物的仓储以及空间和时间上的简单位移。

船舶到港确报
Final Arrival Notice of Ship

船舶抵港前，根据调度规程要求，向港口发出的准确抵港时间的通知。

船舶到港预报
Advance Arrival Notice of Ship

船舶在发到港确报前所发的各次抵达目的港时间的通知。

船舶抵港时间 Time of Arrival

船舶到港靠好码头或在锚地、浮筒泊妥的时间。

船舶动态 Vessel Movement

船舶航行、停泊及在港作业的情况和进度。

船舶积载 Stowage

拟定船舶在一个航次所应装运货物的品种、数量、体积以及在船上的位置的计划。

船舶离港时间 Time of Departure

船舶离开码头、浮筒或锚地的时间。

船舶排队时间 Queuing Time

装卸货物的时间、装卸作业前后的准备时间、结束时间及其他与装卸作业有关的时间的总和。

船舶平均每停泊艘天装卸货物吨数
Average Tonnage of Cargo Per Vessel Berthed

又称船舶装卸总定额，是指平均每艘船每停泊一天所装卸的货物吨数（或集装箱标准箱箱量）。

船舶平均每停泊艘天装卸量
Average Daily Rate Per Ship in Port

平均每艘船所装卸的货物吨数。单位为吨每艘次。船舶平均装卸货物吨数＝装卸货物总吨数÷船舶装卸次数。

船舶平均每装卸艘天装卸货物吨数
Cargo Handled per Vessel

平均每艘船每装卸一天所装卸的货物吨数（或集装箱标准箱箱量），又称船舶装卸纯定额。

船舶平均在港时间
Average Port Time of Ship

一定时期内，船舶从进港时起至出港时止，平均每艘船在港的时间，单位为天。船舶平均在港时间＝船舶在港总艘天数÷船舶在港总艘次数。

船舶融资 Vessel Financing

以船舶资产（含在建船舶，下同）抵押或以船舶资产使用产生的现金流质押作为第二还款来源，满足借款人建造、购置、租赁、维修、使用船舶资产需求的贷款、保函等信贷业务，其用途限于借款人主营业务相关支出。

船舶数量 Number of Vessel

国内钢铁物流行业，运输钢铁类物品的各种船舶。计量单位：万艘。

船舶速遣 Dispatch of Ship

船舶在港时间少于规定期限。

船舶箱位利用率
Utilization Ratio of Container Slots

集装箱船舶实际装载的集装箱换算箱数与船舶箱位数的百分比。

船舶箱位数 Slot Capacity of a Vessel

集装箱船舶额定装载集装箱换算箱数。

船舶在港时间 Port Time

船舶从抵港时间开始至离港时间为止的全部时间。

船舶滞延 Demurrage

船舶在港时间超过规定期限。

船舶重箱实载率 Actual Loading Ratio

集装箱船舶运输的重箱换算箱数与船舶箱位数的百分比。

船舶装卸 Ship Handling

从堆场把集装箱装上船或从船上把集装箱卸下来的作业过程，包括出口装船作业、进口卸船作业、倒载作业等。

船舶装卸作业时间 Handling Time

港口调度部门为每艘船所制定的具体装卸方案。

船舶自动识别系统
Automatic Identification System

由岸基（基站）设施和船载设备共同组成，是一种新型的集网络技术、现代通信技术、计算机技术、电子信息显示技术为一体的数字助航系统和设备。

船联网 Internet of Vessels

海上运输透明化船联网将物联网概念与技术引入内河航运领域，是一个全新的方向，

具有一定的创造性和探索性。

船上集装箱翻装费 Container Rehandling Fee

应船公司要求，港口经营人对已装船的集装箱进行重新装载而向船公司收取的费用。

船时量 Tons per Ship-hour

船舶抵达港口后，为等候泊位或等候装卸的时间。

船务代理 Shipping Agency

接受船舶所有人（船公司）、船舶经营人、承租人或货主的委托，在授权范围内代表委托人办理与在港船舶有关的业务、提供有关的服务或进行与在港船舶有关的其他法律行为的经济组织。

船用集装箱起重机 Derrick

船舶自备的集装箱起重机，运行轨道设于甲板舱口的两侧，起重机沿轨道前后移动，装卸集装箱。

窗口收寄 Counter Collection

邮政企业或快递企业在其营业场所内收寄邮件或快件的方式。

创新型物流链
Innovative Logistics Chain

以科技创新为基础，将科学技术应用到物流方式的各种组合中，使得物流链的整体技术水平处于同行业领先地位，在市场竞争中具有优势和持续发展能力。

垂直输送 Vertical Conveyor

垂直输送机能连续地垂直输送物料，使不同高度上的连续输送机保持不间断的物料输送。

垂直运输 Vertical Transport

利用机械设备或人力使货物进行垂直位移。

垂直装卸 Vertical Handling

采取提升和降落的方式进行装卸。

磁条技术 Magnetic Stripe Technology

磁条（卡）技术以涂料形式把一层薄薄

的由定向排列的铁性氧化粒子用树脂黏合在一起并粘在诸如纸或塑料这样的非磁性基片上。磁条从本质意义上讲和计算机用的磁带或磁盘是一样的，它可以用来记载字母、字符及数字信息。

次晨达 Next Morning Delivery

在指定的开办范围内当天收寄的 EMS 邮件，在次日上午 11 时前完成投递的邮政特快专递业务。

次日达 Next Day Delivery

客户的订单，在当天 16 时前为已确认状态时，B2C 电商承诺在次日送达客户的服务政策。

从业资格管理
Professional Certification Management；
Professional Qualification Management

从事营业性道路运输经营活动工作人员，应当持有相应的资格证书。该资格证书每间隔一定时间审验一次。经市级以上人民政府交通主管部门运政机构审验合格的，加盖继续有效印章。

村邮站 Rural Postal Service Station

设在行政村负责接收、转投邮件的固定场所。

存车线 Vehicle Storage Track

暂时存放或选分车组用的线路。

存货成本 Inventory Cost

因存货而发生的各种费用的总和，由物品购入成本、订货成本、库存持有成本等构成。

存货控制 Inventory Control

在保障供应的前提下，使库存物品的数量合理所进行的有效管理的技术经济措施。

存货质押融资 Inventory Financing

需要融资的企业（即借方），将其拥有的存货作为质物，向资金提供企业（即贷方）出质，同时将质物转交给具有合法保管存货资格的物流企业（中介方）进行保管，以获得贷方贷款的业务活动，是物流企业参与下的动产质押业务。

存货周期 Inventory Cycle

某一类产品、材料或某个单品进出仓库的循环时间。在制造业和销售领域，存货周期常叫作库存周期，商品的存货周期通常根据客户的月需求量和下订单频率而定，企业自己需要的材料的存货周期根据自己的月需求量和采购提前期而定。

撮合交易系统 Trading Match System

实现撮合交易的管理系统。撮合交易是指卖方在交易市场委托销售订单 / 销售应单、买方在交易市场委托购买定单 / 购买应单，交易市场按照价格优先、时间优先原则确定双方成交价格并生成电子交易合同，并按交易定单指定的交割仓库进行实物交割的交易方式。

错发件 Misdelivered mail

实际送达名址与收件人名址不符的快件。

错贴（挂）货物标签 Chang'an International Freight Block Train

托运人将货物的标签贴（挂）错，以致使货物上的标签与航空货运单或货邮舱单所列明的内容不符。

长安号 Length

陕西省首趟国际货运班列，国际班列序号为 80806，线路包括"一干两支"，其中"一干"为西安至鹿特丹，全长 9850 公里；"两支"是西安至莫斯科，全长 6251 公里，西安至阿拉木图，全长 3866 公里。

长度
Long-term Contractual Relationship

纵梁或纵梁板方向的面板尺寸。无纵梁或纵梁板的托盘指其面板较长方向的尺寸；在标明托盘尺寸时首先提到的是长度尺寸。铺板较长边或装有门的那一侧铺板总尺寸。

D

DC Distribution Center

配送中心常用名称。

DMS Delivery Management System

Delivery Management System 的简写，指配送管理系统，主要用于订单或商品包装、分拨、派车、装车和配送等作业。

DOA Damage On Arrival

Damage On Arrival 的简写：指到货即损。是电子产品的行业内用语，指客户收到货时开箱就是坏的。

DPEX 国际快递 Document Parcel Express

1984 年，Mr.Tipp & Mr.Simon & Mr.Vick 三人于新加坡创立 DPE International。DPE 作为世界领先的国际货运组织的一个组成部分，在技术、产品和服务及质量上的承诺使得 DPE 可以提供全球范围内迅捷的国际快递服务。

达方物流 DFPOST

达方物流成立于 2006 年，是一家专注于为电子商务卖家提供综合性一条龙服务的国际物流公司，提供隔夜运输、安全仓储、代理采购、平台代售等跨平台综合物流服务，总部设于深圳市南山区。

达累斯萨拉姆 Dar Es Salaam

斯瓦希里语意为"平安之港"。坦桑尼亚首都，第一大城市和港口，全国政治、经济、文化中心，东非重要港口，达累斯萨拉姆区首府。该市终年绿色，环境优美，零星点缀着保存较为完整的西式及阿拉伯式古建，是海上"丝绸之路"沿线城市。

打包 Packing

将货物用适当材料扎紧、固定或增加强度的操作。

打底 Pile Up the Underlying Condition

堆放底层货件的工步。

打掩 A Mask

对易滚动的货件两侧掩楔固定的操作（工步）。

大采购策略 Mass Procurement Strategies

所有的企业外部购买行为尽可能由采购部门整合管理。企业通过大采购应尽可能地把非核心业务通过采购获得。当今的市场竞争、价格压力及其他种种因素都要求采用更加战略性的方法购买产品和服务。

大道定理 Turnpike Theory

公路网络中的交通流会自动地向大路、好路汇集的基本规律。许多国家的高速公路里程占全部公路里程的比重很小，但其所承担的交通车流量却很大，这种效能车流向大路自动集中的现象称之为大道定理。大道定理说明了，最优线路已不是地理上的最短路程，而是时间上的最短路程，即区域的空间可达性。大道定理对构建国际物流快速通道网络、分析和优化中欧班列等国际物流集成系统具有重要参考作用。

大件吊装 Heavy Lift Cargo

通过吊装，使大件从原位移至另一部位的操作过程。目前化工、炼油、机电等大型设备日益增多，有的单件重量已超过 500 吨，这些设备的吊装需要大型的起重船（机）承担。

大件商品 Ninety Percent New Grad

商品满足以下三个条件中任一条件时即归为大件：①外包装包装尺寸单边超过 1 米，②三边之和大于 2.5 米，③重量超过 30 公斤。

大陆桥运输 Land Bridge Transport

用横贯大陆的铁路或公路作为中间桥梁，将大陆两端的海洋运输连接起来的连贯运输方式。

大湄公河次区域经济合作 Great Mekong Subregion Cooperation(GMS)

于 1992 年由亚洲开发银行发起，涉及流域内中国、缅甸、老挝、泰国、柬埔寨和越南等六个国家，旨在通过加强各成员国间的经济联系，促进次区域的经济和社会发展。大湄公河次区域经济合作建立在平等、互信、互利的基础上，是一个发展中国家互利合作、联合自强的机制，也是一个通过加强经济联系，促进次区域经济社会发展的务实的机制。

大数据 Big Data

一种规模大到在获取、存储、管理、分析方面远超传统数据库软件工具能力范围的数据集合，具有海量的数据规模、快速的数据流转、多样的数据类型和价值密度低四大特征，是需要新处理模式才能具有更强的决策力、洞察发现力和流程优化能力来适应海量、高增长率和多样化的信息资产。

大数据产业园 Big Data Industrial Park

大数据产业的聚集区或大数据技术的产业化项目孵化区，是大数据企业的孵化平台，是大数据企业走向产业化道路的集中区域。

大田物流 DaTian Logistics

天津大田集团有限公司，1995 年 5 月 19 日成立，经营范围包括承办海运、陆运、空运进出口货物和国际展品、私人物品及过境货物的国际运输代理业务，包括：揽货、订舱、包机、中转、集装箱拼装拆箱、结算运杂费、报关、报验、保险、国际多式联运及相关的短途运输服务及咨询业务等。

大宗货物 Predominant Goods

运输量大，便于组织铁路直达运输或成组装车的货物。

大宗商品电子交易系统 Commodity Electronic Trading System

为买卖双方会员的委托提供的一个计算机撮合配对的工具，处理电子交易中买卖双方下单、撤单、成交、结算、交割、处罚等事宜，同时提供银行转账与物流配送系统接口，方便参与买卖会员的资金出入和货物仓储配送，并向会员及系统管理和使用人员提供当前的行情及其相关结算信息。

大宗印刷品收寄机 Bulk Posting Machine

用于收寄大宗印刷品，能自动称重、计费、过戳、计数及打印单据的设备。

呆滞库存 Dead Stock

暂时不用或者永远没有机会使用的具有风险的库存。

代存代供配送 Generation and Distribution

用户将属于自己的货物委托给配送企业代存、代供，有时还委托代订。然后组织对本身的配送。这种配送在实施时不发生商品所有权的转移，配送企业只是用户的委托代理人。商品所有权在配送前后都属于用户，所有所发生的仅是商品物理位置的转移。配送企业仅从代存、代送中获取收益，而不能获得商品销售的经营性收益。在这种配送方式下商物是分流的。

代收货款 Cash on Delivery

快递服务组织接受委托，在快递快件的同时，向收件人收取货款的业务。

带斗门座起重机 Kangaroo

门座上带有漏斗和带式输送机，用抓斗卸船的门座起重机。

带式输送机 Belt Conveyor

用连续运动的无端输送带输送货物的机械。

带有完整上部结构的台架式集装箱 Platform-based Containers with Complete Superstructure

在箱体底部结构以上部位具有永久性纵向承载结构的台架式集装箱。

待卸车 Cars Waiting for Discharging

按计划需要卸下的货物因故暂时停在停车场或卸车线的货车。

单车产量 Single-vehicle Output

在一定时期内，每辆车平均完成的周转量，按主车综合或主、挂车分别计算，是反映汽车单车运用的综合效率指标。

单船作业计划
Operation Plan for a Single Ship

对船舶在集装箱码头所要进行的全部作业的项目、程序、延续时间、相应责任者做出安排，并对港区各部门及港外协作单位提出具体协作要求。

单点系泊设施
Single Point Mooring Buoy（SPM Buoy）

在开敞的海域上，设有大型固定塔架或浮筒，并有通到岸上的水下输油管线，供油轮系泊和装卸油作业的专用设施。

单个资产标识代码
Global Individual Asset Identifier（GIAI）

EAN.UCC 系统中，用于一个特定厂商的财产部分的单个实体的唯一标识的代码。

单货不符
AWB Not in Accordance with Cargo

到达站所收货物与货运单所列明的件数、重量等不一致。

单件货物装卸 Single Cargo Handling

逐件完成的一种作业方法。适用于长、大、笨重货物，或集装会增加危险的货物的作业方式。

单量份配送 Set Parts Supply

向汽车生产线单辆份配货的一种物料配送方式。指在和生产线分离的另一个场地，将一辆份的零件拣选出来或进行分装后按照顺序向生产线上操作者供给的方式。

单面使用托盘 Non-reversible Pallet

仅有一面用于堆码货物的双面平托盘。

单面托盘 Single-deck Pallet

只有一面铺板的平托盘。

单体包装 Individual Package

只包装一种或一套产品的包装。

单位面积堆存定额
Storage Capacity per Effective Unit Area

核定的每平方米库场有效面积堆存货物吨数。

单位长度泊位吞吐量
Earth's Throughput per Unit Length

泊位在一定时期（年、月、日）内，每米泊位长度的货物吞吐量。

单向编组站
Single Direction Marshalling Station

上、下行方向只设一套调车系统的编组站。

单向横列式编组站 Unidirectional Transversal Type Marshalling Station

上、下行方向的到发场与共用调车场并列布置的编组站。

单向混合式编组站 Unidirectional Combined Type Marshalling Station

上、下行共用的到达场与共用的调车场纵列布置，上、下行出发场与共用的调车场横列布置的编组站。

单向纵列式编组站 Unidirectional Longitudinal Type Marshalling Station

上、下行共用的到达场、调车场和出发场顺序排列的编组站。

单一窗口 Single Window

按照联合国贸易便利化和电子商务中心33号建议书做出的解释，它是指参与国际贸易和运输的各方，通过单一的平台提交标准化的信息和单证以满足相关法律法规及管理的要求。

单一交通枢纽 Single Transport Hub

由同种运输方式,两条以上干线组成的枢纽。

单翼板滑板
Single Lip(tab) Slip Sheet

一边设翼板的滑板。

单元包装 Unit Loads

通过一种或多种手段将一组货物或包装件拼装在一起，使其形成一个整体单元，以利于装卸、运输、堆码和贮存。

单元货物 Unit Load

把几项或几包货物用一种或几种方法捆在一起，形成一定形状，使之适合于作为一件货物搬运、运输、堆码和存放。此术语亦指同种目的的大件货物。

单元装卸 Unit Loading & Unloading

用托盘、容器或包装物将小件或散装物品集成一定质量或体积的组合件，以便利用机械进行作业的装卸方式。

当日递 The Same Day Delivery

顾客在指定的开办范围内，在中国邮政速递下单后，承诺中午12点前揽收，当日18点前送达的邮政特快专递业务。

挡板 Collar

板式、格式或板条式壁板的可拆装式框架，它可以装在托盘上或通过挡板间连接用于加固货物。

倒垛 Rehandling

对货物进行拆垛、重码或翻动的作业。

倒箱 Container Rehandling

将集装箱从原来的位置搬移到另外的箱位的作业。

倒罐流程 Inter-Tank Transfer

为了能充分利用油库（油罐）的容量，便于分类储存各种不同的油品，或由于检修油库（油罐）的需要，将某一油库（油罐）中的油供到另一油罐中去的过程。

倒棱 Chamfer

底铺板或底板顶边的斜面，便于托盘搬运车的前轮顺利通过。顶铺板的底边亦可做成斜面。

倒装
Unload the Goods from the Original Car

由于车辆发生危及安全运输的不良状态，将货物从原装车上卸下，换上另一辆车的作业。

倒装线 Inverted Loading Track

对货物装载状况不良车或故障车进行整理或卸后重新装车用的线路。

到岸成本 Landed Cost

到岸成本是指采购、运输和进口商品的所有开支的总和。包括采购金额、订货费用、资金机会成本、税费、货币差异、运输配送费用、海关代理、库存成本、拼货、包装、港口处理费和丢失/损坏保险费等。

到车 Rail Carsin Port

到达港口列车数的总称。

到达场 Receiving Yard

办理解体列车到达作业的车场。

到达火车预确报
Advance and Final Arrival Notice of Train

铁路调度部门发给港口调度部门有关火车预计到港和最后准确到港时间和车辆数目的通知。

到达交付 Delivery on Arrival

货物运抵卸货地后，承运人与收货人办理货物交接手续。

到发场 Receiving and Departure Yard

办理列车到达和出发作业的车场。

到发船密度
Frequency of Ships Arrival and Departure

平均每天到发船的艘次数或吨位数。

到发线 Arrival-departure Track

供办理旅客或货物列车到达或出发作业用的线路。

到付件 Freight Collect Express Item

由收件人支付快递费用的快件。

到货即损 Dead on Arrival

消费者收到快递公司的快递后，开箱时货物就是损坏的，这种情况下可以要求厂家进行退货或更换，申请期限一般在六天到六十天不等。

到货价格 Delivered Price

货物交付时点的现行市价，其中含包装费、保险费、运送费等。

到货确认 Confirmation of Arrival

对所收到的订单或商品进行收货确认的作业。

到位 In the Lifting

指挥吊运的货件沿最安全的线路向指定位置吊运的过程（工步）。

道路共营运输 Shared Transport

由两个及两个以上的道路运输经营者在一定范围或条件内，共同承担的旅客或货物运输。

道路交通信息通信系统 Vehicle Information and Communication System

将计算机网络技术、多媒体技术与监控技术结合起来的一种全新控制系统，它能将计算机网络系统和监控技术连接起来，实现用户、道路、车辆三者的综合，为驾驶员、车辆以及行人提供数据、图像和语音等多媒体交互服务。

道路运输 Road Transport

在道路上使用汽车从事旅客或货物的运输，也称公路运输或汽车运输。

道路运输行业 Road Transport Industry

从事道路客货运输经营和道路运输相关业务的单位和个人的统称。

道路运输行政管理 Administration of Road Transport

各级政府交通主管部门对道路运输行业的统筹、指导、协调、监督和服务工作。

道路运输经营 Road Transport Operation

专门从事道路旅客运输和货物运输的企业和个人。

道路运输经营许可证 Road Transport Operation License

由道路运输管理机构对符合法定条件的经营申请做出准予行政许可决定后，颁发给经营申请人，许可其从事有关经营的凭证。

道路运输量 Road Transport Volume

在道路上使用汽车或其他运输工具运送旅客或货物的客、货运量和旅客、货物周转量的总称。

道路运输相关业务 Road Transport Related Business

与道路运输密切联系的有关业务，包括机动车维修、机动车综合性能检测、机动车驾驶员培训、道路运输站场经营、货物仓储、货物装卸、客（货）运代理、车辆租赁等。

道路运输站（场） Road Transport Terminal

为社会提供运输服务的车站、库场及其附属设施。

道路运输证 Certificate in Commercial Road Transport

合法经营道路运输的凭证。

德邦物流 DeBang Logistics

上海德邦物流有限公司，2002年9月26日成立，经营范围包括普通货运，货物专用运输（集装箱），民用航空运输销售代理（除专控），货运代理服务，仓储管理服务，货物搬运装卸服务，货物运输信息咨询（不得从事经纪），商务咨询（除经纪），国内快递（邮政企业专营业务除外），计算机专业领域技术服务，计算机软硬件开发与销售（除计算机信息系统安全专用产品），企业管理咨询等。

登记注册 Registration

经营道路运输业的单位和个人，在开业、停业、歇业和变更经营范围、增减车辆时，按规定向当地道路运管部门办理行业登记和车辆注册手续。

等级标签 Grade Labeling

在产品的包装上用以说明产品品质级别的标志。

等级费率 Class Rate

将全部货物划分为若干个等级，按照不同的航线分别为每一个等级制定一个基本运价的费率。归属于同一等级的货物，均按该等级费率计收运费。

等级货物运价 Class Rates

在某一规定地区或航线上指定等级的货物运价，通常是在普通货物运价基础上增加或减少一定的百分比而构成。

低成本战略 Low Cost Strategy

企业通过改进生产过程，扩大企业生产规模和降低各种生产要素的消耗，以降低成本，用低成本来击败竞争对手达到发展目标的战略。

低货位 Low Freight Section

地面低于线路路肩 1.5m 以上供卸车用的货位称为低货位。

低碳物流 Low-carbon Logistics

低碳物流顺应低碳经济的时代要求，是应对社会能源消耗严重、全球气候变暖最有效的物流发展方式，是实现可持续发展的物流运营模式。低碳物流并不是一味地减少能源消耗，降低碳排放，而是降低碳强度。低碳物流的本质就是通过物流规划与物流政策、物流合理化与标准化、物流信息化与低碳物流技术等方式，既能达到实现物流能力满足社会经济发展的适度增长的要求，又能达到缓解能源供给压力的目的，即有效实现物流领域的能源使用效率。

低位驾驶三向堆垛叉车

Low Driving Three-way Stacking Forklift

通常配备一个三向堆垛头，叉车不需要转向，货叉旋转就可以实现两侧的货物堆垛和取货，通道宽度 1.5 — 2.0 米，提升高度可达 12 米。叉车的驾驶室始终在地面不能提升，考虑到操作视野的限制，主要用于提升高度低于 6 米的工况。

低位拣选叉车 Order Picking Trucks

在某些工作环境下（如超市的配送中心），不需要整托盘出货，而是按照订单拣选多种品种的货物组成一个托盘，这种工作车辆称为拣选车。按照拣选货物的高度，低位拣选叉车适用于 2.5 米内。

低温保存箱 Cold Storage Box

一种能制冷，保存物品常态的保存箱。

低温储藏 Low-temperature Storage

利用低温条件减缓或抑制物质反应进程的贮藏方法。

低温分拣加工
Sorting Process at Low-temperature

低温分拣加工是冷链运输中的重要环节，主要针对易于腐烂货品进行的加工。

低温配送处理中心
Low-temperature Distribution Center

能满足自用需求（冷冻水产），并对下游经销商客户提供冷冻食品的配送物流服务中心。

低温瓦楞纸箱
Low-temperature Corrugated Box

具有隔热功能的瓦楞纸箱，就是在传统箱内、外包装衬上复合树脂和铝蒸镀膜，或在纸芯中加入发泡树脂。使其具有优良的隔热性，防止在流通途中蔬菜水果自身温度的升高，达到保温目的。

低温运输 Low-temperature Transport

对蔬菜、水果、食品等易化品、易腐产品、生物制剂进行起保鲜作用的冷藏运输，防止其变质，在没有冷源的场所，短时间内冰冻保鲜蔬菜、水果、啤酒、饮料、食品等。

低温作业 Low-temperature Operation

在低于允许温度下限的气温条件下进行作业。低温作业工作有高山高原工作、潜水员水下工作、现代化工厂的低温车间以及寒冷气候下的野外作业等。

底板 Floor

承托箱内货载的构件，通用集装箱的地板一般由木料构成；小型集装箱可使用钢质地板做保温集装箱的地板，一般由带有纵向通风道的铝材构成。

底板承载能力 Floor Load Capacity

集装箱进行试验时，集装箱的底部结构所能够承受箱内有效荷载或设备车轮所产生的静载和动载的能力。

底孔 Opening

双面托盘底部为托盘搬运车轮子接触地面而设置的孔。有时候亦称作"窗口"。

底梁 Floor Bearer

亦称底板托梁，在集装箱箱体结构中用于支撑底板的构件。对于一般集装箱是设在箱底结构两个端部之间的横梁；台架式集装箱的底板托梁除了横向者外，也不排除有纵向托梁存在。

底盘 Undercarriage

用于安装转台或起重机塔架，包括使起重机移动的驱动装置的基座。

底盘可视部分
Visible Part of Chassis

不通过地沟、举升机等设施，仅通过俯身可观察到的商用车底盘部分。

底铺板 Bottom Deck

质量水平分布的面板，有格式和整板式两种。

地板风道 Floor Air Duct

为保证冷/热风在箱体内的循环，在保温集装箱的地板内留出的通风槽，因此保温集装箱的地板通常由带"工"字型断面的铝质型材构成。

地磅 Weighbridge

设置在地下，可以称重整车或整箱等大件货物的电子称量设备。

地方铁路 Local Railway Line

由地方自行投资修建和管理并为地方经济发展服务的铁路。

地方性编组站
Local Marshalling Station

位于铁路干支线的汇合地点，主要承担地方车流的改编作业，编组一定数量的直通区段、摘挂及小运转列车的车站。

地面操纵起重机 Floor-operated Crane

司机在地面使用悬吊式控制器或无线装置控制的起重机。

地网 Logistics Distribution Network

物流配送网络，实体的物流配送体系。

递近递增运价
Progressive Rate for Shorter Distance

在规定的一定里程范围内，随着运距递近相应提高运价率的运价。

递索 Transmission Line

传递吊索。起重机递索指其回程时将吊索吊运到下一钩起吊地点的过程。

递远递减运价
Regressive Rate for Longer Distance

在规定的一定里程范围内，随着运距递远相应降低运价率的运价。

第三方 Third-part

置于买卖利益之外的独立的第三方（如专职监督检验机构），以公正、公平、权威的非当事人身份，根据有关法律、标准、合同等双方认可的依据进行的商品符合性检验活动。

第三方电子商务平台
Third Party E-commerce Platform

独立于产品或服务的提供者和需求者，通过网络服务平台，按照特定的交易与服务规范，为买卖双方提供服务，服务内容可以包括但不限于"供求信息发布与搜索、交易的确立、支付、物流"。

第三方电子物流中心
The Third Party Electronic Logistics Center

借助第三方的力量搭建的社会化公共平台，是以现代通信技术、信息技术、计算机技术和网络技术为一体的物流中心，具有实体与虚拟并存、实时性和预测性并存、合作与竞争并存、个性化与大众化并存、安全性与开放性并存，并且讲究信誉的特点。

第三方付费 Paid By the Third Part

寄递邮件或快件时，由收件人和寄件人以外的第三方支付费用的付费方式。

第三方回收 Third Party Recycling

制造商通过协议等方式将废旧品的全部或部分回收业务委托给专门的企业或组织进行回收的方式。

第三方冷链物流中心
Third Party Cold Chain Logistics Center

从事冷链物流活动的场所或组织，基本符合以下要求：主要面向社会服务；冷链物流功能健全；环境温度符合不同物品的需求；完善的物流信息网络；辐射范围大；少品种、大批量；存储吞吐能力强；冷链物流业务统一经营管理，具有完善的管理规范和物流设施。

第三方逆向物流
The third-party Reverse Logistics Provider

逆向物流服务提供方以签订契约的方式，在特定的时间段内按照契约的要求向物流服务的需求方提供的个性化、系统化逆向物流服务。

第三方物流 Third Party Logistics （TPL）

独立于供需双方为客户提供专项或全面的物流系统设计或系统运营的物流服务。

第三方物流包装
Third Party Logistics Package

把产品的物流与包装委托给专门的物流包装企业完成。

第三方物流服务
Third Party Logistics Service

生产经营企业为集中精力搞好主业，把原来属于自己处理的物流活动，以合同的形式委托给专业物流服务公司并保持密切联系，以达到对物流全程的管理体系。

第三方物流公司
Third Party Logistics Company

一个公司对其他公司提供物流服务，例如运输、仓储、存货管理、订单管理的信息技术等。

第三方物流管理信息系统 Third Party Logistics Management Information System

由供方与需方以外的物流企业提供物流服务，对供应企业物品的保管和配送等过程进行组织和协调。系统主要功能包括订单、运输（国际、国内）、仓储、包装、流通加工、配送、物流设施和资源管理等基本功能。

第三方支付方式 The Third Party Payment

独立于电子商务买卖双方的信用中介机构。它们与各大银行及金融机构签约合作，且具备一定的信誉保障，面向在线支付的参与者提供应用支撑服务，为买卖双方提供信用担保，减少网上交易的风险。较流行的第三方支付平台有 PayPal（贝宝）和支付宝。

第三方支付服务机构
Third-party Payment Services

提供支付网关及其他增值服务的第三方支付服务提供商，如 PayPal、支付宝等。支付网关是公共互联网与金融专网之间的接口，所有的交易和支付信息必须通过支付网关才能从开放的互联网进入到安全系数较高的金融专用网中。

第三利润源 Third Profit Source

即物流领域。随着市场竞争日益激烈，企业能够占有的市场份额也是有一定限度的，当达到一定限度不能再扩大利润的时候，如何寻找新的利润增长点，这时候发现如果能有效降低在企业成本中占据相当高比例的物流费用，就等于说提高了企业的利润。所以这时候我们就开始把物流管理称为第三利润源泉。第三利润源的说法主要出自日本，简单地说，在制造成本降低空间不大的情况下，降低物流成本成为企业的"第三利润源"。

第三利润源理论
The Third Profit Source Theory

在制造成本降低空间不大的情况下，降低物流成本，等于提高了企业的利润。这时候开始把物流管理称为第三利润源泉。

第四方物流供应商
Fourth Party Logistics Provider

是一个供应链的集成商，是供需双方及第三方物流的领导力量。它不是物流的利益方，而是通过拥有的信息技术、整合能力以及其他资源提供一套完整的供应链解决方案，以此获取一定的利润。

第五代经济开发区 The Fifth Generation of Economic Development Zone

国际经贸都城。是在第四代开发区基础上设立"亚欧经济贸易合作组织"的常设机构，配套相关国际机构，发展国际经贸都城。

缔约承运人 Contracting Carrier

与托运人或者托运人的代理人订立航空运输合同的承运人。

点线物流 Traditional Logistics

依托仓储的"点"和专线运输的"线"开展的物流业务，一般是作为网链物流的相对称谓。与网链物流相对，这类物流服务的信息化、组织化水平相对较低，一般称之为初级物流或传统物流范畴。

电磁料箱起重机
Crane with Electromagnetic Tank

用电磁吸盘作为取物装置并配备有料箱搬运装置的桥架型起重机。

电磁起重机 Electromagnetic Crane

用电磁吸盘作为取物装置的起重机。

电动叉车 Electric Forklift

以电来进行作业的叉车，大多数都是使用蓄电池工作。

电动拣选叉车 Order Picker Forklift

在某些工况下（如超市的配送中心），不需要整托盘出货，而是按照订单拣选多种品种的货物组成一个托盘，此环节称为拣选。按照拣选货物的高度，电动拣选叉车可分为低位拣选叉车（2.5 米内）和中高位拣选叉车（最高可达 10 米）。

电动起重机 Electric Crane

工作机构为电力驱动的起重机。

电动牵引车 Electric Tractor

由电机带动，用于车间内外大批货物的运输、流水线物料的搬运、大型工厂区间物料搬运的机械设备。物料往往存放在挂车中，需要牵引车来解决不同区间物料的高效运输。

电动托盘搬运叉车 Electric Pallet Jack

以蓄电池为动力，直流电机驱动，液压工作站提升，操纵手柄集中控制，站立式驾驶。适用于重载及长时间货物转运工况，可大大提高货物搬运效率，减轻劳动强度。

电动托盘堆垛叉车 Electric Pallet Stacker

适用于狭窄通道和有限空间内的作业，是高架仓库、超市、车间装卸和堆垛托盘化货物的车辆设备。

电放 Telex Release

托运人（发货人）将货物装船后将承运人（或其代理人）所签发的全套正本提单交回承运人（或其代理人），同时指定收货人（非记名提单的情况下）；承运人授权（通常是以电传、电报等通信方式通知）其在卸货港的代理人，在收货人不出具正本提单（已收回）的情况下交付货物。

电离子技术储运
Ionized Storage and Transport

用高压电把空气电离成正离子和负离子，并吹向水果、蔬菜，使其中的生物电中和，抑制呼吸作用，形成人工冬眠，以便长期储运的方法。

电商物流"向西向下"E-commerce Logistics focus on Western China

随着电商零售市场呈现出向内陆地区、中小城市及县域加快渗透的趋势，电商物流也呈现出向西部地区、向中小城市及县域的农村发展的趋势。

电商物流运行指数
E-commerce Logistics Index

立足电商物流活动，依托电商物流平台，快速、准确反映电商物流运行状况和变化趋势的综合评价指标体系。该指数由总业务量、农村业务量、库存周转、物流时效等十个指数构成。

电子标签拣选系统
Digital Picking System

配送中心的拣货作业是最繁重、最易出差错的工作。电子标签系统是计算机辅助拣货系统最常用的方式之一，仓库拣选作业是通过货架上的订单名、货名及其数量等电子标签显示器，向拣选作业人员及时、明确地下达向货架内补货（入库）和取货（出库）指示。具有加快拣货速度，降低拣货错误率，免除表单作业等优点。

电子订单系统
Electronic Ordering System

不同组织间利用通信网络（VAN 或者 Internet）和终端设备，以在线连接方式进行订货作业与订货信息交换的体系。

电子供应链
Electronic Supply Chain

围绕核心企业，以 Internet 为平台，以电子商务为手段，通过对物流、资金流与信息流的整合和控制，从采购原材料开始，制成中间产品以及最终产品，最后由销售网络把产品送到消费者手中的，将供应商、生产商、分销商、零售商、直到最终客户连成一个整体的网链结构和模式。

电子化通关 Electronic Clearance

采用网络信息技术，将检验检疫机构签发的出入境通关单的电子数据传输到海关计算机业务系统，海关将报检报关数据比对确认相符合，予以放行，这种通关形式叫电子化通关。

电子交易系统
Electronic Trading System

通过电子系统进行的网上交易，不同于在交易所交易大厅面对面进行的交易。

电子口岸 Electronic Port

"中国电子口岸执法系统"的简称。该系统运用现代信息技术，借助国家电信公网，将各类进出口业务电子底账数据集中存放到公共数据中心，国家职能管理部门可以进行跨部门、跨行业的联网数据核查，企业可以在网上办理各种进出口业务。

电子面单
Thermal Printed Express Sheet

使用不干胶热敏纸按照物流公司的规定要求打印客户收派件信息的面单，也称为热敏纸快递标签、经济型面单、二维码面单等。可以通过二维码隐藏收件人的隐私信息，避免消费者个人隐私泄露，具有打印效率高、提高拣选效率，面单受损可能小，成本低的特点。

电子签收系统 Electronic Check-in System

系统一般包含三个部分：手持终端、数据接口、电子签名，用于家电产品通过物流公司运往经销处的交接。数据信息同仓库信息、经销商的信息管理系统互动，形成数据共享，能够缩短交接时物流供应链的操作时间，提高管理效率。

电子认证 Electronic Authentication

采用电子技术检验用户合法性的操作。其主要内容有以下三个方面：①保证自报姓名的个人和法人的合法性的本人确认；②保证个人或企业间收发信息在通信的途中和到达后不被改变的信息认证；③数字签名。

电子商城 Electronic Mall System

一个功能完善的在线购物系统，主要为在线销售和在线购物服务。其功能主要包含商品的管理、会员的管理、订单的管理、库存的管理、优惠的管理、在线支付等。

电子商务配送中心
E-commerce Distribution Center

电子商务环境下的配送中心，其功能主要为入库、税收、保管、备货分类与流通加工，空间布局上保管空间占一半，其他功能占一半。按照流通中心功能流程设计，有严格的场所管理。货物状况和信息一致，利用信息系统和物流信息系统完成事务处理和信息传送，在信息系统支持下实现作业自动化和省力化，可以适应多样化物流。

电子商务平台 E-commerce Platform

一个为企业或个人提供网上交易洽谈的平台。建立在 Internet 上进行商务活动的虚拟网络空间和保障商务顺利运营的管理环境；是协调、整合信息流、货物流、资金流有序、关联、高效流动的重要场所。企业、商家可充分利用电子商务平台提供的网络基础设施、支付平台、安全平台、管理平台等共享资源有效地、低成本地开展自己的商业活动。

电子商务物流配送
Logistics and Distribution for E-commerce

物流配送企业采用网络化的计算机技术和现代化的硬件设备、软件系统及先进的管理手段，针对客户的需求，根据用户的订货要求，进行一系列分类、编码、整理、配货等理货工作，按照约定的时间和地点将确定数量和规格要求的商品传递到用户的活动及过程。

电子商务物流园 E-commerce Logistics Park

包含电子商务企业、物流企业、相关服务配套企业及多种物流设施于一体的综合性园区。具有典型的前店后库的特征，能为入驻的电子商务企业提供完善的物流服务，提升电子商务企业的物流响应能力。

电子通关 Electronic Clearance

对符合特定条件的报关单证，海关采用处理电子单证数据的方法，利用计算机完成单证审核、征收税费、放行等海关作业的通关方式。

电子现金 Electronic Cash

一种以数字形式流通使用的现金，一般是将基于银行账户的普通现金通过加密运算转换成一个序列数，并加上数字签名，就可以在网上进行支付交易了。电子现金较之普通现金而言更易于使用，效率更高，且省去了一些防伪方面的投资。大部分电子现金都具有普通现金的主要特征并可以匿名使用，但在其使用过程的安全性和可靠性方面依然存在着一些问题。目前国际上比较流行的电子现金有 e-Cash 和 NetCash 等。

电子信封 Digital Envelope

公钥密码体制在实际中的一个应用，是用加密技术来保证只有规定的特定收信人才能阅读通信的内容。

电子支付 Electronic Payment

电子交易的当事人（通常涉及三方，即消费者、商家和银行）通过网络以电子数据形式进行的货币支付或资金流动。它本身是以金融电子化网络为基础，以商用电子化机具和各类交易卡为媒介，以计算机技术和通信技术为手段，以电子数据形式存储在银行的计算机系统中，利用安全和密码技术实现方便、快捷、安全的计算机网上资金流通和支付。

电子支票 Electronic Check

即数字化支票，是一种常用于 B2B 模式的在线支付手段，它是传统支票的电子化形式，辅以数字签名验证支付人和收单人的身份，并使用公开密钥体系来保障其安全性。目前国际上主流的电子支票系统有 NetBill、e--Check 等。

垫板 Spreader

用以降低货物对货舱地板单位面积压力的木板。

垫舱 Dunnage

对船舱进行冲刷、清洗的作业。

垫档 Link-up Pontoon

靠泊在同一泊位的两船调换位置的作业。

垫块 Block

位于顶铺板下面或在顶铺板与底铺板之间的短柱体（其断面通常为矩形和圆形），用以支承铺板并构成叉车和托盘搬运车进叉的叉孔。

垫木 Skid

作业时，为防止货物受湿或便于从货物下加索、抽索和进叉，垫在货物下的衬垫物，多为木制。

吊车 Crane

用于吊起大件货物并能将其吊到指定地点的专用车。

吊钩滑轮组 Hook Assembly

装有起重吊钩的滑轮组件。

吊钩极限位置 Hook Limit Position

起重机轨道中心线至取物装置垂直中心线的最小水平距离。

吊钩起重机 Hook Crane

用吊钩作为取物装置的起重机。

吊上吊下 Lift on/Lift off

用起重机械吊起货物，垂直移动实现装卸。在吊车运行、回转范围内实现搬运或依靠搬运车辆实现小搬运。

吊索 Sling

用各种绳索材料制成，配合起重机使用的一种简单吊货工具。如钢丝绳吊索、链条吊索、合成纤维。

吊运 Swing

起重机将货件起升到可以安全吊运高度的过程（工步）。

吊装 Hoisting

使用起重装备和专用吊具垂直装卸转运多式联运运载单元的作业方式。

叠层翼板 Laminated Wing

在翼板和受载面上紧固纸、塑料、纤维及类似材料，增加了厚度的翼板。允许部分加厚材料延伸到单元货物的下面。

顶部风道 Ceiling Vents

为保证冷/热风在箱体内的循环，在保温集装箱内的顶部特设的风道。

顶梁 Stull

设在箱体顶部支承箱顶的横梁，对于敞顶式集装箱则是用于承托可移动的柔性顶罩，为便于从顶部装卸货物，要求这些顶梁是可以移动或回转的。

顶铺板 Top Deck

承载货物一面的面板。分格式、密板条式或整板式。

顶铺板组合件或网式件
Top Assemble Deck or Net Parts

顶铺板和纵梁板的组合。

订舱代理 Booking Agent

外贸企业为了节省成本，委托订舱代理公司办理租舱、订舱事宜。

订单采购 Buy-to-Order

企业根据市场情况和销售经验，在商品的规格品种、质量和数量时间等方面明确向供应商提出要求，并按单订货的方法。

订单过程／处理服务 Order Processing

仓储配送类业务中最常见的第三方物流服务项目。客户企业在取得订单后，通过第三方物流企业完成拣货配货和送货的工作，具体内容有销售订单和库存交互过程，订单信息传递方法，订购规划，订购规则等。

订单处理时间 Order Processing Period

报告期内从客户下订单到收到货物过程中，企业处理所有相关单据的时间。计量单位：小时。

订单跟踪 Order Tracking

订单跟踪是指对订单中的对象所处状态进行即时展现的能力，订单货物所处状态进行跟踪的能力。在此过程中，销售跟单员接单知道采购要求后，一是要确认订单的真实性；二是要将外部订单的信息翻译成可供内部人员审查的内部订单。

订单管理系统 Order Management System

接受客户订单信息，以及仓储管理系统发来的库存信息，然后按客户和紧要程度给订单归类，对不同仓储地点的库存进行配置，确定交付日期，并对订单进行管理及跟踪。

订单精度 Accuracy of Order

衡量一个订单流是否能完美无瑕的通过各个阶段，订单输入，信用结算，库存可得性，准确的分拣，准时交付，正确地开出发票以及不折不扣地付款，即完成快速无误，无异常处理或人为干预地管理订单流。

订单拉动配送 Order Pull Delivery

按订单来安排配送，优点是减少库存和资金占用，同时也能满足客户的个性化要求。

订单满足率 Fulfillment rate

衡量缺货程度及其影响的指标，用实际交货数量与订单需求数量的比率表示。

订单实现与管理 Order Fulfillment and Management

一个常见的管理问题，包含在公司的客户订单处理流程中。由于客户下订单的方式多种多样、订单执行路径千变万化、产品和服务不断变化、发票开具难以协调，这些情况使得订单管理变得十分复杂。 订单实现与管理可被用来发掘潜在的客户和现有客户的潜在商业机会。订单取决于需求，订单管理就是处理订单。

订单释放数量 Order Release Quantity

订单释放数量与三要素中的货物可用性概念相关。一般情况下，物流企业会按实际情况释放（减少）部分订单的订量（出于供货、存货或其他原因）。对于这一点，尽管很多顾客都有一定的心理准备，但是，不能按时完成顾客要求的订量会对顾客的满意度造成影响。

订单数 Order Quantity

在一定时间内，顾客购买商品或服务所产生订单的数量。

订单状态 The Order Status

从生成订单到将货物配送到目的地的过程中，任何时间节点货物所处的状态。订单状态的及时和准确显示有助于客户了解货物的状态，提升客户满意度。

订货／订购成本 Order Cost

从发出订单到收到存货整个过程中所付出的成本。如订单处理成本（包括办公成本和文书成本）、运输费、保险费以及装卸费等。

订货处理周期 Order Cycle

从收到订货单到将所订货物发运出去的时间间隔。

订货完成率 Order Completion Ratio

存货可得性由快速响应、最低库存、缺

货频率、供应比率和订货完成率等指标组合而成。通过这些细分的具体指标可确定一个厂商满足特定顾客存货需求能力的程度，以及对首选顾客或核心顾客实现高水准存货可得性的可信度。

订货周期 Order Cycle Time

从客户发出订单到客户收到货物的时间。

订销局 Subscribing Post Office

办理报刊发行业务的宣传、收订、零售、缴款、审核、登记、要数、卡片管理、对账、分发、投递等的邮政局。

定船移机作业 Cargo Handling Operation with Movable Machinery and Docked Vessel

船舶系泊码头，采用可沿码头前沿移动的装船（卸船）机械，对船舶货物进行装卸的作业方式。

定购成本 Ordering Cost

为了定购货物所发生的成本，它包括订购手续费、催货跟踪费（如有关催促跟踪所订货物的电话传真费差旅费及押运费等）、收货费（如有关货物的验收入库费和货款支付的手续费等）、有关人员的工资费用等。

定机移船作业 Cargo Handling Operation with Fixed Machinery and Moving Vessel

用固定式装船机或卸船机，通过移船来进行船舶装卸作业。

定量不定时搬运 Scheduled Quantity Unscheduled Time Conveyance

后工序的物料使用达到一定量后，去前工序提取定量物料的方法。搬运效率较高且在工厂内以其为搬运原则。

定量订货方式 Fixed-Quantity Order System (FQOS)

当库存量下降到预定的最低的库存数量（订货点）时，按规定数量（一般以经济订货批量为标准）进行订货补充的一种库存管理方式。

定牌包装 Packing of Nominated Brand

买方要求在出口商品包装上使用买方指定的品牌名称或商标的做法。

定期订货方式 Fixed-Interval Order System (FIOS)

按预先确定的订货间隔期间进行订货补充的一种库存管理方式。

定期航班 Scheduled Flight

按公布的固定班期、时刻进行运输飞行的航班。

定时不定量运输 Fixed-Time Shipment with Unfixed-Quantity

安排生产的时期明确，不明确被领取多少，故产品在库量多。一般需要大型搬运工具，需要有多种材料的在库。

定时定量配送 Timing and Quantitative Distribution

按照规定的配送时间和配送数量进行配送。

定时定路线配送 Regular Route Delivery

在规定的运行路线上制定到达时间表，按运行时间表进行配送，用户可按规定路线及规定时间接货和提出配送要求。

定数 Fixed the Same Quantity of the Goods

货垛中每摞、每行、每层、每盘固定相同的货件数。

定位追溯 Positioning Trace

可实现定位功能，随时掌握位置等信息，具有可追溯性。

定型 Code Molding Shape

根据货物堆码性质和包装、码成型状的规定。

定制化物流方案
Customized logistics solutions

物流服务提供者针对客户需求的差异性，视每一位客户为一个单独的细分市场，设计专门的物流服务方案来满足客户的特定需求。

东北亚国际物流发展核心区
International Logistics Development Core Area of North-east Asia

东北亚国际物流发展核心区指以中国的东北地区为立足点，在东北建立面向日本、朝鲜、蒙古以及俄罗斯远东沿海等东北亚区域的国际物流中心，以促进东北的开放和区域经济一体化的发展。

东海航线 Donghai Route

东海航线主要是前往日本列岛和朝鲜半岛的航线，宋朝之前东海航线主要由宁波进出港。

动态重心 Mobile Center of Gravity

装运液态和流动性物料以及悬挂货物的集装箱的重心在动态条件下可能出现移动倾向。

动态载重 Dynamic Load

铁路局或全路在一定时期内平均每一货车公里所完成的货物吨公里数。一般分为重车动载重和运用车动载重。

动物容器 Live Animal Container

为储运动物而使用的适合动物特性的专用运输包装。

冻结货物 Frozen Goods

用低温保藏食品时，将食品内所含水大部分冻结成冰。其温度范围约为 -8℃ － 18℃以下的货物。

冻结期 Fixed Production Period

设定一个时间段，使主生产计划在该期间内不变或轻易不得变动，也就是说，使主生产计划相对稳定化。

斗式提升机 Chain Bucket Elevator

在链条或带条上装有料斗的提升机。

斗式卸船机 Bucket Chain Ship Unloader

由斗式提升机及相应的输送设施组成的连续式散货卸船机械。

独家供应商 Exclusive Supplier

很多供应链链条上某些节点只有一家独立的供应商，如果在此节点出现问题，将使整个供应链陷入非常被动的局面。对于这类风险就需要建立供应渠道多样化，跟踪评估供应商的情况，这样才能处于主动的地位，发现问题及时处理，及时调整，如某一供应商面临破产的境地就取消同他的联盟，寻求其他的供货商。

独柱式堆高车 Single-Column Stacker

在传统门架升降的形式下，改为独杆升降，使升降速度不受两边平行限制，稳定匀速，一般传动方式也从链条式改为皮带式拉动，使之均匀升降。

杜尚别 Dushanbe

杜尚别是塔吉克斯坦的首都，该市共有人口 56.2 万人，面积为 125 平方公里，共有一个火车站，为杜尚别火车站；共有一个机场，即杜尚别机场。

渡板 Ramp

搭在车辆底板和站台之间便于装卸作业时人、车通过的钢板。

端壁 End Wall

端框架的封板，属承载构件，不包括端框架本身。除另有规定外，端壁至少能承受该类型满载集装箱产生的载荷；一般情况是箱体两端的结构并不对称，箱门开口者称为后端，此端包括箱门组合件，与之相对的一端则称之为前端，包括端壁。

端框架 End Frame

箱体端部结构的组合件，通常包括两个顶角件，两个底角件，两根角柱以及上、下端梁，其中有些零件与箱顶和箱底结构是共轭的，在应用中要避免混淆和重复引用。

端门 End Door

设在箱体端部可供启闭的箱门组合件。

端面 End

宽度方向的托盘垂直面。

短驳 Short Transportation

承运人通过自驾方式或专用运输工具将乘用车从托运人指定地点位移到滚装码头的作业过程。

短寿命的放射性货物
Radioactive Substance with Short Life

半衰期短的放射性货物。其容许运输期限需大于铁路规定的运到期限三天。

短线交易 Short-term Trading

商业交易中最普遍的一种形式。当企业需要特定的产品或服务时，短线交易是最有效和最合适的方法。但是，要使供应商和买主的目标与策略完全一致比较困难。因而，这种短线交易适合执行特定的任务，往往不会带来长期的战略优势。

段管线 Depot Siding

设在铁路机务、车辆、工务、电务等段内，供该段使用和管辖的线路。

锻造起重机 Forge Crane

装备有锻件升降、搬运和翻转装置的桥架型起重机。

堆场管理 Yard Management

码头堆场部门对集装箱货物在进出码头堆场进行换装的过程中所产生的堆存保管业务而进行的生产管理的过程。

堆场计划 Plan for Container Yard

集装箱堆场的堆箱计划。

堆场箱位利用率
Utilization Ratio of Container Yard Slots

在一定时间内，集装箱堆场实际堆存的集装箱数与堆存能力的百分比。

堆场箱位数

Slot Capacity of Container Yard

集装箱堆场平面换算箱箱位数。

堆存费 Storage Charge

货物或集装箱在装卸前后存放和保管的费收。

堆存计划 Storage Plan

为使每件货物分配到适当的部位，对每一堆存区作业的计划。

堆存量 Volume of Cargo in Storage

库场在一定时期内堆存货物的数量。

堆叠式 Stacked Type

为了商品在货架上叠摆既平又稳还省空间，在包装的底部和顶部设有交合部分，使上下堆叠式可以相互咬合，常见于罐装和盒装的商品。

堆垛 Stacking Up

按照货物运输和保管要求，将货物堆齐码好的作业。

堆垛起重机 Stacker Cranes

用货叉或串杆攞取、搬运和堆垛或从高层货架上存取单元货物的专用起重机。它是一种仓库设备，分为桥式堆垛起重机和巷道式堆垛起重机（又称巷道式起重机）两种。

堆垛通道最小宽度
The Minimum Stacking Channels Width

叉车在正常作业时，通道的最小宽度。

堆货场 Storage Yard

用以存放散堆装货物、粗杂品、集装箱、笨重货物和阔大货物的场地，常修建成平货位或低货位。

堆料机 Stacker

将输送机运送来的散货在货场上进行堆集的专用机械。

堆码 Stacking/Overstow

将物品整齐、规则地摆放成货垛的作业。

（可以有或者无托盘）。

堆码能力 Stacking Capability

某一特定集装箱能够承受其上部同等规格多层满载集装箱的能力，此时的承载值应当计入该箱在模拟载运船舶舱内格栅中堆码时的最大偏移量和船舶在航运中出现的动态加速力。

堆码作业 Stacking Operation

根据货物类别及包装状态，将其按一定形状（方案）码放的作业。

堆取料机 Stacking Reclaimer

既能堆料又能取料的连续作业的机械。

堆装货物 Stack-loading Goods

不需要包装，采用堆装方法运输的货物。

对俄国际物流
Russia Oriented International Logistics

中俄之间的货物流动。包括物品从供应地向接收地的实体流动过程中，根据实际需要，将运输、储存、装卸搬运、包装、流通加工、配送、信息处理等功能有机结合起来实现用户要求的所有内容。

对位 Adjust the Forklift Pallet

吊运的货件运移到指定位置上方时的状态。对正位置。校正已降落到离码放位置一定高度的货件，使其对正码放位置的操作（工步）；调整叉车货叉方位使其对准叉取位置（叉孔）的操作（工步）；移动大小车或调整动臂使抓斗对准抓取位置的操作（工步）等均称对位。

吨成本 Cost per Ton

完成每吨装卸搬运作业量的成本。

趸船 / 驳船 Pontoon

在港口中供停靠船舶、装卸、堆存货物、上下旅客的浮式靠船设施，其由引桥与陆域连接。

多边贸易体制 Multilateral Trade System

由成员政府创立的，处理政府间相互关系的贸易体制，是一种对各国（地区）之间采取的贸易政策进行国际协调的制度安排。

多仓联网联动
Multi-warehouse Networking

一个集团下拥有多个独立的物流子公司，通过构建网络化的配送体系和标准化的统一管理，控制并整合各个区域仓库信息，对多个不同区域和仓库之间进行全方位的管理。实现"一地委托、多地存储、就近配送"的目的，有效地解决物流体系与上、下游客户的物流协调问题，提高配送效率、减少中间环节，降低物流成本。

多层包装 Multiple-layer Packing

用数层相同或不同材料对货物进行的包装。

多层仓库 Multistage Warehouse

两层以上建筑的仓库。该类仓库的结构大多采用钢筋混凝土结构，承受压力大，占地面积小，仓库容量大。该类仓库常设多层货架，进一步增加了物品储存量，为物品的储存提供了较优越的条件，还可为仓库实现机械化、自动化、开展科技养护和现代化管理打下基础。

多级分销 Multi-level Distribution

供应商通过发展不同等级经销商而进行的销售模式。

多级库存控制策略
Multistage Inventory Control Strategy

供应链管理的目标是实现整个供应链各个阶段的库存最小，而现行库存管理模式是在单一企业内部去考虑库存问题，不能达到供应链整体库存最优。多级库存控制是对供应链资源的全局性优化，是在单级库存控制的基础上形成和发展的。

多路作业 Multi-linear Operation

在一艘船上，几条装卸作业线同时进行装卸的作业。

多媒体自动服务台 Multi－media Self－

service Information Desk

采用多媒体技术，能提供邮电业务咨询服务的设备。

多式联运（服务）
Intermodal Transportation

货物由一种且不变的运载单元装载，相继以两种或多种运输方式连续运输，并且在快速转换运输方式的过程中没有对货物本身进行操作的运输形式。

多式联运比 Intermodal Transport Ratio

在一定时间内，多式联运集装箱换算箱数与运输总换算箱数的百分比。

多式联运单据
Document for Intermodal Transportation

多式联运经营人签发的物权凭证。是按照多式联运合同条款交付货物的单据。

多式联运方案设计
Planning for Intermodal Transportation

多式联运方案包含：运输路线、运输方式、分包商的选择、服务费用、可能风险及相应防范措施、信息服务。

多式联运服务安全
Security of Intermodal Transport Services

根据客户要求，有效控制多式联运的各个环节，保证货物完好、信息安全、作业安全、环境安全。

多式联运服务便捷
convenience of Intermodal Transportation

在多式联运过程中，尽可能提供方便客户使用的渠道和方式，满足客户合理要求，保障信息畅通，简化服务程序，为客户提供更多便利。

多式联运服务管理制度 Intermodal Transportation Management System

多式联运服务管理制度包括多式联运合同、多式联运单据、服务质量跟踪、服务质量考核、服务作业流程等管理规定和管理方法。

多式联运服务过程监控 Monitoring of Intermodal Transportatio

在多式联运过程中，多式联运经营人实施监控，包括：货物的准时状况、安全状况、在途状况；信息的输入输出、存储、交换、加工处理；单据的真实性、正确性、准时性；设施设备、天气情况、路况。

多式联运服务合同
Intermodal Transportation Contract

多式联运合同应明确规定多式联运经营人与托运人之间的责任、权利、义务、合同价款及支付方式、豁免条款、索赔理赔、单据效力等。多式联运经营人或其代理人应根据合同规定，在约定时间、地点接收托运人货物。

多式联运服务需求确认 Confirmation of Intermodal Transportation

多式联运经营人应向托运人确认货物名称、数量、重量、体积、性质和包装等真实状况；应向托运人确认货物接收和交付的时间、地点和方式等要求；应向托运人确认对方所需的报关、报验、装卸、运输、分拆、拼装、包装和保险等服务项目。

多式联运服务质量
Quality of Intermodal Transportation

用时间、费用、准确性、安全性和满意度等表示的多式联运服务的品质。

多式联运服务质量货差率 Missed Cargo Rate Intermodal Transportation

统计期内货物累计差错数量占应交付物品总量的比率。计算公式是：货差率 = 差错数量 ÷ 应交付物品总量 ×100%。

多式联运服务质量货损率 Damaged Cargo Rate of Cargo Intermodal Transportation

统计期内损失的物品数量占应交付物品总量的比率。计算公式是：货损率 = 损失的物品量 ÷ 应交付物品总量 ×100%。

多式联运服务质量送达准时率 Delivery On Time Rate of Intermodal Transportation

统计期内在合同约定的时间内送达的订单数占订单总数的比率。计算公式是：送达准时率 = 在合同约定的时间内送达的订单数 ÷ 订单总数 ×100%。

多式联运服务质量提货准时率 Picking-Up On Time Rate of Intermodal Transportation

统计期内在合同约定的时间内到托运人指定的地点提货的订单数占客户要求提货的订单总数的比率。计算公式是：提货准时率 = 在合同约定的时间内到托运人指定的地点提货的订单数 ÷ 客户要求提货的订单总数 ×100%。

多式联运服务质量有效投诉 Efficient Multimodal Service Quality Complaints

统计期内客户有效投诉的订单数占订单总数的比率。计算公式是：有效投诉率 = 客户有效投诉的订单数 ÷ 订单总数 ×100%。

多式联运规则 Multimodal Transport Rules

关于多式联运中的货物运输组织与管理、参与人的权利和义务、经营人的赔偿责任及期间、定价机制和违约处理、运输单证的内容和法律效力等方面的协议、标准或规范。

多式联运货运量 Freight Amount of Intermodal Transportation

一定时间段，多式联运货物的运输量总和。

多式联运型物流园区 Logistics Park for Intermodal Transportation

有效衔接两种及以上运输方式，以多式联运功能为核心，主要服务于国际性或区域性货物运输、中转及集散，能够在多种运输方式之间实现运输服务一体化、物流作业协同化的货运枢纽型物流园区。

多式联运运单 Bill of Lading for Intermodal Transportation

由多式联运承运人签发的，证明多式联运合同和货物由承运人接管，用于记录多式联运原始运输信息及服务约定，并可在不同运输方式之间流转的一种单证。

多式联运站场 Cargo Station for Intermodal Transportation

多式联运运载单元快速转换运输方式的物理发生地。

多式联运转运量 Transshipment Amount of Intermodal Transportation

一定时间段，进出多式联运站场或物流园区进行转运的换算量。

多文种国际邮件批译系统 Multilingual Translation System of International Mail

输入国际邮件上外文地址信息，自动译出对应的中文地址信息，并打印到邮件批条上的计算机系统。

多箱吊具 Multi-box Spreader

用于对集装箱底角件底侧部起吊的吊具。它通过吊索下连的钩体与集装箱底角件的侧孔相连。

多箱式集装箱起重机 Multiple-container Crane

一次同时吊运两个或以上集装箱的集装箱起重机。

多用平（大面）夹 Multi-Purpose Flat (large) Folder

实现对纸箱、木箱、金属箱等箱状货物（家电如电冰箱、洗衣机、电视机等）的无托盘化搬运，节省了托盘的采购和维护费用，降低了成本。

多用途货车 Multipurpose Truck

在其设计和结构上主要用于载运货物，但在驾驶员座椅后带有固定或折叠式座椅。

可运载三个以上的乘客的货车。

多用途码头 Multipurpose Terminal

　　能适应普通件杂货船、新型散货船、集装箱船、半集装箱船和滚装船作业的码头。

调车场 Marshalling Yard

　　办理解体、集结和编组有调中转车、地方作业车等的车场。

调车系统 Shunting System

　　由到达场（或推送线）、驼峰、调车场（或编发场）、牵出线及出发场（有的无出发场）等设备组成的作业系统。

调车线 Shunting Track

　　供列车解体、编组和车辆集结用的线路。

调度计划 Operation Plan

　　港口调度部门编制的港口生产、作业组织与安排的计划。

调度日志 Dispatch Log

　　港口调度部门值班人员，为反映港口生产活动中各种动态所做的例行工作记录。

调度通信规程 Dispatching Protocol

　　各港航、船舶调度部门之间有关运输业务通信联系的统一规定。

E

EMS Express Mail Service

国际快递业务，以高速度、高质量为用户传递国际紧急信函、文件资料、金融票据、商品货样等各类文件资料和物品，同时提供多种形式的邮件跟踪查询服务。同时 EMS 还提供代客包装、代客报关、代办保险等一系列综合延伸服务。

E 贸易 E Trade

以保税物流中心的特殊功能为前提要件，结合中部内陆区域的物流特性、企业的强烈需求，参考国家的相关政策，研究利用保税中心的平台功能，搭建的一个跨境贸易电子商务综合服务平台。

鹅颈槽 Gooseneck Tunnel

位于箱体前端与搬运车辆的鹅颈部位相适配的凹槽，一般用于公称长度等于和大于 9m 的集装箱。

额布都格水运口岸 Ebudouge Port

额布都格口岸地处新巴尔虎左旗阿木古郎镇西南 22 公里处，在中蒙边境线 1293/1（双立）号界标处。1991 年 5 月内蒙古自治区人民政府以内政函〔1991〕41 号文件批准额布都格为临时过货点；1992 年自治区又以内政发〔1992〕60 号文件将额布都格升格为二类口岸；1995 年我国外交部与蒙古国对外关系部照会后，以〔1995〕部条函字第 102 号同意额布都格为一类季节性口岸。两国协定的开关时间为：每年 2、5、8、11 月的 1—20 日开放。

额定待卸时间
Specified Waiting Time for Unloading

车辆到达指定卸货地点至卸货前允许等待时间。

额定待装时间
Specified Waiting Time for Loading

车辆按约定时间到达指定装货地点至装车前允许等待的时间。

额定起重量 Rated Load capacity

货叉上的货物重心位于规定的载荷中心距上时，叉车应能举升的最大重量。

额定起重量限制器
Rated Load Capacity Limiter

自动防止起重机起吊超过规定的额定起重量的限制装置。

额定起重量指示器
Rated Load Capacity Indicator

自动发出听觉和视觉报警信号的指示装置。

额定载荷 Rated load

在平均且均匀分布载荷的情况下，指定的以千克为单位的托盘的装载能力。未标明净载重能力的特定托盘只有一个额定值。额定值通过试验确定，且不能改变。

额定值 Rated Value

集装箱的最大总质量，是作业时的最高值，也是试验时的最低值。通常以"R"表示。

儿童防护包装 Child-Resistant Package

为成人设计，儿童不易开启的包装。

二十一世纪海上丝绸之路
21st-Century Maritime Silk Road

21 世纪海上丝绸之路，是 2013 年 10 月国家主席习近平访问东盟国家时提出的倡议，主要是从海上联通欧亚非三个大陆和丝绸之路经济带，形成一个海上、陆地的闭环。

二十一世纪海上丝绸之路核心区
Core Area of the 21st-Century Maritime Silk Road

福建被定位为 21 世纪海上丝绸之路核心区。

二次搬运费 Secondary Handling Charges

因施工场地狭小等特殊情况而发生的二次搬运费用。

二次分拨 Secondary Distribution

上游分拨中心到达的订单，BY 流向或到货站进行再次分拨的方式。

二维码支付 QR code Payment

一种基于账户体系搭起来的新一代无线支付方案。在该支付方案下，商家可把账号、商品价格等交易信息汇编成一个二维码，并印刷在各种报纸、杂志、广告、图书等载体上发布。用户通过手机客户端扫拍二维码，便可实现与商家支付账户的支付结算。

二维条形码 2-dimensional Bar Code

具有黑白点状图案，其横坐标与纵坐标皆有信息意义。二维条形码比一维条形码储存的数据多，分为堆叠式和矩阵式两种。堆叠式二维条形码类有 Code 16k Laser System, Code49 Intermec, PDF416 Symbol Technologies 等。矩阵式二维形码种类有 VERI Code VERITEC, Data Code 等。在美国，运送业使用的二维条形码包含托运所有的数据。

二用叉夹 Multipurpose Clamp

货叉以旋转成水平和垂直两种位置，具有既可用来叉取货物又可用来夹取货物的功能，还可以旋转成 45° 用斜面来叉桶类和圆柱状货物。

E

F

Free On Board （FOB）

装运港船上交货价。卖方在合同里规定的装运港负责将货物装到买方指定的船上，并负担货物装船为止的一切费用和风险。

发放空箱 Dispatching Empty Container

发货人领取整箱货所需空箱；货运站领取拼箱货所需空箱的过程。

发货及时率
Timely Rate of Deliver Goods

每月及时发送货物的单数与每月发送货物总单数的比值。

发货率 Delivery Ratio

某一仓库在一段时间内实际发货的数量与总共需要发货数量的比值，体现了对于顾客要求发货的响应速率。

发货人 Consignor

货物交承运人运送的物资单位、个人或其代理人。

发票 Invoice

在销售商品给客户时，所提供给客户的收款书面证明，是客户享受售后服务的凭证，是财务收支的法定凭证，是会计核算的原始依据，也是审计机关、税务机关执法检查的重要依据。

发送路和到达路 Originating Railway and Destination Railway

在国际货物联运中，货物发送和到达国家铁路的简称。

发送中心 Sending Center

从供应者那里接受种类多、数量大的物品，通过转运、分票、保管、流通加工和信息处理，按照顾客的要求整理货物，并能迅速、准确和廉价地进行发送的设施。多数制造商、批发商、百货商店等都在消费地附近设置发送中心，以它为中心，使发送活动更有效地进行。

发运 Pre-departure Operation

货物在起运前所进行的作业活动。

发运顺序 Dispatching Order

承运人根据有关规定所安排的货物运输的先后顺序。

翻舱 Restowing

船舱内货物采取的分隔措施。

翻车机 Rotary Tippler

用倾翻火车车厢的方法，卸出车厢内所载散货的机械。有转子式、侧倾式等型式。

翻新 Refurbished

有磨损的产品经过特殊的加工使其外表或性能得以最大程度恢复的过程。

反复使用的托盘 Reusable Pallet

可多次使用的托盘。

反复使用滑板 Reusable Slip Sheet

可多次使用的滑板。

反输流程 Feedback Process

石油码头上，当输油管线较长，且不进行装油作业时，为避免膘油在油库与输油管末站之间的管道中凝固，使管道中原油不断循环流动的过程。

反向传递 Reverse Delivery

反向传递的流动对象是产品、用于产品运输的容器、包装材料及相关信息，将它们从供应链终点沿着供应链的渠道反向流动到相应的各个节点。

反向物流 Reverse Logistics

为了资源回收或正确处理废弃物，在高效及适当成本下，对原材料、在制品、产成品及相关信息从消费点到产出点的流动和储存进行规划、实施、控制的过程。

反应型供应链 Responsive Supply Chain

供应链对市场需求的反应功能，即把产品分配到满足用户需求的市场，对未知的需求做出快速反应等。

返仓 Reverse Logistics

对于客户拒收的订单，从客户或自提点返回储配的订单流动形式。

返单 Order Comfirmation

对于非 COD 订单，在确认客户签收货物后在 DMS 系统中进行客户确认收货的作业。一般在 DMS 系统中对于 COD 订单，作了返款以后，系统自动对 COD 订单作返单作业。

返款 Rebates

对于 COD 订单在 DMS 系统中进行客户确认收货的作业动作。对于自营配送和自提点的订单必须确认实收现金或 POS 刷卡金额与订单金额一致时才能作业；对于给第三方快递公司承包的订单在确认客户收货的情况下即可作业。

返款返单 Refund Back to The Single

订单签收后货款及单据返回的系统动作。

方向别疏解 Untwine of Direction

各衔接线路引入枢纽或车站后，按衔接线路上行和下行方向分开固定使用到发线（场）接发列车而设置的进出站线路的疏解方式。

防爆堆高车 Refund Back

特殊车型，有强制生产许可要求，适用于安全要求较高的地方，价格高昂，技术要求较高，防爆堆高车有防爆等级标识。

防尘喷头 Dustproof Sprinkler

压力水喷到空中，形成雾状水滴，散落在堆场料堆表面以防止散货堆场粉尘污染的一种环保构件。

防磁包装 Magnetic-Resistant Packaging

防止磁场干扰内装物的一种包装方法。

防错功能 Mistake Proofing

通过究源性检查找出产生缺陷的根本原因，设计装置或方法对此差错实现 100% 检验，避免缺陷再次出现的方法。

防倒置包装 Keep Upright Packing

容器做成底盘大，有手提把环或屋脊式箱盖并标有防倒置标志的包装。

防风制动器 Rail Brake

工作状态下的轨道行走起重机压紧在轨顶上，防止其被阵风意外吹动的防滑装置。

防辐射包装 Radiation Resistant Packaging

防止外界辐射线通过包装容器损害内装物质量而采取一定防护措施的包装。如将感光胶卷盛装在能阻止光辐射的容器中。

防腐包装 Aseptic Packaging

防腐剂施加到包装中，防止产品变质的包装方法。

防护信号 Guard Signal

作业时，设在作业区两钢轨适当位置上，封闭作业线路，带有脱轨器及红色停止信号的装置。

防静电包装 Anti-electrostatic Packaging

防静电包装制品除用静电导体外，多数是用静电耗散材料制成的，也有些是用防静电材料制作。目的都是对装入的电路或器件及印刷电路起静电保护作用。

防霉包装 Mould Proof Packaging

防止包装和内装物霉变而采取一定防护措施的包装。它除防潮措施外，还要对包装材料进行防霉处理。防霉包装必须根据微生物的生理特点，改善生产和控制包装储存等环境条件，达到抑制霉菌生长的目的。

防锈材料 Rust Preventives

防止或减缓金属锈蚀的材料。

放射性包装件运输等级 The level of transport of radioactive packaging

放射性包装件按其表面辐射水平和运输指数大小分为 I 级、II 级、III 级三个级别。

放射性货物 Radioactive Cargo

含有放射性核素，并且其活度和比活度均高于国家规定的豁免值的货物。

放射性货物事故地点安全区 Safe area of radioactive cargo accident site

放射性货物发生严重事故时，按其内容物的放射性活度在事故地点所划出的安全范围。

飞机货仓 Cargo Compartment

飞机的行李舱。根据防火等级及设置不同分为 A、B、C、D、E 类货仓。

飞机日利用率
Aircraft Daily Utilization Efficiency

反映飞机平均每天利用程度的综合性指标。通常以报告期内在册飞机的平均日生产飞行小时表示。

非高单价商品 Big-ticket Items

除了高单价商品以外的商品。

非关税壁垒 Non-tariff Barrier

又称非关贸易壁垒。一国政府采取除关税以外的各种办法，对本国的对外贸易活动进行调节、管理和控制的一切政策与手段的总和，其目的是试图在一定程度上限制进口，以保护国内市场和国内产业的发展。

非回转起重机 Non-slewing Crane

不能使所吊重物相对于底架在平面内回转的起重机。

非军事应急物流
Civilian Emergency Logistics

应对严重自然灾害、突发性公共卫生事件、公共安全事件等突发性事件而对物资、人员、资金的需求进行紧急保障的一种特殊物流活动。

非全回起重机 Limited Slewing Crane

回转平台能在两个相互间夹角小于360°的极限位置之间转动的回转起重机。

非制造业商务活动指数
Non-Manufacturing Business Activity Index

由商务活动、新订单、新出口订单、积压订单、存货、中间投入价格、收费价格、从业人员、供应商配送时间、业务活动预期十项扩散指数构成。由于没有合成指数，国际上通常用商务活动指数来反映非制造业经济发展的总体情况。

非自愿变更 Involuntary Rerouting

天气、承运人或不可抗力等原因造成的货物运输变更。

废旧产品回收处理
Waste product recycling

将经济活动中失去原有实用价值的物品，根据实际需要进行收集、分类、加工、包装、搬运、储存，并分送到专门处理场所的活动。

废旧电子产品
Waste Electronic Products

俗称"电子垃圾"，被废弃不再使用的电器或电子设备，主要包括电冰箱、空调、洗衣机、电视机等家用电器和计算机等通信电子产品之类的电子科技淘汰品。

废旧纺织品逆向物流
Reverse Logistics of Waste Textiles

废旧纺织品的回收和再生的过程。

废旧家电闭环物流网络 Waste Household Appliance Closed Loop Logistics Network

家电制造商的附属单位或与家电制造商形成战略联盟的专业回收处理企业，将加工处理所得的原材料、零部件和整机直接用于家电制造、慈善捐赠或旧货流通以节约生产成本。

废旧家电逆向物流 Closed Loop Logistics

Network forWaste Household Appliance

消费者使用后的废旧家电从消费领域到制造商所进行的回收、检验与分类、翻新、加工、拆解、再制造、再生利用、废弃处理等一系列反向流动过程。

废旧塑料逆向物流 Reverse Logistics of Waste Household Appliance

各种废旧塑料制品进行回收利用的过程。

废弃物处理 Waste Plastics Reverse Logistics

利用逆向物流的思想，对在生产建设、日常生活和其他社会活动中产生的、在一定时间和空间范围内基本或者完全失去使用价值、无法回收和利用的排放物，进行回收、利用，从而最大限度地发挥其价值。

废弃物处理中心 Waste Disposal Center

从事有害物、危险物、废弃物处理处置技术研究与设备开发、检测分析、安全转移等相关业务的机构。

废弃物的再生利用 Recycling of Waste

废弃物有可重新使用的价值，将其进行加工、拣选、分解、净化，使其重新进入生产和生活循环系统。

废弃物物流 Waste Material Logistics

经济活动中失去原有使用价值的商品，根据实际需要进行收集、分类、加工、包装、搬运、储存等，并分送到专门场所时所形成的物品实体流动。

分包商 Waste Material Logistics Industry

受多式联运经营人委托，承担一个或多个环节的货物运输或提供相关辅助服务的企业。

分包商评估 The Subcontractor Assessment

包括：资质、注册资金、经营范围、信用状况等；服务方案的合理性；设施设备、运输工具是否符合国家规定及多式联运方案要求；货物追踪、信息处理等能力；以往的服务质量、信誉、业绩指标等；完成该项服务并承担相应风险的财务能力；本年度经营

责任类商业保险安排情况、根据多式联运合同和方案，管理和监督分包商；对长期合作分包商建立定期审查、定期沟通、定期考核的长效管理机制。

分拨 Allocate

将订单 BY 流向进行分拨扫描的作业。

分拨中心 Distribution Center

是集收货、加工、理货、分拨配送等多种功能于一体的物流节点，是连接干线运输与城市配送的重要载体。高效的分拨中心对提高电子商务企业的配送效率具有关键作用。

分仓 Compartment

运转中心将发往不同地区的商品分拣到不同区域，这个过程叫作分仓。

分舱货电 Hatch List Telegram

起运港在货物装船完毕后，将货物的实际积载情况通知所要到达的港口而拍发的通知。

分段相加运价 Lombination of Rate

无公布直达运价和比例运价可以使用的情况下，采用将两段或两段以上公布运价相加组合的方法构成的运价。

分发 Combined Freight

拼装在一个集装箱内的各票货物分别交货。

分拣 Sorting

邮件或快件按寄达地址信息进行分类的过程。

分拣包装 Sorting and Packaging

快递公司将所收到的快件，根据将发往不同地点的快递分区域进行分类，并对其中包装不够好的货物进行重新包装，分类完毕后，统一进行快递运输。

分拣机器人 Sorting Robot

具备了传感器、物镜和电子光学系统，可以快速进行货物分拣。

分拣输送系统 Sorting & Picking System

以机械设备与自动控制技术实现物品分类、输送和存取的系统。

分拣中心 Sotring Center

按照客户的要求，将货物从其储存位置分拣出来，并按照订单、客户要求等的分类标准进行分类集中的作业场所。

分拣作业 Sorting Operation

按品种、流向、出入先后，将货物分别放置到规定货位的作业。

分界点 Demarcation

为了保证行车安全和必要的通过能力，在铁路正线上分成若干区间或闭塞分区；这些相邻区间或闭塞分区的分界处称为分界点。

分派 Assignment

按线路划分将订单分至配送员的过程。

分批运输 Part Shipment

同一张货运单上的货物，分成几批运往同一目的地的运输。

分区计费 Charge by Region

邮件或快件的寄递范围划分为若干区域，对寄往不同区域的邮件或快件按其重量等级实行不同的费用标准的计费方式。

分散采购 Decentralized Procurement

分散采购与集中采购相对应，是指企业下属各单位分别处理各自的采购业务，如子公司、分厂、车间或分店实施的满足自身生产经营需要的采购。分散采购是集中采购的完善和补充，通常适用于企业规模较大、工厂分散于较广区域的企业。这类企业，若采用集中采购模式，容易产生采购上的延迟，且不易应付紧急需要；与采购部门的联系也相当困难，采购作业与单据流程显得漫长而复杂。它是企业将权力下放的采购活动。

分散式化工园区
Distributed Chemical Industry Park

根据化工企业的不同需求，为种类繁多的货物提供不同的储存场所、装卸方法、运输模式以及消防方案，灵活性较高，对物流设施的建设需求量大，可能导致物流设施使用率不高、运输衔接协调性较差，安全管理

也有一定的难度。

分销资源计划
Distribution Resource Planning

管理企业的分销网络的系统，目的是使企业对订单和供货具有快速反应和持续补充库存的能力。主要解决分销物资的供应计划和调度问题，达到既有效地满足市场需要又使得配置费用最省的目的，是 MRP 原理与方法在物品配送中的运用。

分组效率 Grouping Efficiency

由 Chandrasekaran 和 Rajagopalan 于1986 年提出。该指标是最早提出的用来评价生产单元构建方案的指标之一。其依据生产单元内的机器利用情况和生产单元物料移动来判断优劣。

风险管理 Risk Management

指导和控制某一组织与风险相关问题的协调活动。风险管理通常包括风险评估、风险处理、风险承受和风险沟通。

风险预防 Risk Prevention

损失发生前为了消除或减少可能引发损失的各种因素而采取的一种风险处理方式。

风雨密性 Weatherproofness

在箱门关闭的情况下，该箱体能够经受特定风雨密试验的能力。

封闭防尘法 Closely Ventilated Container

在装卸点、转接点、输送线等起尘部位加盖板或封闭罩等，以防止粉尘飞扬的办法。

封发 Dispatching

按发运路线将邮件或快件进行封装并交付运输的过程。

封志 Seal

保证货物运输安全而在货物外包装的封口处加上用火漆、铅托或塑料等材料制作的铅封。

封装 Encapsulation

指快递员根据快递包装的要求对顾客所要邮寄的货品进行验视后，对货品进行封口。

服务采购 Service Procurement

采购对象为非实体对象，如各类服务等的采购类型。

服务利润链 Service Profit Chain

表明利润、顾客、员工、企业四者之间关系并由若干链环组成的链。它是一条将盈利能力、客户忠诚度、员工满意度和忠诚度与生产力之间联系起来的纽带，是一条循环作用的闭合链，其中每一个环节的实施质量都将直接影响其后的环节，最终目标是使企业盈利。

服务贸易 Service Trade

货物的加工、装配、维修以及货币、人员、信息等生产要素为非本国居民提供服务并取得收入的活动，是一国与他国（地区）进行服务交换的行为。狭义的国际服务贸易是指有形的、发生在不同国家（地区）之间，并符合于严格的服务定义的、直接的服务输出与输入。广义的国际服务贸易既包括有形的服务输入和输出，也包括在服务提供者与使用者在没有实体接触的情况下发生的无形的国际服务交换，比如卫星传送和传播等。

服务手续费 Service Fee

代办客、货运输或集装箱运输服务业务的费用。

服务型制造
Service-oriented Manufacturing

基于制造的服务和面向服务的制造，是基于生产的产品经济和基于消费的服务经济的融合。是制造与服务相融合的新产业形态，是一种新的制造模式。

服装物流产业
Textile Logistics Industry

服装从生产到消费这一过程中，一系列与服装产品生产、分销相关的经营活动，具体表现为服装生产要素及产品等实物流动、实物流动的载体、实物流动所形成的数据传递与应用、实物流动过程的规划、监督与控制等。

浮港 Floating Port

依照有关国际经济贸易法规、条约和惯例对外开放的通商口岸，由综合小型港口、自由贸易区、国际海上信息中心、中外文化交流中心、城镇化生产与生活服务体系和远洋护卫体系集合而成的城堡，是浮在海面、便于船舶停靠、货物装卸暂存、人员上下的自由贸易港。

浮码头 Floating Pier

趸船、定位设施、引桥等组成的码头。

浮式起重机 Floating Crane

以自航或拖航的专用船船体作支承和运行装置的起重机。

幅度 Radins

起重机置于水平场地时，从其回转平台的回转中心线至取物装置（空载时）垂直中心线的水平距离。空载时幅度符号为L0；带载时幅度符号为L1。

幅度比差 Ratio between Fluctuating and Basic Freight

相应的价目运价率与基本运价保持在一定范围内的比率。

辐射储运
Radiation-storage and Tranportation

使用射线（主要是 γ 射线和电子束）照射食品，杀死食品表面和内部的微生物。抑制食品的生物化学作用和代谢过程，延长储运时间，提高食品质量的方法。

辐射形邮路
Post Route in Radial Shape

从起点局出发，走直线或曲折线的邮路，其特点是不论用一种或几种运输工具联运，从起点到终点后，仍按照原路线返回出发地点。因此须在同一条路线上往返两个行程。这种邮路可以缩短递送时间，加快邮运速度。但它的联系点较少，需用的运输工具较多，所耗费用较大。

辐射型钢铁物流网络

Radial Post Route

物流中心遵循运输费用最小或者到各个消费地的距离之和最小的基本原则，在各需求点的几何中心位置选址，需求地环绕物流中心，物料从物流中心向四周消费者配送的物流网络格局。

辅轨长度 Length of Track Laid Out

线路全长减去该线路上所有道岔的长度。

辅助生产能源消耗量 Energy Consumption of Auxiliary Production

一定时期内，港口企业为装卸生产服务的其他的生产能源消耗量。包括：港务船舶、场区内铁路机车运输、后方货运汽车、机修、候工楼、办公楼、理货房、港口设施修建用能、集装箱冷藏箱制冷、油码头罐区及管道加热、港区污水处理、给排水等能源消耗量。单位为吨标准煤。

辅助生产综合能源消费量 Comprebensive Energy Consumption of Subsidiary Production

一定时期内，港口企业所属的附属生产设施的能源消费量。主要包括为装卸生产服务的部门和企业，如车间浴室、开水站、蒸饭站、保健站等能源消费量。单位为吨标准煤。

辅助所 Rail Subtation/auxiliary block post

设在区间与岔线的接轨处，不属于分界点，不能与相邻车站办理行车闭塞手续，进出岔线的列车占用区间正线时，其道岔由辅助所隶属的车站控制。

辅助调车场 Sub-Yard

专门办理相邻区段零摘列车和地区或枢纽小运转列车解编作业的车场。

辅助装卸费 Charge of Supplementary Handling

货物或集装箱的辅助性装卸作业费。

辅助装卸作业 Supplementary Handling

装卸过程中对货物进行的捆绑、加固、稳关等作业。

辅助作业 Supplementary Work

码头工人和装卸机械、港作船舶进行的与装卸作业有关的其他作业。

辅助作业工时 Man-hours for Supplementary Work

装卸工人从事辅助装卸工作的工时数。

腐蚀品 Corrosives

接触人体组织能发生灼伤或毒害，并对金属等物品造成损坏和腐蚀的固体或液体。腐蚀的形态分为均匀腐蚀和局部腐蚀两种。在化工物流过程中，后者的危害更严重。

负重车 Cargo Wagon

承载货物重量的货车。

附回执邮件 Mail Attached Receipt

寄件人在交寄给据邮件时，将填好的回执随邮件一并交寄，邮件妥投后，由收件人在回执上签名或签章，邮政企业再将此回执寄递给寄件人的邮件。

附属作业 Auxiliary Activities

人力卸砖之类的货物时，先将车上一部分货物搬开，以开辟一小块供人站立以便进行后续作业的地方。

复板 Doubler Plate

防止由于吊具或固箱栓锥在作业中定位欠准确而伤及箱体，在顶角件和底角件附近设置的加强保护板。

复合一贯制运输 Combined Transportation

吸取铁路、汽车、船舶、飞机等基本运输方式的长处，把它们有机地结合起来，实行多环节、多区段、多运输工具相互衔接进行商品运输的一种方式。

复投 Second Delivery

快件首次投递未能投交，快递服务组织进行的第二次投递。

G

GPS 全球定位系统
Global Positioning System

GPS 即全球定位系统，利用由导航卫星构成的全球卫星定位系统，进行测时和测距。GPS 能对静态、动态对象进行动态空间信息的获取，空间信息反馈快速、精度均匀、不受天气和时间的限制。

改递件
Express with Corrected Address

快递服务组织受用户委托，变更原投递住址，寄往新住址的快件。

改寄 Redirection

邮政企业或快递企业按寄件人申请，将邮件或快件名址变更并寄往寄件人的过程。

改寄申请单
Application for Address Change

寄件人申请改变收件人地址所填写的单据。

干冰冷藏箱 Dry Ice Cold Box

干冰为制冷源的干冰冷藏箱，制冷量大、降温速度快、最低温度可达到 -50℃，干冰制冷有绿色环保、无毒、无腐蚀、无污染、安全可靠等优点，应用在疫苗、血液、生物制剂、珍贵药材、高档食品、组织样本等要求保鲜效果高的一切需冷冻物品。

干耗 Weight Loss

因水分的损失而引起的食品重量的减少。

干散货 Dry Bulk

具有流动倾向的粉粒体货物。

干散货码头 Dry Bulk Terminal

供装载各种初级产品、原材料等散货船舶停靠、装卸作业的码头。

干散货密度 Dry Bulk Density

占用单位箱容的松散物料质量。

干线 Trunk Lane

连接首都和各省会、直辖市或自治区首府所在地的航线，以及连接两个以上的省会、直辖市、自治区首府或各省、自治区所属的城市之间的航线。

干线运输 Trunk Lane Transportation

利用铁路、公路的干线，大型船舶的固定航线进行的长距离、大数量的运输，是进行远距离空间位置转移的重要运输形式。

赣州港 Ganzhou Port

江西省的区域性重要港口，是赣州市综合运输体系的重要组成部分，是赣州水运发展的核心部分。包括城区港区、赣县港区、南康港区、于都港区、信丰港区。港口附近有京九、赣龙、赣韶等铁路和大广、厦蓉、赣韶等高速公路及G105、G323等国道主干线，具有综合交通枢纽优势。赣州港地处赣、章、贡三江的交汇点，具有较好的水运条件。

刚性连接键 Rigid Connection Key

针对柔性连接键而言的集成场范畴。刚性连接键是指依托集成体、基核等进行系统集成形成稳定连接的硬件设计与建设，诸如物流设施、设备等硬件含软件支持系统的连接键。

刚性斜撑式桅杆起重机
Rigid-braced Derrick Crane

桅杆顶部用刚性斜撑结构件支撑的桅杆起重机。

钢材送达周期（公路）
Road Transport of Steel Delivery Cycle

报告期内钢铁企业利用公路运输的方式，将货物从客户下订单到送达客户的时间。计量单位：小时。

钢丝绳电动葫芦
Electric Wire Rope Hoists

一种小型起重设备。钢丝绳电动葫芦具有结构紧凑、重量轻、体积小、零部件通用性强、操作方便等优点，它既可以单独安装在工字钢上，也可以配套安装在电动或手动单梁、双梁、悬臂、龙门等起重机上使用。

钢铁产成品销售物流
Steel Products Sales Logistics

钢铁企业通过物流加工配送将产成品销售给下游企业，主要包括汽车行业、建筑行业、家电行业、造船业、石化业、交通业等，一般采用干线运输加区域配送的模式。

钢铁电商平台
Steel Electric Business Platform

依托互联网的技术和特性，为钢铁企业实体提供线上交易平台。不仅满足传统钢材流通市场的服务需求，同时对上下游的物流资源进行整合，统筹考虑供需关系、物流方式、物流路径等，形成网络化的效应和高效的协同机制，借助技术手段，实现各物流环节的信息流通、作业调度和规范管理，提高服务质量和响应能力。

钢铁供应链脆弱性
Steel supply chain vulnerability

由钢铁供应链内部和外部风险影响而造成的供应链不稳定性和可能的破坏性。导致钢铁产业供应链脆弱的因素主要包括：注重效率、业务外包趋势的演进、全球化的影响、集中生产和销售、供应商数量的减少、需求的频繁变化以及缺乏可视性等。

钢铁企业物流费用率 Iron and Steel Enterprises Logistics Fee

报告期内国内钢铁企业钢铁物流总费用与企业总营业额的比例的平均值。

钢铁企业物流一体化
Logistics Integration of Steel Enterprises

钢铁制造企业的上下游节点之间，包括原料供应企业、钢贸企业、钢材用户及钢铁制造企业本身，实现企业物流的系统化与资源信息的共享化，从而使整个链条系统达到物流最优化。

钢铁物流库存周转率
Iron and Steel Logistics Inventory Turns

报告期内国内钢铁类物品仓库出库数量与该时期仓库平均数量的比例。

钢铁物流库存资金周转率 Iron and Steel Logistics Inventory Turnover of Funds

报告期内国内钢铁类物品仓库出库总金额与该时期内库存平均金额的比例。

钢铁物流利润总额
Profit Total Steel Logistics

报告期内钢铁物流活动中所有相关企业完成物流业务所取得的总利润。计量单位：万元。

钢铁物流企业 The Iron and Steel Logistics Enterprises

钢铁生产流通过程中从事物流基本功能范围内的物流业务设计及系统运作，具有与自身业务相适应的信息管理系统，实行独立核算、独立承担民事责任的经济组织。

钢铁物流产业 Logistics of Iron and Steel

钢铁物流是以"钢铁"为载体，以"物流"为运作，以"信息"为核心，集钢材贸易、电子商务、三方物流为一体，资金流、信息流、物流相互促进、相互融合，涵盖建筑行业、冶金行业、信息产业、现代物流四大行业的交叉行业。

钢铁物流企业信用评价 Credit Valuation for International Logistics Enterprise

对钢铁物流企业进行遵纪守法、履行社会承诺及经济偿还意愿和能力等方面的综合评价。

钢铁物流物品数量
Quantity of Logistics Goods

钢铁物流经济活动中按单一度量单位或复合度量单位计量的物品数量。

钢铁物流业务成本 Logistics Costs

我国常住企业因从外部购买或向外提供

钢铁物流服务而发生的成本。

钢铁物流业务收入
Steel Logistics Income

　　物流企业通过钢铁物流业务活动得到的收入。

钢铁物流业务运营
Steel Logistics Operations

　　企业为用户提供各类钢铁物流服务情况或购买钢铁物流服务情况。

钢铁物流营业税金总额 Iron and Steel Logistics Business Tax Amount

　　报告期内所有从事钢铁物流活动的物流企业，按规定向财税部门交纳的各种税金。包括损益表中的主营业务（经营、营业）税金及附加、应交增值税，财务成本表中属于物流业务部分的房产税、车船税、土地使用税、印花税以及养路费、排污费、水电费附加、上交管理费等。计量单位：万元。

钢铁物流总费用
Iron and Steel Logistics Total Cost

　　报告期内钢铁物流活动中所有相关企业参与物流业务所产生的总费用。计量单位：万元。

钢制托盘 Steel Pallet

　　适合叉车作业，存取货物方便。主要用于多用途的地面存储、货架存储及货物联运、周转等超轻金属托盘系列。集装、堆放、搬运和运输的放置作为单元负荷的水平平台装置。

港澳台快件 Express Item to/from Hong Kong, Macao and Taiwan

　　中华人民共和国境内用户与中国香港特别行政区、中国澳门特别行政区、中国台湾地区用户互寄的快件。

港澳台邮件 Mail to/from Hong Kong, Macao and Taiwan

　　中华人民共和国境内用户与香港特别行政区、澳门特别行政区、台湾地区用户互寄的邮件。

港口 Port

　　位于江、河、湖、海或水库沿岸，具有一定设备和条件，是一个由水上设施和陆上设施构成的运输综合体，供船舶出入和靠泊以进行客货运输或其他专门业务的地方。

港口（企业）劳动生产率
Port(enterprise) Productivity

　　港口企业全部职工（或全部装卸工人）中平均每一职工（或每一装卸工人）在单位时间内所完成的吞吐量。全员劳动生产率 = 单位时间吞吐量 ÷ 企业全部职工人数（统计期平均数）。

港口出口装箱比
Export Container Stuffing Percentage

　　出口集装箱在港口装箱换算箱数与出口重箱换算箱数的百分比。

港口堆存系统 Storage System of Port

　　港口堆存设施（仓库、货棚、堆场）及相应的装卸设备组成的具有堆存、周转、储运和待运机能的有机整体。

港口腹地 Hinterland of Port

　　港口集散货物、旅客所及的主要范围。

港口集运系统
Port Transportation System

　　港口会同运输部门、物资部门组织各种类运输工具，将货物从腹地集中到港口的运输联合体。

港口集装箱搬移费
Container Handling Charge

　　非港口经营人责任，集装箱在码头范围发生搬移而产生的费用。

港口集装箱吞吐量
Container Throughput

　　集装箱经水运进出港区所装卸的集装箱换算箱量。

港口进口拆箱比
Import Container Destuffing Percentage

进口集装箱在港口拆箱换算箱数与进口重箱换算箱数的百分比。

港口经营人 Port Operator

与承运人、托运人订立港口业务合同，从事港口经营性业务的人。

港口陆域 Land Area of Port

港口陆上区域所占的范围。主要包括码头、库场、铁路和道路等。

港口内汽车、火车、驳船集装箱装卸费
Container Handling Charge for Truck, Train and Barge

港口经营人向货方收取的用于补偿集装箱港口装卸包干费作业范围外的费用。

港口疏运系统 Port Alienation System

港口会同运输部门、物资部门组织各类运输工具，将到达港口的货物从港口运出的运输联合体。

港口水域 Waters of Port

港口水上区域所占的范围。主要包括港池、航道、调头水域和锚地等。

港口调度 Port Dispatch

港口经营者组织指挥生产活动的部门。

港口通过能力 Traffic Capacity of Port

在一定的技术装备和劳动组织条件下，港口在一定的时间（年、月、日）内装卸船舶所载货物的额定数量。又称港口吞吐能力。

港口吞吐量 Port's Throughput

货物吞吐量与客运量（折算量）的总和。

港口物流 Port Logistics

中心港口城市利用其自身的口岸优势，以先进的软硬件环境为依托，强化其对港口周边物流活动的辐射能力，突出港口集货、存货、配货特长，以临港产业为基础，以信息技术为支撑，以优化港口资源整合为目标，发展具有涵盖物流产业链所有环节的港口综合服务体。

港口物流园区 Logistics Park of Port

依托港口，衔接海运与内河、铁路、公路转运的物流园区。

港口站 Station of Port

设在港口附近，办理港口铁路内部运输，进行列车接发、解编、取送、装卸车等作业，其产权属港口的车站。

港口装卸 Port Handling

港口进行的各种装卸搬运作业，包括码头前沿的装卸船作业，前沿与后方间的搬运作业，港口仓库的堆码拆垛作业，分拣理货作业，港口理货场的中转作业，后方的铁路车辆和汽车的装卸作业，以及清舱、平舱、配料、计量、分装、取样等辅助作业。

港口装卸工艺
Cargo Handling Technology of Ports

港口货物装卸和搬运货物的方法和程序。

港口装卸线 Handling Line of Port

码头前沿、仓库后面或货场中，设置供汽车停放、进行装卸作业的线路。

港口综合能源单耗 Comprehensive Unit Energy Consumption of Port

一定时期内，完成每万吨吞吐量所消耗的港口综合能源。单位为吨每万吨。港口综合能源单耗 = 综合能源消耗量 ÷ 完成万吨吞吐量。

港口综合能源消耗总量 Comprehensive Energy Consumption of Port

一定时期内，港口生产综合能源消耗量、辅助生产综合能源消费量及其他方面能源消耗量之和。计量单位：吨标准煤。

港区 Port Area

港界范围以内的并经当地政府管理机构划定的港口陆域和水域。

港区车场 Port Area Yard

设在港湾（口）站与码头之间，担当某一港区内的车辆集结、选编、取送等作业的车场。

港湾站 Harbour Station

设在港口附近，主要办理港口铁路外部运输，进行列车接发、交接、解编、车辆取送等作业，其产权属铁路的车站。

高架集装箱轮胎式起重机 Rubber Tired High Mast Crane

在轮胎式起重机的基础上发展起来的一种码头前沿集装箱起重机械。

高架轮胎集装箱起重机 Mobile Container Crane

塔柱装在自行轮胎底盘上的集装箱起重机。

高塔柱轨道式集装箱起重机 Rail-mounted Crane with Tower Pattern Frame

结构形式为低车架、低转台、高立柱的集装箱起重机。采用单臂架补偿滑轮组系统使变幅过程中载荷水平位移，且旋转中心向海侧偏置，有效工作幅度加大。可兼作大件散货、大件杂货装卸作业。

高铁动车组最大载重量 Maximum Load of High-speed Railway

根据高速动车组车辆设计轴重均匀装载，保障列车运行速度和行驶安全条件下，高速铁路动车组最大载重量。

高铁换算周转量 Converted Transshipment of High-speed Railway

高速铁路一定时期内所完成的客、货运换算吨公里数。它体现反映一定时期内旅客和货物运输总工作量的大小，可用货物周转量与旅客周转量之和来计算。

高铁货流密度 Freight Volume of High-speed Railway

一定时期内，平均每公里高铁线路上所承载的货物周转量。

高铁快递 CRH Express

日常开行的高铁列车，货物的运送时限包括当日达、次日达等方式，能抵达的城市较多。

高铁冷链物流 Cold Chain Logistics of High-speed Railway

冷冻工艺为基础、制冷技术为手段，使冷链物品从生产、流通、销售到消费者的各个环节中始终处于规定的温度环境下，以保证冷链物品质量，减少冷链物品损耗的物流活动。

高铁暖链物流 Warm Chain Logistics of High-speed Railway

特殊货物运输过程中，车内温度需保持在指定较高温度下的运输，以保证特殊货物的运输质量。

高铁物流 High-speed Railway Logistics

铁路局、中铁快运公司等铁路企业利用高铁动车组列车在高铁沿线城市间提供的"门到门""站到门"及"站到站"小件物品运送服务。

高铁物流标准作业箱 Standard Operation Box of High-speed Railway Logistics

便于计算高铁集装箱数量，以 20 英尺长的集装箱为标准箱，也称国际标准箱单位。

高铁物流动车追踪间隔 Tracking Interval of High-speed Railway Logistics

采用移动自动闭塞模式，确保行车安全前提下仅提供物流服务的高铁货运动车专列或兼顾客货服务的高铁混编动车组追踪运行最小间隔时间。

高铁物流动车组车底周转时间 Transshipment Time of High-speed Railway Logistics

仅提供物流服务的高铁货运动车组或兼顾客货服务的高铁混编动车组自第一次装车完成时起至再一次装车完成时止（即运用高铁物

G

流动车组平均每周转一次）所消耗的时间。

高铁物流动车组扣除系数 Deduction Factor/Deducting Coefficient of High-speed Railway Logistics

与高铁客货列车比例、停站次数、停站时间等相关的高铁物流动车组在沿途各站进行物流服务作业所耗费的部分额外区间通过能力。

高铁物流动车组平均旅速 Average Speed of High-speed Railway Logistics

高铁物流动车组在区段内平均每小时走行的公里数，计算时间包括列车在区段内各区间的运行时间及中间站的停站时间。

高铁物流动车组走行线 Track for High-speed Railway Logistics

高速铁路物流动车组出入设有物流动车组专用清洁、维修等设施设备的动车段（所、场）专用的走行线路。

高铁物流辅助箱场 B/L System of High-speed Railway Logistics

办理高铁物流集装箱装卸、转运、保管、交接的辅助性场所。

高铁物流换算箱 Secondary Container Yard of High-speed Rail Logistics

用高铁物流标准箱进行换算，通常以20英尺集装箱作为换算单位。

高铁物流集装化 Containerization of High-speed Rail Logistics

将许多高铁物流单件物品按尺寸规格相同、重量相近的原则组合成标准化组合体的方法。

高铁物流计价里程 Freight Distance of High-speed Railway Logistics

高速铁路运送高附加值货物的计费里程，按发站至到站间最短径路计算，特殊情况下需绕路运输或有规定径路时按规定的实际里程计算。

高铁物流列控系统 Control System of High-speed Railway Logistics

由列控中心、闭塞设备、地面信号设备、地车信息传输设备、车载速度控制设备等构成的用于控制高铁物流动车组运行速度，保证行车安全和提高运输能力的控制系统。

高铁物流散装化 High-speed Rail Logistics Bulk

用专门机械、器具进行运输、装卸的高铁物流散装物品在某个物流范围内，不用任何包装，长期固定采用吸扬、抓斗等机械、器具进行装卸、运输、储存的作业方式。

高铁物流数字移动通信系统 Digital Mobile Communication System of High-speed Railway Logistics

铁路物流企业用户以GSM为基础，在增加调度通信功能（语音呼叫、语音广播、增强多优先级与强拆等）、铁路特有的调度业务（功能寻址、接入矩阵、基于位置的寻址等）来满足铁路专用调度通信要求的信息化平台上开发的高速铁路物流应用。

高铁物流调度集中系统 Centralized Control System of High-speed Railway Logistics

物流调度员在调度中心集中控制和监视所管辖区域内货物流量和流向，统一调度和指挥车辆运行的遥控、遥信系统。

高铁物流信息发布系统 Information System of High-speed Railway Logistics

高铁物流过程中由服务器、网络、播放器、显示设备组成，将服务器的信息通过网络发送给播放器，再由播放器组合音视频、图片、文字等信息，输送给显示设备可以接受的音视频输入形成音视频文件的播放，形成一套可通过网络将所有服务器信息发送到终端的系统。

高铁物流需求 High-speed Rail Logistics Demand

一定时期内社会经济活动对高铁小件物品在空间、时间和费用方面的要求,涉及运输、库存、包装、装卸、搬运、流通、加工以及与之相关的信息需求等物流活动的诸方面。

高铁物流运输组织方式 High-speed Railway Logistics Transportation Operation Mode

高铁物流组织中,由于使用不同的运输工具、设备线路,通过不同的组织管理形成的运输形式。

高铁物流运营里程 Operation Mileage of High-speed Railway Logistics

铁路物流企业组织利用日常开行的高铁列车或者富余能力开行高铁物流专列,采用现代化、精准化装卸技术,提供各个城市(镇)间高附加值货物快捷物流服务的高速铁路线路里程。

高铁物流周转量 Transshipment of High-speed Railway Logistics

反映一定时期内高铁物流运输工作总量的指标,是运送货物的吨数与运输距离的乘积,以吨公里为计算单位。

高铁物流主箱场 Primary Container Yard of High-speed Rail Logistics

办理高铁物流集装箱装卸、转运、保管、交接的主要场所。

高铁物流转运率 Transshipment of High-speed Rail Logistics

经一次及以上中转到达目的地的物流量占物流总量的比重。

高铁站货运作业 Cargo Operation of High-speed Railway Station

利用现代化装卸技术,确保列车及旅客安全前提下,在高速铁路客运站利用列车停站时间进行的高附加值货物上下货作业。

高铁站物流通道 Logistics Channel of High-speed Railway Station

与高速铁路车站设置的货物装卸作业区域连通,对应装货车辆在列车中的编组位置设置的 1－2 处与各中间站台相连接的专供高铁快捷货物装卸的物流通道。

高位驾驶三向堆垛叉车 High Drive Three-way Stacking Forklift

配有一个三向堆垛头,通道宽度 1.5－2.0 米,提升高度可达 14.5 米。其驾驶室可以提升,驾驶员可以清楚地观察到任何高度的货物,也可以进行拣选作业。

高位拣选叉车 Order Picking Trucks

在某些工作环境下,不需要整托盘出货,而是按照订单拣选多种品种的货物组成一个托盘,这种工作车辆称为拣选车。按照拣选货物的高度,中高位拣选叉车最高可达 10m。

高效物流 Efficient Logistics

高效贯穿着承担运输、仓储配送、供应链物流,以最短的时间花最少的成本获得最高的物流服务。

高效消费者反应 Efficient Consumer Response

通过制造商、批发商和零售商各自经济活动的整合,以最低的成本,最快、最好地实现消费者需求的流通模式。

高速公路物流产业 Highway Logistics

通过高速公路网络,打造的高效率的公路物流运输体系。充分利用我国现有的密集高速公路网,连接路网上各个环节的车货资源,达到车货资源的最高匹配度和货物送达效率。

隔舱 Compartment

被分隔为数段罐式集装箱舱室,具备罐壳和端板并形成独立的舱室。用垫舱物料铺放在舱底和舱壁,使货物不直接接触舱底板和舱壁的作业。

隔断 Bulkhead

在保温集装箱的端部为进风和回风循环

留出的舱室。隔断可与保温箱构成一体，或者单独装设。

隔离配装 Isolation Fittings

可在同一车内装运的危险货物，相互间按配装要求应保持一定的安全距离的装载条件。

隔热材料 Insulating Material

具有低导热系数的材料。

隔热层 Thermal Insulating Layer

一种新型的复合包装材料，保护产品在运输过程中不受周围环境温度、湿度的变化而影响产品品质。

隔热集装箱 Insulated Container

无冷却和加热设备的保温集装箱。

隔日达 Overnight Delivery

客户的订单在当天 16 时前为已确认状态时，B2C 电商承诺在隔日送达客户的服务政策。

隔条 Batten

在保温集装箱的内壁上附加的隔断件，使货物与内壁保持一定距离，其目的是留出箱内冷／热风循环的通道。凸条可与箱内壁体构成一体，也可以在装货时紧固或者附设在内壁板上。

个案完成率 Completion Rate of Case

按需装运的订货个案数或单位数的百分比，是物流服务层次中的指标之一。

给据邮件 Registered Mail

邮政企业在收寄时向寄件人出具收据，投递时由收件人签收的邮件。

给据邮件登单机
Registered Mail Listing Machine

采用光学条码识别装置扫描识别给据邮件上的条码信息，自动登录、打印邮件清单的设备。

给据邮件投递计算机处理系统
Computer System for Registered Mail

根据进口给据邮件上的收件人地址信息及要求，对其进行分配去向、按地址排序，并填打清单的计算机系统。

工程物流 Project Logistics

具有工程特性的一切物流活动，主要解决建设项目、救助支援、大型会展、大型迁址以及战时后勤保障等具有综合性复杂内容的物流组织活动。

工贸集成体
Industry and Trade Integrator

作为主导国际、国内加工与贸易活动龙头企业，是进行国际、国内加工零部件的供应商、加工零部件贸易的经营人。关注国际市场需求、降低工贸成本和实现产品价值往往是这类集成体关注的重要目标内容。

工序吨 Operation Ton

在一个装卸工序中完成一吨货物的操作量为一个工序吨。它是装卸作业量的计算单位之一。

工业站 Industrial Station

设在工业企业专用线、专用铁道与国家或地方铁路的连接处，主要为工业企业铁路外部运输服务，其产权属铁路的车站。

工艺卡 Cargo Handing Process Card

按照不同货物的装卸工艺，将与该货物装卸作业相关的资料、要求及说明，按一定的格式编制成的卡片。

公布直达运价 Published Freight

航空公司在运价本上直接注明货物由始发地机场运至目的地机场的航空运输价格，也称指定运价。

公共仓库 Public Warehouse

面向社会提供物品储存服务，并收取费用的仓库。

公共物流信息技术服务 Technology Services of Public Logistics

Information

为公共物流信息平台用户提供相关的物流信息技术服务，充分、有效地利用物流技术设施。主要的是为运输工具和物品的空间定位技术服务以及物品编码应用及维护等方面提供相关服务。

公共物流信息平台
Information Platform of Public Logistic

通过对公共信息的收集、分析、处理，对物流企业信息系统完成各类功能提供支持，为政府相关部门的信息沟通起到信息枢纽作用，为政府宏观决策提供支持的系统。

公共信息服务系统
Public Information Service System

物流信息资源的汇集中心，也是国内外了解区域物流信息资源的窗口，功能主要包括法律法规信息查询、技术标准支持、公共物流信息汇集和服务、公共物流作业服务、公共物流信息交换、交易服务。

公共型电子采购平台
Public E-procurement Platform

面向整个社会服务的，并以独立于买卖双方的第三方地位为特征，可以提供在线电子采购、在线竞标和竞拍，以及与离线战略采购相结合的战略在线采购等全方位采购服务。

公共型基核关系 Public-Relationship of logistics Sub-core

主要指区域物流中心、物流园区、陆港、海港、空港等基地，面向社会各类行业、企业提供供应链物流服务的基地关系。公共型物流基核提供的物流服务对象多、范围广、服务通用性强、规模大，与融合型、连接型基核关系相比，公共型基核关系的物流作业距离一般比较长。在两业联动过程中的公共型基核关系主要或更能体现规模化运作绩效作用。

公空联运
Highway-air Intermodal Transportation

采用公路和航空两种运输方式完成的多式联运。

公路大件运输车 Highway Heavy Truck

以液压悬挂为基础，车辆有很大的承载能力，具备液压升降功能，可在无起重设备的前提下完成货物装卸，车辆一般需要牵引车带动，运输速度在 30 － 60 千米 / 小时，能适应长距离运输。

公路港 Highway Port

依托公路运输，通过信息化整合物流服务、物流载体和物流需求三大资源，为货主企业、物流服务企业以及行政审批、金融保险、中介和物业服务等支持性部门相关业务开展提供信息交易、运输、配送、中转、装卸搬运、储存等综合服务的平台型物流园区和物流服务平台。

公路集装箱运输
Highway Container Transportation

将航空、铁路、海运有效地连接起来，实现门到门运输。同时，还能把小批量的零星货物，通过汽车运输加以集中和组织，转为集装箱运输。

公路集装箱中转站 Transfer Depot of Highway Container

具有集装箱中转运输与门对门运输和集装箱货物的拆箱、装箱、仓储和接收、送达、装卸、堆存的场所。

公路集装箱装卸费 Handling Charge of Highway Container

集装箱汽车运输中，在集装箱中转站、货运站发生的装卸而收取的费用。

公路物流 Highway Logistics

物品在公路运输中从供应地向接收地的实体流动过程。根据实际需要，将运输、储存、装卸、搬运、包装、流通加工、配送、信息处理等基本功能有机结合。

公路运输量 Transportation Volume

公路运输部门在一定时期内运送旅客和货物的数量，以运量和周转量表示。计量单

G

位分别是"人"和"吨"。

公路港物流产业
Highway Logistics Industry

公路港物流，通过大型公路货运集散平台与整合物流资源，实现物流企业和社会车辆这两大物流主体在平台内"集约化经营、信息化管理"的目标。

公水联运
Highway-water Intermodal Transport

采用公路和水路两种运输方式完成的多式联运。

公铁联运
Highway-rail Intermodal Transport

采用公路和铁路两种运输方式完成的多式联运。

公铁两用挂车 Road-rail trailer

一种可放置于铁路转向架上的公路挂车。

公铁水联运
Highway-rail-water Intermodal Transport

采用公路、铁路和水路三种运输方式完成的多式联运。

公用型保税物流中心
Public Bonded Logistics Center

由专门从事仓储物流业的中国境内企业法人经营，向社区提供保税仓储物流综合服务的海关监管场所。

功能型连接键 Functional Connector

以功能为特色，连接不同部分所体现的合成场元结构。具体表现为作为物流集成体的龙头企业能够提供集成多家物流企业、多种物流功能为一体的物流服务系统，具有特定的合成场元形成的稳定结构。功能型连接键通过物流的多种功能集成来实现各种物流资源在集成物流服务系统中的一体化高效率运转。

功能型物流服务
Functional Logistics Service

指提供运输、仓储、分拣、配送等基础作业和管理的服务。依据供应链物流采购要求，可以在此基础上，强化专业性服务深度和广度，实现客户所需要的采购功能要求。

共建原则 Co-operation Principle

"一带一路"建设秉承共商、共享、共建原则。共商合作大计，共享合作成果，共建合作平台。

共同集货型 Joint-Consolidation

由多个物流部分联合组成的共同配送的运输车辆，采用捎带的方式向货主取货，提高了运输效率，降低了运输成本。

共同配送 Joint Distribution

为提高物流效率对某一地区的用户进行配送时，由许多个配送企业联合在一起进行的配送。它是在配送中心的统一计划、统一调度下展开的。这种配送有利于节省运费和提高运输车辆的货物满载率。

共享物流 Sharing Logistics

通过共享物流资源实现优化配置，从而提高物流资源使用效率，降低物流成本，推动物流系统变革的物流模式。

共营运输 Sharing Transportation

由两个及两个以上的运输经营者在一定范围或条件内，共同承担的旅客或货物运输。

共用托盘 Common Pallets

托盘共用系统中以循环、共享、共用以及交换为目的的标准的联运通用托盘。

共用物流信息平台
Public Logistics Information Platform

通过对共用数据的交集，为企业信息系统提供基础支撑信息，满足企业信息系统对共用物流信息的需求，支撑企业信息系统各种功能的实现；同时，通过共享信息支撑政府部门间行业管理与市场规范化管理方面协同工作机制的建立。

共用系统运营商

Public Operation System

提供共用托盘出租、回收、维护与维修、物流、信息及供应链服务的综合物流服务商。

共有托盘 Public Pallet

在营业线路上共同使用的可交换托盘。

供需网 Supply and Demand Network

在全球范围内，以全球资源获取、全球制造、全球销售为目标，相关企业之间由"供需流"交互作用而形成的多功能开放型的供需网络结构。

供应管理 Supply Management

通过对总供给调节来达到一定的宏观经济目标的政策工具。供应管理包括控制工资与物价的收入政策、指数化政策、改善劳动力市场状况的人力政策，以及促进经济增长的增长政策。

供应物流产业 Supply Logistics

供应物流企业提供原材料、零部件或其他物品时，物品在提供者与需求者之间的实体流动。它是生产物流系统中相对独立性较强的子系统，和生产系统、财务系统等生产企业各部门以及企业外部的资源市场、运输部门有密切的联系，对企业生产的正常、高效率进行发挥着保障作用。

供应链的不确定性
Uncertainty of Supply Chain

由于供应链具有不确定性的性质而给供应链成员企业增加管理难度、增加成本和降低经济效益与社会效益，以及降低最终顾客价值和满意度的现象。

供应链断链 Supply Chain Disruption

在内部风险因素或外部风险因素产生的不可预料事件引起了某种产品、仓库和运输的不可获得时，会导致供应链运作系统的根本性改变，这时供应链中断性危机就产生了。供应链中断性危机也可称之为供应链断链。

供应链反应时间
Supply Chain Response Time

从供应链探测到顾客需求和收到顾客订单开始，然后把原材料转化为产品或服务，直至把产品或服务交付给顾客整个过程的总时间间隔。

供应链风险 Supply Chain Risk

由于各种事先无法预测的不确定因素带来的损失影响，使供应链企业实际收益与预期收益发生偏差，偏差的大小也预示着供应链风险的强弱。

供应链风险度量
Supply Chain Risk Measurement

对风险发生的可能性或损失的范围与程度进行估计与测量。通过识别风险，了解灾害损失的存在，对实际可能出现的损失结果、损失的严重程度予以充分地估计和衡量。

供应链风险管理
Supply Chain Risk Management

供应链成员企业独自或者协同运用风险管理工具和方法，应对与处理由供应链内外部因素或相关活动引起的或受其影响的供应链运作的风险事件和不确定性。供应链风险处理是供应链风险管理的核心，也是供应链危机管理所要解决的实际内容。

供应链风险规避
Supply Chain Risk Aversion

隔离或中断供应链风险源或渠道，使其不致发生或遏制其发展。通过规避风险，将从根本上排除风险因素进入供应链内，从而避免可能产生的潜在损失和不确定性。规避某种风险是处置该风险的最简单易行的办法，也最具彻底性和经济性。

供应链风险控制
Supply Chain Risk Control

在对供应链风险进行识别和评估的基础上，有针对性地采取积极防范控制措施的行为。供应链风险控制的目标是为了在风险发生之前，降低风险发生的概率；风险发生之后，降低风险发生造成的损失，从而使风险造成的损失降到最低的程度。

G

供应链风险识别
Supply Chain Risk Identification

供应链风险管理者通过对大量的供应链信息、资料、数据、现象等进行系统了解分析，通过归类掌握风险产生的原因和条件，来认清供应链中存在的各种风险因素，进而确定供应链所面临的风险类型及其性质，这是供应链风险管理的基础环节。

供应链风险转移
Supply Chain Risk Transfer

当企业无法通过其他的方法化解风险时，可以采用规避风险的方法。风险转移可分为保险转移和非保险转移两种。保险转移是向保险公司投保，将供应链中部分风险损失转移给保险公司承担；非保险转移是将供应链中一部分风险转移给供应链以外的企业，或风险由整个供应链企业来共同承担。

供应链服务 Supply Chain Service

帮助企业以较低的运作成本达到较高的客户服务水平的一体化产品。这类产品具有服务性功能，最终可提高企业的利润率。高水准的售后服务能显著提高客户满意度，从而留住客户，产生更多业务量，获得高利润的服务合同，提高公司的获利能力。

供应链复杂网络
Supply Chain Complex Network

有物流链、金融关系等多类链条参与供应链过程的网络。随着整个供应链网络不断发展扩大，物流、信息流、资金流在供应链网络上的企业间迅速流动，供应链网络变得越来越复杂，此时，供应链复杂网络形成。

供应链管理 Supply Chain Management

一种集成化的管理理念，是指围绕核心企业建立的供应链最优化，对产品生产和流通过程中各个环节所涉及的物流、信息流、资金流、价值流及业务流进行合理的调控，以最低的成本使供应链从采购开始，到满足最终顾客的所有过程，均能高效运作，把合适的产品以合理的价格及时送到消费者手上。

供应链管理动态联盟
Dynamic Alliance of Supply Chain

供应链上的企业之间要达成协同作业的短期合作关系。联盟是指各企业间是独立的，动态是指短期的。

供应链管理库存
Managed Inventory of Supply Chain

将企业库存管理置于供应链之中，以降低库存成本和提高企业市场反应能力为目的，从点到链、从链到面的库存管理方法。

供应链管理流程
Process of Supply Chain Management

流程指一组相关的活动。供应链管理所涉及相关联的活动集合，即需要从管理一个单独的职能部门到将活动整合到供应链流程之中的转变。供应链管理流程一般包括：需求管理、客户关系与服务管理、供应商关系管理、产品开发管理、客户订单履行、生产过程管理和逆向物流管理。

供应链管理系统
Supply Chain Management System

按照系统学理论进行供应链组织间的计划、执行与控制的整个协调体系。该体系着重于整个供应链和供应网络的优化以及贯穿于整个供应链计划的实现。

供应链管理质量 Supply Chain Management Quality（SCMQ）

对整个供应链范围内的产品质量的产生、形成和实现过程进行管理，以实现供应链环境下产品质量控制与质量保证程度。

供应链合作关系
Supply Chain Partnership

供应商与制造商之间，在一定时期内的共享信息、共担风险、共同获利的协同协议关系。

供应链合作—竞争模式 Supply Chain Cooperation‐Competition Pattern

企业在没有大规模建立海外供应网络的

情况下，必须最大限度地联合国内的相关业务合作伙伴，形成有效的扩展供应链体系，通过群体竞争优势与跨国企业竞争。这种基于合作—竞争模式下的供应链管理将是未来企业供应链管理的重要模式。

供应链核心企业
Core Enterprise of Supply Chain

主导并建立形成企业间供需网链关系的龙头企业，也称为供应链的集成体。核心企业拥有人才、资金、技术、管理等诸多优势，在供应链的危机管理和风险控制中，核心企业要充分发挥其领导作用。

供应链环境建设
Environment Construction of Supply Chain

供应链环境主要包括硬件环境和软件环境。硬件环境建设是指支持供应链商流、物流、信息流、资金流的基础设施规划、建设和技术设备购置等。软件环境建设是指为供应链经营主体提供运作良好的体制环境和规则环境。

供应链机制 Supply Chain Mechanism

就是指整体的运行机理和实现方式。它强调不仅要做好岗位本职工作，而且要根据岗位在供应链管理机制中的运行要求，实现供应链管理的团队目标要求。即不在一个组织建制中，能够为同一个系统目标而奋斗。

供应链集成 Supply Chain Integration

供应链企业成员通过信息技术等连接键方式，将其既有业务网链结构延伸、扩展或引进新的串并联关系，形成价值、效率更优化、更为安全的网链关系。供应链集成是实现更为完整的供应链的一种方式。

供应链集成内容
Content of Supply Chain Integration

包括信息集成、同步计划、协同的工作流、全面的供应链集成。这四个层次集成内容中，信息集成是基础。物流链切入供应链所形成的两链衔接乃至融合关系是供应链全面集成的一种表现形式。

供应链计划 Supply Chain Planning

一个组织计划执行和衡量企业全面生产与物流等活动。它包括预测、库存计划以及分销需求计划等基本内容组成。

供应链绩效评价
Supply Chain Performance Evaluation

对供应链整体、各环节（尤其是核心企业运营状况以及各环节之间的运营关系等）所进行的事前、事中和事后分析评价。供应链绩效评价指标是基于业务流程的绩效评价指标。

供应链金融 Supply Chain Finance

从供应链核心企业视角观察，供应链金融是一种在核心企业主导的企业生态圈中，对资金的可得性和成本进行系统性优化的过程。从电子交易平台服务商视角观察，供应链金融的核心就是关注嵌入供应链的融资和结算成本，并构造出对供应链成本流程的优化方案。供应链金融在帮助内部企业实现风险的最小化，对于企业战略发展具有举足轻重的作用。帮助内部企业实现风险的最小化，对于企业战略发展具有举足轻重的作用。

供应链可视化 Supply Chain Visibility

利用信息技术，将采集、传递、存储、分析、处理供应链中的订单、物流以及库存等相关指标信息，按照供应链的需求，以视频及图形等方式展现出来。供应链可视化可以有效提高整条供应链的透明度、实时性和可控性，从而大大降低供应链风险。

供应链库存管理
Inventory Management of Supply Chain

供应链管理模式下的库存管理，追求的是实现供应链上企业的流程无缝连接，清除供应链企业间的高库存等现象。

供应链绿色化 Green Supply Chain

供应链上的企业通过与合作伙伴在环境保护方面良好的协调和合作，并采用一定的管理手段及技术手段，来减少产品从原料获取、加工、包装、仓储、运输、使用到报废处理的整个过程对环境的副作用，提高资源使用效率的过程。

供应链逆向渠道
Reverse Channel of Supply Chain

企业为了从客户手中回收使用过的产品所必需的一系列活动。其目的是对回收品进行处置，或者再利用。

供应链全面协同运作
Supply Chain Coordination

指从价值、时间以及协同层次三个维度树立一种全面协同共享理念。根据全面协同共享理念，供应链的协同应追求的是以链价值最大化为终极目标的长期的、全方位的协同。

供应链融资 Supply Chain Financing

银行通过审查整条供应链，基于对供应链管理程度和核心企业的信用实力的掌握，对其核心企业和上下游多个企业提供灵活运用的金融产品和服务的一种融资模式。

供应链体系 Supply Chain System

以系统工程的观点，研究供应链及供应链管理在实际操作中的运用。供应链体系的结构模型分为链状模型和网状模型两种。

供应链突发事件
Emergency of Supply Chain

由供应链内外偶发因素直接或潜伏引起，在短时间形成并爆发，直接影响、中断供应链运行并可能带有灾难性后果的意外事件。

供应链突发事件管理
Emergency Management of Supply Chain

运用一定的科学方法和手段，采取风险识别、评估、控制的风险管理，超前或预先防范的危机管理，以及突发事件发生后的应急管理措施应对供应链各环节及供应链管理过程中有可能出现内部或外部原因引起的突发性、灾难性危害事件的管理过程。

供应链网络构建
Network Construction of Supply Chain

对供应链中产品、信息等的流动结构进行科学合理的规划、设计、建设，包括节点布局、运输路线设计、容量配置等。

供应链网络结构
Network Structure of Supply Chain

有三个基本的结构，它们是水平结构、垂直结构及该公司在整个供应链两端之间水平方向上所处的相对位置。一个完整的供应链网络结构就是由这些不同的结构变量组合而成，增加或减少供应商和客户的数量将会影响供应链的结构。

供应链危机 Crisis of Supply Chain

由供应链内部或外部风险而产生的、严重影响到供应链的稳定性与连续性的事件，其事件都可能导致整条供应链的产品、服务、资金和声誉出现巨大的损失和损害，甚至使供应链系统解体。

供应链危机管理
Crisis Management of Supply Chain

运用危机管理的理论及方法，为预防、控制供应链危机产生、减少危机影响、维持供应链正常运行而采取的一系列应对供应链危机的行动与对策。

供应链物流 Supply Chain Logistics

为了顺利实现与供应链过程有关的一体化物流活动，例如，协调生产运作、供应活动、销售活动和售后物流活动，所进行的综合性管理的战略机能。体现了以支持供应链为核心，协调供应领域的生产和进货计划、销售领域的客户服务和订货处理业务，以及财务领域的库存控制等物流活动。

供应链物流管理
Supply Chain Logistics Management

强调供应链成员组织通过协作、协调与协同，提高供应链物流的整体效率。表现为对供应链成员间供求物流活动进行计划、组织、指挥、协调、控制和监督，使各项物流活动实现最佳的协调与配合，以降低物流成本，提高物流效率和经济效益。

供应链信息平台
Supply Chain Information Platform

利用现代计算机技术和通信技术，支撑供应链物流活动中的供方、需方、第三方物流商和运输业者以及中介及管理者有机联系起来的软件与硬件设施体系。具有专用型、共用型和公共型等类别。通过供应链信息平台对供应链物流管理基础数据的采集，可为企业信息系统提供基础支撑信息，满足企业信息系统对相关信息的需求；可支撑企业信息系统各种功能的实现，确保物流信息正确、及时、高效和畅通。

供应链信息系统
Supply Chain Information System

是由计算机硬件、网络和通信设备、计算机软件、信息资源、信息用户和规章制度组成的以处理供应链信息流为目的的人机一体化系统。其目的就是要将供货者和客户双方融合为一体，以实现组织间的高度合作，提高运行效率。

供应链一体化的集成
Supply Chain Integration

共包括三个方面：首先是企业内部供应链的集成，这是供应链一体化的基础；其次是企业外部供应链的集成，这是供应链一体化的关键；最后是构建实现集成化的动态联盟。企业通过 Internet 网络技术集成在一起以满足顾客的需求，一旦顾客消失，它随之解体。

供应链营销 Supply Chain Marketing

指以关键顾客和合适顾客的需要为起点，以顾客需求满足过程中的价值最大化为目标的全方位全过程的互动活动。主要内容包括建立良好的顾客关系，直面终端顾客，提供个性化服务；异业结盟，协同服务，实现顾客价值最大化；让供应链成为顾客化定制的生产线；信息化库存使供应链成为库房；通过现代信息技术提高顾客价值。

供应链应急管理
Supply Chain Emergency Management

利用应急管理的思想方法和研究框架，将应急管理和供应链管理结合起来考虑的管理体系。主要对供应链系统中出现的突发性危机、事件进行实时地管理，以降低其对供应链系统的影响，提高经历突发事件后供应链系统的性能。

供应链战略 Supply Chain Strategy

从企业战略的高度来对供应链进行全局性规划，它确定原材料的获取和运输，产品的制造或服务的提供，以及产品配送和售后服务的方式与特点。供应链战略突破了一般战略规划仅仅关注企业本身的局限，通过在整个供应链上进行规划，实现为企业获取竞争优势的目的。

供应链战略联盟
Strategic Alliance of Supply Chain

以供应链战略伙伴关系为基础，成员企业都在各自的优势领域贡献自己的核心能力的协议组织，可以实现优势互补、风险共担和利益共享。

供应链整合 Supply Chain Integration

供应链伙伴之间，通过协调管理组织内部和组织之间的业务流程，对产品和服务、信息流、资金流、决策流进行有效果、高效率的管理，以达到低成本和高速度提供最大的价值给客户的目的。

供应链咨询服务
Consulting Services of Supply Chain

针对客户的物流与供应链优化、不断的降低整体供应链成本、提高供应链效率等需求，为客户提供产品供应链、原料供应链、分销供应链等专业的供应链物流设计、优化、咨询服务。

供应商 Supplier

商品的提供者。在 B2C 电商网站所指的是销售商品或使用的办公耗材的提供者。

供应商到货通知（到货预约）
Arrival Notice of Supplier

供应商在预计到货之前，通过来电提供

采购单号进行到货时间的预约。

供应商关系管理
Supplier Relationship Management

改善企业与供应商之间关系的新型管理机制和企业管理模式。主要实施于围绕企业采购业务相关的领域，目标是通过与供应商建立长期、紧密的业务关系，并通过对双方资源和竞争优势的整合来共同开拓市场，扩大市场需求和份额，降低产品前期的高额成本，实现双赢。

供应商管理 Supplier Management

根据企业经营目标需要，通过供应商鉴别、考察和分析决策，通过选择、使用、监督和评价供应商及其所进行的采购及相关业务活动，进行有关谈判等工作和管理活动过程。

供应商管理库存
Vendor Managed Inventory(VMI)

供应商等上游企业基于其下游客户的生产经营、库存信息，对下游客户的库存进行管理与控制。实施VMI策略是建立在供需双方或多方信息共享基础上的VMI系统。

供应商集群 Supplier Cluster

集中于一定经济区域内，与具有分工合作关系的企业、机构、组织等行为主体，通过纵横交错的网络关系紧密联系在一起的空间积聚体。

供应商库存 Inventory of Supplier

在上线之前甚至下线结算时库存都不是工厂自己的，直接使用供应商的库存。

供应商选择 Selection of Supplier

狭义地讲，供应商选择是指企业在研究所有的建议书和报价之后，选出一个或几个供应商的过程。广义地讲，供应商选择包括企业从确定需求到最终确定供应商以及评价供应商的不断循环的过程。

供应物流 Supply Logistics

企业提供原材料、零部件或其他物品时，物品在提供者与需求者之间的实体流动。

它是生产物流系统中相对独立性较强的子系统，和生产系统、财务系统等生产企业各部门以及企业外部的资源市场、运输部门有密切的联系，对企业生产的正常、高效率进行发挥着保障作用。

购入成本 Purchase Cost

货物本身的成本，又称货物成本或购置成本，它包括货物价值、运输装卸费及装运过程中的损耗费等。购入成本的大小与所选购货物的品种、规格和数量、供应地点和厂商运输方式及路线等因素有关。

固定 Fixing

为保证运输途中商用车的安全和质量，在背载车辆和专用运输工具上使用固定器具防止商用车位置移动的作业。

固定比差 Fixed-Ratio

相应的价目运价率与基本运价保持的固定比率。

固定的立柱式托盘 Fixed Post Pallet

立柱与底座固定连接的托盘。

固定的箱式托盘 Fixed Box Pallet

壁板固定在底座上的箱式托盘。

固定吊具
Fixed Load-lifting Attachment

起重机的一部分，能吊挂净起重量，并永久固定在起重机上的装置。

固定平台搬运车 Fixed Platform Truck

载货平台不能起升的搬运车辆。

固定器具 Fixing Appliance

在商用车运输过程中，用于固定和防止其移动的器具及辅助器材。

固定式登车桥 Fixed Ramp Supplier

与仓储月台一起的装卸辅助设备。本设备与月台一体，可根据货车车厢不同高度调节既可调高也可调低，方便叉车驶入车厢，设备采用进口液压泵站，两侧设有防轧裙板，工作更加安全，提高工作效率。

固定式笼托盘 Fixed Sides Pallet

侧壁永久并稳固地固定在底座上的笼式托盘。

固定式起重机 Fixed-base Tower Crane

固定在基础或其他静止不动的基座上的起重机。

固定栓钉 Pin Mounting

在保温集装箱前端的上横梁处设置的两个竖向固定件，为挂装设备提供生根之处。

故障台次 Failure Machine-nth

装卸机械在调派和使用过程中，因故障或隐患不能参加作业的台次。

故障台时 Failure Machine-hours

装卸机械在调派和使用过程中，因故障或隐患不能参加作业的台时，不包括故障停修，由司机自行修复的台时。

挂车 Trailer

无驱动装置，但有刚性牵引架的载货车辆。就其设计和技术特性需由汽车牵引，才能正常使用的一种无动力的道路车辆，用于载运人员或货物以及一些特殊用途。

挂车配比 Tractor-trailer Ratio

在一定时期内，挂车配备数量占可以拖挂挂车的主车数量的比重，反映挂车配备程度。

挂梁起重机 Traverse Crane

装备有带吊钩、电磁吸盘或其他取物装置的吊梁，搬运长条形重物的桥架型起重机。

挂索 Sling

将吊索（或索具）按要求拴挂（或捆扎）到货件的索点处的操作。

关键绩效指标 Key Performance Indicator (KPI)

通过对组织内部流程的输入端、输出端的关键参数进行设置、取样、计算、分析，衡量流程绩效的一种目标式量化管理指标。可以使部门主管明确部门的主要责任，并以此为基础，明确部门人员的业绩衡量指标。

关键库存 Key Inventory

物流过程中预测用户需求，进行相关产品的备货。

关键零部件 Key Components

预测客户需求，生产出的相关产品的主要零部件。

关税 Tariff/Customs Duty

一国海关根据该国法律规定，对通过其关境的进出口货物课征的一种税收。关税在各国一般属于国家最高行政单位指定税率的高级税种，对于对外贸易发达的国家而言，关税往往是国家税收乃至国家财政的主要收入。

关税同盟 Customs Union

两个或两个以上的国家或经济体通过达成某种协议，相互取消关税和与关税具有相等效力的其他措施，并建立共同的对外关税或其他同等效力的限制措施的一体化组织。

关系结构创新机理 Innovation Mechanism of Relationship

改变原来的物流与供应链集成体、基核、连接键和场线等的合成场元关系结构，以提高全程场线效率和一体化供应链物流价值，指导其运作原理是关系结构创新机理。

管道货运量 Pipeline Volume

报告期内企业利用管道运输的钢铁原燃料和产品总量。

管理成本 Administrative Cost

报告期内企业因组织和管理各项物流活动所发生的费用。主要包括管理人员报酬、办公费用、教育培训、劳动保险、车船使用等各种属于管理费用科目的费用。

管理界面 Management Interface

企业内各价值实体作为技术和资源的集

成体，其相互间的联系除了技术和工艺界面外，还存在管理的联系，即管理界面，这里的管理界面与其他界面是相互渗透的。

管理信息系统
Management Information System（MIS）

用系统的方法对组织内外的信息进行收集、分析、保持和传递，为组织内的管理人员提供管理工作所需信息的专用系统。管理信息系统是以计算机为基础的人机系统。

管内托盘 Captive Pallet

在本单位或一个封闭的分发系统内使用的托盘。

管道运输产业 Pipeline Transportation

管道运输是一种以管道输送流体货物的方式，货物通常是液体和气体，是统一运输网中干线运输的特殊组成部分。有时候，气动管（pneumatic tube）也可以做到类似工作，以压缩气体输送固体舱，舱里装着货物。管道运输石油产品比水运费用高，但仍然比铁路运输便宜。大部分管道都是被其所有者用来运输自有产品。

贯通式货架 Drive-in Rack

贯通式货架可供叉车（或带货叉的无人搬运车）驶入通道存取货物，适用于品种少、批量大类型的货物储存。又称通廊式货架或驶入式货架。

罐式集装箱 Tanker Container

这种类型集装箱由箱体框架和罐体两部分组成，并符合 GB/T16563 的规定。

罐式托盘 Pallet Tanker

一种四壁密封的箱式托盘。装有密封盖，卸货时可从底部的排出口排出或从顶部吸出。通常用来装运液体和气体货物。

罐体 Tanker

满足特定货物运输要求并附有管路系统和配件的罐式容器。

罐装货物 Tank Wagon Goods

使用罐车装运的货物。

光学识别系统 Optical Recognition

由一系列的摄像机及埋地感应线圈组成，一般安装在车辆出入口，对经过的车辆进行拍照并识别车辆的车牌号、集装箱号等信息，经过出入口的车辆无须停车，系统即可对车辆进行识别并自动对车辆进行任务分配。

光学字符识别信函分拣机 Optical Character Recongnition Letter Sorting Machine

采用光学字符识别装置扫描识别信封上的收件人邮政编码的信函分拣机。

广西北部湾经济区
Guangxi Beibu Gulf Economic Zone

地处我国沿海西南端，由南宁、北海、钦州、防城港、玉林、崇左所辖行政区域组成。陆地占地面积 4.25 万平方公里。2008 年 1 月 16 日，国家提出把广西北部湾经济区建设成为重要国际区域经济合作区，是全国第一个国际区域经济合作区，目标建成中国经济增长第四极。

广义产业链 General Industrial Chain

跨行业、跨区域、跨国界的产业链接方式，围绕某一品牌可以形成多个跨区域、跨国界的生产组合。

归垛 Odd Lot Stock

对提运剩余、零星分散的小货垛进行集中、归并的作业。

规模采购策略
Scale Procurement Strategy

要取得较低的进货成本，必须大批量进货、大批量销售，享受价格上的批量折扣优惠，充分发挥现代大商业的规模效应。企业将这种大批量低成本进货优势，进一步转化为相对较低的价格竞争优势，并使零售企业在激烈的竞争中占有主动权，形成企业经营的良性循环。

轨道衡线 Track Weigh Bridge

装有轨道衡器设备，专门衡量重、空车

重量用的线路。

轨道式集装箱门式起重机
RMG Container Crane

由主梁、刚性和柔性门腿、运行小车、起升机构、大车运行机构、电气系统、操作驾驶室等组成的起重机，主要用于集装箱铁路转运场和大型集装箱储运场的集装箱装卸、搬运和堆放。

贵重货物 Valuable Cargo

价格昂贵，承运方须承担较大经济责任的货物。

贵重物品 Valuable Goods

毛重每公斤运输声明价值，国际货超过1000美元或等值货币、国内货超过2000元人民币的货物，以及含有下列物品中的一种或多种的货物：黄金、白金、铱、铑、钯等稀贵金属及其制品；各类宝石、玉器、钻石、珍珠及其制品；珍贵文物；现钞、有价证券。

贵重物品仓库
Valuable Cargo Warehouse

存放贵重物品并配有严格的安全设施及相应的管理制度的仓库。

辊式输送机 Roller Conveyor

一种摩擦驱动以连续方式运输物料的机械。主要由机架、输送带、托辊、滚筒、张紧装置、传带式输送机、带式输送机动装置等组成。

滚杠 Roller

移动货物时，垫在货物下面起车轮作用的能转动的圆柱形用具。

滚上滚下 Roll on/Roll off

港口利用叉车或半挂车、汽车承载货物，连同车辆一起开上船，到达目的地后再从船上开下。

滚装船 Ro/Ro Vessel

可用于运输载货汽车、（半）挂车及火车等运输工具的专用船舶。

滚装船码头 Ro/Ro Terminal

供滚装船使用的码头。

滚装集装箱船 Ro/Ro Container Vessel

利用船侧、船首、船尾的边门或首、尾门，通过跳板，将集装箱和牵引车一起沿水平方向进行滚动装卸的船舶。

滚装运输 Rolling Transport

滚装船运输货物及其道路运输工具（载货汽车、挂车）的多式联运组织形式。

国标码 GB Code

国家标准码的简称，中文内码之一，代表中文简体字，是中华人民共和国的中文常用汉字编码集。

国际采购 International Procurement

利用全球的资源，在全球范围内寻找供应商，寻找质量最好、价格合理的产品、工程和服务。全球采购是企业采购的重要发展趋势，企业应着眼于全球市场，以最低的成本达到最高的质量和效益。

国际产能合作
International Capacity Cooperation

产业和能力的输出，包括把产品卖到国外，和把产业输出到不同的国家去，帮助这些国家建立更加完整的工业体系、提升制造能力。

国际出境快递 International Out Bound Express Service

国际出口快递寄件地在中华人民共和国境内，收件地在其他国家或地区（中国香港特别行政区、中国澳门特别行政区、中国台湾地区除外）的快递业务。

国际多式联运
International Intermodal Transportation

在集装运输的基础上产生并发展起来的新型运输方式，它以集装器为媒质，把铁路、公路、水运和航空等传统的单一方式运输有机地结合起来，构成一种连续的过程，以完成国际间的运输。

G

国际公路货物运输
International Highway Transportation

国际货物借助一定的运载工具，沿着公路跨越两个或两个以上国家或地区的移动过程。

国际供应链管理
International Supply Chain Management

将供应链的系统延伸至整个世界范围，在了解世界各地消费者需求偏好的同时，就其进行计划、协调、操作、控制和优化，实现供应链的一体化和快速反应运作，达到物流、价值流和信息流的协调通畅，以满足全球消费者需求。

国际航空货物运输
International Air Transportation

以航空器作为运输工具，根据当事人订立的航空运输合同，无论运输有无间断或者有无转运，运输的出发地点、目的地或者约定的经停地点之一不在中华人民共和国境内，而将运送货物至目的地并收取报酬或提供免费服务的运输方式的统称。

国际／双边航空服务协议
Bilateral Air Service Agreement

国际航空运输中的国境权利和运输业务权利，也称国际航空运输五种空中自由权。

国际航线集装箱港口装卸包干 International Air Route Container Handing Charge

国际航线集装箱港口经营人根据集装箱装卸船作业范围，以包干形式向船公司收取的集装箱装卸费。

国际航运中心
International Shipping Center

拥有航线稠密的集装箱枢纽港、深水航道、集疏运网络等硬体设施，并拥有为航运业服务的金融、贸易、信息等软体功能的地区。

国际货代物流产业
International Forwarding

在进出口业务中，托运、提货、存仓、报关和保险等环节的手续相当复杂，要求经办者充分熟悉业务。国际货运代理的出现，为进出口商解决了这方面的困难。国际货运代理（International Freight Forwarder）接受进出口货物货人、发货人的委托，以委托人的名义或者以自己的名义，为委托人办理国际货物运输及相关业务并收取服务报酬的行业。

国际货物联运
International Multimodal Transport

在两个或两个以上国家的铁路全程运送中，使用一份统一的国际联运票据，并以连带责任办理的货物运送。

国际货物运输
International Freight Transportation

实现进口商品、暂时进口商品、转运物资、过境物资、邮件、国际捐赠和援助物资、加工装配所需物料、部件以及退货等从一国（或地区）向另一国（或地区）运送的物流活动。

国际货物运输保险 Cargo Insurance of International Transportation

以运输过程中的各种货物作为保险标的，投保人向承保人按一定金额投保一定的险别，并缴纳保险费，取得保险单据，承保人负责对投保货物在运输过程中遭受投保险别责任范围内的损失，按投保金额及损失程度给予保险单据持有人经济上的补偿。

国际集散码头
International Distributing Wharf

船只停靠修葺，对即将海运的货物进行拆卸、分装、整理、装船并启运，对海运到达的货物进行分装、整理、装车启运的场所。是港口的重要组成部分和国际物流活动的重要节点。

国际集装箱多式联运
International Multi-mode Container Transport

至少两种不同的运输方式，由多式联运经营人将集装箱从一国的接收地点运至另一国的指定交付地点。

国际快递模式
International Express Mode
属于跨境电商物流模式的一种，指在两个或两个以上国家（或地区）之间所进行的快递、物流业务。

国际快件 International Express
中华人民共和国境内用户与其他国家或地区（中国香港特别行政区、中国澳门特别行政区、中国台湾地区除外）用户互寄，以及其他国家或地区间用户互寄但需通过中华人民共和国境内经转的快件。

国际快件报关员 Customs Broker
通过全国报关员资格考试，依法取得报关从业资格，并在海关注册登记，代表快递服务组织向海关办理国际快件以及港澳台快件报关业务的人员。

国际联运
International Multimodal Transport
按照多式联运合同，以至少两种不同的运输方式，由多式联运经营人将货物从一国境内的接管地点运至另一国境内指定交付地点的货物运输。

国际联运过境运输
International Border Transportation
在过境路上进行的货物运送。

国际联运货物换装 Relading of International Intermodal Transportation Goods
在国境站，因为轨距不同，将货物由一种轨距线路的车辆装到另一种轨距线路的车辆装卸作业。

国际联运货运票据 B/L of Bill International Intermodal Transportation
在国际运输中，货物使用多种运输方式时需要持有的票据。

国际陆港 International Inland Port
在内陆地区，依托信息技术和便捷的运输通道，具有集装箱集散、货运代理、第三方物流和口岸监管等综合功能的物流节点。是具有完善的沿海港口功能和方便的外运操作体系的内陆聚居地和作业枢纽。

国际贸易单一窗口 Express Service Counter of International Trade
国际贸易企业通过统一的平台一次性向贸易管理部门提交相应的信息和单证，相关管理部门对企业提交的信息数据进行集中处理。

国际区域物流
International Regional Logistics
国际贸易中区域之间及区域内部的一切物流活动，包括运输、仓储、装卸、流通加工和信息传递等功能实体性的流动，以及物流过程中各个环节的货物运动。

国际商业贸易网络 Digital Trade and Transportation Network
为香港贸易通电子贸易有限公司（贸易通）全资拥有，自 2006 年在香港推出，针对贸易、物流及金融界电子文件的通信和传递，通过相容和转换各种商贸文件的交换标准，实现连接供应链上的各个单位之间电子文件交换业务。

国际铁路货物联运
International Through Railway Transport
在两个或两个以上国家铁路运送中，使用一份运送单据，并以连带责任办理货物的全程运送，在异国铁路向另一国铁路移交货物时，无须发货人、收货人参加。

国际铁路集装箱联运 Inter-model System for Railway Freight Container
通过国际联运通道，采用国际铁路货物联运运单，使用集装箱办理的进出口和过境货物的运输。

国际物流 International Logistics
两个或两个以上国家（或地区）之间进行的物流。

国际物流标准化

International Logistics Standardization

为了消除贸易壁垒，促进国际贸易发展，以物流为一个大系统，制定的系统内部设施、机械装备、专用工具等各个分系统的技术标准和系统内各分领域的工作标准。

国际物流成本

International Logistics Cost

为了实现国际贸易，货物自生产完毕到投入销售的整个为国际贸易需要的物流过程所支付的成本总和。是国际物流活动中的各环节所支出的人力、物力、财力的总和。

国际物流系统网络

International Logistics Network

由多个收发货的"节点"和它们之间的"连线"所构成的物流抽象网络以及与之相伴随的信息流网络的有机整体。

国际物流运输体系 International Logistics Transportation System

由商品的包装、储存、运输、检验、流通加工和其前后的整理、再包装以及国际配送等子系统组成。国际物流通过商品的储存和运输，实现其自身的时间和空间效益，满足国际贸易活动和跨国公司经营的要求。

国际小包

International Postal Package

重量在两千克以内，外包装长宽高之和小于 90 厘米，且最长边小于 60 厘米，通过邮政空邮服务寄往国外的小邮包，分为普通空邮和挂号两种。

国际型物流园区

International Logistics Park

紧靠港口、机场和陆路口岸，与海关监管通道相衔接的大型转运枢纽。

国际邮件 International Mail

中华人民共和国境内用户与其他国家或地区（中国香港特别行政区、中国澳门特别行政区、中国台湾地区除外）用户互寄，以及其他国家或地区间用户互寄，但需通过中华人民共和国境内经转的邮件。

国际邮件互换局

International Mail Exchange Office

与国外邮政机构有直接封发和接受邮件的总包关系局。

国际邮件交换站

International Mail Exchange

负责与国交邮政或邮政的运输代理机构进行国际邮件总包交换的部门。

国际邮件收寄机

International Picking-up Machine

用于收寄国外邮件，能自动称重、计费，提示寄达国邮件收寄规定及打印单据的设备。

国际邮件总包称重系统

Weighing System for International Mail

对国际邮件总包进行称重，并根据所输入的邮件信息和发运路由计划表自动填打路单和袋牌的计算机系统。

国际邮政运输

International Postal Transport

一种具有国际多式联运性质的运输方式。一件国际邮件一般要经过两个或两个以上国家的邮政局和两种或两种以上不同运输方式的联合作业方可完成。

国际中转枢纽

International Transportation Hub

具有国际物流在境内集货、中转和协同发车等功能的重要城市或枢纽站点。有时将具有国际中转条件的陆港或海港称为国际中转枢纽陆港或海港。

国际中转枢纽港理论 Development Theory of International Hub Port

将符合国际中转港必要条件的陆港、海港作为一个国家在一定区域的国际中转港，作为国际物流集货、中转、配送和发货的重要枢纽站点。运用国际中转港理论分析时，要注意到国际物流场线的向量性质，这样进行集成运作优化的结果更形象深刻。

国际中转枢纽港形成必要条件 International Transit Hub Port Formation Conditions

国际中转型枢纽港口形成的必要条件，包括大航商航线的选择、港口的经济腹地、港口的水深与设施条件、港口的自由度、港口的地理位置、港口的作业成本与效率等，都是依次影响国际中转型枢纽港口形成的重要因素。

国际中转枢纽港战略 Development Strategy of International Hub Port

在国家角度确立国际中转枢纽港地位和功能。进而运用国际中转枢纽港形成国际物流在境内集货、中转和协同发车等功能，并将其作为构成跨境物流快速通道网络中的内陆起始港功能组成部分，为国际物流快速通道网络在时间、空间和经济绩效指标改善方面奠定了理论基础。

国家标准集装箱 GB standard Container

在生产之时，符合当时我国国家标准规定的集装箱。

国家电子商务示范城市 National E-commerce Demonstration City

电子商务应用较为普及，电子商务年度交易总额较高的城市。其目的是降低能耗，发展绿色经济。

国家级示范物流园区 National Demonstration Logistics Park

依据《关于开展示范物流园区工作的通知》，到2020年左右，全国将分批评定100家左右基础设施先进、运营效率显著、社会贡献突出的示范物流园区，通过试点示范，形成可复制、可推广、符合我国实际的物流园区建设运营模式，整体提升我国物流园区经营水平。

国家交通运输物流公共信息平台 Public Information Platform of National Transportation & Logistics

简称"国家物流平台"，是由交通运输部和国家发改委牵头，由职能部门、科研院所、软件开发商、物流企业等多方参与共建的一个公益、开放、共享的公共物流信息服务网络，是一项政府主导的交通基础设施工程和物流信息化推进工程。

国境路 Frontier Road

分布在国境周边的道路。

国境铁路协定 Border Railway Agreement

由相邻国家签订，它规定了办理联运货物交接的国境站、车辆及货物交接条件和方法，交接列车和机车运行办法及服务方法等。

国境站 Border Station

自一国经由国境向另一国办理国际铁路联运业务与机车车辆移交作业的车站。

国内采购 Domestic Procurement

将采购市场选择在国内，在国内寻找供应商、寻求采购对象及相应物流系统。掌握国内采购流程和业务是采购工作的基础。

国内航空运输 Domestic Air Transportation

根据当事人订立的航空运输合同，运输的出发地、约定的经停地和目的地均在同一国境内的运输。

国内航空运输业务权 Cabotage

在一个国家内的两地之间载运旅客、货物和邮件的权利，属于本国的资源，这种航空业务仅由本国航空公司经营。

国内货物运输 Domestic Air Cargo Transportation

货物、邮件的出发地、约定的经停地和目的地均在同一国境内的运输。

国内贸易 Domestic Trade

在一国内进行的商品的买卖、现货仓单

市场交易等交易的总称。

国内物流数据完备率 Data Integrity Rate of Domestic Logistics

智慧物流发展指数的二级指标，数据化发展指数的评价内容之一，反映物流数据在国内物流环节中掌握的程度。

国内邮件 Domestic Mail

中华人民共和国境内用户互寄的邮件。

国通快递 GuoTong Express

国通快递总部设立在上海，是一家网络覆盖全国的品牌快递公司。公司目前拥有员工约25000人，全国各地设有分拨中心数十家，班车运营线路400多条，全网运营车辆10000多辆。业务范围包括普通收件、到付快件、代收货款等。

果库 Fruit Storage

果库的库体为一般民用房屋及仓库等，就是在一般房屋的基础上，增加一定厚度的保温层，设置一套制冷系统，将门做保温处理，库内冷风机为悬挂式，可增加贮藏库容，制冷机组设于库外，因体积小可不设机房，制冷机组为间歇性工作，耗电小。

果蔬损耗率 Attrition Rate of Fruit and Vegetable

果蔬在运输、中转等过程中的损耗占运输总货物的比例。

过驳作业 Lighterage Operation

在锚地、系泊浮筒、码头进行的船与驳船、船与船之间的水上装卸作业。

过程型连接键 Connecting Key of Process

物流企业间通过不同物流作业过程进行无缝衔接，使得整个物流过程能够在专业化协作的基础上实现高效快捷地运转的一体化物流服务体系。战略管理制度作为管理的制度型连接键，信息系统作为信息型连接键，将属于不同过程的活动集成起来的合成场元就是过程型连接键。

过点扫描 Scan of Pass Point

对于体积较小的零部件，在生产线上设置固定的扫描点，当零部件通过扫描点时，就代表该零部件已经被消耗掉，库存会自动减少，当减少到标包数量时，仓储管理人员会将补货物料送到线上。

过度包装 Over Package

包装的耗材过多、分量过重、体积过大、成本过高、装潢过于华丽、说词过于溢美等。

过境货物 Transit Goods

由境外启运、通过境内的陆路运输继续运往境外的货物。

过境路 Transit Railway

在国际货物联运中，发送路、到达路以外的铁路统称过境路。

过境贸易 Transit Trade

别国的出口货物通过本国国境，未经加工改制，在基本保持原状的条件下运往另一个国家的贸易活动。

过境协议 Transit Agreement

贸易双方国与沿线经过的其他国家之间签订的一种货物运输协议，其中过境运输的方式，包括铁路运输、公路运输、管道运输等。

H

海港 Seaport

滨海港口的通称。有筑在海湾边的海岸港，江河入海处的河口港等。一般利用海湾、岬角等自然屏障，建造防波堤等水上建筑物构成港区水域；或利用河口段辟筑。

海港集成引力
Integrating Gravity of Harbor

海港基核所体现的复合场源极性叠加的性质和作用，表现为吸引资源和整合能力，直接影响到海港的内陆腹地货源的集聚，国际铁海联运、多式联运以及物流场线的集聚与辐射范围。

海关 Customs

对出入国境的一切商品和货物进行监管、放行并照章收取关税的国家机构。

海关物流产业 Customs Logistics

海关是一国在沿海、边境或内陆口岸设立的执行进出口监管的行政机构。它依据国家法令对进出国境的邮递物品、货物、旅客行李、货币、金银、证券和运输工具进行监管检查、征收关税，并执行查禁走私等任务。

海关多式联运监管中心 Customs Supervision Center for Intermodal Transportation

将各种运输方式的货物进行换装、仓储、中转、集拼、配送等作业集合为一体的综合性海关监管场所。

海关估价 Customs Ratable Price

一国海关为征收关税，根据统一的价格准则，确定某一进口（出口）货物价格的过程。

海关监管货物
Cargo under Custom Supervision

在海关批准范围内接受海关查验的进出口、过境、转运、通关货物，以及保税货物和其他尚未办结海关手续的进出境货物。

海关快件监管场所
Customs Supervision Area

快件服务组织按照海关要求设置的用于办理国际快件及港澳台快件海关监管业务的场所。

海关特殊监管区域
Special Customs Supervision Area

经国务院批准，设立在中华人民共和国关境内，赋予承接国际产业转移、连接国内国际两个市场的特殊功能和政策，由海关为主实施封闭监管的特定经济功能区域。

海关通关 Custom Clearance

海关机构对进出境的运输工具及其所载货物，进行审单（申报）、查验、征税、放行的整个过程。

海外仓储服务 Overseas Warehousing

跨境电商企业在境外建设或租赁由网络外贸交易平台、物流服务商独立或共同为跨境电商企业在销售目标地提供的境外仓储、分拣、包装、派送等一站式控制与管理服务。

海外仓储费用
Overseas Warehousing Costs

头程费用＋仓储及处理费＋本地配送费用的合计。头程费用指货物从中国到海外仓库产生的运费；仓储及处理费指客户货物存储在海外仓库和处理当地配送时产生的费用；本地配送费用是指对客户商品进行配送产生的本地快递费用。

海外直邮模式 Overseas Direct Mail

跨境电商企业将接收到的消费者订单信息发给供应商，后者按照订单信息以零售的形式将货物直接邮寄给消费者。

海洋运输 Maritime Transportation

使用船舶通过海上航道在不同国家和地区的港口之间运送货物的一种方式，在国际货物运输中使用最广泛，又称"国际海洋货物运输"，是国际物流中最主要的运输方式。

海运保险 Marine Insurance

专门为海上运输设立的货物运输过程中涉及载运货物财产损失的保险。海运保险一般由承运人负责购买，也可以由委托方根据需要单独购买。

海运口岸 Sea Port

国家在江河湖海沿岸开设的供货物和人员进出国境及船舶往来挂靠的通道。

航班载运率 Load Factor

飞机执行航班飞行任务时的实际业务载量与可提供的最大业务（商务）载运能力（简称最大业载或最大商载）之比；或完成总周转量与提供最大周转量之比。

航空货物托运书
Shipper's Letter of Instruction

托运人办理货物托运时填写的书面文件，是填写航空货运单的凭据。

航空货物运输托运人 Shipper

为货物运输与承运人订立合同，并在航空货运单或者货物记录上署名的人。

航空货物运输险 Air Cargo Insurance

保险人承保法人或者自然人向航空运输企业交运的航空货物，对这些货物在运输过程中因遭受保险范围内的自然灾害或者意外事故给予赔付的保险，其被保险人为托运货物的法人或者自然人。

航空货运代理 Air Freight Forwarder

以货主的委托代理人身份办理有关货物的航空运输手续的服务方式。

航空货运单 AirWay Bill

托运人或者托运人委托承运人填制的、托运人与承运人之间为在承运人的航班上运输货物所订立合同的初步证据。

航空货运单号码 AirWay Bill Number

为方便管理航空货运单，而按规定统一编制的货运单编号，由两组数字组成，第一组三位数字，为航空公司票证代号，第二组为八位数字，前七位为顺序号，第八位为检查号。

航空货运公司 Cargo Airlines

经营货物运输的航空运输企业。

航空禁运品 Aviation Embargo

威胁航空飞行安全的物品，指在航空运输中，可能明显地危害人身健康、安全或对财产造成损害的物品或物质。

航空快递 Air Express

具有航空快递经营资格的企业，使用专用快件标志，按托运人的要求，以最快的速度，门到门的服务，在托运人、承运人与收货人之间进行运输和交接货物的业务。

航空快递基地 Air Express Base

航空快递企业收取、处理快件实体和相关信息的一个相对集中的独立区域，一般离机场较近，以便于运输。

航空物流园区
Aviation Logistics Park

在某一特定区域内，以航空物流服务供给者为主体，以海关、检疫检验等口岸管理功能为特色，以政府投资建设物流枢纽设施、信息管理平台和管理部门等为必要服务保障平台，提供具有特定物流服务的、多主体、相关组织的物流产业集群区域。

航空邮件 Airmail

由邮政部门交由航空运输企业运输的邮件，主要包括信函、印刷品、邮包、报刊等。

航空邮路 Airmail Route

利用飞机运输邮件、报刊的路线，它是按邮运工具划分邮路的一种。

航空运价 Rates of Air Cargo

根据运输货物的重量、距离和种类等因素制定的单位重量航空货物运输价格。

航空运输企业

Air Transport Enterprise

以营利为目的，使用民用航空器运送旅客、行李、邮件或者货物的企业法人。

航运枢纽 Air Transport Hub

以发展水运为主要目的而兴建的水利枢纽。由闸坝、通航建筑物及其上下游附近的码头、引航道、输水系统等组成。

航站 Airport Terminal

包括规模较小的商业性航空运输机场；航空运输的始发站、到达站、中转站或经停站，即航空运输机场；以航站楼（候机楼）为主的综合体。

行业逆向物流
Reverse Logistics of Industries

不同行业产品逆向物流的动因、模式、结构特点及运营管理方法有差异性。

合成场元
Combined Market Factors of Logistics

在集成场中值得单独考察的基本单元。在物流集成过程中两个或多个元素相互渗透、相互结合和协同作用形成的一种新的"合成场元"。场元的合成具有相对性，合成场元性质与特征决定了物流集成过程的属性构成。按合成场元在集成场中是否具有主动性能可分为主动性合成场元和被动性合成场元。合成场元的应用简化了分析对象，便于梳理集成的逻辑过程，便于进行顶层设计解决主要问题。

合伙和联盟关系
Partnership and Alliance

当企业之间需要更明确、更长期的关系时，它们就会寻求新的合作关系。典型新关系就是合伙关系，这时企业对供应链的依赖性增强。随着时间的推移，这种关系就会趋于向联盟发展，当然依赖性进一步强化。

合理储存结构
Reasonable Storage Structure

商品的不同品种、规格之间储存量的比例关系。社会对商品的需要既要求供应总量的满足又要有品种、规格的选择，而且要求的结构也在不断变化。

合理运输 Rational Transport

货物的运输量、运程、流向和中转环节合理，运输费用节省，并能有效地利用铁路技术设备能力的货物运输。

合同条件 Conditions of Contract

航空承运人就货物运输而制定的条款和条件，是货物运输合同的组成部分，通常印在航空货运单正本背面。

合同物流 Contract Logistics

由于物流业的服务方式一般是与企业签订一定期限的物流服务合同，所以有人称第三方物流为"合同物流"。合同物流企业认为物流的关键在网络的建设和信息的沟通，因此他们可以和各种仓储、运输和简单加工企业签订合同来保证为委托方提供物流服务。

合同运输 Contract Transportation

按合同法规定，承托双方有书面经济契约，在合同有效期内，当事各方负有规定的权利和义务的货物运输。

和平丝绸之路 Peaceful Silk Road

包含两层意思；"一带一路"建设必须在相对和平的环境里进行；"一带一路"建设能促进地区和平稳定。

河港 Inland Port

位于江、河沿岸的港口。它是内河运输船舶停泊、编队、补给燃料的基地，也是旅客交通和货物集散地。

河口港 Estuary Port

位于江、河入口处，受潮汐影响的港口。一般筑在河口区以内，有通海的深水航道和一定的设备条件，可供船舶停泊、编队、上下客货、补给燃料和淡水。河口港的水路深入腹地，常为衔接内河、海洋、铁路、公路的水陆运输枢纽。

河口口岸 Hekou Port

中越边境云南段最大的口岸,又是滇越铁路昆河段终点站,属国家一类口岸。位于云南省红河州河口县城南端,与越南老街市隔河相望,国境线长173公里。

褐变 Brown Stain

食品在加工过程中或长期贮存于湿热环境下,其所含的氨基化合物与还原糖相遇经过一系列反应生成褐色聚合物的现象。水果蔬菜的褐变是有害的,它不仅影响风味,而且降低营养价值,物流操作过程中控制褐变有重要的实际意义。

黑山头水运口岸 Heishantou Port

隶属内蒙古自治区的黑山头口岸的地理位置优越,直接与俄罗斯旧粗鲁海图口岸隔河对应,是中俄双方通商往来的便捷通道。1989年国务院以国函〔1989〕26号文件正式批准黑山头为国家一类口岸,1990年国务院以国口办字〔1990〕61号文件批准黑山头口岸正式对外开放。

恒路物流 HengLu Logistics

恒路物流成立于1993年,是一家"专业IT物流及供应链管理运营商",致力于高端、高附加值、高要求产品的物流综合服务,获得国家AAAA级物流企业称号。

恒温运输
Constant Temperature Transport

提供符合(18℃～22℃)标准的保温、温控运输车辆运送例如巧克力、糖果、药品、化工产品等货物。

横列式中间站 Intermediate Station with Paralled Arrangement

上、下行到发线有效长部分错开布置的中间站。

横向一体化物流
Horizontal Integrated Logistics

为了扩大生产规模、降低成本、巩固企业的市场地位、提高企业竞争优势、增强企业实力而与同行业企业进行联合的一种战略。 实质是资本在同一产业和部门内的集中,目的是实现扩大规模、降低产品成本、巩固市场地位。

红框理信机
Red Box Guided Letter Facing Machine

以信封正面左上角的红框和框内邮政编码为识别标记,将信函整理成顺面顺向并自动剔除不能上机处理的信函的设备。

红外线操纵起重机
Infrared Operating Crane

通过红外线控制的起重机。

红外线遥感技术
Infrared Remote Sensing

利用灵敏的红外线探测器吸收物体发出的红外线,然后用电子仪器对接收到的信号进行处理,就可以察知被探物体的特征,这种技术就叫作红外线遥感技术。利用红外线遥感技术,可以勘测货物温度与湿度,在冷链物流中的应用正在迅速发展中。

宏观物流 Macro Logistics

社会再生产总体的物流活动,从社会再生产总体角度研究的物流活动。宏观物流研究的主要特点是综观性和全局性。宏观物流主要研究内容是,物流总体构成,物流与社会之关系在社会中之地位,物流与经济发展的关系,社会物流系统和国际物流系统的建立和运作等。

宏观物流集成
Macro Logistics Integration

区域(经济)乃至国家(经济)层次的物流集成,是某一地区、国家乃至全球范围涉及经济社会的多环节、多产业的综合物流集成活动过程。

后方堆场 Back-up Yard

除前方堆场以外用于储存和保管空重箱的场地,分中转箱堆场、进口重箱堆场、空箱堆场、冷藏箱堆场、危险货物集装箱堆场等。

后方库场 Storage Warehouse and Yard

设在离码头较远处的港口仓库和堆场的总称。

后面吊装型集装箱自装自卸 Self-loading and Self-unloading Truck with Back Hoisting

从车辆后面，通过特制的滚道框架，由循环链条将集装箱拉上拉下的自装自卸车。

后勤保障 Logistics Support

军队组织实施物资经费供应、医疗救护、装备维修、交通运输等各项专业勤务保障的总称。

后勤保障系统 Logistics System

集所有后勤保障功能为一体的系统。

后台 MIS 系统 Background MIS System

负责整个商场进、销、调、存系统的管理以及财务管理、库存管理、考勤管理等。它可根据商品进货信息对厂商进行管理，又可根据前台 POS 提供的销售数据，控制进货数量，合理周转资金，还可分析统计各种销售报表，快速准确地计算成本与毛利，也可以进行业绩考核，是员工分配工资、奖金的客观依据。

呼叫中心 Call Center

快递服务组织利用现代通信与计算机技术，主要处理快件寄递过程中的各种电话呼入和呼出业务的运营操作场所。

呼吸强度 Breathing Strength

单位面积或单位重量的植物体，在单位时间内所吸收的氧或释放的二氧化碳量或损失的干重。

虎头车 Tiger Car

设有挡板（车舌），用于运送货件的两轮人力车辆，车轮与车长相比很小。

互联网+ Internet Plus

代表一种新的经济形态，即充分发挥互联网在生产要素配置中的优化和集成作用，将互联网的创新成果深度融合于经济社会各领域之中，提升实体经济的创造力和生产力，形成更广泛的以互联网为基础设施和实现工具的经济发展新形态。

互联网+回收 Internet Plus Recycling

通过互联网线上服务平台和线下回收服务体系两线建设，形成线上投废，线下交投的模式，网络平台整合下游资源，回收专业队伍承接回收与费用，所有废物都分类、所有废物都变成钱或可兑换生活用品积分的新型商业模式。

互联网+物流 Internet Plus Logistics

建设跨行业、跨区域的物流信息服务平台，提高物流供需信息对接和使用效率。在物流领域应用大数据、云计算，建设智能仓储体系，优化物流运作流程，提升物流仓储的自动化、智能化水平和运转效率，降低物流成本。

戽斗型干散货集装箱 Hopper Type Dry Bulk Container

设有储料戽斗，可以在集装箱处于水平状态下通过戽斗下部的出料口进行卸料的无压干散货集装箱，这种箱型不能够装运普通包装货物。

华凌市场口岸 Hualing Market Port

于 1998 年 11 月 26 日正式开放。位于乌鲁木齐市中腹地带，南接西虹路、西连河滩高速公路的华凌市场内。二类口岸占地 6389 平方米，库房面积 2000 平方米，库区内设施齐全。

滑板 Slip Sheet

在一个或多个边上设有翼板的平板。用于搬运、存储或运输单元载荷形式的货物或产品的底板。

滑溜装卸 Cargo Handling by Gravity

对全船装卸作业时间长短起决定性影响的舱口。

滑轮 Sheave

具有一个或若干个导槽，用于引导或改变钢丝绳（链条）方向的旋转件，滑轮上的钢丝绳（链条）的受力无本质上的变化。

化工品包装完好率

Complete Rate of Chemical Packing

化工品的外包装满足规范化包装的要求以及满足运输需求的数量。

环境效应 Environmental Effects

对产品进行正确的回收处理，让其产生的有害物质对人类生存的环境造成的危害最小化。对资源进行回收管理，尽可能提高资源的利用率，减少对环境的破坏，由此产生良好的环境效应。

环链电动葫芦 Electric Chain Hoist

一种轻小型起重设备，由电动机、传动机构和链轮组成。环链电动葫芦全部按照国际标准生产，机身外形美观，结实耐用，内部齿轮全部经过高温淬火，增加了齿轮的耐磨性和韧性。

环形、半环形铁路枢纽
Loop & Half loop Railway Terminal

多条干、支线在城市外围分散引入，用环线或半环线将引入线路连接成一整体，专业站设在环线上或引入城市中心附近，利用联络线、迂回线将专业站与环线或半环线连接起来所形成的铁路枢纽。

环形包裹分拣机
Ring Parcel Sorting Machine

主传送部件为环形的包裹分拣机。

环形邮路 Ring Road

邮政运输工具走环形路线的邮路，即运输工具从起点出发单向行驶，绕行一周，经过中途各站，回到出发地点。它的特点是不走重复路线，联系点较多，运输工具的利用率高，运费也较省。但是邮件送到最后几个交接点的时间较长。

缓冲包装 Cushioning

为减缓内装物受到冲击和振动，保护其免受损坏所采取的一定防护措施的包装。

缓冲库存 Buffer Stock

用来避免超出预料的需求攀升或在各生产阶段之间发生失衡而持有的库存。高于平均需求所要求的存货数量便可被称为缓冲库存。当顾客需求在短期内突然增加，超过了生产能力时，通常用缓冲库存来避免出现断货的问题。

缓绳 Put a Check Sling

起重机缓缓将加挂好的吊索绷直绷紧以检查索绳有无扭曲，拧绕死角，钩头是否对准货物重心，加索是否正确等动作（工步）。

换货订单 Replacement Order

客户对于此次订购的商品不满意或商品本身存在质量问题时，若客户仍需要此商品，需自行在 B2C 电商网站上申请换货作业同时将原商品寄回，在销售部门审核通过后，会再次生成一张同料号同数量商品的换货订单，再次发货，订单号直接以数字开头。

换轮线 Transpose Wheel Track

专门为不同铁路轨距车辆过轨行驶更换轮对的线路。

换算吨 Tons of Conversion

按普通货物装卸费率来计量的某些货物的装卸劳动量或某些作业的劳动量。

换算静载重
Conversion Static Load of Wagon

以实际装车数和计划静载重的乘积作为计算静载重依据的指标，用以考核满载工作中铁路职工主观努力程度的指标。换算静载重单位为吨／车。其计算方法为：换算静载重＝各品类货物实际装车数 × 相应的计划静载重 ÷ 实际总装车数。

换算箱
Twenty-feet Equivalent Unit（TEU）

以 20 英尺集装箱作为换算单位。

换算重量 Weight Conversion

以货物或行包的体积或件数按规定换算的计费重量。

换装 Transshipment

直接在运输工具间的装卸作业。

换装线 Transhipment Track

专门办理两种不同铁路轨距之间货物换装作业的线路。可分为直接换装线，落地换装线、高低换装线。

换装站 Transhipment Station

专门办理不同铁路轨距之间货物换装交接作业的车站。可分为国境换装站、国内换装站。

换装站台 Transhipment Platform

两种不同轨距车辆换装时堆存货物所用的站台。

回程载荷 Back Load

货运车辆从驻地运货到达目的地后，返程装运的货物。

回单 Interchange Receipt

应寄件人要求，在收件人签收快件的同时，需收件人签名或签章后返还给寄件人的单据。

回收 Recycling

将产品通过有偿或无偿的方式返回销售方。

回收价值 Recycling Value

回收的产品自身所具备的利用价值。

回收模式 Recycling Model

把废旧物品进行收集、分类、处理的方式。

回收模型 Recovery Model

所研究的回收系统、过程、事物或概念的一种表达形式。

回收中心 Recycling Center

致力于物资的回收服务、专门从事废旧物资统一收购的机构。

回转 Slewing

桥架型或臂架型起重机的回转部分在水平面做的运动。

回转机构 Slewing Mechanism

使起重机回转部分在水平面内转动的机构。

回转起重机 Slewing Crane

回转平台能带着重物相对于底架或基座在平面内进行转动的起重机。

回转速度 Slewing Speed

在稳定运动状态下，起重机回转部分的回转角速度。

回转支承 Slewing Bearing

用于将回转部分的载荷（力矩、垂直力和水平力）传递给非回转部分的部件，也可包括回转齿圈。

汇兑稽核计算机处理系统 Computer Auditing System for Postal Order

能处理邮政汇兑稽核业务，完成开发出口汇票和进口兑票的审核及核销、平衡合拢等数据处理的计算机系统。

汇率 Exchange Rat

一种货币兑换另一种货币的比率，同时也是以一种货币表示另一种货币的价格。

汇票 Bill of Exchange

出票人签发的，委托付款人在见票时，或者在指定日期无条件支付确定的金额给收款人或者持票人的票据。汇票是国际结算中使用最广泛的一种信用工具。

汇票开发机 Postal Order Issuing Machine

自动填打汇票、收据及结算汇款、汇费的设备。

汇通快运 BEST Express

成立于 2003 年，是一家在国内率先运用信息化手段探索快递行业转型升级之路的大型民营快递公司，对快递的派送流程实行条码扫描和运单核对的方式，为用户提供精准的速递服务。

汇总征税 Centralized Tax Collection

海关对符合条件的进出口纳税义务人在一定时期内多次进出口货物应纳税款实施汇总计征。它是海关为推进贸易便利化、提高通关效率而开展的一种新型集约化征税模式。

会让站 Crossing Station

设在单线铁路上，主要办理双方向列车的会车和同方向列车的越行，办理少量的客货业务，不办理整车货物的装卸作业和摘挂车辆的调车作业的车站。

混轨线 Multiple Gagues

将两种不同铁路轨距的钢轨铺设在同一轨枕上，以便于两种轨距的机车车辆运行或停留的线路。可分为三轨式（准轨与米轨）和四轨式（准轨与宽轨）。

混合式货场 Multiple Freight Yard

由尽头式和通过式装卸线共同组成的货场。

混合铁路枢纽
Combined Railway Terminal

由几种不同枢纽结构图型组合而成的铁路枢纽。

混合形邮路 Mixed Routes

包含辐射形和环形两种结构形式的邮路。

混合型生产流程
Mixed Production Process

由离散型和流程型混合成的混合式生产制造过程。产品前半段为连续流程，后半段为离散流程。主要体现在产品成本的构成中，包装费用占了较大的比率。通常是流程式生产制造中的一类。

混装 Consolidation

在同一车内装载不同种类的货物。

活底箱式托盘 Drop-bottom Pallet

底座铰接于壁板上，且可开启，以方便从底部卸货的箱式托盘。

活动物 Live Animals

有生命的货物，包括活的家禽、家畜、鱼、野生动物（包括鸟类）、试验用动物和昆虫等。

活体动物仓库 Live Animal Hostel

配有适合活体动物生存需要条件设备的仓库。

活体动物检查费
Live Animal Inspection Fee

对托运人所交活体动物实施检查（包括对文件、包装、标记和标签的检查）而收取的费用。

活体动物收运检查单
Live Animal Acceptance Check List

航空承运人依据托运人填写的活体动物运输申报单并按照活体动物运输规定要求进行逐项检查的一种表格。

活体动物运输标签
Live Animal Transport Label

以醒目的动物图案表示的贴或挂在外包装上的标记。

活性指数 Activity Index

指用于测量装卸搬运作业难易的程度，以活性指数来计量。

活鱼车 Live Fish Truck

用以运输活鱼的铁路车辆。车内有水槽、供气及升温等设备。

火车邮政车厢 Postal Train

编挂在铁路客运列车上用于邮件运输的专用车厢。

货舱 Cargo Space/Hold

飞机内供装载货物、邮件和行李的机舱部位。

货舱容量 Hold Capacity

飞机上可供载运货物、邮件及行李的重量和体积。

货差 Shortage of Cargo

商品在装卸、搬运、发运、中转、收货过程中属于商业储运部门过失所造成的损失和差错。

货差率 Cargo Loss Rate

考核期内，货物运输中的货差吨数与货运量的总吨数的比率。

货场 Cargo Yard

铁路车站办理货物承运、保管、装卸和交付作业并与其他运输方式相衔接的场所。由场库、配线、道路以及为办理相应货运营业所需要的货运设施组成。

货场道路 Goods Yard Road

货场内进出货的短途搬运车辆的走行通道及其车辆装卸作业停靠场地。

货车 Truck

一种主要为载运货物而设计和装备的商用车辆。

货车标记载重量
Marked Loading Capacity of Wagon

根据货车设计强度和结构所能承担的负载能力而规定的并在货车车体上标明的货车载重量。

货车静载重 Static Load of Wagon

车站、铁路局或全路在一定时期内平均每车所装载的货物吨数，是铁路货运工作主要质量指标之一。

货车列车 Wagon Train

一辆货车与一辆或多辆挂车的组合。

货车篷布 Sheet

铁路在棚车不足的情况下，使用敞车或平车装运怕湿货物时的货车附属用具，借助配属的固定绳索覆盖货物，在全路通用，简称"路布"。路布标有号码、路徽和货车篷布字样。

货车容积利用率
Coefficient of Utilization for Wagon

货车实际装载容积对货车的几何容积利用的百分率。

货车容许装载量
Loading Capacity of Wagon

铁路考虑到由于货物结构的整体性和货物包装、加固材料重量的影响或机械装车的散堆装货物，装车后减重确有困难，可以按规章规定超过货车标记载重量，就此特殊条件下确定的货车最大装载量。

货车施封 Wagon Seal

为保证货物安全与完整，并便于交接和划分运输责任，而使用施封锁、环对装车后的拥车和冷藏车的车门及罐车的注、排油口采取的加封措施。

货车洗刷除污所 Wagon Scrubbing and Decontaminating Point

对装运危险货物的车辆进行洗刷、除污等作业的场所。

货车载重量利用率 Utilization Ratio for Wagon Loading Capacity

车站、分局、铁路局或全路在一定时期内全部所装货车的载重能力被利用的百分率。

货车装载清单 Wagon List

一辆货车内装载的货物的完整而真实的记录，需记载每批货物的货票号码、运输号码、品名、件数、重量、包装和发到站等内容。

货车作业次数 Wagon Operation Times

车站、铁路局或全路在一定时期内所完成的装车和卸车作业的总次数。

货代 Freight Forwarding

在流通领域专门为货物运输需求和运力供给者提供各种运输服务业务的总称。是接受客户的委托完成货物运输的某一个环节或与此有关的环节，涉及这方面的工作都可以直接或间接的找货代来完成，以节省资本。

货到付款 Payment after Arrival

电子商务中指的是由物流公司代收卖家货款，即物流公司将货送到客户手上，代替卖家收取货款，之后将货款再转给卖家。代收货款是物流公司的一项重要的增值服务收入。但对电子商务卖家而言，会面临一定的货款回收风险。

货垛 Stack

为了便于保管、装卸和运输，按一定要求分门别类堆放在一起的一批物品。

货垛牌 Storage Card

用以标明每垛货物的品名、数量、进库日期、运单号码、船名、航次、流向等的标记牌。

货机 Cargo Aircraft

专门从事货物运输的"民用运输机"，只载运货物和邮件，而不载运旅客的飞机。大多由客机改装而成，少数由军用运输机改装而成，极少数货机是专门设计的。

货架 Shelves

用立柱、隔板或横梁等组成的立体储存物品的设施，是现代化仓库提高效率的重要工具。

货交承运人 Free Carrier(FCA)

卖方只要将货物在指定的地点交给买方指定的承运人，并办理了出口清关手续，即完成交货。

货流 Cargo Flow

在一定时期内，一定数量的货物沿某一方向移动所形成的物流。货流包括货物流量、流向和流时。

货盘拍卖 Pallet Auction

一种全新的货盘自由竞价拍卖方式，竞价争夺真实的货盘信息，并以拍卖发起方押付保证金的形式，保证该货盘的真实有效性以及拍卖发起方最终给中标方走货的承诺。

货棚 Goods Shed

为避免货物受自然条件影响而修建在普通站台上的带有顶棚的构筑物。

货票 Freight Bill

铁路运输的凭证。记载货物品名、数量、运程、计费和收发货人等事项的凭证，也是一种财务性质的票据和统计货运工作量的依据。

货品完好程度 Integrity of Goods

货品在配送过程中受损坏的程度。如果有所损坏，那么物流企业应及时寻找原因并进行补救。

货品质量 Quality of Goods

产品功能与消费者的需求相吻合的程度。货品质量与产品生产过程和物流过程有关。

货品准确率 Accuracy of Goods

实际配送的商品和订单描述的商品相一致的程度。货品准确率应包括货品种类、型号、规格准确及相应的数量准确。

货区 Cargo Area

在综合性货运站或大的货场内，为便于管理，根据货运作业的性质，将装卸线和货运设备划定的货物作业区。可分为散堆装货区、成件包装货区、集装箱货区、零担货区、长大笨重货区、危险品货区等。

货损 Damage of Goods

货物在运输、装卸、保管过程中发生的残缺、破损、污染等质量上的损坏。

货损货差 Loss and Damage

商品在装卸、搬运、发运、中转、收货过程中属于商业储运部门过失所造成的损失和差错。不包括由于交通运输部门的责任以及人力不可抗拒的自然灾害所造成的事故损失。

货损率 Rate of Cargo Damage

考核期内，货物运输中的货损吨数与货运量总吨数的比率。

货位 Goods Allocation

在堆场上或仓库内装车前和卸车后暂时存放一辆货车装载的货物，或集结一个到站或方向的货物所需要的地面面积称为一个货位。

货物安检标志 Cargo Security Mark

为保证飞行安全，在货物经过安全检查后，贴上的标明货物经过安检的标记。

货物编码 Goods Coding

　　按货物分类规则以简明的文字、符号或数字表示物品的名称、类别及其他属性并进行有序排列的一种方法。

货物标记 Freight Label

　　托运人托运零担货物和集装箱时，为建立货物与其运输票据的联系而使用的一种标记。

货物标签 Cargo label

　　注明货物件号，发货人、收货人名称和起讫站名的运输标志。

货物补送 Supplement Traffic of Goods

　　一张运单所运送的货物，其中一部分因为某种原因不能与原批货物在同一车运输，因而需另外向到站补发货物的作业。

货物残值 Residual Value of Cargo

　　货物受损、变质后残余部分的价值。

货物仓库 Warehouse

　　储存和保管货物的建筑物，它设有车辆停靠的通道，及便于货物搬倒、装卸的设施。

货物操作量 Cargo Handled Tonnage

　　一个完整操作过程所进行的装卸、搬运货物的数量。

货物查询 Cargo Tracing

　　货物托运后，托运人或收货人在出发地或目的地向承运人询问货物运输情况、承运人与其代理人之间或承运人之间询问货物的运输情况的一项业务工作。

货物超限的等级 Classification of Out-of-gauge Freight

　　根据货物超限的实测宽度或计算宽度超出机车车辆限界的程度，可分为一级、二级和超级超限三个等级。

货物处置费 Material Disposal Charge

　　因客户原因造成货物损坏而需要支付的费用。

货物错卸 Error Unloading

　　经停站由于工作疏忽和不慎而将他站的货物卸下。

货物到达 Cargo Arrival

　　按约定条件，货物运达目的地。

货物到达吨数 Tones Arrived

　　在一定时期内到达一个车站、分局、铁路局或全路的货物吨数，反映车辆到达卸车和货物交付的工作任务。

货物到达作业
Arrival Freight Operation

　　货物在铁路到站所进行的各项货运作业。如货物的卸车作业、交付作业。

货物的计算点 Quality of Goods

　　货物检定断面上超限程度最大的点，是计算货物超限程度和确定超限等级的"基点"。

货物的检定断面
Examined Cross-section for Goods

　　确定超限货物超限程度和超限等级时，所依据的货物横断面。

货物的实测宽度
Actual Measuring Width of Freight

　　货物装车后，从货物检定断面计算点起至车辆纵中心线所在的垂直平面的水平距离。

货物短少 Cargo Shortage

　　货物在运输过程中部分的短缺。

货物堆存吨天数
Ton/Day of Cargo Stored

　　一定时期内，库场堆存货物吨数与其堆存天数的乘积。

货物发送吨数 Tonnage Despatched

　　一个车站、分局、铁路局或全路在一定时期（年、季、月、旬、日）内所发送的全部货物吨数。

货物发送作业 Freight Origination

货物在铁路发站所进行的各项货运作业。如货物的承运作业、装车作业。

货物跟踪 Cargo Tracking

借助现代信息和通信技术，实时追踪货物在运输途中的信息，便利运输管理和服务的措施。

货物跟踪管理系统
Cargo Tracking Management System

物流运输企业利用物流条码和 EDI 技术及时获取有关货物运输状态的信息，物流运输企业的工作人员在向货主取货时、在物流中心重新集装运输时、在向顾客配送交货时，利用扫描仪自动读取货物包装或者货物发票上的物流条形码等货物信息，通过中心计算机进行汇总整理。

货物跟踪系统 Cargo Tracking System

物流运输企业利用自动识别、全球定位系统、地理信息系统、通信等技术及时获取有关货物运输状态的信息，提高物流运输服务的质量。

货物跟踪信息准确率
Accuracy of Goods Tracking Information

准确反馈货物状况次数占反馈货物信息总次数的比率。

货物换装整理
Transshipment and Rearrangement of Goods

在运输过程中，发现可能危及行车安全或货物完整时，所进行的更换货车或对货物的整理作业。

货物集疏运
Cargo Gathering and Distribution

往来于港站、仓库、货场及其他货物集散点的货物集中组合配载或分组配送的道路运输。

货物计费重量 Charged Weight

铁路核收货物运费的重量。整车货物一般按货车标记载重量计费，零担货物一般按货物重量计费，集装箱货物按箱数计费。

货物加固笼 Goods Reinforcement Cage

放在托盘上的从两侧或多侧加固货物的格式或网式边板。

货物交付 Cargo Delivery

承运人在规定的地点与收货人进行货物交接后，并在货物运单上加盖货物交付日期戳记，即表示货物运输过程终止的作业程序。收货人验收货物并在航空货运单上签字的全过程。

货物交接单 EIR

在国际货物联运中，交付方与接受方移交货物的凭据。

货物交接所 Freight Transfer Point

国境站的下属机构，它代表本国铁路与邻国铁路办理进出口货物的交接，同时和国内办理联运货物的车站发生业务关系。

货物接收 Cargo Acceptance

物流公司将货物配送到顾客指定的地点后，顾客对货物进行收取。

货物流量 Cargo Volume

在一定时期内，向某一方向运输的货物数量。

货物流向 Cargo Flow

在一定时期内，货物运输的目的地方向。

货物漏卸 Cargo Unloading

按照货邮舱单卸机时应卸下的货物而没有卸下。

货物漏装 Neglected Loading Cargo

货物始发站在班机起飞后发现货邮舱单上已列的货物未装机，而航空货运单已随机带走。

货物贸易 Goods Trade

用于交换的商品主要是以实物形态表现的各种实物性商品。

货物赔偿报告单
Cargo Compensation Form

因承运人责任造成货邮丢失、破损时对

托运人或收货人进行赔偿时填写的审批报表。

货物品类 Category of Goods

根据货物的自然属性、运输要求、运量大小及在国民经济发展中的作用，对铁路运输货物划分的类别。

货物平均堆存期
Average Storage Period of Cargo

一定时期内，每一吨货物在库场堆存的平均天数。

货物平均运程 Average Haul of Freight Transportation

表示每吨货物平均运输距离，单位为千米。其计算方法为：货物平均运程 = 计费吨公里 ÷ 货物发送吨数。

货物破损 Cargo Damage

货物在运输过程中造成破裂、伤损、变形、湿损、毁坏等现象。

货物途中作业
Freight Operation in Route

货物在铁路运输途中所发生的各项货运作业。如货物的交接、检查作业，货物的整理换装作业。

货物吞吐量 Cargo Throughput

由水运进、出港区范围并经过装卸的货物数量。

货物托运书
Shipper's Letter of Instruction

托运人办理货物托运时填写的书面文件，是填写航空货运单的凭据。

货物危险性 The Risk of Goods

危险品货物在运输、储存、生产、经营、使用和处置等不同的环境下所表现出来的危险特性，描述其对外界可能造成的人身伤亡、财产损毁或环境污染等方面的影响程度。

货物污染 Cargo Contaminated

货物在运输过程中沾染上有害物质或污物。

货物验收
Check Up and Acceptance Cargo

在货物正式递交顾客前，按照一定的程序和手续，顾客对货物进行数量和外观质量的检查，以验证货物是否损坏或数量缺失的一项工作。

货物运到期限 Transit Period

铁路在现有技术设备条件和运输工作组织水平的基础上，根据货物运输种类和运输条件，将货物运送一定距离而规定的最大运送限定天数。

货物运费 Freight Charge

承运货物的计费重量、抽数或集装箱数乘以该批货物适用的运价率。

货物运价 Freight

按货物运输服务的价值，承、托双方的交易价格。货物运输价值的货币表现。根据运输货物的重量、距离和种类等因素制定的单位重量货物运输价格。

货物运价号 Goods Tariff No.

铁路为实行不同货物的差别运价，按货物品名、性质、运输种类、运输成本和国家政策分别确定的表示运价等级的号码。

货物运价里程 Mileage Charges/Rate

铁路运送货物的计费里程。一般按发站至到站间的最短径路计算，特殊情况下需绕路运输或有规定径路时按绕路的实际里程计算。

货物运价率 Goods Rate

不同运价号的货物按不同运价里程区段分别计算的每吨（轴）、每 10 公斤或每箱货物的运价，它是运价制度和运价水平的具体体现。

货物运输包装 Package

确保货物运输安全、方便储运与装卸，按一定技术方法和要求，把货物放在容器内或用辅助材料进行的包装。

H

货物运输变更
Change In Transportation
托运人或承运人对已托运的货物，改变其运输的部分或全部内容。

货物运输合同 Transportation Contract
承运人与托运人为运输货物而签订的明确权利和义务的协议。

货物运输计划 Transportation Planning
综合平衡有关因素，对年度、季度、月度航空货物运输所制定的指标和工作安排。

货物运输密度
Frequency of Transportation
铁路营业线上某一区段、铁路局、全路在一定时期内平均每千米线路所负担的货物周转量，是表示线路能力利用程度的指标。

货物运输质量管理体系
Quality Control System of Transportation
为保证货物运输质量，由组织机构、职责、程序、活动、能力和资源构成的有机整体。

货物运送吨数
Tonnes of Freight Transported
一个铁路局在运输工作中所办理的货物吨数。它表明一个分局或铁路局的全部货物运输工作任务。

货物站台 Freight Platform
为便于装卸车作业和存放货物而修建高于线路轨面的台式建筑物，称为货物站台。其高度离轨面1.1米者为普通站台，大于1.1米者为高站台，可分为平顶式高站台、滑坡式高站台、跨线漏斗式高站台等。

货物支重面长度
Length of Supporting Surface of Goods
支撑货物重量的货物底面的长度。

货物重量 Weight
货物连同包装的总重。

货物重心的横向位移 Lateral Shift For Center of Gravity of Goods
货物装车后，其重心在车地板上的投影距车地板纵中心线的距离。

货物重心的纵向位移 Longitudinal Shift for Gravity Center of Goods
货物装车后，其重心在车地板上的投影距车地板横中心线的距离。

货物周转量 Transshipment Volume
在一定时期内，一个铁路局或全路在货运工作中所完成的货物吨公里数，是运输部门用来全面反映货物运量的指标。由各品类货物的运送吨数和相应的货物平均运输距离相乘而得。货物周转量通常分为计费吨千米和运行吨千米两种。

货物状态分类监管
Classification of Goods
指根据海关特殊监管区域的管理特点，将货物状态分为保税货物、口岸货物、非保税货物三种不同状态。海关通过实施"分类监管、分账管理、标识区分、联网监管、实货管控、风险可控、信息共享"的监管模式，实现对不同状态货物的有效监控，方便对各类状态货物统一开展物流配送和加工贸易，推动内外贸一体化发展。

货物自然减量 Natural Wear of Goods
货物在正常运输、装卸和保管过程中，因自然条件影响或因货物自然属性而发生的难以避免的合理损耗。

货物总周转量 Gross Transshipment
运输部门制定计划和经济考核的重要指标之一，把各种运输工具采用各种运输形式（铁路、公路、水运、空运、管道）完成的货物周转量相加得到的数值。

货邮舱单 Cargo/Mail Cabin-waybill
航班在始发站或经停站所装卸全部货物、邮件的清单。它是承运人和地面服务代理人装卸、分拣的依据，也是承运人结算航空运费的凭证。

货邮吞吐量
Handling Capacity Cargo and Mail

进出某机场的货物和邮件的量（以吨为单位）。

货邮运输量 Freight Traffic Volume

承运人运输的货物和邮件的量（以吨为单位）。

货邮运输周转量
Freight Tonne-kilometers

承运人运输的货物及邮件的重量之和与运输距离的乘积（以吨／千米为单位）。

货源调查 Freight Source Survey

对一定区域内需要运输货物的品种、流量、流向、流时及影响其变化因素进行的调研。航空公司有关业务部门为掌握货物流量和流向等客观变化而进行的调查研究工作。一般分为综合调查和专题调查两种。

货源组织 Freight Management

运输经营者承揽货源、落实托运计划等业务工作。航空运输企业或其代理人承揽货物、落实托运计划等组织工作。

货运波动系数
Freight Fluctuation Coefficient

对货运量的波动评价的指标，选一年内最大的月货运量与全年月平均货运量的比值，即货运波动系数＝一年内最大的月货运量÷全年月平均货运量。

货运差错
Cargo Transportation Discrepancy

在货物运输过程中，由于承运人的责任给托运人、收货人或其代理人带来不便或造成一定经济损失等质量问题。

货运差错率
Cargo Transportation Discrepancy Rate

货物运输差错件数与货物运输总件数之比。一般以万分比表示。计算公式为：货运差错率＝差错件数÷货物运输总件数×‰。

货运车辆 Goods Stock

用于运输货物的车辆，包括普通货车和专用货车。

货运村 Freight Village

在欧洲地区对物流园区的称谓。是指在一定区域范围内，所有有关商品运输、物流和配送的活动，包括国际和国内运输，由该区域范围内建筑和设施的拥有者或租赁者实现，并通过一个单一的主体来经营。

货运代理管理系统
Forwarder Management System

针对货代行业所特有的业务规范和管理流程，利用现代信息技术以及信息化的理论和方法，开发出的能够对货代企业的操作层、管理层和战略决策层提供有效支持与帮助的管理系统。

货运地面服务代理人
Cargo Ground Handing Service Agent

从事航空货物运输地面服务代理业务的货运代理人。

货运发展规划 Cargo Transportation Development Program

货物运输的长期发展规划，一般分为五年、十年或更长时期的规划。通常按国民经济规划的期间进行编制。是确定货物运输发展方针、政策、技术及有关指标的主要依据。

货运服务型物流园区 Logistics Park for Freight Service

依托空运、海运或陆运枢纽而规划，至少有两种不同的运输形式衔接；提供大批量货物转换的配套设施，实现不同运输形式的有效衔接；主要服务于国际性或区域性物流运输及转换。

货运航班 Cargo Flight

只运输货物的航班。

货运记录 Cargo Record

货物在铁路运输过程中发生货损、货差、有货无票、有票无货或其他情况需要证明铁路同托运人或收货人间的责任时，由铁路编制的一种证明文件。

货运经纪人 Freight Broker

撮合承运人和托运人之间的交易并收取交易佣金的经营者。

货运量 Volume of Freight

报告期内，钢铁物流相关部门利用各种运输工具运输的钢铁类物品总量。计量单位：万吨。

货运区 Cargo Yard

处理货运业务的全部场地和设施，包括停机坪、货运大楼和仓库、停车场和道路。

货运设备 Transportation Facilities

在货运站或货场内，用来办理货运业务的设备。

货运生产调度 Transportation Dispatch

具体组织、协调和监督实施货物运输的工作。

货运市场 Transportation Market

货物的保管、配送、管理的物流市场。

货运市场分析
Transportation Market Analysis

根据对货运市场的调查资料，分析研究货运市场的动向。

货运市场调查
Transportation Market Survey

对货运市场的供求现状、发展动向等方面所进行的调查研究。

货运市场信息
Information of Transportation Market

反映货运市场、货物流量、流向及供求变化情况的情报和资料。

货运市场需求
Demand of Transportation Market

货运市场对航空运输能力的需求。

货运市场占有率
Transportation Market Share

在一定时期内，某一航空公司货运量占航空货运市场总货运量的百分比。

货运事故 Freight Traffic Accident

货运事故是指货物在运输、装卸、保管过程中发生的货损、货差和其他货运质量事故的总称。在自承运人或港口经营人接受托运人所交运的货物时开始，直至向收货人交付时止，在整个承运过程中，货物所发生的溢余、灭失、短少、变质、污染、损坏等事故均为货运事故。

货运事故等级 Cargo Accident Level

货运事故等级指根据货运事故的严重程度划分等级，主要分为三级：重大事故、大事故、一般事故。

货运事故记录 Irregularity Report

由承运人出具并经收货入认可签字的证明货物异常状况的记录文件。

货运事故速报 Cargo Accident Report

货运事故速报指事故发生后第一时间向有关业务口拍发的报告，内容主要包括事故类型；事故发生时间（年、月、日、时分）；事故发生地点：线别、区间（公里、米）、站名（货场、专用线）；发生事故货物品名、编号、车种、车号、列车车次、编组位置、有无押运人、运输方式；事故概况及初步分析：人员伤亡、货物损毁程度及对周边环境的影响；事故地点周边环境：桥隧、水源、地形、公路交通状况、厂矿、居民、天气、风向。

货运枢纽型物流园区 Freight Hub Type Logistics Park

依托交通枢纽，具备两种（含）以上运输方式，能够实现多式联运，具有提供大批量货物转运的物流设施，为国际性或区域性货物中转服务。

货运枢纽站
Transportation Hub Terminal

具有办理货物运输的多种业务，设备配套，在运输网络中起中心作用的货运站。

货运调度 Transportation Dispatch
根据货物运输任务，以指令形式组织生产和指挥车辆运行的工作。

货运停机坪 Cargo Apron
供飞机进行装卸货物的地方。

货运统计 Cargo Statistics
对航空货运经营活动有关数据资料进行收集、整理、分析并进行上报或公布的工作。

货运网络 Transportation Network
全国或某一地区航空货物运输的分布网络。

货运销售代理人 Cargo Sales Agent
从事航空货运销售代理业务的货运代理人。

货运形式 Transportation Mode
为满足货物运输需求，由运输服务组织者和经营者所采取的货运服务组织方式。

货运须知 Cargo Information
承运人将托运人和收货人办理航空货物运输时所必须了解和执行的有关规定汇编在一起的简要宣传资料。

货运业务 Transportation Operation
从市场营销、托运货物受理、承运到交付全过程中的经营管理工作。

货运营销管理
Cargo Marketing Management
航空运输企业遵照国家和民用航空主管部门的方针、政策、法规、制度，对航空货运经营性活动的管理。

货运杂费
Miscellaneous Fees of Transportation
承运人因办理与货物运输有关的作业而向托运人、收货人核收的运费以外的费用。承运人根据所提供的服务而收取的地面运输费、退运手续费、保管费等费用。

货运站 Freight Station
专门办理货运业务或兼办货运业务的车站。主要办理货物的承运装卸、交付、中转和货物列车的接发和车辆取送等作业。主要设备有：货物列车到发线、调车线、牵出线和货场等。

货运质量 Quality of Transportation
反映货物运输安全、及时、方便和经济等方面的优劣程度。

货运质量货差率 Rate of Cargo Error
货差率是指所承运的货物发生短缺的件数与货运总件数之比。

货运质量货损率 Rate of Cargo Damage
由于运输企业不负责任而损坏（包括破损、湿损、丢失、污染等）的承运货物件（吨）数与承运货物总件（吨）数之比。

货运质量赔偿率 Compensation Rate
赔偿率是指货运质量事故实际赔偿金额与货运营业收入总金额的比率。

货运质量事故率
Accident Rate of Transportation
考核期内，百万吨公里货物周转量发生质量事故的次数。

货运质量信息管理
Cargo Quality Information Management
在货物运输中对质量活动的各种数据、报表、资料和文件进行收集、整理、存储、分析和反馈的工作。

货载 Payload
以"P"表示，是集装箱的允许最大货载，包括固货件和充塞物料等。在正常作业时：P =R-T 注：R、T 和 P 均属质量概念，在试验时的作用力则以 Rg、Tg 和 Pg 来表示，其单位为"牛顿"或"千牛顿"。

货主码头 Cargo Owner's wharf/Pier
由政府港口管理部门批准，货主企业单位投资建造并拥有，专供企业自身使用的码头。

J

及时制生产 Just In Time(JIT)

应用拉引式生产物流控制原理的方法。按照传统的生产计划组织生产（包括 MRP），物料根据预定的计划时间由供方向需方逐个工序流动。

机电物流产业
Electromechanical logistics

为满足机电相关产品的生产、制作、销售等各个环节的运输而产生的物流活动。

机动船邮路 Ship Maneuvering Route

利用自备机动船只和水运部门机动船只运邮的路线。

机械冷藏车
Mechanically Refrierated Truck

用机械制冷的冷藏车。

机械冷藏列车
Mechanical Refrigeration Train

专门运送鲜活、易腐败等需要保持特定温度的货物的货物列车。

机械冷藏汽车
Mechanical Refrigerated Car

机械冷藏汽车具有能保持一定低温的货厢、用于载运需要保持低温或易腐货物的专用汽车。货厢能密闭，厢壁为双层结构，以保持低温。

机械式制冷集装箱
Mechanically Refrigerated Container

备有制冷机组（装置压缩机组、吸热机组等）的保温集装箱。

机械装卸作业比重
Ratio of Mechanical Handling

在装卸作业中，机械作业工序占全部操作工序吨的比重。

机械作业 Mechanical Handling

使用机械设备装卸并码放货物的作业。

机场物流产业 Airport Logistics

机场物流依托于航空资源，通过航空满足长距离短时间运输。机场物流是负责航班的行李、货品装载至飞机上，或从飞机上卸下放置到机场仓库内这一系列过程所产生的物流活动。

积载 Stowage

对乘用车在滚装船上的配置与堆装方式做出合理安排的作业过程。

基本港口 Base Port

通常是班轮运价计费时常用的一种术语，是指定班轮公司的船一般要定期挂靠，设备条件比较好，货载多而稳定并且不限制货量的港口。其货物一般为直达运输，无须中途转船；若船方决定中途转船则不得向船方加收转船附加费或直航附加费。

基本运价 Basic Rate

按规定车辆、道路、营运方式、货物箱型等不同运输条件，所确定的旅客、货物和集装箱运输的计价基准，是运价的计价尺度。

基核 logistics Base-core

集成场中场源及复合场源的载体，是承载场源、形成场线集聚与辐射的基地。基核可具体体现土地承载的产生集成引力的功能、整合资源的基地。例如将陆港视作物流基核，物流作业场所、集装箱堆场、保税仓库、口岸、自贸区等成为吸引物流资源的场源。"一带一路"形成了更加广阔的跨境物流基核与连接键衔接的网络支撑，为经济新常态下物流业转型升级指出了一个发展方向。

基核创新机理
Base Nucleus Innovation Mechanism

基核的功能与效率很大程度取决于其场

源构成类型。如何形成更好的场源结构，成为基核效率提高的动因。进行基核改进的内容包括：基核场源类型构成、布局及设计创新动因，基核集成引力形成与提升创新动因，基核间关系变革创新动因等；其范围包括：单一基核场源结构、基核与基核之间连接方式、基核间网络构成等引导的创新动因。

基核的集成引力机理 Integrated Gravitational Theory of logistics Basic-core

基核承载场源、极性、区位和运作要求等作用原理，一般以基核的极性而言，具有同性相斥，异性相吸的基本特征。由于基核间极性对集成体（龙头企业）竞争与合作关系有影响，一般而言，异类基核间的集成引力往往要大于同类基核间的集成引力。例如，海港与陆港间集成引力往往大于相邻海港之间的集成引力，因为海港需要内陆经济腹地提供货源，陆港需要海港的出海通道，合作力大于竞争力。

基核机理 Logistics Base-core Theory

描述两业联动中的基核及基核间的关系，反映场源、极性、区位和运作要求等基本作用要求。包括基核作用源自场源机理、基核极性决定竞合机理、基核间物理距离的作用机理、进出基核场线对称平衡机理。

基核极性决定竞合机理 The Base Polarity Determines the Competing Mechanism

竞合机理是基核间体现异性相吸、同性相斥的竞合关系。例如，陆港间、海港间极性相同，容易形成竞争关系；在陆港、海港、空港间极性相异，容易形成合作关系。因为，海港基核需要寻求内陆腹地，内陆基核需要寻找出海通道，陆港与海港之间就更容易形成多种类型的联接键，构成其间合作的快速通道和合作机制。

基于 Internet 的采购平台 Internet-Based Procurement Platform

企业依托 Internet 技术建立采购平台，以获得信誉好的供应商和高效率、低成本的采购过程。它通过对供应商各个方面信息的分析和考察，帮助用户确定哪个供应商可以提供最符合要求的高质量的产品。用户可以将工作流驱动的采购过程和业务决策自动化，并且可根据实际需要，随时对工作流程进行修改和调整，以适应不断变化的市场情况。

基于电子商务的供应链管理系统 Based on e-Commerce Supply Chain Management System

依照 ERP、MES、APS、LNP 等管理理论作指导，整合企业上下游产业，利用 Internet 技术，以中心制造厂商为核心，将产业上游原材料和零配件供应商、产业下游经销商、物流运输商及产品服务商以及往来服务商结合为一体，构成一个面向最终顾客的完整电子商务供应链。

急件货物 Urgent Cargo

承运人同意托运人的要求，以最早的航班或最短的时限运达目的地并以最快的速度交付的货物。

急件运输 Urgent Cargo Transportation

托运人要求以最早航班或约定时间运达目的地，并经承运人同意受理的货物运输。

急救物资 First-aid Supplies

用于抢险救灾和医疗救护等任务的物资。

集成 Integration

集成体根据一定目的，将两个或者两个以上的要素（或单元）按照一定方式进行构造和整合，以形成一个有机整体的行为、过程或结果。在实际应用中，集成可以有动词和名词两种含义，前者是指将某些事物、资源按照一定方式进行构造和整合，以构成一个实现特定目的的有机整体的行为过程，如物流集成；后者指形成具体特定目的有机整体的结果，如集成物流。集成不是通过简单叠加进行物流集成，而是通过特定的方式、机制实现功能整体优化、资源合理整合、能力全面提升，以形成物流系统功能或价值倍增效应。

集成包装 Integrated Packaging

集成包装是包装专业化的重要形式。集成包装通过专业技能消除由于设计不合理造成的成本，提高仓储效率，节省因二次包装而带来的包装成本与包装时间的浪费，对产品实施更好的保护。

集成产品开发
Integrated Product Development(IPD)

一套产品开发的模式、理念与方法。集成产品开发（IPD）强调以市场和客户需求作为产品开发的驱动力，在产品设计中就构建产品质量、成本、可制造性和可服务性等方面的优势。更为重要的是，IPD 将产品开发作为一项投资进行管理。在产品开发的每一个阶段，都从商业的角度而不是从技术的角度进行评估，以确保产品投资回报的实现或尽可能减少投资失败所造成的损失。

集成场
Integration Logistics Resources

合成场元在集成力和集成引力作用（包括相互吸引、排斥异己、融合巨变）下所形成的时空分布状态。集成场范畴是考察与分析物流集成、供应链集成、两业联动、产业联动、国际陆港、产能合作等具有集成系统特征研究对象的一套理论和方法，是可用于顶层分析与设计的理论工具之一。

集成场顶层设计理论
Integration Field Top Design Theory

物流集成理论拓展到物流链、供应链乃至产业链及其协同合作的理论，可用于物流业与制造业联动、产业联动、国际产能合作等集成优化过程的顶层设计。通过集成场范畴及其两链对接等集成运行过程的顶层探讨，以抓关键要素和全面、全过程视角，确立两业联动模式建立和运行的理论体系。

集成场范畴
Basic Contents of Integrated System

对人工集成系统集成活动的具体抽象和概括。源自于物流集成实践的提炼。在集成场中，值得单独考察的基本单元可以用合成场元进行概括。集成场范畴除了有集成体、基核、场源、连接键、场线和场界以外，还包括构成合成场元的场元、场元素等细分术语，后者在分析合成场元的性质、合成机理时使用。集成场范畴是分析研究物流集成、物流链、供应链集成、两业联动、产业链延伸等集成领域的基本理论工具。

集成场基本范畴
Basic Category of Integrated System

集成场中值得考察的主要合成场元。其主要的基本范畴有集成体、基核、连接键、场线、场界等。集成场理论的基本范畴是分析研究物流集成、物流链、供应链集成、两业联动、产业联动过程等集成领域和顶层设计的主要理论工具。

集成场理论 Integration Field Theory

考察和研究以集成体主导资源整合以及联动、合作等人工集成活动为对象的一套场理论体系。源自物流集成实践的研究，主要应用于研究开放的人工大系统的集成活动过程，诸如，物流集成、物流链、供应链集成、两业联动、产业联动、产能合作等涉及资源、功能、过程等整合优化的研究。应用集成场理论，还可以"一带一路"跨境物流快速通道网络为基础，为制造业与物流业联动乃至国际产能合作等提供顶层设计的基础理论、思路和分析方法。

集成单元 Integration Unit

构成集成体或集成关系的基本单元要素，是形成集成场基本范畴的基本物质条件。集成单元是针对某一层次集成系统相对而言的，例如，某一合成场元是针对值得具体考察的对象而言的，具有相对性。

集成动能
Motivation Energy of Integration

集成体进行集成运动所具有的集成能量或能力。理论上，在物流集成过程中，物流集成势能可以转化为物流集成动能。政府是创造物流集成势能的政策制定主体，龙头企业是形成物流经济动能的物流集成体，政策主体创造了物流集成政策环境，物流集成体创造了物流经济实际绩效。所以要善于将物流政策势能转变为物流集成的经济动能。

集成度 Integration level

在不同物流集成模式下，各集成单元间的物质、信息和能量交换关系的水平测度。集成度越高，表明集成单元间的物质、信息和能量交换越密切。物流集成度越高，所能容纳的物流场元越多，物流集聚程度越高。

集成供应 Integrated Supply

指由几个供应商组成联盟，在一个或几个领域中共同满足一个客户需求的供应或采购模式。在集成供应概念下，由集成供应商承担客户需求计划、采购、收货、储存、库存管理和配送的集成管理责任，可以大大减轻客户外部采购负担。广义的集成供应概念可以延伸到包括供应链中从最初的制造商到最终用户的伙伴关系。

集成供应过程
Integrated Supply Process

指企业将生产、办公、生活等方面的某些非核心业务领域的运作和管理集成为一个整体，作为一个以外购或管理业务外包为主的项目，由专门的集成供应商来提供该项目的全方位服务。在集成供应过程关系体系中一般包括三方当事人：集成供应商（Integrator），二级供应商（Second—tier supplier）和客户（Customer）。

集成供应链 Integrated Supply Chain

供应链的所有成员单位基于共同的目标而组成的一个"虚拟组织"，组织内的成员通过信息的共享、资金和物质等方面的协调与合作，体现了集成优化组织目标即整体绩效。

集成供应商 Integrated Supplier

运用其独有的知识资源进行全面的一体化供应管理者，其承担客户需求计划、采购、收货、储存、库存管理和配送的集成管理责任，运作则是由它所管理的二级、三级供应商具体执行，从而在管理职能外包的基础上实现具体运作的外包。

集成关联度 Integration Correlation

反映集成单元之间联系程度的总称，是对集成单元间静态关系的一种描述。由于集成单元质参量性质的不同，因此，集成单元之间的联系又可分为，同类集成关系、异类集成关系。

集成管理 Integrated Management

是一种通过整体寻优、资源整合和系统创新来取得功能倍增与集成效应的效率和效果并重的管理模式。它突出了一体化的整合思想，管理对象的重点由传统的人、财、物等资源转变为以科学技术、信息、人才等为主的智力资源，提高企业的知识含量，激发知识的潜在效力是集成管理的主要任务。

集成管理机制
Integrated Management System

物流与供应链集成系统的组织结构、运行原理和方式，是为了保证集成过程顺利、有序、高效、持续进行而建立的管理方式、方法及制度等结构体系，决定集成运作目标、信息、组织结构和功能。物流集成管理机制具有的特征有：内在规律性、系统协调性、客观合理性、运作自动性和过程可调性。

集成管理理论
Integrated Management Theory

对集成管理知识、方法的系统理解与描述，其包含了集成管理模式、运行原理、结构变化等一系列理论方法。

集成管理能力
Integrated Management Capability

运用集成管理理论及管理思想，对完成某一目标或任务以及全过程协同所体现出的综合素质。

集成加速度 Integrated Acceleration

反映了集成活动效率的变化率。通常用物流集成系统产出函数的二阶导数来表示，该值的大小在很大程度上决定了物流集成力的大小。

集成界面 Integration Interface

集成单元之间的接触、衔接方式和机制的总和，或者说是集成单元之间、集成体与环境之间物质、信息与能量传导的媒介、通道或载体。集成界面所体现的是多元关系集成的对接，是集成管理的重要范畴。

集成客体单元 Integrated Object Unit

物流集成的对象构成单元，也称为物流集成客体单元，与物流集成主体单元相对应。作为客体单元可能有人参与，但其在特定环境之中是作为被集成的对象——资源要素存在的。在物流集成单元中，客体单元始终是物流集成过程中处于从动地位的实体单元，即始终是物流集成过程可选择的资源或对象，是物流集成过程的从动者。

集成力效应 Integrated Force Effect

构成集成体的主体单元和客体单元分别关联的要素有文化、组织、制度、界面、专业、设计、过程、标准、信息、资源、技术等，这些分别影响到集成体的组织集成力、行为集成力和资源集成力的形成和作用。将这三个集成力综合起来产生的一种放大效果现象称之为集成力效应。

集成模式 Integration Mode

集成单元之间相互联系形成整合过程的一种稳定方式。集成模式既反映集成单元之间物质、信息交流关系，也反映集成单元之间能量互换关系。集成关系是各种各样的，集成程度也是千差万别的。

集成能 Integrated Energy

所具有整合资源产生能量的集合。在区域物流、全球物流集成场中，涉及更为广泛的经济社会活动，更多类型的集成体积累了大量业务能量形成经济动能，集成主体具有政策制定能量，称为政策势能，这些能量可统称为集成能。

集成能力 Integrative Capability

涉及物流专业能力、界面能力、过程能力、设计能力综合起来的效果或效率。物流集成组织对外作用的集成效果和效率，所体现的就是集成能力。

集成势能 Integrated Potential Energy

由物流集成主体（如政府机构）依其所处的能级决定其所能影响资源集聚的物流集成活动能量或能力。政府层级高的机构制定政策往往具有较高的集成势能，可以动员经济社会资源支持、参与物流集成过程，而层级低的政府机构具有的集成势能有限，可动员的社会资源也十分有限。

集成体 Integrator

具有主体单元与客体单元构成的二元结构、战略、行为和利益三主体特征的经济有机体，是集成场中富有主动性和创造性的最重要合成场元。集成体作为主动性的合成场元，能够主动地整合相关资源实现预期目标，可以看作是主动优化的自适应集成（子）系统，例如物流业龙头企业、供应链核心企业等。根据考察的产业对象不同，集成体可以分为物流集成体、制造集成体、平台集成体等。集成体凝聚并产生集成力，在集成体发展中整合资源，并有形成、成长、成熟、衰退或跃迁等几个阶段演变过程。

集成体创新机理
Integrator Innovation System

集成体的整合资源优化系统的动因，很大程度决定了其战略视野、战略及战术行为驱动能力，决定了变革能力和演变范围，可实现企业、产业、区域、全国乃至全球供应链集成范围显著变化。集成体创新机理包括：集成体及其间关系创新机理、集成体的集成力综合提升创新机理、集成体主导"网链"的集成服务产出创新机理等。

集成体分蘖机理
Integrated Tiller System

物流集成体在集成活动及其成长中出现的分支或变迁现象。物流集成体出现分蘖现象除了物流集成体出现战略意图修正和差异以外，还可能因为物流集成体内资源重组并出现过剩现象。分蘖形成的新的物流集成体，可能与母原体分享资源，形成资源利用的竞争或竞合状态。

集成体机理 Integrator Mechanism

集成体是一个自适应的有机体，也称为人工集成系统。集成体作为一个有机体，具有自学习、自适应和整合资源能力的机制。

集成体间关系
Relations Between the Integrator

可以分为市场选择、合作伙伴、战略联盟和紧密融合等关系，这些合作关系依其次序显得越发紧密。市场选择关系多为一次性或临时合作关系，而紧密融合关系则是建立在资产或股权合作上的紧密关系。

集成体类型 Type of Integrator

用来描述集成体在不同类型集成活动的功能和组织结构的类别。具有相同共同性质或特点的集成体可以分为同一类型。例如，物流集成体是从事物流集成活动的集成体。此外还有制造集成体、商贸集成体、加工集成体等。

集成体跃迁机理
Integrated Body Transition Theory

集成体通过整合资源（其他合成场元）形成的裂变或聚变的组织突变过程，指将其中聚变过程所形成跃迁（跳跃）式发展突变过程的原理或道理。

集成物流 Integrated Logistics

物流集成体将相关物流资源、物流功能等整合起来的运行结果，即集成物流服务，也称一体化物流服务。集成物流服务通常是由物流集成服务提供商提供，物流集成服务提供商可简称集成商。

集成物流服务商
Integrated Logistics Provider

集成物流服务商有时也简称集成物流商。它们通过整合物流资源商、物流功能商形成物流链，并主导物流链切入供应链、融入供应链。集成物流商通过切入制造集成体所主导的供应链，为其提供一体化的物流服务。

集成系统 Integrated Systems

物流集成体引发并促使相关要素、资源等处于集成过程典型阶段的典型物流系统。物流集成系统是一般物流系统处于形成、成长、成熟和完善过程的动态集成过程形态。其主要特点是处在物流集成过程中的系统，是从无序到有序、从初步秩序到更高秩序层次的迈进过程中的系统。物流集成系统具有一般物流系统的基本特性：集合性、目的性、关联性、层次性和环境适应性。

集成型物流服务 Integrated Logistics

是由集成物流商整合物流资源、提供一体化物流服务的业务模式。集成物流服务是物流供应商针对客户最终需要量身定制的多功能、全过程的物流服务，是充分满足客户需要的一体化物流服务过程，其特点是由集成物流商满足客户需要的高度集成的物流服务，类似于"交钥匙"工程服务。集成型物流服务可以进一步分为物流功能集成型和物流管理集成型服务。

集成意识 Integration Consciousness

物流集成体（龙头企业）为实现一定目标或任务将相关物流资源、功能等整合起来，并按照生产力客观规律要求进行主动优化组织的思维方式。

集成主体 Integration of Main Body

是物流集成系统、物流集成过程、物流集成场运动的主动支持者，是包括担当政策决策者、制定者、促进者、管理者和执行者等角色在内的主体单元。与集成体是不同的范畴。物流集成主体作用表现在政府、军队等物流管理领域，而核心企业通常是集成体。

集成主体单元 Integrate the Main Unit

可简称主体单元，是指物流集成体中主体单元与客体单元的二元结构中，体现主动性场元部分，主要进行战略规划、行为和利益实现过程。在集成体二元结构中与客体单元对应的主动集成者决策智能参与部分，主体单元是有人参与为特征并起到集成实体主动作用的部分。

J

集成组织 Integrated Organization

以多类合成场元按照整合目标表现、相互联系的组织形式。集成体中存在单元集成、过程集成、系统集成等多种组织集成形式，是典型的集成组织。在物流集成过程有资源集成、功能集成和系统集成等组织形式，主导物流集成组织运行的是物流集成体。

集合包装 Collection Packaging

将一定数量的产品或包装件组合在一起，形成一个合适的运输单元，以便于装卸、储存和运输。又称组合包装或集装单元。

集货 Cargo Consolidation

将分散的或小批量的物品集中起来，以便进行运输、配送的作业。

集货直邮模式 Direct Mail

集货直邮模式是目前我国跨境电商的集货模式之一，是指商家在接到订单之后将货物集中存放在海外的集货仓，达到一定包裹量之后再统一发回国内。

集聚辐射 Gathering Radiation

指物流基地、中心城镇等对外部资源具有集聚和对周边卫星城镇具有辐射能力。集聚指对周边资源有极大的吸引力，辐射指通过自身有带动周围资源辐射发展的能力。

集聚区 Agglomeration Area

在一定集成力和集成引力的作用下，以物质资源为基础的物流链、供应链企业、产业、区域和全球空间关系的连接性、渗透性发生的空间范畴。是连接不同企业、产业、区域和国家并渗透其间，并形成一定空间范围的区域。

集聚效应 Agglomeration Effect

多种产业和经济活动在空间上集中产生的经济效果，以及吸引经济活动向一定地区靠近的向心作用力，是促进产业集聚、城市等形成和不断扩大的基本和重要因素。

集配站 Accumulated and Distributed Station

设在工业站与各矿点装车站之间，担当配送空车、集结重车、选编车组等作业，为工矿企业运输服务，其产权属于企业的车站。

集疏运能力 Cargo Distribution and Transportation Capacity

能够连接多种运输方式，可进行一体化运输组织的能力。

集疏运体系 Cargo Distribution and Transportation System

连接多种运输方式的平台和纽带，是进行一体化运输组织的关键。集疏运体系的快速高效，能在相当大的程度上缓和由于船舶随时到港、货流不均衡而引起的压船压货现象，也可以缓和货物集散对码头仓库容量过大的要求。

集团配送 Group Delivery

集团配送模式是指由配送企业以一定的形式建立起紧密联系、相互协调的企业集团，在较大范围内统筹安排配送企业结构、配送网络、配送用户，使配送日益完善的一种组织形式。

集中采购 Centralized Purchasing

指企业在核心管理层建立专门的采购机构，统一组织企业所需物品的采购业务。它主要是通过组建内部采购部门的方式，来统一管理其分布于各地分支机构的采购业务，减少采购渠道，扩大采购规模，获得批量采购的价格优惠。这不仅可以稳定企业与供应商之间的关系，还可以保证采购决策中分工专业化，所购物品标准化，提高了工作效益和效率。

集中式化工园区 Concentrated Chemical Industry Park

针对性质统一、种类少、运输量大的货物，根据其物理及化学特性、装卸方式、消防要求与管理方式等进行分区，对运输用车辆、储罐与装卸设备等设施进行统一的布置规划，有效地进行资源的调配与管理。

集中式网络结构 Based On E-Commerce Supply Chain Management System

由一台主计算机带若干台终端构成的网络结构。终端通过信息网络与主计算机相连，系统所有数据存放和处理由主计算机完成。

集中托运
Consolidation Transportation

航空公司把若干单独发送的货物组成一整批货物，用一份总运单整批发运到预定目的地，由航空公司在那里的代理人收货、报关、分拨后交给实际收货人。

集重货物 Concentrated Weight Goods

重量大于所装货车负重面长度的最大容许载重量的货物。

集装板 Pallet

具有标准尺寸、四边带有卡锁轨或网带卡锁孔带有中间夹层的硬质铝合金制成的平板。

集装袋 Pocket Container Equipment

用高强度纤维或其他材料制成的装载水泥、粮谷、盐、糖等散堆货物的袋形集装用具。

集装单元 Container Unit

用各种不同的方法和器具，把包装或无包装的物品整齐地汇集成一个扩大了的、便于装卸、搬运的作业单元。这个作业单元在整个物流过程中保持一定的形状。

集装单元器具
Palletized Unit Implements

承载物品的一种载体，可把各种物品组成一个便于储运的基础单元。

集装辅堆存费
Container Storage Charge

集装箱在港口场站或港外集装箱中转站、货运站堆场存放而收取的费用。

集装化 Containerization

也称为组合化和单元化，它是将成件包装物、散裸装物品组合而形成一个便于装卸、搬运、储存和运输的单元体的工作过程。

集装化运输
Containerized Transportation

采用各种集装方式，辅以一定的组织、管理和技术措施，使货物在铁路运输过程中以集装货件的形式出现的一种运输方法。

集装货件 Integrated Goods

使用了某一集装方式而组成的，在运输、仓储、装卸搬运等的技术作业过程中作为一个独立的整体来处理的货物运输单元。

集装货物装卸
Containerized Cargo Handling

货物集零为整，再进行装卸搬运。

集装器拖斗 Dolly

配有滚动装置并装载集装器的地面运输设备。

集装箱 Container

一种供货物运输的装备，应满足以下条件：①具有足够的强度和刚度，可长期反复使用；②适于一种或者多种运输方式载运，在途中转运时，箱内货物不需要换装；③具备便于快速装卸和搬运的装置，特别是从一种运输方式转移到另一种运输方式；④便于货物的装满和卸空；⑤具有1立方米及其以上的容积；⑥是一种按照确保安全的要求进行设计，并具有防御无关人员轻易进入功能的货运工具。具有一定容积并与飞机装卸限动系统直接配合的一项集装单元。

集装箱班轮运输 Liner Service

集装箱班轮公司按事先制定的船期表，在固定航线的固定挂靠港口之间，按规定的操作规则为非固定的广大货主提供规范的、反复的集装箱货物运输服务，并按"箱运价"来计收运费的一种营运方式。

集装箱办理站
Railway Container Freight Station

办理集装箱的发送、到达、中转业务，进行集装箱的装卸、暂存、集配、门到门运输作业，组织集装箱专列等作业，并具有维修、清扫、清洗能力的铁路车站。

集装箱半挂车 Container Semi-trailer

可单独脱离集装箱牵引车的集装箱挂车，其一部分载重量可通过其前端的连接装置直接作用在牵引车上，并在其前部设有撑脚，能使其单独放置。车架上装有转锁，可与集装箱角件连接，以固定集装箱。承载集装箱的专用挂车，车架上有旋锁可与集装箱锁紧，以固定集装箱。

集装箱半挂列车
Semi-trailer Container Train

牵引车与一辆集装箱半挂车的组合。

集装箱半挂式牵引车
Semi-trailer Container Tractor

具有能牵引半挂车装置的集装箱牵引车。其本身不能装载集装箱，但承受了一部分半挂车的重量。

集装箱保险 Container Insurance

集装箱所有人或租借人对因在集装箱运输管理中的各种风险而产生的集装箱箱体的灭失、损坏等进行的保险，或者是集装箱运输事故而对第三人（人或物）造成损害时，因集装箱所有人或租借人负有法律上的责任而预先对此赔偿责任进行保险。

集装箱泊位利用率 Container Berth Occupation Ratio

在统计期内，集装箱泊位上，船舶靠泊时间与统计时间的百分比。

集装箱泊位通过能力
Throughput Capacity of Container Berth

在一定时期内，通过码头进出口的集装箱数量，按标准箱计。

集装箱侧面叉车
Container Side Fork Lift

带有侧叉的集装箱叉式装卸车。

集装箱侧面吊运机
Side Container Crane

装在集装箱挂车底盘上，可自装卸的集装箱起重机。

集装箱叉车 Container Forklift

用于集装箱堆场、装卸、堆码的重型叉式装卸车。有底叉式和吊叉式等多种型式。

集装箱拆箱作业
Container Unboxing Operation

将装在同一个集装箱内多个收货人的物品取出，并交给收货人的作业过程。集装箱拆箱作业通常在集装箱货运站完成。

集装箱拆装箱叉车
Container Stuffing / De-stuffing Forklift

可进入集装箱内作业的小型、全自由提升、低门架叉车，用于箱内拆装箱作业。

集装箱场 Railway Container Yard

进行集装箱承运、交付、装卸、堆存、装拆箱、门到门作业，组织集装箱专列等作业的场所。

集装箱场设计能力 Designed Capacity of Railway Container Deport

根据货场的面积、箱位布置、装卸线路、汽车通道、机械状况等核定的铁路集装箱场的年集装箱办理量。

集装箱场作业能力 Operation Capacity of Railway Container Yard

铁路集装箱场的装卸车，拆装箱以及机械、劳力等的综合能力。

集装箱超期使用费 Container Demurrage

集装箱所有人向使用集装箱超过规定期限的收发货人收取的费用。

集装箱出站单
Railway Container Delivery Receipt

从铁路车站搬出铁路集装箱时，铁路承运人根据铁路货物运单填写的集装箱出站和交回的凭证。

集装箱船舶积载图 Stowage Plan

装船后，理货人员按集装箱实际装船位置编制的集装箱箱位详图。

集装箱船时效率 Productivity of Container Vessel Handling per Hour

集装箱船舶装卸作业，在一条或几条作业线上，平均每小时装卸的集装箱换算箱数。

集装箱到货通知书 Arrival Notice of Container

船舶抵港前，代理人将船舶卸货日期通知收货人的一种单据。

集装箱的尺寸代码 Container Size Code

集装箱的尺寸代码由两位字符表示，第一位用拉丁字母或阿拉伯数字表示箱体的外部长度；第二位用阿拉伯数字或拉丁字母表示箱体的外部宽度和高度。

集装箱吊具 Spreader

为使货物起吊时使吊索保持一定状态，用于纵向、横向或纵横向支撑的各种结构件。专用于吊运集装箱的吊具，通过吊具上的转锁对准集装箱顶部或底部的四个角配件孔，提取吊运集装箱。

集装箱动态 Container Status

集装箱的位置、移动速度和方向与读码器相对关系的信息。

集装箱堆场 Container Yard

集装箱重箱或空箱保管、堆放和交接的场地。

集装箱堆场计划 Container Yard Plan

集装箱堆场的堆箱计划。

集装箱堆场能力 Container Yard Capacity

堆场可以堆存集装箱的额定箱数，按标准箱计。

集装箱堆存费 Container Storage Charge

集装箱在港口场站或港外集装箱中转站、货运站堆场存放而收取的费用。

集装箱堆存期 Stay Time of Container

集装箱在堆场停留的天数。

集装箱堆高机 Container Stacker

专用于堆场上集装箱空箱堆码的机械，又称堆箱机。

集装箱分类 Classification of Container

集装箱按运输方式、货物种类和箱体结构分为不同的类型，其分类原则为：除另有具体要求者外，集装箱应能够适应公路、铁路和水路运输的要求；按集装箱设计中所考虑装运货物品种的不同，可分为以下几类：普通货物集装箱，是包括所有无特殊要求的或除了特种货物集装箱以外的各种箱型，在此基础上还可以根据其结构和作业特点进一步细分；特种货物集装箱，是用于装运对温度敏感的液态、气态或固态物料或特种货物集装箱，它又可以按照所适应的物理参数如温度和试验压力等进一步细分。

集装箱港口中转量 Container Transshipment Volume

在一定时期内，同一集装箱进港区再出港区的换算箱量。

集装箱固定吊具 Fixed Spreader

不可伸缩的集装箱吊具。

集装箱管理 Container Management

集装箱运输系统中极其重要的环节，也是一项十分重要的工作，其内容包括集装箱的备箱、租赁、调运、保管、交接、发放、检验及修理等工作。

集装箱航线运量 Container Transportation Volume

在一定时间内，某条集装箱航线船舶运输的集装箱换算箱量。

集装箱号 Container Number

装载货物进出境的集装箱两侧标识的全球唯一的编号。其组成规则是：箱主代号（三位字母）+设备识别号"U"+顺序号（六位数字）+校验码（一位数字）。例如：EASU9809490。

集装箱化比
Containerization Percentage
在一定时间内，港口、地区通过集装箱运输的货物数量与可装箱货的数量的百分比。

集装箱货场 Freight Container Yard
专门办理使用集装箱运送货物的货场。

集装箱货物运单
Railway Consignment Note
是承运人与托运人之间为运输货物而签订的一种运输合同，在集装箱运输时，加盖集装箱运输专用章。

集装箱货物运费 Container Freight
一般被定为一个计收标准，以确保船公司在整个运输过程中支出全部费用后，均能得到相应的补偿。集装箱货物运费的结构应包括海上运输费用、内陆运输费用、各种装卸费用、搬运费、手续费、服务费等。

集装箱货物运输
Container Transportation
以集装箱作为运输单位进行货物运输的一种现代化的运输方式，它适用于海洋运输、铁路运输及国际多式联运等。它是一种新型的、先进的现代化运输。它能将数量众多的货物集中装入一个特制的容器，由发货人仓库直接运到收货人仓库，实行"门到门"运输；能做到取货上门，送货到家，铁路、水运、公路、航空联运。用这种方法运输，简便、迅速、安全、经济。

集装箱货运站
Container Freight Station
拼箱、货物拆箱、装箱、办理交接的场所。

集装箱积载系数

Volume Coefficient of Container
集装箱内容积与载重之比，单位为立方米每吨。

集装箱集散站
Container Transfer Station
具有集装箱装卸、暂存、保管、临修、装拆箱、拼箱、接取、送达、门到门运输能力的场所，是铁路集装箱办理站的站外设施。

集装箱交接 Delivery of Container/ Container Interchange
根据提箱单交接集装箱，码头业务员会同货方查验铅封及箱体，并填写设备交接单。集装箱在各种状态下由一方交至另一方。

集装箱跨运车
Container Straddle Carrier
在码头前沿和库场之间搬运及堆码集装箱的专用跨运车。由门形车架和集装箱吊具等组成。在集装箱码头和货运站搬运、堆码集装箱的专用机械，其门型车架跨在集装箱上，由装有集装箱吊具的液压升降系统起吊集装箱。

集装箱理箱单 Container Tally
船舶装卸集装箱时，理货员记载箱数的原始凭证，是判断集装箱溢短和编制理货业务凭证的依据。

集装箱联运
Intermodal Container Transport
两种以上运输方式或同种运输方式两程以上的集装箱运输。

集装箱码头 Container Terminal
专供停靠集装箱船，装卸集装箱的港口作业码头。

集装箱码头前沿
Container Terminal Apron
沿着码头岸线，从岸壁到堆场，直接用于集装箱装卸船作业的区域。

集装箱码头设计能力

Design Capacity of Container Terminal

根据码头的地理环境、装卸工艺、货源情况而设计的年集装箱吞吐量。

集装箱码头信息自动传输系统
Container Terminal Information Automatic Transmission Systems

一种应用于集装箱码头作业现场，集无线通信与计算机网络功能于一体的通信系统。

集装箱门式起重机
Gantry Container Crane

在集装箱码头、铁路集装箱办理站、堆场专用的门式起重机。

集装箱配载图 Pre-stowage Plan

根据订舱清单、装箱单及堆场积载计划编制的集装箱装船计划图。

集装箱平均周转时间
Container Average Transshipment Time

集装箱从进入口岸到离开口岸的平均天数。

集装箱起重机
Container Handling Crane

装有集装箱吊具，用于搬运集装箱的起重机。

集装箱牵引车 Container Tractor

甩来拖带载运集装箱挂车的专门牵引车。按牵引连接方式，可分为全挂式牵引车和半挂式牵引车两种。

集装箱清单 Container List

船公司或其代理编制的单船当航次出口集装箱情况的单证。

集装箱全挂车 Container Full-trailer

可单独脱离集装箱牵引车的集装箱挂车。其载荷全部作用在挂车上。车架上装有转锁，可与集装箱角件连接，用于固定集装箱。

集装箱全挂列车
Full Trailer Container Train

载货汽车拖挂一辆及一辆以上集装箱全挂车的组合。

集装箱全挂式牵引车
Full Trailer Container Tractor

牵引全挂车的牵引车，其本体可装载集装箱。

集装箱伸缩吊具 Telescopic Spreader

为适应集装箱的尺寸，可伸缩的吊具。

集装箱绳索底吊吊具
Container Bottom Lift Sling Gear

用于对集装箱顶角件顶部起吊的吊具。它通过吊索下连的转锁体、吊钩等连接件与集装箱顶角件相连，并通过限位装置予以固定。适用于吊运平台式集装箱或超高台架式集装箱。

集装箱绳索顶吊吊具
Container Top Lift Sling Gear

专用于吊运集装箱的取物装置，它从集装箱的顶部或底部的四个角件处吊挂集装箱。一般通过吊具四角的转锁与集装箱顶角件相连。按金属结构分为工字型、Ⅱ字型、框架型和适应吊超高集装箱的超高型，按转锁操作方式分为自动式和手控式，又称集装箱吊架。

集装箱使用费 Container Usage Charge

集装箱所有人向集装箱使用人收取的费用。

集装箱水运量
Container Transportation Volume by Water

在一定时间内，经船舶运输的集装箱换算箱量。

集装箱提单 Bill of Lading

承运人或其授权的代理签发的货物收据。

集装箱铁路到达量
Container Arrival Volume By Railway

在一定时间内，通过铁路车站办理接卸的集装箱箱数。

集装箱铁路发送量
Container Dispatch Volume By Railway

在一定时间内，通过铁路车站办理发运的集装箱箱数。

集装箱无动力吊具 Non-power Spreader

由人力直接或间接转动旋锁机构，使旋锁与集装箱角件连接或松脱的吊具。

集装箱箱型代码 Container Box Code

集装箱的箱型代码由两个字符组成，第一个为拉丁字母表示箱型；第二个为阿拉伯数字表示箱体物理特征或其他特性。

集装箱溢短单 Overloaded List

在船舶装卸集装箱时，集装箱数与舱单不符或集装箱拆箱时，箱内货物与装箱单不符，由理货人员作现场记录的单证。

集装箱有动力吊具 Power Spreader

由机械液压装置操纵旋锁机械，转动旋锁，使之与集装箱角件连接或松脱的吊具。

集装箱运输 Container Transportation

集装箱运输以集装箱这种大型容器为载体，将货物集合组装成集装单元，以便在现代流通领域内运用大型装卸机械和大型载运车辆进行装卸、搬运作业和完成运输任务，从而更好地实现货物"门到门"运输的一种新型、高效率和高效益的运输方式。

集装箱运输干线
Container Trunk Service

集装箱运量集中并直达的国际航线。

集装箱运输交接方式
Container Interchange Model

承运人与托运人商定的集装箱运输责任划分方式。

集装箱运输系统
Container Transportation System

集装箱运输全过程所涉及的各个环节的集合，包括设施与设备、运输组织与管理、公共信息服务系统等各组成部分及内部各个环节。

集装箱运输信息系统
Container Transportation Information System

以提供集装箱运输信息为主要目的的数据密集型、人机交互式的计算机应用系统。主要分为集装箱运输电子数据交换信息系统、集装箱运输口岸信息系统、集装箱码头信息系统、集装箱场站信息系统、货代信息系统等。

集装箱正面叉车
Container Frontal Forklift

货叉在车辆的正面，配有顶部起吊、翻侧断起吊的专制属具，货架可以侧移和左右摆动的车辆。

集装箱正面吊运起重机
Front-handling Mobile Crane

装在自行轮胎底盘上的伸缩臂架式集装箱起重机。有伸缩吊具，可装卸不同规格的集装箱；吊具左右可旋转，吊运起重机可与箱子成夹角吊装；采用套筒式方形伸缩臂架，作业时，可同时实现整车行走、变幅和臂架伸出；能进行多层堆码和跨箱作业；在吊具上安装吊爪或吊钩时，可起吊集装箱半挂车或其他重大件货物的一种流动式集装箱装卸机械。

集装箱直达列车 Container Liner

从始发站或编组站开出，通过一个及一个以上的编组站或指定作业区段站，不进行改编作业的集装箱列车。

集装箱中心站
Railway Container Terminal

集装箱铁路集散地和班列到发地，具有先进的技术装备和仓储设施，以及物流配套服务和进出口报关、报验等口岸综合功能。

集装箱中转包干费
Container Transhipment Charge

港口经营人对在本港中转集装箱的卸船、搬移、装船等作业过程以包干形式向船公司收取的费用。

集装箱中转站
Container Transshipment Terminal

专门办理集装箱运输业务，设有集装箱堆场和装卸集装箱的专用机械设备，并具有装箱拆箱能力的货运站。

集装箱中转站进出量
Throughput of Container of Inland Depot

在一定时间内，进出集装箱中转站的集装箱换算箱量。

集装箱中转站设计能力
Designed Capacity of Container Depot

根据集装箱中转站的地理环境、货源情况而设计的年集装箱通过量。

集装箱周转时间
Railway Container Turnover Time

集装箱从装箱至下一次装箱之间的时间。

集装箱专用平车
Railway Container Flat Car

车底架呈骨架结构，设有固定集装箱的锁闭装置，专门用于装运集装箱的铁路车辆。

集装箱装箱单 Container Load Plan (CLP); Unit Packing List (UPL)

记载每个集装箱内所装货物名称、数量及积载等情况的单证。

集装箱装箱作业
Container Stuffing Operation

将货物装进集装箱内的作业。装箱的质量直接关系到航行中船舶安全和箱内货物安全，因此，装箱是集装箱管理中涉及配积载技术等专业技能含量最多的部分。

集装箱装卸工艺系统
Container Handling System

由集装箱专用装卸机械、设备和各项集装箱装卸操作所组成的有机整体。

集装箱装卸桥
Container Handling Bridge

现代工业装卸货平台上的新型辅助登车设备，目前最为先进的集装箱装卸桥是气囊式装卸桥，其动力系统采用更为环保与洁净的气囊。

集装箱装卸区 Container Terminal

集装箱装卸区是集装箱运输中，箱或货装卸交换保管的具体经办部门。

集装箱自动识别系统 Automatic Identification System of Container

将集装箱的有关信息转换成电子自动化处理系统的集装箱自动识别体系。

集装箱自装自卸车
Self-loading and Self-unloading Truck

能够自动装、卸集装箱的车辆。

集装箱租赁 Container Leasing

集装箱租赁公司与承租人，一般为海运班轮公司，铁路、公路运输公司等，签订协议，用长期或短期的方式把集装箱租赁给承租人的一种租赁方式。

集装箱组合吊具 Composite Spreader

两组不同规格且可以快速拆装、有动力的吊具的组合。

集装箱作业费
Container Operating Costs

仓储企业代理货主进行集装箱进出口货物的交接，进口后与出口前的集装箱运输、装卸、拆箱、装箱、存箱、洗箱和修箱等各项作业的收入。

计程包车运价
Chartered Rate by Distance

以车辆行程计算的运价。按包用车辆的行程、车辆标记载重量和计程运价率定价。

计费吨公里
Charge by Tonnage-kilometre

根据货票记载的货物，按铁路规定确定的计费重量和运价里程相乘而得。一般是在月末和年末进行总算，用以考核各铁路局或

J

全路的运量，并以此作为分配各局运输收入和计算运输成本之用。

计费里程 Charged Distance

计算运价的里程。根据当地交通主管部门核定的营运里程图（表）所标定的里程计算，包括货物运输计费里程、货物装卸里程和旅客运输计费里程。

计费重量 Charged Weight

计算运价时所确定的货物或行包重量。一般按毛重计算，轻浮或不便过磅货物有重量换算率的按体积和件数换算计重；不便过磅没有重量换算率的按承托双方协议计重。

计划调度 Planned Dispatch

根据运力与运量制定平衡方案，编制和调整车辆运行计划，并检查执行情况的调度工作。

计划运输 Planned Transportation

在贯彻执行国家运输方针政策和提高运输经济效益的前提下，加强货源、货流组织，把需要运输的货物纳入运输计划，有计划地、均衡地组织运输，以充分利用铁路运输能力，完成更多的运输任务。

计价标准 Rate Standard

对计算汽车运价的计费重量、计费里程、运价单位和基本运价等的统一规定。

计件行包 Priced Luggage

按件折重计费的行包。

计时包车运价 Charter Rate By Time

以车辆使用时间计算的运价。按计费时间、车辆的标记载重量和吨位小时运价率定价。

技术壁垒 Technology Barrier

一国政府或非政府机构，以国家安全或保护人类健康和安全、保护环境等为由，采取一系列苛刻繁杂的技术法规、标准、包装、标签以及确保符合这些要求和确定产品质量及适用性能而实施的认证和检验、免疫的规定和程序，成为其他国家商品自由进入该国

市场的障碍。

技术经停 Technical Stop

航班飞机不因上下旅客、装卸货物及邮件等原因进行的降停。

技术链 Technology Chain

各种技术本身可能存在承接关系，即一种技术的获得和使用必须以另一种技术的获得和使用为前提，因此相关技术之间形成了一种链接关系；或者说是产品之间存在上下游的链接关系，因此物化于上下游产品中的各种技术依据产品的链接关系形成了一种技术链。

技术型连接键
Technical Connecting Key

从设施规划设计、工艺技术设计、物流作业流程设计等技术层面将不同企业物流业务有机地联系在一起，使其形成高效、稳定的集成系统，很好体现了技术集成创新。在运输、仓储、配送的一体化运作中，就可以有多种技术型连接键设计和建设方案。物流企业联盟的技术型连接可以通过无线网络技术将不同的场元，如车辆、货物、人员组织在一起，通过信息平台使其实现方便、快捷、高效的交易；还可以通过无线射频技术（RFID）将仓库及在途货物信息扫描到数据库，以便实现对货物的监管。大数据、云计算等技术与物流及供应链管理相结合，就构成了技术型联接键的主要支撑技术。

寄递 Posting and Delivery

接受用户委托，将信件、包裹、印刷品等物品，通过收寄、分拣、运输、投递等环节，按照封装上的名址递送给特定个人或单位的活动。

集装箱挂车 Container Trailer Chassis

由集装箱牵引车拖带的用于装载集装箱的专用车辆。有集装箱半挂车和集装箱全挂车两类。

加冰冷藏车 Ice Refrigerator Car

加冰冷藏汽车具有能保持一定低温的货

厢、用于载运需要保持低温或易腐货物的专用汽车。需要根据货物、运距来计算加冰盐量，以保持低温。

加冰冷藏集装箱
Add Cold Hidden Container

具有一定隔热性能、能保持一定低温、适用于各类食品冷藏贮运而进行特殊设计的集装箱。

加冰所 Re-icing Point

对冰箱保温车进行加冰、加盐、通风和清洗等作业的场所。

加工集成体 Process Integration

主要指从事国际贸易的国内加工企业，是负责成品制造组装企业的配套企业，将原材料转化为半成品、部件的企业。主要是指在海关监管下的进出口加工区从事国际贸易加工的龙头企业。

加工型配送中心
Processing Distribution Center

按配送中心的功能分类的一种配送中心，以流通加工为主要业务。

加厚翼板 Double-thickness Tab

其厚度为滑板厚度两倍的翼板。把滑板材料边对折，使其部分伸到单元货物的下面形成加厚翼板。

加盟车辆 Alliance Truck

通过权责合约签订，服务于公司的车辆。

加盟连锁物流园区
Franchise Logistics Park

特许人把自己总部物流园区的产品、技术、服务和营业系统，以合同的方式授予受许人使用权，并给予受许人人员培训、组织结构、经营管理等方面的指导与帮助，受许人向特许人支付一定费用的物流园区连锁扩张模式。

加热炉装取料起重机
Ingot Charging Crane

用装在回转立柱下端的水平夹钳，向加热炉内夹送或取出钢锭的桥架型起重机。

加温运输 Heat Transport

在易腐货物的运输过程中，车内采用热源加温，以使车内保持易腐货物所需要的温度的运输方式。

家畜车 Beast Truck

用以运输牛、马、羊、猪等家畜的铁路车辆。

家电回收节点
Household Appliance Recovery Node

在一定的消费区域内，选定销售点、维修点、社区回收站等数量相对较多的基础设施，作为此区域废旧家电的回收站点，充分利用已有资源，以减少固定投资。

家电回收中心
Household Appliance Recovery Center

对回收点回收的废旧家电进行暂时储存，同时设有检测中心，对废旧家电初步分类，再发往再处理中心，以实现规模经济效益、降低运输成本的目的，同时缓解再处理中心处理废旧家电的压力，使物流系统网络不至于失衡。

家电逆向物流成本 Reverse Logistics Cost of Household Appliance

家电流通或制造企业为重新获取生产过程中的原料废物、产品销售终端残留的包装物、废弃产品、缺陷品、退回品的价值，使其得到正确处置以减少环境污染，在这一过程中所发生的费用支出与物资消耗的货币表现形式。

家电企业物流质量管理 Logistics Quality Management of Household Appliance Enterprises

依据家电企业物流配送系统的规律及特点，对家电物流进行有控制地计划、实施、反馈与改进，最大限度地满足家电零售配送顾客的需求，确保家电物流的质量效率和经济效益。

家电物流
Household Appliance Logistics

家电类商品在发货地与消费目的地之间的正向移动和反向移动，通过对其移动情况进行记录、计划、执行和控制，确保物流质量在供应链的每一个环节上均能高效率、高效益地满足顾客要求。

家电物流标准化 Standardization of Household Appliance Logistics

从家电物流系统的整体出发，制定其各子系统的设施、设备、专用工具等的技术标准，以及业务工作标准；研究各子系统技术标准和业务工作标准的配合性，按配合性要求，统一整个家电物流系统的标准；研究家电物流系统与相关其他系统的配合性，谋求家电物流与整个物流系统的和谐统一。

家电物流配送标准化管理 Standardization Management of Household Appliance Logistics Distribution

在家电零售企业的配送中心推行标准化管理手段，对车辆管理、物件管理、进出管理都实行标准化严格管理，减少等待时间、提高利用率，有效控制差错风险。

夹冰运输 Body-icing Transportation

在易腐货物运输过程中，货物内分层加入一定数量的碎冰，以尽快降低货物本身的温度，并在运输过程中保持货物低温的运输方式。

夹轨器 Rail Clamp

将处于非工作状态下的轨行起重机夹紧在轨道沿线任意位置上，防止其被非工作状态下的阵风意外地吹动的防滑装置。

夹皮带输送机 Double Belt Conveyor

把货物夹在两层胶带中输送的带式输送机。

甲板起重机 Derrick

安装在船舶甲板上，用于装卸船货的回转起重机。

价目 Classification of Rate

对不同车辆、道路、营运方式以及货物、箱型等不同运输条件实行的运价分类。

价值链 Value Chain

企业的价值创造是通过一系列活动构成的，这些活动可分为基本活动和辅助活动两类。基本活动包括内部后勤、生产作业、外部后勤、市场和销售、服务等；辅助活动包括采购、技术开发、人力资源管理和企业基础设施等。这些互不相同但又相互关联的生产经营活动，构成了一个创造价值的动态过程，即价值链。价值链用于微观分析以外，还可以用于全球范围的供应链价值认识，也称为全球价值链。

价值流 Value Flow

从原材料转变为成品、并给它赋予价值的全部活动，包括从供应商处购买的原材料到达企业，企业对其进行加工后转变为成品再交付客户的全过程，企业内以及企业与供应商、客户之间的信息沟通形成的信息流也是价值流的一部分。一个完整的价值流包括增值和非增值活动，如供应链成员间的沟通，物料的运输，生产计划的制定和安排以及从原材料到产品的物质转换过程等。

价值流图 Value Flow Mapping

生产系统中描述、改善信息流和物料流的形象化方法和工具。利用精益生产的理念辨识和消除流程中的浪费，精简流程，提高效率，引导企业不断提高服务过程中的增值效益。

价值网络 Value Network

围绕着核心企业，各个企业共同形成一种联盟关系，来有效地对应多样化的顾客需求，并快速响应。

价值效应 Value Effect

即消费者满意。通过逆向物流的实施，企业可以及时听取顾客对产品的反馈信息，满足顾客的退货请求，最大化地实现让顾客满意。

间接换装 Indirect Transshipment

货物从进港到出港，经两个或两个以上的操作过程完成的装卸作业方式。

间歇装卸搬运 Batch Handling

间歇装卸搬运是指作业过程包括重程和空程两个部分的作业方式。间歇装卸搬运有较强的机动性，装卸地点可在较大范围内变动，广泛适用于批量不大的各类物品，对于大件或包装物品尤其适合，如果配以抓斗或集装袋等辅助工具，也可以对散状物品进行装卸搬运。

监测指标 Monitoring Systems

对物流活动进行绩效考核的指标。

监装监卸
Loading and Unloading Supervision

为保证装卸质量而对货物装卸作业进行的监督管理。

拣货 Picking

根据客户订购需求，进行商品拣货备货的作业。在储配实际作业体现为通过拣货单从库存的相应 BIN 位上取下商品并与相应订单号匹配放置的作业。

拣货单 Picking List

储配用于拣货备料的单据。

拣选 Order Picking

按订单或出库单的要求，从储存场所拣出物品，并码放在指定场所的作业。

检查速度 Inspection Speed

对起重机零部件和钢丝绳系统进行检验（检查）时的恒定的低速值。

检验 Inspection

根据合同或标准，对标的物的品质、数量、规格、包装等进行检查、验证的总称。

检验检疫 Inspection and Quarantine

检验检疫是指卫生检疫、动植物检疫、商品检验的总称。

检验文件 Experiment Documentation

检验文件包括供货产品的质量证明书、交货检验证明书、检验报告。

减压保鲜 Hypobaric Storage

用降低大气压力的方法来保鲜水果、蔬菜、花卉、肉类、水产和一切易腐产品。减压保鲜贮藏是将物品放在一个密闭冷却的容器内，用真空泵抽气，使之取得较低的绝对压力，其压力大小要根据物品特性及贮温而定。它是贮藏保鲜技术的又一新发展。

减压储运 Pressure decompressed Storage and Transportation

把贮藏场所的气压降低，形成一定的真空度，使密闭容器内空气的各种气体组分的分压都相应降低，并维持低温条件，以此来进行货物的储存和运输。

件货 Piece Goods

按件托运和承运的成件货物。

件货装卸工艺系统
Piece-cargo Handling System

由件货装卸机械、设施及各项件货装卸操作所组成的有机的整体。

件杂货码头 General Cargo Wharf

供普通杂货船停靠、装卸货物的码头。

建设运营交叉型模式 Construction and Operation Mode

一种物流园区建设运营模式，主要有"政府企业合作—企业""政府—政府企业合作"和"政府企业合作-政府企业合作"三种模式。共同特点是由政府单独投资或者与企业比例共同投资建设物流园区的重大基础设施及其他配套设施，然后企业单独运营或者与政府合作运营。

建设运营相分离模式 Separation Mode of Construction and Operation

一种物流园区建设运营模式，主要以"政府—企业"模式为主。该模式由政府负责物流园区的规划，政府财政拿出一部分资金用于物流园区的重大基础设施建设；园区的其他配套设施建设及运营管理则完全由股份公司来完成，政府只是园区建设投资者，并不参与运营管理，物流园区的日常经济活动及各项管理都由企业来完成。

建设运营一体化模式 Construction and Operation Integration Model

一种物流园区建设运营模式，可分为"政府－政府"模式、"企业－企业"模式两种，前者由政府完全负责，后者由企业完全负责。

建新城，入大网，组小网 To Build a New Town, Into The Net, Group of Small Net

建新城，即按照国际港口城市发展模式科学规划建设；入大网，即进入国际运输网络；组小网，即组建以陆港产业园为中心、以其周边地区为经济辐射区的国际贸易、国际物流网络，带动本地区外向型经济大发展。

建制保障模式 System Security Model

军队按照建制单位在同一单位中进行各种资源保障的模式。

江海联动开发 River-Sea Development

指通州湾江海联动开发示范区，构建长江经济带入海口重要枢纽和江海河多式联动中心。

交叉货仓 Cross-Docking

一个用来分类和重新组合众多供应商所提供的不同产品的库房，继而再将完成分类或装配的产品运发至不同的顾客。

交叉码 Cross Pallet

货物层间交叉、相互伸入空隙部分的堆码方式。

交付程序 Delivery Procedure

承运人向收货人交付货物办理手续的全过程，包括查验证明、海关放行、查看货物、收取运费和签收。

交割仓库 Delivery Warehouse

交割仓库是指期货交易所为进入交割期的合约实现实物交割而在商品主产区或主消费区特意设立的商品存储区域，以方便合约的买卖双方实现货款对付，完成交易。

交换车场 Transferred Yard

存放由一个调车系统转往另一个调车系统车辆的车场。

交货管制 Delivery Control

对商品收货入库到配送至客户的全过程进行监控，确保客户交期的顺利达成。

交货检验证明书 Report For Delivery

由制造厂商、物流主体或指定第三方执行或签署的证明交货品符合订货要求的文件。

交接 Handing Over Procedure

承运人与托运人或收货人以及承运人内部各业务岗位之间进行的货物交付与接收工作。

交接场 Dilivered and Received Yard

设在工业站或企业站上，或其他适当地点，为办理路厂（矿）车辆和货物交接而设置的车场。

交接清单 List of Handling Receipt

起运站记录每车次所装货物的品名、数量、件号等的清单，是承运人与收货人办理交接的依据。在货物运输交接的各环节，双方签收检验货物所用的单据。

交接责任 Interchange Liability

集装箱由一方交至另一方时的责任的划分。

交通货运信息实时系统 Freight Information Real-Time System for Transportation

美国纽约和新泽西港务局于2001年投资并提供运营资金支持建立，是一个基于互联网、实时网络的系统。

交通物流经济运行监测 Traffic and Logistics Economy Operation Monitoring

通过选取交通物流行业经济运行动态指标，构建行业经济运行监测体系，为行业经济运行进行连续性的观测、记录和分析，揭示交通物流行业经济的运行特点与发展规律，以辅助交通物流行业的管理和企业决策。

交通运输物流公共信息平台 Traffic and Logistics Public Information Platform

平台英文名称LOGINK，是由交通运输主管部门推进建设，面向全社会的公共物流信息服务网络。它的主要建设内容为基础交换网络，为物流园区互联应用提供了信息传递的网络通道，它的门户网站承担了物流园区互联应用信息的发布、查询等信息处理功能。

交通运输政务信息资源 Transport Government Information Resources

交通运输政务部门在履行职责过程中直接或通过第三方依法采集、产生或者获取的，以电子形式记录、保存的各类非涉密数据、文件、资料和图表等。

交通运输 Transportation & Logistics

交通运输（以前称交通运输工程）是研究铁路、公路、水路及航空运输基础设施的布局及修建、载运工具运用工程、交通信息工程及控制、交通运输经营和管理的工程领域。现代化的交通运输方式主要有铁路运输、公路运输、水路运输、航空运输和管道运输。五种运输方式在技术上、经济上各有长短，都有适宜的使用范围。

交易成本 Transaction Costs

交易成本理论的根本论点在于对企业的本质加以解释。由于经济体系中企业的专业分工与市场价格机能之运作，产生了专业分工的现象；但是使用市场的价格机能的成本相对偏高，而形成企业机制，它是人类追求经济效率所形成的组织体。

交易平台 Trading Platform

一个第三方的交易安全保障平台，主要作用是为了保障交易双方在进行交易时的安全、诚信等问题。交易双方可以将线下谈好的交易，搬到网上通过第三方的交易平台在网上进行交易；网上交易更多的是客户通过在交易平台上找到自己所需的产品，从而进行交易。

角件 Corner Fitting

通常设在箱体的每个角部的零件，它起着支撑、堆码、搬运和紧固集装箱的重要作用。

角结构 Corner Structure

顶角件和底角件与角柱的组合件。

角切口 Corner Cut-out; Corner Notch

临边两翼板滑板、三翼板滑板和四翼板滑板的角部结构。结构可以是角部90°切口、斜切口或狭长切口。

角柱 Corner Post

通常位于箱体端框架的两侧连接顶角件和底角件的立柱，与相关角件共同称为角构件。

接单 Order-taking

快递服务组织接受寄件人寄件要求，将寄件人信息录入、核实并下发给收派员的过程。

接口 Interface

罐体与外部连接的部位。

节能量 Amount of Energy Thrift

一定时期内，与基期相比港口生产综合能耗的节超量，若正则为节约量，负则为超耗量。单位为吨（t）。港口生产综合能源消耗的节约量＝（本期港口生产综合能源单耗－基期港口生产综合能源单耗）×本期完成的本港吞吐量。

结构洞理论 Structural Hole Theory

人际网络理论大家庭中的新成员，它强调人际网络中存在的结构洞可以为处于该位置的组织和个人带来信息和其他资源上的优势。集成场中用于指物流集成体处于物流网链的主导地位，即信息集中流向的位置。

结汇 Exchange Settlement

外汇收入所有者将其外汇收入出售给外汇指定银行，外汇指定银行按一定汇率付给等值的本币的行为。

结算管理系统
Settlement Management System

针对计算和管理物流服务各环节所产生费用，其目的是为财务核算和对账提供依据，利用现代信息技术以及信息化的理论和方法，开发出的能够为财务核算和对账提供依据的管理系统。

解索 Unlock the Sling

使吊索脱离货件的操作（工步）。

解体 Train Breaking Up

将到达港口的列车，按计划将其分解到装（卸）车线或停车场的作业。

金大物流 JinDa Logistics

深圳市金大物流服务有限公司成立于1995年，是在原南航航空客货运联合体的基础上发展起来的，公司注册资金500万元人民币，拥有国际、国内航空货运、海运代理权。是一家集国际国内航空货运、海运、公路运输、铁路运输、仓储、分拨、派送、国际快递、进出口报关、报检为一体的第三方物流企业。

金平（金水河）口岸
Jin Ping (Jin Shuihe) Port

金水河口岸原称那发口岸，位于红河州金平县南端。金平县与越南莱州省交界，国境线长502公里。金水河口岸与越南莱州马鹿塘口岸（也称巴南贡）仅一河之隔，有中越友谊桥相连。1993年2月25日，金水河口岸被国务院批准为国家一类口岸，同年11月10日正式开放，同时批准成立了金水河边防检查站。

金融创新 Financial Innovation

创新国际化融资模式，与世界银行、亚洲开发银行、亚投行等国际金融机构和丝路基金、中非基金等在开展境外重大项目投资方面加强合作。

金融物流园 Financial Logistics Park

在物流园区中以物流＋数据＋金融模式为核心，为客户提供基本的现代化仓储服务，并通过互联网手段，将企业的融资需求与互联网金融平台对接，满足中小企业的资金需求。

金融专网 Financial Private Network (VPN)

各银行及金融机构之间进行资金结算的专用通信网络，需要特定的认证和授权才能接入，具有很高的安全性，如美国的纽约清算所同行业支付系统（Clearing House Interbank Payment System, CHIPS）、联邦资金转账系统（Federal Reserve Wire Transfer System, FEDWIRE）和中国的国家现代化支付系统（China National Advanced Payment System, CNAPS）等。

紧密对接边板 Butted Lead Board

与临板紧密对接的边板，使其具有承受更大水平力的强度。

尽端铁路枢纽
Stub-end Type Railway Terminal

位于滨海或内陆铁路网的尽端，仅有一端与铁路网相衔接的铁路枢纽。

尽头式货场 Stub-type Freight Yard

由一端连接车站站线，另一端设置车挡的一组装卸线组成的货场。

尽头式货运站
Stub-type Freight Station

到发场仅一端与正线相连通，另一端为尽头式的货运站。

进出口商品检验
Import and Export Commodity Inspection

确定进出口商品的品质、规格、重量、数量、包装、安全性能、卫生方面的指标及装运技术和装运条件等项目实施检验和鉴定，以确定其是否与贸易合同、有关标准规定一致，是否符合进出口国有关法律和行政法规的规定。简称"商检"。

进出口商品交易
Import and Export Trade

交易双方以一定的方法和形式，并通过一定的程序，就某种进出口商品的买卖和交易条件进行协商洽谈，取得一致意见，最后达成协议、签订合同和履行合同的全过程。

进口付汇核销
Verification of Import Payment
国家外汇管理局及其分支局在海关的配合和外汇指定银行的协助下，对已对外付出货款的进口单位，通过核对注销的方式审核其所购买的货物是否及时、足额到货的一种事后管理制度。

进口附加税 Import Surcharge
进口附加税又称为特别关税，是进口国家在对进口商品征收正常进口税后，还会出于某种目的，再加征部分进口税。加征的进口税部分，就是进口附加税。

进口箱平均堆存天数
Incoming Container Average Storage Period
进口集装箱在码头累计堆存天数与进口集装箱自然箱数的百分比。

进料加工
Processing With Imported Materials
有关经营单位或企业用外汇进口部分原材料、零部件、元器件、包装物料、辅助材料（简称料件），加工成成品或半成品后销往国外的一种贸易方式。

进料口 Opening for Cargo Loading
箱体上供充入干散货物料的开口。

禁寄物品 Prohibited Articles
按规定不允许寄递的物品，如易燃、易爆品等。

禁寄物品目录
Prohibited Items Catalog
禁寄物品目录是指国家法律、法规禁止寄递的物品的目录。

禁限运货物运输证明书 Certificate for Contraband and Restricted Goods Transportation
国家有关主管部门批准运输禁运、限运物资时出具的凭证。

禁运货物 Contraband Goods
按国家法律规定，禁止运输的货物。

禁止运输物品 Prohibited Goods
政府法令、法规禁止运输，民航主管部门或承运人规定不予承运的物品。

京沪物流大通道
The Beijing-Shanghai Logistics Corridor
北起北京，南至上海，主要依托北京至上海综合运输通道中的公铁线路、京杭运河等，强化京津冀、山东半岛、长三角等东部发达地区间的货运联系。

京东到家 Jingdong Home Logistics
京东集团基于传统 B2C 业务模式向更高频次商品服务领域延伸发展出的全新商业模式。它既基于京东物流体系和物流管理优势，同时在共享经济风行的推动下依托"互联网+"技术大力发展"众包物流"，整合各类 O2O 生活类目，向消费者提供生鲜及超市产品的配送，并基于 LBS 定位实现两小时内快速送达，打造生活服务一体化应用平台。

经常库存 Cycle Stock
在正常的经营环境下，企业为满足日常需要而建立的库存。

经济订货批量 Economic Order Quantity
通过平衡采购进货成本和保管仓储成本核算，以实现总库存成本最低的最佳订货量（EOQ）。经济订货批量是固定订货批量模型的一种，可以用来确定企业一次订货（外购或自制）的数量。当企业按照经济订货批量来订货时，可实现订货成本和储存成本之和最小化。

经济联盟 Economic Union
两个或两个以上的国家或经济体，在实现商品、服务、资本和人员自由流动的基础上，在进一步协调成员经济体之间的经济政

J

策的基础上建立的国际经济一体化组织。

经济效应 Economic Effects

企业实施逆向物流，能为企业及其供应链创造经济价值，增强企业竞争优势。

经营许可条件
Conditions to Get Operation License

根据道路运输条例的规定，申请从事道路运输经营或道路运输相关业务的应具备的从业人员及其资质；车辆、设备、经营场所和设施的要求。

精确保障 Efficient Support

运用以信息技术为核心的高科技手段，精细而准确地筹划、实施保障，高效地运用保障力量，使保障的时间、空间、数量、质量要求尽可能达到精确的程度、以最大限度地节约保障资源。

精益包装 Lean Packaging

优先选用可循环使用的包装器具，使产品包装设计标准化、系列化、柔性化、单元化。

精益采购 Lean Purchasing

采用固定的采购周期，采购批量，确保零部件的均衡有效供应。

精益仓储 Lean Warehousing

以线边需求为导向，对库区进行合理化布局，采用信息系统指导物流操作，实现高效拣配。

精益供应 Lean Supply

精益供应是总装厂商和零部件供应商关系的战略模式，采用固定的到货模式、时间窗口、收货平台，实现多品种小批量多频次式供应。

精益供应方 Lean supply side

一个包括若干精益生产组织，从制造到提供顾客价值的团队的总称。

精益供应链管理 Lean SCM

简称LSCM。对整个供应链的环节包括上游和下游的链条进行优化和改造，消除不必要的步骤、耽搁、等待以及消耗，消除企业中的浪费，最大限度地减少成本，最大限度地满足客户需求的一系列对供应链计划、实施和控制的过程。精益供应链管理要求上下游共同努力消减整个流程的成本和浪费情况，不是简单地将诸如存货和成本推给供应商，所有供应链参与者协调一致的努力，才能建立精益供应链管理。

精益管理 Lean Management

消除生产物流环节中的浪费现象，消耗最少的物料和成本，减少各种因素的投入，为用户提供满意的服务与产品的管理理念。

精益后勤 Lean Logistics

运用多种现代管理方法和手段，充分发挥各方的作用，有效配置和合理使用资源，最大限度地实现后勤保障。

精益化管理 Lean Management

又称"精细化生产管理"，源自于精益生产，是衍生自丰田生产方式的一种管理哲学。

精益快递管理 Lean Express Management

就是以精益的思想优化快递服务流程，对整个快递服务的环节包括收件、分拣封发、流通运输、网点派送进行优化和改造，追求把提供快递服务过程中的浪费和延迟降至最低程度，不断提高快递服务过程的增值效益，使成本最小化、客户满意度最大化的一系列对快递流程的计划、实施和控制的过程。

精益拉动 Lean Pull

拉动式生产是精益生产模式两大支柱之一"准时生产（Just In Time）"得以实现的技术承载。是一种通过只补充已消耗的资源，来达到控制资源流动的生产管理系统。物料采用客户需求拉动生产，后工序拉动前工序，生产拉动供应商供货的流动模式。旨在需要的时间，按需要的品种和需要的数量，生产所需要的产品。

精益物流柔性
Lean logistics Flexibility

精益物流柔性是指实现消费需求的"多品种、小批量、多批次、短周期"趋势，灵活地组织和实施物流作业，实现柔性化生产。

精益物流系统 Lean Logistics System

精益物流系统由提供物流服务的基本资源、电子化信息和使物流系统实现精益效益的决策规则所组成的系统。

精益物流现场 Lean Logistics Field

精益物流现场就是指用科学的管理制度、标准和方法对物流现场各生产要素，包括人（工人和管理人员）、机（设备、工具、工位器具）、料（原材料）、法（加工、检测方法）、环（环境）、信（信息）等进行合理有效的计划、组织、协调、控制和检测，使其处于良好的结合状态，达到优质、高效、低耗、均衡、安全、文明生产的目的。

精益物流原则
Lean Logistics Principles

是精益物流理念在物流规划、物流管理过程中所遵循的原则。

精益物流战略 Lean Logistics Strategy

为寻求物流的可持续发展，用精益思想就物流发展目标以及达成目标的途径与手段而制定的长远性、全局性的规划与谋略。

精益物流组织
Lean Logistics Organization

以精益思想指导物流经营和管理活动的组织机构，既包括企业内部的物流管理和运作部门、企业间的物流联盟组织，也包括从事物流及其中介服务的部门、企业以及政府物流管理机构。

精准作业 Precision Operation

物流配送中心设施设备、服务的标准化、员工操作过程的规范化、作业流程卓越化的共同结果。

精益物流 Lean Logistics

以客户需求为中心，从供应链整体的角度出发，对供应链物流过程中的每一个环节进行分析，找出不能提供增值的浪费所在，根据不间断、不绕流、不等待、不做无用功等原则制定物流解决方案，以减少整个供应提前期和供应链中各级库存，适时提供仅由供应链需求驱动的高效率、低成本的物流服务，并努力追求完美。其目标可以概括为：在为客户提供满意的物流服务的同时，把浪费降到最低程度。

井字码 Tic-tac-toe Pallet

货物依次平码、层间垂直交叉形成一个或多个"井"字型的堆码方式。

径向回转起重机 Radial Crane

工作时能绕固定的垂直中心线回转的起重机。

净载 Payload

托盘承受的载荷，它可能大于、等于或低于额定载荷。

净重 Net Weight

货物本身的重量。

动态载重 Dynamic Load

铁路局或全路在一定时期内平均每一货车公里所完成的货物吨公里数。一般分为重车动载重和运用车动载重。

静脉产业 Vein Industry

静脉产业是垃圾回收和再资源化利用的产业，又被称为"静脉经济"、第四产业。

静载试验 Static Test

对起重机取物装置施加超过额定起重量X%的静载荷所进行的试验。

九成新二等品
Ninety Percent New Thirds

外包装已开封且有明显破损（＞外包装总面积的20%）；主机功能正常，但有维修记录且外观有明显使用痕迹并多处划伤或掉漆（主机机身总面积的1平方米以内）；主配件齐全，次要配件欠缺的商品。（主要配件指：适配器、电池、充电器、保修卡、耳机，

J

次要配件指说明书、连接线。）

九成新一等品
Ninety Percent New Seconds

外包装已开封或有小面积破损（≤外包装总面积的 20%）；主机功能正常但有维修记录且外观有使用痕迹或轻微刮伤；主配件齐全，次要配件欠缺的商品。（主要配件指：适配器、电池、充电器、保修卡、耳机，次要配件指说明书、连接线。）

局部包装 Part Package

仅对产品需要防护的部位所进行的包装，多用于机电产品。

局部倒棱 Stop Chamfer

有限长度的斜面。

局部四向进叉托盘
Partial Four-way Pallet

允许叉车货叉四向插入而托盘搬运车和托盘堆垛机的货叉两向插入的托盘。

拒付件 Refusal Express

收件人拒绝支付寄递约定的各种费用的快件。

拒收件 Rejection Express

收件人拒绝签收的快件。

聚集效应 Aggregation Effect

各种产业和经济活动在空间上集中产生的经济效果以及吸引经济活动向一定地区靠近的向心力，是导致城市形成和不断扩大的基本因素。

聚焦型钢铁物流网络
Focused Steel Logistics Network

多个物流节点中心共同为一个钢铁制造企业密集的经济区域服务，提供大量的原料、燃料以及半成品，帮助钢铁企业克服该区域土地资源、交通等条件的限制，降低企业生产风险。

卷筒制动器 Drum Brake

直接作用在卷扬机上的卷筒上的制动器。

卷扬机 Winch

借助于挠性件（钢丝绳或链条）从驱动卷筒传递牵引力的起重装置，其型式有：卷筒式，摩擦轮式，绞盘式。

军地两用应急物流
Flexibly and Emergency Logistics

按照军地两用的标准建设的应急物流，能够实行"平时经营，急时应急，战时应战，军地联动，平战双赢"。

军地通用物资保障
Publishes The General Material Support

针对军队和地方都可以通用的物资所进行的保障。

军地物流一体化 Integration of Military Logistics and Civil Logistics

对军队物流与地方物流进行有效的动员和整合，实现军地物流的高度统一、相互融合和协调发展。

军民融合物流
Logistics for Civil-Military Integration

军民融合物流是把握中国特色军事变革本质特征、满足多样化军事任务保障需求、适应现代后勤建设与发展规律的新型军事物流模式。军民融合物流建设，是在国家统一筹划和指导下，在军事物流领域对军队和地方物流资源和要素进行一体建设、综合集成和整合优化，兼顾军民两用需求，以实现军地物流体系相互促进、协调发展。是立足现状着眼未来的战略发展，既适应社会主义市场经济发展的要求，又适应未来高技术局部战争对后勤保障需要。建设军民融合式物流，将对军事物流活动提供极大的便利，具有间接维护国家安全的战略意义。

军民融合后勤保障体系 Logistics Support System of Civil Military Integration

采用军队和地方相结合，寓军于民方式对后勤进行保障。

均势炉夹钳起重机 Soaking Pit Crane

装备有向均热炉加料的夹钳的桥架起重机。

均一资费 Uniform Postage

根据邮件种类和重量等级，不计运递里程远近按统一标准收取费用的计费方式。

家电物流产业 Appliance Logistics

家电物流就是以家电产品为主要对象的物品及相关信息系统规划、运作和管理过程，重点是家电产成品的正向物流，也包括返修、回收等在内的反向物流。有时也将家电企业物流包括在内，即从原材料采购到产成品发运、售后服务等的一系列物流活动过程。将上述过程合在一起称为家电供应链物流。

J

K

卡车航班 Truck Flight

与航空班线紧密衔接以实现航空货物快速转运的卡车班线组织形式。

卡哈拉邮政组织

（KPG）Kahlua Post Group

卡哈拉邮政合作组织，简称"卡哈拉"邮政，是中国、日本、韩国、美国、澳大利亚五个国家和中国香港地区的邮政部门于2002年在美国夏威夷卡哈拉东方饭店召开六个邮政 CEO 高峰会议，在会后组成的合作组织，后又有法国、英国、新加坡和西班牙加入。卡哈拉项目是一项集团性的国际邮政业务合作项目。

开工舱时数

Number of Hatches in Operation

以船舶舱口为单位，每小时所完成的装卸货物吨数。单位为吨每舱时。舱时量＝装卸货物总吨数／船舶各舱口实际装卸作业小时总和。

开口 Opening

根据作业需要设在箱体的某一部位可以封闭和开启的构件，它应当具有风雨密性和一定程度的气密性。开口指集装箱的一端或一侧，两侧或箱顶永久敞开，还适用于软顶式集装箱。

开筒（箱）频次

Frequency of Postal Pillar Box Clearance

邮政企业在一定时间内固定开启邮筒（箱）收取平常信件的次数。

开箱验货 Unpacking Inspection

商品寄达给客户时，客户当面打开商品运输包装或商业包装，对包装内的商品数量、规格型号及商品本身进行查验。

看板 Spectaculars

JIT 是一种拉动式的管理方式，它需要从最后一道工序通过信息流向上一道工序传递信息，这种传递信息的载体就是看板。看板表示出某工序何时需要何数量的某种物料的卡片，又称为传票卡，是传递信号的工具。看板分两种，即传送看板和生产看板。传送看板用于指挥零件在前后两道工序之间移动。生产看板用于指挥工作地的生产，它规定了所生产的零件及其数量。它只在工作地和它的出口存放处之间往返。

看板管理 Billboard Management

为了达到准时生产方式而控制现场生产流程的工具。看板管理方法是在同一道工序或者前后工序之间进行物流或信息流的传递。看板管理是实现准时化生产的工具之一。

可剥性塑料 Peelable Plastic

以塑料为基体的一种保护覆层，用于物品在储运过程中的防护。其所以称为可剥性，是因为膜层在去除时很容易剥下来。

可拆卸包装 Dismountable Package

在内装物充填前或取出后，容器能拆卸成若干部分，使用时能组装的包装。

可拆卸木箱 Dismountable Case

箱体可被拆装，且不破坏各构件的整体性，并可重复使用的木箱。

可拆卸箱体 Swap Body

一种配备了可折叠支腿的标准化货箱，可实现与卡车脱离以支腿为支撑独立放置于地面，用于公铁联运时支腿可收起。

可拆装的立柱式托盘

Demountable Post Pallet

立柱可拆装的立柱式托盘。

可拆装的箱式托盘

Demountable Box Pallet

壁板可拆装的箱式托盘。

可拆装式笼托盘
Demountable Cage Pallet
壁板可以拆装的笼式托盘。

可达性 Accessibility
用时间指标衡量的两点之间的距离。物流集成系统集成体之间是网络联系，因此物流集成系统集成体间的可达性表示为网络的可达性，测量的单位是时间。

可分吊具
Non-fixed Load-lifting Attachment
用于起吊有效起重量且不包含在起重机的质量之内的质量为 mNA 的装置。可分吊具能方便地从起重机上拆下并与有效起重量分开。

可回收再利用的滑板
Recyclable Slip Sheet
可以经再加工利用的滑板。

可回收资产标识代码
Global Returnable Asset Identifier（GRAI）
EAN.UCC 系统中，用于标识通常用于运输或储存货物并能重复使用的实体的代码。

可交换的托盘 Exchangeable Pallet
根据相互之间的协议可用相互托盘代替的托盘。

可牵引移动式登车桥
Mobile Ride Bridge
可牵引移动式登车桥是一种可以利用通过叉车、牵引车等牵引的一种移动式登车桥，前段加可向两侧旋转的重型万向轮及可拆卸牵引杆，在需要移动时可以将万向轮旋转至下端装上牵引杆，可简单方便地实现牵引移动。

可视化智能立体仓库
Visual Intelligent Warehouse
利用物联网射频识别技术存储物资，通过电子计算机控制进行物资存取作业，结合自动识别技术完成对物资的识别、跟踪，通过以上技术的结合完成对仓储物资的各项管理。

可塑性材料 Strippable Plastics
能在制品或包装物表面形成薄膜，需要时刻剥除或喷涂并以此为主要成分的材料。

可套装式 Nesting
一个可套在另一个上。

可移动的设备 Removable Equipment
附着在保温箱体上但可以拆离的制冷、加热或发电设备。

可折的立柱式托盘
Collapsible Post Pallet
立柱铰接在底座上的立柱式托盘。

可折叠包装 Collapsible Package
在内装物放置前或取出后，容器可以折叠存放的包装。

可折式 Collapsing
在水平面内铰接。

可折式笼托盘
Collapsible Cage Pallet
壁板铰接在底座上的笼式托盘。

可折式箱式托盘
Collapsible Box Pallet
壁板铰接在底座上的箱式托盘。

可装箱货 Containerized Cargo
可装入集装箱进行运输的货物。

客（货）运车辆审验
Passenger（Freight）Vehicle Examination
县级以上道路运输管理机构定期对客（货）运车辆进行的复审检查。

客服人员
Customer Service Representative
在呼叫中心、快递营业场所专门受理收寄、查询、投诉、索赔等申请或业务咨询的人员。

客户导向化 Customer Orientation
企业以满足顾客需求、增加顾客价值为

企业经营出发点，在经营过程中，特别注意顾客的消费能力、消费偏好以及消费行为的调查分析，重视新产品开发和营销手段的创新，以动态地适应顾客需求。

客户订单管理
Customer Order Management

一个常见的管理问题，包含在公司的客户订单处理流程中。由于客户下订单的方式多种多样、订单执行路径千变万化、产品和服务不断变化、发票开具难以协调，这些情况使得订单管理变得十分复杂。 订单管理可被用来发掘潜在的客户和现有客户的潜在商业机会。订单取决于需求，订单管理就是处理订单。

客户关系管理
Customer Relationship Management

强调如何保持与客户之间关系的管理信息系统（CRM）。管理层应识别出关键客户或细分客户，目的在于改善企业与客户之间的关系，在市场、销售、服务与技术支持等与客户相关的领域内，与关键客户共同改善流程，尽量消除需求多变性以及不增加价值的活动，通过提供更快速和周到的服务吸引和保持更多的客户，并通过对营销业务流程的全面管理来降低产品的销售成本、通过完善的客户服务和深入的客户分析来满足客户的需求，保证实现客户的价值。

空港 Airport

民用航空机场和有关服务设施构成的整体。保证飞机安全起降的基地和空运旅客、货物的集散地，包括飞行区、客货运输服务区和机务维修区三个部分。

空港保税仓 Airport Bonded Warehouse

建立在机场用来存储在保税区内未交付关税的货物的多功能仓储库房，就如境外仓库一样。

空港集成引力
Airport Integrated Gravity

空港作为多种场源复合体的载体（基核），包括地理位置、国际航班、陆空交通设施、物流基础设施、作业效率和成本、海关、保税区、口岸、自贸区等场源复合体，空港集成引力对外体现复合场源极性叠加的性质和作用，直接影响到空港国际多式联运以及国际物流场线的集聚与辐射范围。

空港物流园区 Airport Logistics Park

依托机场，以空运、快运为主，衔接航空与公路转运的物流园区。

空陆联运
Air-Land Intermodal Transport

采用航空和陆路两种运输方式完成的多式联运。

空陆水联运集装箱
Air Surface Container

能够适应水运和陆运条件并满足多式联运需求的联运集装箱。

空气循环设备
Circulating Device for Air

使冷藏车内的空气按一定路线进行循环，保证车内温度均匀的设备。加冰冷藏车内的空气循环设备包括循环挡板、底格板和通风条。机械冷藏车内的空气循环设备包括风机、风道、通风条、底格板。

空箱 Empty Container

只含自身状态的集装箱。

空箱比 Empty Container Ratio

在一定时间内，进出港口、集装箱中转站、货运站的空箱换算箱数与港口吞吐量、场站进出量的百分比；在集装箱运输中，空箱换算箱数与空箱、重箱换算箱数之和的百分比。

空箱比重 Weight Percentage of Empty Containers

在集装箱运输中，空箱数占总箱数的比例。

空箱堆场 Empty-container Yard

堆存未装货的集装箱的场地。

空箱里程 Empty Container km

汽车载运未装货集装箱的行程。空箱里程分对流空箱里程与非对流空箱里程。

空箱平均堆存天数
Empty Container Average Storage Period

空箱在码头、场站累计堆存天数与空箱自然箱数的百分比。

空箱调配 Empty Container Dispatching

调运和调剂集装箱空箱的过程。

空运集装箱 Air Container

适用于空运的集装箱，它具有平齐的底面和在航空器内限动的相应装置，可以在空运设备上设置的辊道系统上平移或转向的轻型集装箱。

空运口岸 AirPort

国家在开辟有国际航线的机场上开设的供货物和人员进出国境及航空器起降的通道。

空运提单 Air Waybill

承运货物的航空承运人（航空公司）或其代理人，在收到承运货物并接受托运人空运要求后，签发给托运人的货物收据。

空载率 Empty-loading Ratio

报告期内企业运载工具的空驶里程与作业总行驶里程的比例。

空载状态稳定性
Stability Under unloading Condition

起重机抵抗由非工作状态风载荷和其他因素所引起的倾覆力矩的能力。

控湿储存区
Humidity Controlled Space

仓库内配有湿度调制设备，使内部湿度可调的库房区域。

控温运输
Transport Under Controlled Temperature

货物保持在指定温度下的运输。

控制气体接口
Control Atmosphere Fitting

连续调控保温集装箱内气体的成分，使之持续处于理想状态的接口。

口岸报关 Port Declaration

国家指定的对外通商的沿海港口对进出口货物收发货人、进出境运输工具负责人、进出境物品所有人或者他们的代理人向海关办理货物、物品或运输工具进出境手续及相关海关事务的过程，包括向海关申报、交验单据证件，进行监管和检查。

口岸城市 Port City

位于各国陆疆国境线的边境地区，经政府批准对外开放并与邻国对应城市直接由公路、铁路以及航空线路等交通线路连接的城市。凡是在该地区的所有开放口岸，应根据需要设立边防检查、海关、港务监督、出入境检验检疫等查验机构和国家规定的其他代理服务机构。

口岸服务型物流园区
Port Service Logistics Park

依托口岸，能够为进出口货物提供报关、报检、仓储、国际采购、分销和配送、国际中转、国际转口贸易、商品展示等服务，满足国际贸易企业物流需求的园区。

口岸进境免税店
Port Entry Duty Free Shop

设立在对外开放的机场、陆路和水运口岸隔离区域，按规定对进境旅客免进口税购物的经营场所。国家对口岸进境免税店实行特许经营。

库场利用率
Coefficient of Storage Utilization

一定时期内，平均每天堆存货物吨数与平均库场容量的比值。库场利用率 =（货物堆存吨天数 ÷ 日历天数）÷ 报告期平均库场容量 ×100%。

K

库场容量 Storage Capacity

一定时期内，库场最大安全堆存货物吨数。库场容量＝库场有效面积×单位面积堆存定额。

库场周转次数
Transshipment of Storage Capacity

一定时期内，库场平均堆存货物的次数。库场周转次数＝堆存货物吨数÷平均库存容量（吨）。

库场通过能力
Throughput Capacity of Storage

一定时期内，库场能周转货物的额定数量。

库场装卸工艺系统
Cargo Handling System in Storage

库场作业机械、设备及辅助设施按货物装卸、搬运和堆拆垛的要求，组成的有机整体。

库场总面积 Total Storage Space

仓库、堆场面积的总和。

库场作业 Storage Operation

在仓库、货棚或露天货场上进行的货物装卸、搬运、堆垛、倒垛等作业及辅助作业。

库存 Stock/Inventory

储存作为今后按预定的目的使用而处于闲置或非生产状态的物品。广义的库存还包括处于制造加工状态和运输状态的物品。

库存成本 Inventory Cost

企业为持有库存所需花费的成本，包括占用资金的利息、储藏保管费（仓库费用、搬运费用、管理人员费用等）、保险费、库存物品价值损失费用（丢失或被盗、库存物品变旧、发生物理化学变化导致价值降低）等。

库存分析 Inventory Analysis

物流特定分析中的一个项目。它集中于分析库存绩效和生产率。分析时应考虑有关的货物销售量和库存周转量，并在 ABC 的基础上完成。如使用递减次序列出十项销售和库存的商品种类，物流经理即可迅速地确定对运输和库存水平最有影响的产品种类。

库存管理 Inventory Management

包括仓库管理、物料管理和库存成本管理等。其真正本质不是针对物料的物流管理，而是针对企业业务过程的工作流管理。库存管理以缩短订购—运输的周期为目标。当多数合作企业都用电子形式连接起来时，可以马上发送信息，跟踪单证，确保单证的接收，提高审计能力。有效的库存管理方案可以降低库存水平，加速库存周转，消除缺货事件的发生。

库存过剩 Excess Inventory

市场上出现了供需失衡的现象，企业生产的产品积压。

库存记录 Inventory Record

库存记录精度也有人称为存货精度，它是指库存记录与实际库存的吻合程度。每个系统都规定了库存记录与实际库存之间允许的偏差大小，系统的平稳运行要求物品不要过量存储。确保库存精度的一个方法是要求库存记录必须准确，另一个办法是经常对库存进行盘点以保证库存记录与实际库存相吻合。精确的库存记录对于提供优质的客户服务是必需的，因为它们是产成品、生产物料和元件补货的基础。如果要逐渐减少库存，就有必要确认库存是否流动太慢，存货是否太多。

库存控制 Inventory Control

在保障供应的前提下，使库存物品的数量最小所进行有效管理的技术经济措施。它是对库存据点设置及其所存物品的数量和质量进行有效管理、调整与确定所采取的技术措施。库存控制是对制造业或服务业生产、经营全过程的各种原材料、半成品、产成品以及其他资源进行管理和决策，使其储备保持在经济合理的水平上。库存控制总目标就是以合理的库存成本达到满意的用户服务水平。

库存控制策略
Inventory Control Strategy

在保证给客户及时交货的前提下，如何

达到合理的库存周转率，并把呆滞、死货降到最低。

库存量 Inventory Level

报告期内，包括钢铁生产企业、流通企业的产品库存、半成品库存、原燃料库存的库存总量。计量单位：万吨。

库存五大原则
Five Principles of Inventory

先进先出、随即盘点、账物一致、适时适量、自动化管理五大原则。

库存信息管理
Inventory Information Management

物流计划、协调与作业之间最基本的界面。其作用是要在从生产到顾客装运的期间为明确计划需求和管理制成品库存提供决策服务。

库存周期 Inventory Cycle

行业经济的研究上，通过观察库存状况及其变动原因的周期性变化，分析行业的市场环境和景气度，一个库存由降到增再降的余弦曲线周期叫作库存周期。

库存周转率 Inventory Turnover

一种衡量材料在工厂里或是整条价值流中流动快慢的标准。等于一个周期内货品的出库量与该周期内的平均库存量之比。其经济含义是反映企业存货在一年之内周转的次数。存货周转次数越高，企业的流动资产管理水平及产品销售情况越好。

库存资金周转率
Inventory Turnover of Funds

报告期内企业出库总金额与该时期内库存平均金额的比例。

跨度 Span

（桥架型起重机）起重机运行轨道中心线之间的水平距离。

跨境 B2B 物流
Cross Border B2C Logistics

服务于跨境 B2B 的跨境物流服务。与传统一般贸易有高度相似性，在物流环节两者并没有太明显的区别，主要都是通过传统的海陆空运来进行。

跨境 B2C 物流（或跨境电商零售物流）
Cross Border B2C Logistics

服务于跨境电商零售的物流服务，包括跨境 B2C 进口物流及跨境 B2C 出口物流。跨境 B2C 进口物流的主要模式是邮路、海外直发、转运模式和保税仓。跨境 B2C 出口物流模式除邮路、专线外主要是海外仓模式。

跨境电商仓配一体化 The Integration of Cross-border of E-commerce Warehousing and Distribution

在跨境电商贸易订单产生后的合单、转码、库内作业、发运配送、拒收返回以及上下游的账务结算等工作由仓配一体化服务商一体化解决。

跨境电商物流
Cross-border E-Commerce Logistics

为满足跨境电子商务客户需求，运用信息技术手段、管理手段及先进的物流设施，将用户网购商品从供应地向接受地跨越不同关境的实体流动，经过分类、编码、加工、包装、仓储、通关、配送等物流活动将商品按照约定的时间、地点等要求送达用户手中的过程。

跨境冷链 Cross-border Cold-Chain

分属不同关境的交易主体，通过跨境物流送达商品、完成交易的一种国际商业活动。

跨境贸易人民币结算
RMB cross-border trade settlement

经国家允许指定的、有条件的企业在自愿的基础上以人民币进行跨境贸易的结算，商业银行在人民银行规定的政策范围内，可直接为企业提供跨境贸易人民币相关结算服务。跨境贸易人民币结算业务种类包括进出口信用证、托收、汇款等多种结算方式。

跨境物流 Cross-border Logistics
通常指国际物流或过关境物流。

跨境物流服务
Cross-border Logistics Service
为满足跨境电商企业需求所实施的一系列物流活动过程及产生的结果。

跨境物流供应链
Cross-border Logistics Supply Chain
在进行跨境贸易中形成的有机的物流链条，是从产品或服务市场需求开始，到满足需求为止的时间范围内所从事的经济活动中所有涉及的物流活动的部分所形成的链条。

跨境物流快速通道网络
Cross-border Logistics Express Network
国际多式联运集成体主导境内与境外物流集成运作所依托的点轴网络系统。点轴物流集成运作系统中的"点"是指起始、中转和终到枢纽节点，"轴"指由交通运输基础设施、物流信息和物流业务"三网"为一体的复合轴线。

跨境物流数据完备率 Data Completeness Rate of Cross Border Logistics
是智慧物流发展指数的二级指标，数据化发展指数的评价内容之一，反映物流数据在跨境物流环节中掌握的程度。

跨境专线物流模式
Cross-border Dedicated Logistics
通过航空包舱的方式，将货物直接运输到特定目的地国，再通过合作公司进行目的地国国内的派送。

跨太平洋伙伴关系协定
Trans Pacific Partnership Agreement；TPP
目前重要的国际多边经济谈判组织，前身是跨太平洋战略经济伙伴关系协定（Trans-Pacific Strategic Economic Partnership Agreement，P4）。是由亚太经济合作组织成员中的新西兰、新加坡、智利和文莱四国发起签订并生效的经贸协议，其

成员彼此之间承诺在货物贸易、服务贸易、知识产权以及投资等领域相互给予优惠并加强合作，其最为核心的内容是关税减免，即成员90%的货物关税立刻免除，所有产品关税将在12年内免除。

跨线设备 Track-crossing Facilities
站房与站台之间或站台之间往来的通道，如平过道、天桥、地道等。

跨装
Goods Stradding on Two or More Wagons
货物的长度需要使用两辆及以上平车装运的，所采用的两车负重的装载方法。

跨装车组 Wagon-group of Goods Loaded by Straddling Across Two Wagons
跨装负重车或负重车和游车的组合体。

跨装货物 Goods Loaded by Straddling Across Two Wagons
两车负重装载的货物。

跨装支距 Distance Between of Goods Turning Rack
超长货物跨装运送时，两负重车上货物转向架中心销之间的距离。

块式堆码 Block Stacking
在一堆码面积上，货堆位于通道之间的中心部位，各排之间留有最小工作间隙。间隙通常为100毫米左右。

块式密集堆码 Close Block Stacking
像块式堆码一样，但各排之间基本上无间隙。托盘各排的堆放和拆除是从块的端头开始。

快递 Express
在承诺的时限内快速完成的寄递服务。以时间、递送质量区别于其他运输方式，它的高效运转是建立在完善的网络基础之上的，且网络具有相当强的整合能力。它主要处理文件和小件包裹。

快递+农产品
Delivery+Agricultural Products
电商快递协同发展，整合寄递资源，为农产品出山做出新的贡献。

快递包装袋 Packing Bags for Express
提供给用户使用的可装载快件的袋式封装用品。

快递包装箱 Packing Boxes for Express
以瓦楞纸板为主要原料，经模切、压痕、印刷和钉合等加工后，制成提供给用户使用的可装载快件的箱式封装用品。

快递报关 Express Declaration
在快件进出关境或国境时，由快递服务组织或其代理人向海关申报，交验规定的单据和快件，申请办理进出口手续的过程。

快递爆仓 Over Capacity of Warehouse
快递公司突然间收到太多快件，来不及分拣，甚至没办法再收件，大量快件滞留在始发站，或者中转站。到达目的地的时间相对比较长。

快递仓储物流 Warehouse Logistics
仓储物流，就是利用自建或租赁库房、场地，储存、保管、装卸搬运、配送货物。

快递封套 Envelope for Express
以纸板为主要原料，经模切、印刷和黏合等加工后，提供给用户的可装载快件的信封式封装用品。

快递服务 Express Service
在承诺的时限内快速完成的寄递服务。

快递服务时限 Time Limit of Express
即快递全程时限，快递服务组织从收寄快件到首次投递的时间间隔。

快递服务组织
Express Service Organization
在中国境内依法注册的，提供快递服务的企业及其加盟企业、代理企业。注：快递服务组织包括快递企业和邮政企业提供的快递服务的机构。

快递企业 Express Enterprise
除邮政企业以外的提供快递服务的企业。

快递下乡 Express to The Countryside
鼓励大型电商平台企业开展农村电商服务，支持地方和行业健全农村电商服务体系。

快递业务网络 Express Service Network
快件收寄、分拣、封发、运输、快递、查询等所依托的实体网路和信息网络的总称。

快递营业场所
Business Premises for Express
快递企业提供快件收寄及其他相关服务的场所。

快递员 Courier
使用快递专用工具、设备和应用软件系统，从事国内、国际及港澳台地区的快件揽收、分拣、封发、转运、投送、信息录入、查询、市场开发、疑难快件处理等工作的人员。

快递运单 Express Waybill
快递详情单，用于记录快件原始收寄信息及服务约定的单据。一般包括寄件人信息、收件人信息、寄托物资料、服务类型、付款方式、寄件人收件人签名等内容。

快递物流产业 Express Logistics
快递，是兼有邮递功能的门对门物流活动，即指快递公司通过铁路运输、公路运输、空运和航运等交通工具，对客户货物进行快速投递。在很多方面，快递要优于邮政的邮递服务。除了较快送达目的地及必须签收外，现时很多快递业者均提供邮件追踪功能、送递时间的承诺及其他按客户需要提供的服务。

快件 Express Mail
需要快速物流服务的物品称为快件。根据不同的运输类型快件所指内容也有所不同，如：邮政部门快件指快速投递的信函邮件，快递服务中指需要快速寄送的包裹，托

129

运服务快件指凭火车票办理托运，物品随旅客所乘车同时运达的物品，零担物流中指零担快运的物品等等。

快件报关单 Customs Declaration Form

进出口快件用户或其代理人，按照海关规定的格式对进出口快件的实际情况做出书面申明，以此要求海关对其快件按适用的海关制度办理通关手续的单据。

快件编号 Tracking Number of Express

由一组阿拉伯数字和英文字母组成，印制在快递运单上用于标识快件的唯一代码。

快件丢失 Loss of Express

快递服务组织寄递快件过程中发生的单一快件内件部分丢失。

快件丢失率 Rate of Lost Express

在一段时期内，快递服务组织丢失件的件数与收寄快件总件数的比率。

快件损毁 Damaged to Express

快递服务组织寄递快件过程中，快件破损或损坏导致快件失去部分价值或全部价值。

快件损毁率
Rate of Damaged Express Items

在一段时期内，快递服务组织损毁件的件数与收寄快件的总件数的比率。

快件延误 Delay of Express

快件首次投递时间超出快递服务组织承诺的快递服务时限，但尚未超出彻底延误时限。

快件运输 Express Transportation

按特定要求办理托运手续，在限定时间内运达的货物运输。

快件运输通道
Express Transportation Corridor

物流部门建立的专门进行快件运输的专用通道。

快件总包 Consolidated Express

混装在一个容器内，同一路由、同一种类的快件的集合。

快捷再分派 Quick Redistribution

订单批量更改派送员的功能。

快速冻结 Quick Freezing

使食品的温度尽快地通过最大冰晶体生成带的冻结方法。食品在冻结过程中，温度在 $-1℃-5℃$ 之间所结成冰晶体最多。故该温度范围称为"最大冰晶体生成带"。

快速反应 Quick Response（QR）

供应链成员企业之间建立战略合作伙伴关系，利用 EDI 等信息技术进行信息交换与信息共享，用高频率小批量配送方式补货，以实现缩短交货周期，减少库存，提高顾客服务水平和企业竞争力为目的的一种供应链管理策略。

快速反应能力 Quick Reaction Capacity

以时间为主的客户期望，代表着客户对供应商及时处理所有相关问题的期望。客户希望工作人员具备快速提供服务的能力，不仅包括快速交货，而且还扩展到快速处理客户查询和快速解决问题。

快速反应系统 Quick Response System

通过零售商和生产厂家建立良好的伙伴关系，利用 EDI 等信息技术，进行销售时点以及订货补充等经营信息的交换，用多频度、小数量配送方式连续补充商品。

快速供应 Quick Supply

要使供应链主导企业比竞争对手更快捷、更准确、更经济地将货物供应给客户，就需要借助计算机、移动通信、动态跟踪等技术，避免供应链任何环节上低效运作、无效停滞现象，从而加快企业物流运作效率，能够最大限度地提高服务质量和用户满意度。

快速换产
Single Minute Exchange of Die

"六十秒即时换模"（Single Minute Exchange of Die)，是一种快速和有效的切换方法。快速换模法这一概念指出，所有的转变（和启动）都能够并且应该少于 1 分钟。

快速货运通道 Express Railway Freight Transportation Corridor

连接区域经济中心、重要资源工业基地和口岸，通过众多的大中城市和城市群，同时与多条关联铁路运输线路和重要交通枢纽交叉联结，在铁路运输中起骨干作用的货物运输生产要素的集合。

快速统计 Express Statistics

以每日港口调度部门随时记录的生产数字为依据进行的统计。

快速响应 Quick Response

制造业中的准时制。它确定了制造商、批发商和零售商的供应时间，从而使得库存水平最小化。快速响应原是美国纺织服装业发展起来的供应链管理方法。它是美国零售商、服装制造商以及纺织品供应商开发的整体业务概念，目的是减少原材料到销售点的时间和整个供应链上的库存，最大限度地提高供应链管理的运作效率。快速响应现已应用到商业的各个领域，企业快速响应时间越短，越能把握更多商机，从而给企业带来更大的利润。

快速转换式飞机
Quick Convertible Aircraft

能在短时间内从客机转换为货机，或从货机转换成客机的飞机。

快运 Express

面向单位及个人的快捷运输服务，是指承运方将托运方指定在特定时间内运达目的地的物品，以较快的运输方式，运送和配送到指定的目的地或目标客户手中。快运货物的重量、数量、体积都比快递运输对象大（100公斤 -3 吨），可以提供门到门的增值服务，

直接送到终端收货人手中；也有指定收取货地点客户自己取货或送货到收货点。

快消品物流 FMCG Logistics

快速消费品从制造商、分销商、零售商到消费者的流动过程，主要包含供应物流、销售物流、逆向物流等环节。

宽体机 Wide-bodied Aircraft

机身宽度不小于 4.62 米，客舱内部宽度足以用两条通道划分出三组纵轴旅客座位，下舱能够载运集装器的飞机。

宽支腿堆高车 Wide Leg Stacker

堆高车前底腿做宽，一般内宽为 0.55/0.56 米，宽支腿的可做到 1.2/1.5 米，可装卸双面托盘（双面托盘长度不足内宽，限于其内），优点价格适中，可解决双面托盘或某些特殊货物的要求。

框架 Framework

支撑罐体和所有附件的构架，它本身并不直接承受货载，但是作为承力的部件将承受整箱的起吊、搬运和拴固作业以及运输过程中所出现的静载和动载。

框架式集装箱半挂车
Framework Semi-trailer

在车辆支承梁上不设置地板，而由底盘骨架构件直接承载集装箱，在支承梁上按集装箱规格设置旋锁，以固定集装箱的车辆。

捆带 Strapping

用来捆扎产品或包装件的挠性材料。

阔大货物
Exceptional Dimension Freight

超限、超长和集重货物的总称。

K

L

Lable

标签，储配多用其体现无国标码的商品的基本信息，常粘贴在商品的商业包装外。

LNG 物流 LNG Logistics

专门运输液化天然气的物流。

拉动系统 Pull System

超市拉动系统是最基本、使用最广泛的类型，有时也称为填补拉动系统。就是在必须以批量形式进行生产的工序和下游工序之间设置一个超市系统，通过下游工序从"超市"中取货而对上道工序发出生产指令，通过"取货看板"和"生产看板"的流动来拉动生产，摆脱生产控制部门通过对顾客需求进行预测而安排生产，由下游的顾客从超市中取货来决定上游工序在何时生产，生产多少。

拉紧包装 Stretch Wrap

通过用力缠紧塑料薄膜带，使载荷更加稳固和安全。

拉门绳 Sliding Door Rope

开关车门时用的一端有钩的绳索。

拉伸包装 Stretch Packaging

依靠机械装置在常温下将弹性薄膜围绕被包装件拉伸、紧裹，并在其末端进行封合的一种包装方法。

拉式供应链 Pull Supply Chain

根据订单安排生产的供应链运作方式。其驱动力产生于最终的顾客，产品生产是受需求驱动的供应链。

来料加工
Processing With Supplied Materials

由外商免费提供全部或部分原料、辅料、零配件、元器件、配套件和包装物料，委托我方加工单位按外商的要求进行加工装配，成品交外商销售，我方按合同规定收取工缴费的一种贸易方式。

来料质量控制
Quality Control of Supplied Materials

目前 IQC 的侧重点在来料质量检验上，来料质量控制的功能较弱。IQC 的工作方向是从被动检验转变到主动控制，将质量控制前移，把质量问题发现在最前端，减少质量成本，达到有效控制，并协助供应商提高内部质量控制水平。

揽客计划 Showmanship Plan

京东集团面向商家提供的一个营销工具，利用京东的优化数据，更好地为商家做定向的精准营销服务。

缆绳式桅杆起重机 Guy-derrick Crane

桅杆顶部用多条缆绳支承的桅杆起重机。

缆索起重机 Cable Crane

以固定在支架顶部的承载索作为承载件的起重机。

累进数据传送
Progressive Data Transfer

当有较多数据时允许发送方传送一系列报文的技术。接收方为此创建一个为将全部数据联结的业务文件。这些报文由公共参考号联结。

冷板冷藏车
Cold Plater Refrigerated Truck

用冷板制冷的冷藏车。

冷藏仓库 Cold Storage

有冷冻装置，能调节温度用以保存易腐货物的专用仓库。存放具有冷藏保鲜温度要求的货物的仓库。

冷藏车车体预冷
Precooling of Reefer Truck

冷藏车装车前应将冷藏车车体预冷到易腐货物所规定的适宜温度。

冷藏车车体预热
Warm up of Reefer Truck
冷藏车点火后，在不挂挡状态下，让发动机自由转动的过程。

冷藏车通风 Aeration of Reefer Truck
使冷藏车内的气体能够自由流通。

冷藏陈列柜 Reefer Cabinets
一种用来给食品、药品等物品进行冷藏展示的器具，常用于商场、超市、便利店等场所。可以给蛋糕、水果、蔬菜、鲜肉、药品等多种产品进行冷藏贮存。

冷藏船 Reefer vessel
使鱼、肉、水果、蔬菜等易腐食品处于冻结状态或某种低温条件下进行载运的专用运输船舶。因受货运批量限制，冷藏船吨位不大，通常为数百吨到数千吨。

冷藏罐 Reefer Tank
把压缩机与不锈钢洁净罐体相结合，利用压缩机的制冷降温原理，使罐内物料实现降温、冷却、贮藏目的的洁净设备。可广泛应用于多种需要低温冷藏的场合，实现了就地现场冷藏效果，节省了用户投资兴建冷库，或外包冷藏的费用开支。如血液制品、发酵液、乳品等行业。

冷藏和加热集装箱
Reefer and Heated Container
具有制冷和加热功能的保温集装箱。

冷藏集装箱清单
Reefer Container List
列明单船当航次冷藏集装箱情况的清单。

冷藏集装箱专用车
Reefer Container Vehicle
设有发电机组，可为冷藏集装箱提供电源，专门运输冷藏集装箱的车辆。

冷藏区 Reefer Space
仓库内温度保持在0℃－10℃范围的区域。

冷藏箱 Reefer Container
一般为聚氨酯发泡材料制作而成，能够对箱内物品进行冷藏。当不放蓄冷液或者冰盒时，此时冷藏箱起保温作用，又称保温箱。

冷藏箱堆场 Reefer Container Yard
在堆场上设有供冷藏集装箱使用的电源插座等装置，为存放冷藏集装箱提供电源等特定条件的场地。

冷藏运输 Reefer Transportation
在易腐货物的运输过程中，车内需用冷源，以抵消外界的传热和货物本身的呼吸热，保持易腐货物的质量的运输方式。

冷藏运输率
Refrigerated Transportation Rate
冷藏运输过程中，保存完好的运送物品占总的运输物品的比例。

冷冻 Frozen
也叫"制冷"，是应用热力学原理，用人工制造低温的方法。冰箱和空调都是采用制冷的原理。从化工的角度，一般都是采用一种临界点高的气体，加压液化，然后再使它汽化吸热，反复进行这个过程。液化时在其他地方放热，汽化时对需要的范围吸热。

冷冻仓库 Reefer Warehouse
配有冷冻设备，存放具有冷冻温度要求的货物的仓库。

冷冻区 Freezer Space
仓库内温度保持在0℃以下的区域。

冷风机 Air Cooler
一般用于冷库、冷链物流制冷环境中，是一种集降温、换气、防尘、除味于一身的蒸发式降温换气机组。空气通过冷风机内的蒸发排管来冷却管外强制流动的空气。

冷库 Cold Storage

L

又称冷藏库，是用人工制冷的方法，让固定的空间达到规定的温度便于贮藏物品的建筑物。冷库起源于冰窖，主要用作对食品、乳制品、肉类、水产、禽类、果蔬、冷饮、花卉、绿植、茶叶、药品、化工原料、电子仪表仪器等的恒温贮藏。

冷链流通率 Cold Chain Cycle Rate

在物流过程中，采用冷链物流占所有物流的比重。

冷链网络 Cold Chain Network

冷链仓储配送功能、车辆调度功能、交易中心功能、供应链金融功能的总称。区域冷链物流中心作为重要的物流节点应当依托干线运输与其他区域冷链物流中心相连接形成的网络。

冷链物流 Cold Chain Logistics

泛指冷藏冷冻类食品在生产、贮藏运输、销售，到消费前的各个环节中始终处于规定的低温环境下，以保证食品质量，减少食品损耗的一项系统工程。它是随着科学技术的进步、制冷技术的发展而建立起来的，是以冷冻工艺学为基础、以制冷技术为手段的低温物流过程。

冷链物流配送中心
Cold Chain Distribution Center

冷藏冷冻类食品在生产、贮藏运输、销售，到消费前的各个环节中始终处于规定的低温环境下，以保证食品质量，减少食品损耗的中心处理站。

冷链物流企业
Cold Chain Logistics Enterprise

从事冷链运输、包揽冷链运输业务为经营业务盈利的企业。

冷链物流信息追溯系统 Cold Chain Logistics Traceability System

通过对产品从生产到流通再到消费等各个环节温度等信息进行记录，实现其来源可查、去向可追、责任可究、风险可控的管理措施。

冷链运输 Cold Chain Transportation

用冷链运输车将货物从出发地运送到目的地，并且保证温度合适的运输。

冷链配送产业
Cold Chain Distribution Industry

冷链配送泛指冷藏冷冻类食品在生产、贮藏运输、销售，到消费前的各个环节中始终处于规定的低温环境下，以保证食品质量，减少食品损耗的一项系统工程。它是随着科学技术的进步、制冷技术的发展而建立起来的，是以冷冻工艺学为基础、以制冷技术为手段的低温物流过程。

冷媒 Refrigerant

在冷冻空调系统中用以传递热能、产生冷冻效果的工作流体，通过释放冷量抵消热空气，达到精准控制温度的效果。

冷却 Cooling

指使热物体的温度降低而不发生相应变化的过程。

冷却货物 Chilled Cargo

降低货物的温度，使其能够满足道路运输的要求。

冷水机 Chiller

在行业中分为风冷式冷水机和水冷式冷水机两种。冷水机在温度控制上分为低温冷水机和常温冷水机，常温机温度一般控制在0℃－35℃度范围内。低温机温度控制一般在0℃－ -45℃度左右范围。

离岸岛式码头 Offshore Berth

石油码头的一种。建在离岸较远的海上系泊设施，形如小岛，在海底有管道与岸上联结。

离岸公司 Offshore Company

人们用来泛指在离岸法区成立的有限责任公司或股份有限公司，如开曼群岛、巴哈马群岛、塞舌尔群岛、巴拿马共和国、英属维尔京群岛等地的公司等。

离岸金融 Offshore Financial

设在某国境内但与该国金融制度无甚联系，且不受该国金融法规管制的金融机构所进行的资金融通活动。从严格意义上讲，离岸金融也就是不受当局国内银行法管制的资金融通，无论这些活动发生在境内还是在境外。如美国的国际银行业设施（IBF）和东京离岸金融市场（JOM）的业务活动等，均属离岸金融。

离岸贸易 Offshore Trade

"离岸"是指投资人的公司注册在离岸法区，但投资人不用亲临本地，其业务运作可在世界各地的任何地方直接开展。离岸贸易的操作方式是一种综合的全面的降低企业进出口运营成本的国际贸易操作方式。

离岸中心 Offshore Center

也叫离岸金融中心，是指任何国家、地区及城市，凡主要以外币为交易（或存贷）标的，以非本国居民为交易对象，其本地银行与外国银行所形成的银行体系。

离岛免税政策
Policy of Islands Tax Exemption

对乘飞机离岛（不包括离境）旅客实行限次、限值、限量和限品种免进口税购物，在实施离岛免税政策的免税商店内付款，在机场隔离区提货离岛的税收优惠政策。

离境退税 Departure Tax

对境外游客在退税定点商店购买的随身携运出境的退税物品，按规定退税的政策。

离散型生产流程
Discrete Production Process

也称加工装配型生产制造流程，其加工装配生产制造的地理位置分散，零件加工和产品装配可以在不同的地区，甚至在不同的国家进行。由于零件种类繁多，加工工艺多样化，涉及多种多样的加工单位、工人和设备，导致生产过程协作关系十分复杂，计划、组织、协调与控制任务十分繁重，造成生产管理十分困难。因此，制造企业的离散型流程供应链的第三方物流服务切入点，除了连续型生产流程的衔接点以外，生产加工工位也是生产物流管理研究的重点，JIT物流就是针对这一过程展开的。

里程利用率 Utilization Mileage

在全部工作车辆的总行程中，重车行程所占的比重，反映车辆行驶里程的利用程度。

里档 Wharfside

靠泊码头的船舶，其船舷向码头的一侧或系泊于浮筒的船舶，背离主航道的一侧，都称为里档。

里档过驳 Wharfside Transfer

驳船停靠在船舶里档，进行船、驳之间的装卸作业。

理货 Tally

将供应商正常到货、中转、调仓的商品进行数量清点和信息核对，并将单物匹配一致放置于系统收货区域的作业。在货物储存、装卸过程中，对货物的分票、计数、清理残损、签证和交接等作业。

理货单证 Tally Ledger

理货机构在理货业务中编制以及出具的各项理货工作结果的原始资料或证明。是理货人员目睹实际情况制作和统计的现场原始记录，并取得交接对方认可，具有凭证和证据的性质。

理货费 Tally Charges

集装箱拆、装箱理货时，理货部门向委托人收取的费用。

理货区 Tally Space

物品储存、装卸过程中，对其进行分类、整理、捆扎、集装、计数和清理残损等作业的区域。

理货业务 Tally Business

船方或货主根据运输合同在装运港和卸货港收受和交付货物时，委托港口的理货机构代理完成的在港口对货物进行计数、检查

L

货物残损、指导装舱积载、制作有关单证等工作。

理箱 Container Tally

船舶装卸集装箱时，核对箱数、箱号和封志号，检查箱体外表残损情况和封志并编制有关单证等工作。

理箱费 Container Tally Charge

船舶装卸集装箱理箱时，理箱部门向委托人收取的费用。

立码
The Stacking Placed In The Vertical Direction

货物外形中的最大平面呈铅垂方向放置的堆码方式。

立体仓储 Stereo Storage

也叫自动化立体仓储，是物流仓储中出现的新概念，即利用立体仓库设备实现仓库高层合理化、存取自动化、操作简便化。

立体仓库 Stereo Warehouse

仓库的储存方式自平面储存向高层化立体储存发展以来，货架即成为立体仓库的主体。由满足不同功能要求的各种不同形式的货架所组成的多种多样的自动化、机械化仓库，已成为仓储系统以至整个物流系统或生产工艺流程中的重要环节。

立体疏解 Vertical-untwining

采用不同高程线路的立体交叉设备，以消除进路交叉干扰，称为立体疏解。

立柱 Pillar

垂直安装在托盘上，用以承受层叠托盘重量的固定式、可折式或可拆装式的构件。支承回转臂架及其载荷并保证必要的起升高度的垂直柱状结构件。

立柱联杆 Column Linkage

位于立柱式托盘上用来连接立柱的固定的或可拆装的构件。

立柱式集装箱吊具
Container Spreader With Standing Posts

专门设计的一次可吊运两个以上集装箱的取物装置。

立柱式托盘 Post Pallet

带有用于支承堆码货物的立柱的托盘。可以装配可拆卸式联杆或门。

利润中心说 Connector

物流可以为企业提供大量直接和间接的利润，是形成企业经营利润的主要活动。非但如此，对国民经济而言，物流也是国民经济中创利的主要活动。

利息成本 Interest Cost

报告期内企业在物流经济活动过程中因持有存货占用流动资金所发生的成本，包括占用银行贷款所支付的利息和占用自有资金所发生的机会成本。计量单位：万元。

连斗卸车机
Even A Pipe Unloading Machine

由斗式提升机、胶带输送机和自行式龙门架组成的散堆货物连续卸车机械。

连接件 Connector

将罐体接口和相关部件进行连接的零件。

连接型基核关系 Relationship of Connected Logistics Base-core

制造供应链核心基地与物流链核心基地处于相连或距离较近的区位。能够比较方便的实现精准对接，体现出一定的专业化物流服务水准，物流运作效率比较高、成本比较低，便于不同集成体之间建立战略联盟关系。

连续补货计划
Continuous Replenishment Program（CRP）

利用及时准确的销售时点信息确定已销售的商品数量，根据零售商或批发商的库存信息和预先规定的库存补充程序确定发货补充数量和配送时间的计划方法。

连续倒棱 Continuous Chamfering

铺板全长的斜面。

连续流 Continuous Flow

为了改变传统批量生产中半成品堆积到下一个生产工序，造成大量库存在制品和成品的情形，连续流通过一系列的工序，在生产和传递产品的时候，尽可能地使工序连续化，即每个步骤只执行下一步骤所必需的工作，使得物料的流动既不中断、也不堆积，连续不断。

连续型生产流程 Continuous Production

在连续型生产流程的企业中，物料是均匀地、连续地按一定工艺顺序运动的。特点是工艺过程的连续性，其要求生产过程中原料的连续供应和工作期间每一个环节的正常运行。连续型生产制造包括钢铁、玻璃、冶金、化肥、石化、造纸、化工、炼油、冶金等生产制造行业。制造企业供应链的第三方物流衔接点主要是原材料库、成品库和市场等，具有生产、销售和消费等明显的阶段性衔接点。

连续装卸搬运 Continuous Handling

采用皮带机等连续作业机械，对大批量的同种散状物品或小型件杂货进行不间断输送的作业方式。在采用连续装卸搬运时，作业过程中间不停顿、散货之间无间隔、小型件杂货之间的间隔也基本一致。

联邦国际快递 FedEx Express

联邦快递（FedEx）是一家国际性速递集团，提供隔夜快递、地面快递、重型货物运送、文件复印及物流服务，总部设于美国田纳西州。

联挂单元 Interlocked Unit

若干平台集装箱或端部折倒后的台架式集装箱分别叠置并连接成一个单元的组合体。

联合后勤 Joint Logistics

为了适应现代战争联合作战和优化后勤资源的要求，对各军种后勤进行一体化的联合后勤保障。

联合库存管理
Joint Inventory Management

介于供应商管理库存和客户管理库存之间的一种库存管理方式，由供应商与客户共同管理库存，进行库存决策。它结合了对产品的制造更为熟悉的生产或供应商以及掌握消费市场信息能对消费者消费习惯做出更快更准反映的零售商各自的优点，因此能更准确地对供应和销售做出判断。对于供应链的上游，通过销售点提供的信息和零售商提供的库存状况，供应商能够更加灵敏地掌握消费市场变化；对于供应链的下游，销售点通过整个系统的可视性，可以更加准确的控制资金的投入和库存水平。

联合体回收 Consortium Recovery

生产商、制造商、分销商成立一联合组织，由该组织进行废旧品的回收。

连接键 The Connection Key

根据集成体的意志或目的，将多个合成场元通过一定方式构建形成的一个新合成场元，可将这个新的合成场元称为连接键。通过新的合成场元使基核、场元、场线间内在机理形成或结成更紧密、更稳定的相互作用关系。连接键可分为基础类、服务类和综合类，其中基础类连接键包括信息型、资源型和技术型连接键，服务类连接键包括功能、过程型连接键等，组合型连接键是以上多种类型连接键的功能组合。EDI、专线、信息系统、信息平台、电商物流综合平台等都是连接键的具体形式，连接键设计与选择是将集成场用于顶层设计的主要创新动因和实现渠道。连接键的形成构建了集成体间互动、合作和协同的稳定结构和机制。

联络线 Contact Line

为消除列车折角迂回运行，缩短列车走行距离，增强枢纽通过能力，将引入线、专业车站相互连接起来而设置的线路。

联勤保障
Combined Service Forces (CSF)

军队后勤体系中的最高层次，包括全军的后勤和军兵种的后勤，是战役后勤的依托，是保障作战固定基地，对武装力量的建设和战争具有全局性的影响和制约作用。

联勤运输 Force Transportation

统一组织实施诸军兵种部分或全部后勤保障而进行的运输。

联运经营人

Intermodal Transportation Forwarder

负责组织集装箱联运的经营者。

链斗卸车机 Bucket Chain Unloader

由斗式提升机、胶带输送机和自行式龙门架组成的散堆货物连续卸车机械。

链斗装车机 Bucket Chain Loader

由斗式提升机、胶带输送机和自行式龙门架组成的堆散货物连续装车机械。

链状模型 Chain Model

清楚地表明产品的最初来源是自然界，如各种初始资源，最终去向是用户。产品因用户需求而生产，最终被用户所消费。产品从自然界到用户经历了供应商、制造商和分销商三级传递，并在传递过程中完成产品加工、产品装配形成等转换过程。被用户消费掉的最终产品仍回到自然界，完成物质循环。很显然，模型I只是一个简单的静态模型，表明供应链的基本组成和轮廓概貌。

良品 Good Product

未开封，没有改变或损坏，可以重新进行销售送货的家电。

梁式起重机 Beam Crane

起重机的一种，广泛用于工厂、仓库、料场等不同场合吊运货物，禁止在易燃、易爆腐蚀性介质环境中使用。

粮食产业园区 Food Industrial Park

充分利用区域粮食产业基础，依托园区与区位优势资源，在政策的支持下，强调特色发展、集群发展、共赢发展与可持续发展，促使粮食关联企业、农户与服务机构不断集聚并相互合作，实现农民增收，保障粮食安全，增强竞争优势，减少粮食产后损失的新型产业形式。

粮食供应链 Food Supply Chain

从生产、加工、流通到最终消费者，以粮食物流为中心，包括种子、化肥生产商、农户与农业种植公司、粮食加工企业、粮食经销企业、粮食供应物流服务商及最终用户在内的物流、商流和信息流网络。

粮食物流 Food Logistics

根据市场需求，通过一定的设施设备对粮食进行转移，涵盖从粮食生产到销售的全过程，包括收购、储存、运输、仓储、加工、装卸搬运、配送等环节，最终实现以最低的成本完成高质量的服务。

粮食物流网络 Food Logistics Network

在一定区域范围内，适应物流系统化和社会化的要求，粮食收购、运输、储存等物流过程中涉及的一系列相互联系的组织、设施与信息的集合。

粮食物流园区 Food Logistics Park

以粮食物流产业为基础，利用现代物流技术形成粮食物流枢纽中心区，将粮食仓储、运输、加工、销售等环节有机结合在一起，集粮油批发、竞价交易、检验、信息交流、仓储联运、加工配送等功能于一体，对于提高粮食流通效率，降低粮食流通成本，保障国家粮食安全具有重要意义。

粮食银行 Food Bank

农民把收获后的粮食储存到粮食购销企业，可以随时出售、领取、兑换成品粮油等的新型粮食储存方式，也是现代粮食流通的新业态。

粮食应急物流

Food Emergency Logistics

在发生突发事件后第一时间将粮食准确、安全地从供应点运往需求点的物流活动，以满足突发事件发生地区的粮食需要，降低突发事件造成的损失和伤害。具体包括粮食的筹集、仓储、运输、配送以及信息管理等功能性活动。

粮食运输损失
Food Transportation Loss

粮食产后损失总量减去粮食收获后在农户、流通环节的仓储过程中的损失量，再减去粮食结束流通后在加工过程中的损失（不包括粮食进入消费环节的损失量）。

粮食运输损失率
The Rate of Food transportation loss

粮食运输损失率＝粮食运输损失量／粮食总产量 ×100%。

两票制 Two-round System

药品从药厂卖到一级经销商开一次发票，经销商卖到医院再开一次发票的制度，可以有效减少流通环节的层层盘剥。降低流通成本。

两业联动集成场
Bi-Industry Interactive Integration Field

以制造业与物流业（两业）联动发展为主要研究对象的集成场理论的应用。根据不同的场界，可以形成区域、全国和全球两业联动集成场进行分析研究，也可以针对有特点的两链融合过程的集成场进行深度研究。

两业联动模式
Bi-industry Interactive Development

制造业与物流业联动过程的方案构思、形成、运行和升级等过程并以具体形式表现的稳定性范式。用集成场范畴的集成体、基核和连接键，将两业联动实践中关键要素的紧密衔接、精准对接、协同运作、合作共赢等目的、方法和过程等在理论高度进行归纳总结，就构成了基于集成场理论的两业联动发展模式，两业联动发展模式表达式反映了集成体四种关系、基核三种关系和连接键六种关系形成的配列组合关系。可以用识别、分析和发展两业联动发展关系。

两业联动模式创新空间 The Innovation Space of Bi-industry Interactive Model

集成场的两业联动模式的两业联动发展的创新空间是由集成体间关系、基核间关系和连接键类型构成的三维创新空间。在三维创新空间中，集成体间关系决定了创新发展空间，基核间关系和连接键类型引导着创新的突破方向，具体体现在连接键类型及其创新机理。两业联动模式的创新空间表明，集成体间关系决定着两业联动产业创新发展空间，集成体间关系越稳定，产业创新空间越大。

晾舱 Cargo Hold

对已经装进货舱的货物进行舱内转移贷位或起卸后重新装舱的作业。

列车别疏解 Untwine of Train

在铁路枢纽中，根据专业站的相互位置，将各衔接方向的旅客列车和货物列车或不同类别的旅客列车、不同类别的货物列车进路分开而设置的进出站线路的疏解方式。

列车技术检查站
Technical Inspection Station

在长大下坡地段的前方，进行列车制动检查、更换闸瓦的车站。

临边双翼板滑板
Two-tab Slip Sheet-adjacent

两条相临边设翼板的滑板。

零部件回收 Parts Recycling

零部件回收是将产品拆解后产生的零部件中有利用价值的部分进行回收利用的过程。

零采订单（虚拟订单） Virtual Order

在储配无库存的情况下客户可以下订单，然后根据客户的订购情况进行相应物品的采购、配送作业。

零担货物运输
Less than Truckload (LTL) Transportation

一批货物的重量、体积、形状和性质不需要单独使用一辆货车装运的货物运输。

零担货物中转站
LTL Transshipment Station

办理零担货物中转作业的车站。配置在铁路线路的衔接或交叉地点，是为中转零担货物集结和疏散而设置的车站。

零担货物组织站 LTL CFS

具有组织整装零担车条件的并纳入全路或路局零担车组织计划的零担货物办理站，零担货物组织站可分为始发组织站和中转组织站两种。

零担货运
Less-than-truck-load Transport

当一批货物的重量或容积不满一辆货车时，可与其他几批甚至上百批货物共用一辆货车装运，叫零担货物运输。零指的是零散的，担古代指的是扁担，在这里指的是车，零担就是不够一扁担，即不够一车的意思，因此零担货物一般指运量零星、批数较多、到站分散、品种繁多、性质复杂、包装条件不一、作业复杂的货物。从重量上讲。零担货物一般是一次托运时计费重量大于快递规定的 100 公斤，又小于 3 吨的货物。

零担货运站 LTL Terminal

专门办理零担货物运输业务，具有相应设施及仓储能力的货运站。

零担快运 LCL Express

由于货主需要运送的货不足一车，承运部门需要凑整一车后再发运，因而速度慢，为克服这一缺点，发展出了定线路、定时间的零担班车，提供零担货物的快速运输，即称为零担快运。

零担运价 LTL Rate

一次托运货物的批量在规定重量以下，按零担货物运输计费的运价，以基本运价为基础，在规定的调加幅度内定价。

零担中转货场 LTL Transshipment Yard

专门办理零担货物中转作业，即按货物流向或到站进行分类、整理、卸车、复装等作业的货场。

零库存 Zero Inventory

一种特殊的库存概念，其对工业企业和商业企业来讲是个重要的库存管理概念。零

库存的含义是物品以仓库储存形式的储存数量很低，甚至可以为"零"，即不保持库存。准时生产可以实现在生产过程中基本没有积压的原材料和半成品库存。零库存最重要的管理意义是通过不断降低库存来暴露问题，进而解决问题。

零库存技术 Zero-inventory Technology

在生产与流通领域按照准时制组织物品供应，使整个过程库存最小化的技术总称。

零库存生产 Zero Inventory Production

物料（包括原材料、半成品和产成品等）在生产环节中，不以仓库存储的形式存在，而均是处于周转的状态。

零售物流产业 Retail Logistics

生产企业的物流可以分为供应物流、内部物流（生产物流）、销售物流（市场物流）及回收物流。零售物流也基本上包含了这几方面的内容。在连锁业只不过减少了经销商环节，增加了物流配送环节。如果连锁集团拥有自己的物流配送中心，而且仅为自己的连锁店服务。如果物流配送中心是社会性的，或虽是自己的，但还承担本系统之外的其他配送任务。

零售商（代理／分销商）回收
Retail Recycling

制造商委托零售商从消费者手中回收废旧品，然后再以一定的价格从零售商手里买回这些废旧品的回收方式。

零售商型配送中心
Retailer Distribution Center

按照设立者分类的一种配送中心类型，是由零售商向上整合，以零售业为主体的配送中心。

零担物流产业 LCL Logistics Industry

零担物流一张货物运单（一批）托运的货物重量或容积不够装一车的货物（即不够整车运输条件）。零指的是零散的，担古代指的是扁担，在这里指的是车，零担就是不

够一扁担，即不够一车的意思。跟零担物流相关的物流经济活动的集合即为零担物流产业。

零部件物流产业
Spare Parts Logistics Industry

汽车零部件生产、制造、销售相关的物流活动，保证整个汽车生产活动中零部件的供应处于最优水平。

领先物流服务商
Leading Logistics Provider

具有领导地位的物流企业，是基于供应链和物流供应商在内的全面管理，通过管理整个流程，整合各种服务的供应商，从而达到提高客户供应链整体运作效率的目的。

另约收货 Other Receiving time

指商品出库后，顾客没有办法及时收货而更改日期等待下一次送货时，已出库的商品再次返回仓库，仓管员对商品进行核查，核查无误后进行系统操作与信息更新的过程。

溜槽或斜槽壁板的箱式托盘 Pour Box Pallet, Chute-sided Box Pallet

有一个或多个斜壁板，以方便卸货的箱式托盘。

流程管理 Process Management

一种以规范化的构造端到端的卓越业务流程为中心，以持续的提高组织业务绩效为目的的系统化方法。常见商业管理教育如EMBA、MBA等均对"流程管理"有所介绍，有时也被称为BPM业务流程管理。它是一个操作性的定位描述，指的是流程分析、流程定义与重定义、资源分配、时间安排、流程质量与效率测评、流程优化等。因为流程管理是为了客户需求而设计的，因而这种流程会随着内外环境的变化而需要被优化。

流动式起重机 Mobile Crane

可以配置立柱（塔柱），能在带载或不带载情况下沿无轨路面行驶，且依靠自重保持稳定的臂架型起重机。

流通加工 Circulation Processing

为了提高物流速度和物品的利用率，在物品进入流通领域后，按客户的要求进行的加工活动，即在物品从生产者向消费者流动的过程中，为了促进销售、维护商品质量和提高物流效率，对物品进行一定程度的加工。流通加工通过改变或完善流通对象的形态来实现"桥梁和纽带"的作用，因此流通加工是流通中的一种特殊形式。

流通加工成本
Circulation Processing Cost

报告期内企业为完成各种原材料和产品的流通加工业务而发生的全部成本。包括支付外部流通加工费和自有设备流通加工费，流通加工业务人员的工资福利、加工设施年折旧、燃料与动力消耗、设施设备维修保养费、业务费。计量单位：万元。

流通加工量
Circulation Processing Capacity

原材料和产品从生产地到消费地过程中，经过物流企业施加包装、分割、计量、分拣、刷标志、拴标签、组装等流通加工过程的货物总量。计量单位：万吨。

流通加工平均价格
Circulation Processing and Average Price

物流企业完成各种原材料和产品的流通加工业务，所取得的业务收入与流通加工作业量之比。流通加工平均价格＝流通加工收入÷流通加工量。计量单位：元／吨。

流通库存 Circulation Stock

处在流通过程中准备用于批发、零售等销售的库存，主要包括生产企业的成品库存、流通企业的批发库存、零售库存等。

流通企业物流
Circulation Enterprise Logistics

从事商品流通的企业和专门从事物流的企业的物流，是为了克服产品生产点和消费点之间的空间和时间上的间隔而产生的一种物品运动方式，主要通过运输、保管、包装、流通加工和配送等物流手段，以最低的成本把特定的产品和服务在特定的时间提交给特定的客户。

流通型配送中心 Distribution Center

基本上没有长期储存功能，仅以暂存或随进随出方式进行配货、送货的配送中心。这种配送中心的典型方式是：大量货物整进并按一定批量零出，采用大型分货机，进货时直接进入分货机传送带。分送到各用户货位或直接分送到配送汽车上，货物在配送中心里仅作少许停滞。

流通企业物流产业
Circulation Enterprises Logistics

流通企业的物流可分为采购物流、流通企业内部物流和销售物流三种形式。采购物流是流通企业组织货源，将物资从生产厂家集中到流通部门的物流。流通企业内部物流，包括流通企业内部的储存、保管、装卸、运送、加工等各项物流活动。销售物流是流通企业将物资转移到消费者手中的物流活动。

龙门起重机 Gantry Crane

水平桥架设置在两条支腿上构成门架形状的一种桥架型起重机。这种起重机在地面轨道上运行，主要用在露天贮料场、船坞、电站、港口和铁路货站等地进行搬运和安装作业。

笼式托盘 Cage Pallet

带有立杆或联杆加强的网式壁板的托盘。在一侧或多侧设有用于装卸货物的铰接的或可拆装的门。

笼形托盘 Cage Tray

带格形侧板的托盘。俗称集装笼。

陆港集成引力
Integrated Gravity of Inland Port

指陆港吸引物流企业及业务等的能力，很大程度取决于陆港基核的场源建设。涉及场源类型、功能设计及其集成引力形成和叠加的场源构成。这是将陆港作为多种场源复合体的载体，包括物流设施、作业效率和成本、海关、保税仓库（保税园区）、口岸、自贸区等。陆港集成引力对外体现复合场源极性叠加的性质和作用，直接影响到陆港的铁海联运、多式联运以及国际物流场线的集聚与辐射范围。

陆港物流园区
Inland Port Logistics Park

依托公路或铁路枢纽，以公路干线运输为主，衔接公铁转运的物流园区。

陆桥物流通道
Landbridge logistics Corridor

东起连云港，西至新疆口岸（阿拉山口、霍尔果斯等），主要依托陆桥综合运输通道的公铁线路，强化我国陇海－兰新一线的跨地区货物交流，并承担"一带一路"陆桥国际运输保障功能。

陆桥通道 Landbridge Transport

中国"八纵八横"交通规划中的"八横"之一。根据 2016 年 6 月国家发展改革委、交通运输部、中国铁路总公司联合发布的《中长期铁路网规划》，到 2030 年，中国高铁将构建"八纵八横"主通道。

陆桥运输 Land Bridge Transportation

利用横贯大陆上的铁路运输为桥梁，将海和海联结起来，形成海－陆－海的国际运输方式。

路厂（矿）联合编组站
Railway-factory Marshalling Station

铁路工业站和工厂（矿）企业站联合设在一处，实行统一调度指挥，分权管理，担当进出厂（矿）列车接发、交接、解编、取送等作业，共同为工业企业运输服务的车站。

路港联合编组站
Railway-port Marshalling Station

铁路港湾站和企业港口站联合设在一处，实行统一调度指挥，分权管理，担当进出港列车接发、解编、取送、装卸车等作业，共同为港口运输服务的车站。

路勘 Road Survey

遵循可通行性、安全性、便捷性、经济性的基本原则，充分考虑大件货物运输途中的特殊要求，针对沿途的公路、桥梁、隧道等基础设施，重点了解承重、路幅、坡度和弯道数据、收费站、架空线等因素，对将要行驶的道路情况进行详细勘查，同时规划出相应的运输排障措施。

路网性编组站
Network Marshalling Station
位于路网三条以上主要铁路干线的汇合点，承担大量中转车流改编作业、编组大量远程技术直达和直通列车的车站。

露天储煤场
Opencast Coal Storage Yard
用于储存煤炭的露天场所。

轮式托盘 Roll Pallets
普通花盆托盘的升级产品，分为两部份，盘部和轮部。盘部是用高质量聚丙烯注塑而成；轮子采用塑胶注塑。使用这种托盘方便移动大型花卉，有效解决普通托盘不方便移动的弊端。

轮胎起重机 Wheel Crane
将起重作业部分装在专门设计的自行轮胎底盘上所组成的起重机。

轮胎式集装箱门式起重机
RTG Container Crane
由门形支架、动力传动系统、起升机构、大车运行机构、小车运行机构及伸缩式吊具等组成。装有集装箱吊具的行走小车沿主梁轨道行走，进行集装箱装卸和堆码作业；轮胎式行走机构可使起重机在货场上行走，并可作 90°直角转向，从一个货场转移到另一货场，作业灵活。

轮压 Wheel Load
起重机一个车轮作用在轨道或地面上的最大垂直载荷。

螺旋输送机 Screw Conveyor
在料槽或料管内装有螺旋状叶片，通过螺旋状叶片转动，来输送粉状或粒状货物的输送机。

螺旋卸车机 Spiral Unloader
由螺旋叶轮和相应的输送设备及自行式龙门架等组成的散堆货物连续卸车机械。

螺旋卸船机 Screw Ship Unloader
由垂直螺旋输送机和相应的输送设施等组成的连续式散货卸船机械。

落地配 Cash On Delivery
也称 COD 配送（Cash on Delivery），又称为"宅配"。"落地"指货物在到达目的地城市落地。"配"指货物落地后，由到达城市的物流公司进行配送。"落地配"是在传统快递行业服务模式的基础上进行的改进，适应电子商务对于成本以及服务需求的同时，满足了客户的个性化服务和客户体验。

落空车数 Wagon Loadings Not Completed In Monthly Traffic Plan
已经铁路批准的月度要车计划中，由于托运人责任、铁路责任或其他原因而未能完成的装车数。

履带起重机 Crawler Crane
具有履带行走装置的全回转臂架式起重机，又称履带吊。

绿动计划 Green Initiative
一个物流环保行动，致力于减少快递业的碳排放和资源浪费，研发了全生物降解的绿色包裹，成功搭建了一个绿色购销平台。

"绿盾"工程 Green Shield
邮政寄递渠道安全监管"绿盾"工程，从消费者、市场主体、政府部门、社会组织等方面进行有效监管，从法律、标准、责任、诚信等多维度构建防范体系，大力推进行业安全生产信息化、标准化、规范化，全面提升安全监管的水平。

L

绿色包装 Green Package

又可以称为无公害包装和环境之友包装（Environmental Friendly Package），指对生态环境和人类健康无害，能重复使用和再生，符合可持续发展的包装。

绿色包装技术
Green Packaging Technology

食品与绿色包装技术的有效结合，不仅促进了国民经济的发展，它还有利于国家产业结构的调整，是我国实施可持续发展战略的重要方面，同时也为减少污染提供了一条切实可行的解决途径。

绿色壁垒 Green Barrier

在国际贸易领域，一些发达国家凭借其科技优势，以保护环境和人类健康为目的，通过立法，制定繁杂的环保公约、法律、法规和标准、标志等形式对国外商品进行的准入限制。它属于一种新的非关税壁垒形式，已经逐步成为国际贸易政策措施的重要组成部分。

绿色法令 Green Act

国家为了保护环境、制止污染而制定的一些与绿色生产有关的政策、法规和制度。

绿色供应链 Green Supply Chain

又称环境意识供应链（Environmentally Conscious Supply Chain, ECSC）或环境供应链（Environmentally Supply Chain, ESC），是一种在整个供应链中综合考虑环境影响和资源效率的现代管理模式。它以绿色制造理论和供应链管理技术为基础，涉及供应商、生产厂、销售商和用户，其目的是使得产品从物料获取、加工、包装、仓储、运输、使用到报废处理的整个过程中，对环境的影响最小，资源效率最高。

绿色供应商管理
Green Supplier Management

对供应商的环境绩效进行考核。

绿色流通加工
Green Circulation Processing

在流通过程中继续对流通中商品进行生产性加工，以使其成为更加适合消费者需求的最终产品。流通加工具有较强的生产性，也是流通部门对环境保护可以有大作为的领域。

绿色设计 Green Design

在产品设计过程中，着重考虑产品整个生命周期的环境属性并将其作为设计目标，在满足环境目标要求的同时，保证产品应有的功能、使用寿命和质量等要求的一种产品设计方法。

绿色生产 Green Production

一种以节能、降耗、减污为目标，以管理和技术为手段，实施工业生产全过程污染控制，使污染物的产生量最少化的生产方式。

绿色生产管理
Environmental Production Management

一套对企业绿色原材料的供应、绿色设计与制造以及绿色包装进行设置和运行的综合措施。

绿色丝绸之路 Green Silk Road

深化环保合作，践行绿色发展理念，加大生态环境保护力度。

绿色物流 Green Logistics

在物流过程中抑制物流对环境造成危害的同时，实现对物流环境的净化，使物流资源得到最充分利用。它包括物流作业环节和物流管理全过程的绿色化。从物流作业环节来看，包括绿色运输、绿色包装、绿色流通加工等。从物流管理过程来看，主要是从环境保护和节约资源的目标出发，改进物流体系，既要考虑正向物流环节的绿色化，又要考虑供应链上的逆向物流体系的绿色化。绿色物流的最终目标是可持续性发展，实现该目标的准则是经济利益、社会利益和环境利益的统一。

绿色物流系统 Green Logistics System

在可持续发展的基础上，利用电子商务、信息集成等信息技术和先进的运输、仓储等技术，在政府、社会、企业、消费者全面参与的前提下，从全社会的角度建立起来的高效、低耗、环保型的社会化物流体系。

绿色邮政 Green Post

注重促进邮政业的低碳环保。要通过减少收寄、分拣、封发、运输、投递等各个环节对环境的污染和资源消耗，实现邮政业"低污染、低消耗、低排放、高效能、高效率、高效益"发展。

绿色运输 Green Transportation

以节约能源、减少废气排放、保护环境为特征的运输。其实施途径主要包括：合理选择运输工具和运输路线，克服迂回运输和重复运输，以实现节能减排的目标；改进内燃机技术和使用清洁燃料，以提高能效；防止运输过程中的泄漏，以免对局部地区造成严重的环境危害。

绿色制造 Green Manufacturing

又称环境意识制造（Environmentally Conscious Manufacturing）、面向环境的制造（Manufacturing for Environment）。是一个综合考虑环境影响和资源效益的现代化制造模式，其目标是使产品从设计、制造、包装、运输、使用到报废处理的整个产品生命周期中，对环境的影响最小，资源利用率最高，并使企业经济效益和环境效益协调优化。

绿色装卸搬运 Environmental Handling

为尽可能减少装卸搬运环节产生的粉尘烟雾等污染物而采取的现代化的装卸搬运手段及措施。

L

145

M

MRP Material Requirements Planning

物料需求计划（MRP）。根据产品结构各层次物品的从属和数量关系，以每个物品为计划对象，以完工时期为时间基准倒排计划，按提前期长短区别各个物品下达计划时间的先后顺序，是一种工业制造企业内物资需求计划管理模式。

码板 Tag

附设在箱体或相关设备上载有所有者代码和系列号等信息并可提供遥测信号的识别数据板。

码垛机 Stacking Machine

在库场或船舱内，进行件货码垛作业的专用机械。水平和垂直运行的起重运输设备。

码垛机器人 Palletizing Robot

能自动识别物品，将其整齐地、自动地码（或拆）在托盘上的机器人。

码放 Stacking

在仓库或货场内，按一定规则对货物进行堆放的工作。

码头 Wharf

供船舶停靠、装卸货物、上下旅客的基础设施。

码头收货 Dock Receiving

供应商到货后，储配收货人员在码头对供应商所送商品进行数量、商品信息的核对、验收的作业。

码头线 Wharf Track

设在码头前沿，担当车船间货物装卸作业的铁路线路。

埋刮板输送机
En-masse (scraper) Conveyor

在密闭料槽中，由具有特殊形状刮板的链条，利用粒体间的摩擦力，进行连续输送的链式输送机。

满都拉公路口岸 Mandula highway Port

满都拉口岸是内蒙古自治区包头市唯一的对外口岸。距达茂旗政府百灵庙镇136公里，是1992年经自治区人民政府批准开通的季节性对外开放二类口岸。2002年12月，满都拉口岸顺利通过海关、商检等部门的验收，并于当月23日至28日首次开关过货。满都拉口岸是呼、包二市到乌兰巴托最近的口岸，对应的蒙古东戈壁省、南戈壁省矿产资源非常丰富。口岸每年3、5、8、11月的16日—30日开放。

毛重 Gross Weight

货物本身及其包装的重量之总和。

锚地 Anchorage

供船舶抛锚、停泊及作业的水域。

锚地作业工艺系统
Cargo Handling System in Anchorage

船舶在锚地利用船上设备或其他水土装卸机械设备，对船载货物进行"船至船"装卸时，按装卸工艺和水上装卸货物的要求，组成的有机整体。

锚定装置 Anchor

将处于非工作状态下的轨行起重机夹紧在轨道沿线的停机位上，防止其在暴风的作用下意外地沿轨道滑行的装置。

贸易伙伴 Trade Partners

交换电子商务信息的发送方和／或接收方。

贸易术语 Incoterms

用一个简短的概念或外文缩写来表明买卖双方有关费用、风险和责任的划分，确定卖方交货和买方接货方面的权利和义务。也称价格术语。

贸易数据报文 Trade Data Message

涉及贸易交易的结论或行为的贸易双方之间交换的贸易数据。

贸易数据传送 Trade Data Transfer

作为包括起始和终止数据的发送单位，发送到另一方的一条或多条贸易数据信息。

贸易数据互换应用协议（TD-AP）Trade Data Interchange Application Protocol

建立在远程传输贸易数据传递的表示和结构的国际标准基础上，已接受的贸易数据报文交换的方法。

贸易数据日志 Trade Data Log

提供贸易数据交换全部历史记录的贸易数据传送的记载。

贸易项目 Trade Item

从原材料直至最终用户可具有预先定义特征的任意一项产品或服务，对于这些产品和服务，在供应链过程中有获取预先定义信息的需求，并且可以在任意一点进行定价、订购或开具发票。

煤车注水机
Water Injector For Coal Train

向煤车搅拌注水，使煤炭含水量达到一定比例，以防止卸车时煤尘飞扬的设施。

煤粉尘抑制剂 Coal Dust Suppressants

喷洒在煤堆表面，或与水混合后喷洒在煤炭上，使煤粒聚集，或形成一种柔韧的、可再生的保护层，以防止煤尘飞扬的化学药剂。

煤炭产业供应链
Coal Industry Supply Chain

煤炭涉及采矿、运输、存储、销售等环节，每一个环节可能涉及不同的经营主体进行运作。建立产业供应链理念，可以更好地发挥产业协同运作效果。

煤炭物流产业 Coal Logistics

煤炭物流以原煤开采为起点，经过销售、运输、中间商配煤加工并中转等程序和环节，最后交付终端用户消费而终止的流通过程。包括煤炭生产物流、煤炭销售物流和煤炭回收物流三部分。

门到场 Door To Yard

由发货人货仓或工厂仓库至目的地或卸箱港的集装箱装卸区堆场。

门到门 Door To Door

由托运人负责装载的集装箱，在其货仓或厂库交承运人验收后，由承运人负责全程运输，直到收货人的货仓或工厂仓库交箱为止。这种全程连线运输，称为"门到门"运输．也称是"送货上门"。

门到门比 Door To Door Percentage

在一定时间内，门到门运输的集装箱换算箱数与运输的总换算箱的百分比。

门到站 Door To Station

由发货人货仓或工厂仓库至目的地或卸箱港的集装箱货运站。

门店仓 Store Warehouse

实现门店仓储化，将企业布局在各个城市的门店资源以仓储的方式进行全局调动，保证家电企业有更强的商品流通与出库能力，配送能力的提升相当明显。

门对门服务 Door To Door Delivery

送货到门，取货到家的服务。

门钩 Gate Hooks

把联杆或门紧固到立柱或箱式托盘上用的 L 型或直式钩。

门户机场 Fort Portal Airport

外国乘客入境的第一个机场为门户机场，需要在此机场过边防、检疫、海关等检查。

门架倾角 Portal Frame Angle

无载的叉车在平坦坚实的地面上，门架相对其垂直位置向前或向后的最大倾角。前倾角的作用是为了便于叉取和卸放货物；后倾角的作用是当叉车带货运行时，预防货物从货叉上滑落。一般叉车前倾角为3°—6°，后倾角为10°—12°。

门框开口 Door Opening

门框内部开口的无障碍尺寸，亦即能够通过的最大尺寸货物装卸的箱门开度。具体要求见相应箱型的技术条件和试验方法系列标准。

门式缆索起重机 Portal Cable Crane

承载索作为承载件固定两支腿上的桥架两端的起重机。

门栓 Gate Latches and Bolts

防止门移动或组装可拆式箱式托盘的附加坚固装置。

门托架 Gate Bracket

装门钩的一种定型托架。

门座 Portal

由带或不带运行机构的支腿支承在地面上的高架结构件。

门座起重机 Portal Slewing Crane

安装在门座上，下方可通过铁路或公路车辆的移动式回转起重机。

门座抓斗卸船机
Portal Grab Ship Unloader

具有长悬臂大变幅，可旋转机构的抓斗卸船机。又称带斗门座起重机或带斗门机。

免费保管期限 Free Storage Period

货物免费保管的时限。

民航快递 Air Express

民航快递有限责任公司成立于1996年，现隶属于中国航空集团公司，是唯一具有全国配送网络、"中国500最具价值品牌"和"亚洲品牌500强"的专业快递公司。经营范围包括国际、国内航空货站业务，主要包括包装、仓储、装卸、报关和海关监管仓库等业务。

敏捷供应链 Agile Supply Chain

在合作竞争、动态多变的市场环境中，由若干供方、需方等实体构成的快速响应环境变化的动态供需网络。供方和需方可以是各类供应商、制造商、分销商和最终用户。"动态"反映为适应市场变化而进行的供需关系的重构过程。

敏捷物流 Agile Logistics

以核心物流企业为中心，运用科技手段，通过对资金流、物流、信息流的控制，将供应商、制造商、分销商、零售商及最终消费者用户整合到一个统一的、快速响应的、无缝化程度较高的功能物流网络链条之中，以形成一个极具竞争力的战略联盟。也称"途途物流"。

敏捷型供应链 Agile Supply Chain

以核心企业为中心，通过对资金流、物流、信息流的控制，将供应商、制造商、分销商、零售商及最终消费者用户整合到一个统一的、无缝化程度较高的功能网络链条，以形成一个极具竞争力的战略联盟。

命运共同体 A Common Destiny

2013年3月23日，习近平在莫斯科国际关系学院发表演讲，首次在国际场合向世界提出"命运共同体"这一概念："这个世界，各国相互联系、相互依存的程度空前加深，人类生活在同一个地球村里，生活在历史和现实交汇的同一个时空里，越来越成为你中有我、我中有你的命运共同体。"它是以习近平为核心的中共中央就人类未来发展提出的"中国方略"。

摩托车及机动脚踏两用车邮路 Car Motorcycle and Moped and Bicycle Routes

利用二轮及三轮摩托车、机动脚踏两用车（轻便摩托车）以及加装机器的自行车、三轮车运邮的路线。

末端物流 Terminal&Logistics

送达给消费者的物流，是以满足配送环节的终端（客户）为直接目的的物流活动。

这类活动是以消费者的兴趣为转移的。

末端协同率 Terminal Synergy Ratio

智慧物流发展指数的二级指标，智能协同发展指数的评价内容之一，反映物流配送末端环节企业与其他机构的协作程度。

目的地机场 Destination Airport

运输凭证上列明的旅客、货物运输最终到达地机场。

目的港 Port of Destination

船舶或货物准备到达的港口。

目视化管理 Visual Control

也叫可视化管理。综合运用管理学、生理学、心理学、社会学等多学科的研究成果，利用形象直观而又色彩适宜的各种视觉感知信息来组织现场生产活动，达到提高劳动生产率的一种管理手段，是一种利用视觉进行管理的科学方法。

M

N

内包装 Inner Packing

货物的内层包装，一般用纸、纤维制品、塑料薄膜（泡沫）、铝箔复合材料等进行的包装。

内陆港功能区 Land Port Function Zone

设在内陆经济中心城市铁路、公路交会处，便于货物装卸、暂存的车站，依照有关国内运输法规、条约和惯例设立对外开放的国内商港所包含的主要功能区域。

内贸货物跨境运输 Cross—Border Transportation of Internal Trade Goods

国内贸易货物由我国关境内一口岸起运，通过境外运至我国关境内另一口岸的运输方式。它是缓解中国内陆运输压力的重要举措。

内贸集装箱 Domestic Container

用于国内贸易运输的标准化集装箱。

内燃叉车 Engine Powered Fork—Lift

使用柴油、汽油或者液化石油气为燃料，由发动机提供动力的叉车。载重量为0.5吨—45吨。

内外贸一体化 Internal and External Trade Integration

国内贸易与国际贸易相互联动起来，充分利用国内市场与国外市场，相互联动、协调发展，推动国内外要素市场与产品市场的融合，促进国民经济持续稳定发展的过程。

内销选择性征税 Domestic Selective Taxation

对自由贸易区内企业生产、加工并经"二线"销往国内市场的货物，企业可根据其对应进出口料件或实际报验状态，选择缴纳进口关税。

内照射防护 Internal Exposure Protection

内照射防护是通过制定各种规章制度，采取各种有效措施，阻断放射性物质进入人体的各种途径，在最优化原则的范围内，使摄入量减少到尽可能低的水平。

能达快递 NengDa Express

广东港中能达物流有限公司创立于1999年10月，2002年8月组建能达速递网络，2009年5月以华南、华东、华北三大能达速递网络为基础，成立港中能达速递全国网络，现已成为集国内航空货运、铁路、公路运输、电子商务配送、速递等及物流相关业务为一体的网络化、全国性的速递公司。

能力提升创新机理 Capacity Enhancement Innovation Theory

包括场线形成及场线安全性、专业性等在内的载运能力、换装能力、装卸能力、仓储能力、监控能力、应急能力等提升的原理。载运工具、承载器具、识别仪器、监控手段等变革都极具能力创新特征。

能源与能源设备交易中心 Energy Product and Equipment Trading Center

能源与能源设备交易中心是为方便能源交易和能源设备交易搭建的"无缝交易平台中心"。

逆向分销 Reverse Distribution

废旧产品和包装的收集和运输。

逆向物流的外包模式 Outsourcing Reverse Logistics Model

也叫第三方逆向物流模式。所谓逆向物流的外包模式，就是生产商在销售产品后，自己并不直接参与对回收产品的逆向物流工作，而是通过协议等形式将其产品回收处理工作中的部分或全部业务，以支付费用的方式由专门从事逆向物流服务的企业负责实施。在这种模式中，回收产品的逆向物流从回收、检测、分类到最后的处理环节都交由专业的第三方企业操作。

逆向物流服务供应商选择
Reverse Logistics Provider Selection

狭义地讲是选择物流服务供应商的过程；广义地讲指企业从确定需求到最终确定逆向物流服务供应商以及评价供应商的不断循环的过程。

逆向物流供应商
Reverse Logistics Supplier

向零售商提供逆向物流服务的企业及其分支机构、个体工商户。

逆向物流管理
Reverse Logistics Management

包括回收处理的组织模式、产品回收的定价策略、回收策略经济性分析、回收策略经济性优化、再制造生产计划模式等。

逆向物流管理中心
Reverse Logistics Management Center

对货物（包括流通企业的退货、制造企业所产生的废旧物品及消费者使用后的产品）、服务及相关信息从消费到起源地的有效流动和储存，进行计划、执行和控制，以满足再创价值的管理部门。

逆向物流绩效
Reverse Logistics Performance

对多属性体系结构描述的逆向物流系统做出全局性、整体性评价。

逆向物流库存
Reverse Logistics Inventory

生产商对逆向物流的数量、质量及时间的控制。

逆向物流流量 Reverse Logistics Flow

在逆向物流活动的整个过程中（包括静止与运动）的流动量。

逆向物流模式
Reverse Logistics Model

由退货、检验、分类以及一系列后续回收和再利用等处理方式和流程构成逆向物流模式。

逆向物流区域回收站
Reverse Logistics Area Recycle Station

将某一地区划分为多个区域，并在每个区域设置的逆向物流回收点

逆向物流社区回收点
Reverse Logistics Community Recovery Bin

以社区为范围设置的逆向物流回收点。

逆向物流收益
Reverse Logistics Income

企业在实施逆向物流战略时所取得的收益。

逆向物流网络
Reverse Logistics Network

确定废旧物品从消费地到起始地的整个物流渠道的结构，包括各种逆向物流设施的类型、数量和位置，以及废旧物品在设施间的流动路线、方式等。

逆向物流网络设计
Reverse Logistics Network Design

确定回收产品从收集地到市场需求终点的整个流通渠道的结构，其次，对逆向物流网络结构的效率分析及绩效做出评价。

逆向物流网络系统
Reverse Logistics Network Modelling

在产品的逆向物流过程中，从废旧产品（或缺陷产品）的收集，到回收处理中心、产品拆解中心，经价值恢复处理，直到再分销市场，同样要经过一系列的结点和运输路线。由这些逆向物流的设施点及设施点之间的线路构成的拓扑结构就是逆向物流网络。

逆向物流效应分析
Analysis on Effect of Reverse Logistics

在逆向物流活动过程中，涉及政府、生产者、消费者等多个不同的利益主体。因此，逆向物流的实施，将对不同的主体产生不同的效应。

逆向物流信息系统
Reverse Logistics Information System

包含了逆向物流整个过程中的各种信息流，用以完成信息流的采集、存储、分析处理、传递和显示功能，可以使用户及时掌握逆向物流信息的实时状况，对逆向而来的物流及时做出处理决策，以达到对资源的有效配置和充分利用。

逆向物流选址定位
Reverse Stocking Location

在一个具有若干需求点的经济区域内选择员工、地址、设置物流点的规划过程。

逆向物流运输
Reverse Logistics Transportation

考虑逆向物流的运输成本，从而达到有效降低成本，减少能源消耗的目的，逆向物流的运输问题分为两个方面：一是考虑如何设计高效的逆向物流运输系统，二是如何实现逆向物流运输的有效管理。

逆向物流运作模式
Reverse Logistics Operation

企业实施逆向物流的方式。包括公益性社会机构负责逆向物流的模式、生产企业联合建立的逆向物流模式、生产企业独立自建的逆向物流模式、生产企业逆向物流的外包模式四种。

年度货物运输计划
Yearly Freight Transportation Plan

计划年度国民经济发展要求铁路完成的运输任务，依据计划年度国民经济各部门对铁路运输的要求，并通过经济调查进行编制的货物运输计划。

农产品冷链物流 Cold Chain Logistics concerning Agricultural Products

农产品在生产、贮藏运输、销售，到消费前的各个环节中始终处于规定的低温环境下，以保证食品质量，减少食品损耗的一项系统物流工程。

农产品追溯
Traceability of Agricultural Produce

通过计算机技术对农产品进行管理，实现农产品的生产、运输、仓储、加工、销售等供应链的全部环节完整对接、全程可追溯。

农产品物流
Agricultural Product Logistics

农产品物流是物流业的一个分支，指的是农产品从生产者到消费者之间的物理性流动。就是以农业产出物为对象，通过农产品产后加工、包装、储存、运输和配送等物流环节，做到农产品保值增值，最终送到消费者手中的活动。

农超对接
Farming-Supermarket Docking

农超对接，是指农户和商家签订协议书，由农户向超市、菜市场和便民店直供农产品，这是一种新型流通方式，主要是为优质农产品进入超市搭建平台。

农村地区直接通邮率
Direct Mail Rates In Rural Areas

邮政集团公司按照固定频次将农村地区邮件直接投递到收件人或者村邮站以及其他接收邮件的场所符合国家规定标准要求的比率。反映集团公司投递服务满足农村地区邮政普遍服务需要情况。由邮政企业提供的建制村通邮统计情况和邮政管理部门抽查复核结果计算得出。

农村电子商务 Rural E-Commerce

服务于农产品上行和工业品下行的农村网络平台。通过农村电子商务平台，农民可以方便实惠的进行工业品的购买，使农民享受到和城市居民相同的网购便利。同时通过农村电子商务平台，方便农民销售本地的农产品，提高农民收入。

O

OMS Order Management System

Order Management System 的简写，指订单管理系统，主要用于商品资料建立和维护，客户订单信息管理，退换货信息管理等作业。

P

PDA Personal Digital Assistant

又称为掌上电脑，是一种移动式的操作终端，可以用于扫描、刷卡、处理订单等任务。在电商快递领域通常用于收发货处理、订单处理、库存盘点、交易结算等。

爬坡能力 Gradeability

空载起重机以稳定行驶速度爬行的斜坡的坡大斜率 $j=h\div b$，用百分数表示。

爬升式起重机 Climbing Crane

装在正修建中的建筑物构件上，并能随着建筑物高度的增加借助自有的机构向上移动的起重机。

排风设备 Ventilator

供箱体内外空气交换的装置。

排酸库 Acid Library

将屠宰后的肉制品放入一个低温环境中（即排酸冷库），在排酸间让其内部乳酸物质分解成二氧化碳、水、酒精等物质并挥发掉。排酸冷库一般利用冷库制冷设备慢慢降温（24小时内将排酸间内温度降至0℃－4℃摄氏度），考虑到排酸间排酸效果和排酸冷库的自动化运行，排酸冷库的蒸发器采用冷库冷风机。

排序配送 Order Distribution

在经济合理区域范围内，根据配送目标排序，对物品进行拣选、加工、包装、分割、组配等作业，并按时送达指定地点的物流活动。

派车 Truck Dispatch

根据订单流向进行车辆分派的作业。

派件异常订单 Abnormal Dispatch Order

分派后未被客户及时签收的订单。

攀货物 Climb Goods

指攀爬货物。

盘点 Stocktaking

对实际数量与账面数量的核对、调整和处理的过程。

盘卷包装 Drum Package

将挠性产品，如钢丝、电缆等，用盘卷等包装辅助物以及裹包等工艺方法进行包装。

盘亏 Deficit

根据盘点清册账目进行实物盘点确认时，出现的清册中有而无实物的账目缺失情况。

盘式制动器 Disk Brake

用制动轮和制动瓦作为摩擦副的制动器。

盘盈 Profit

根据盘点清册账目进行实物盘点确认时，出现的有实物而未在清册中体现的账目盈出情况。

刨冻 Broken Frozen Layer

冬季卸冻结的货物时，所进行的破碎冻结层的作业。

泡罩包装 Blister Pack

将产品封合在透明塑料薄片形成的泡罩与底板（用纸板、塑料薄膜或薄片，铝箔或它们的复合材料制成）之间的一种包装方法。

赔偿金额 Compensatory Damages

由于承运人责任造成的货物损失而支付的赔款数额。

赔偿率 Compensation Rate

在货物运输中，由于货运差错、事故而赔偿的金额与货运总收入金额之比，一般以万分比表示。计算公式为：赔偿率＝赔偿金额÷收入总金额×‰。是货运质量事故实际赔偿额与货运营业收入总金额的比率。

赔偿限额 Maximum Indemnity

承运人对各种货物进行赔偿的最高赔偿额。

配单 List of Allotment

对于一个订单号对应多件商品的订单，库存在根据拣货单完成拣货后，再根据订单号进行每笔订单对应商品的匹配作业。

配额 Quota

一国政府在一定时期内对某些敏感商品的进口或出口进行数量或金额上的控制，其目的是调整国际收支和保护国内工农业生产，是非关税壁垒措施之一。

配工 Labor Allotment

码头生产管理部门为装卸货物，根据一定操作过程，选配机械和装卸工人的工作。

配送成本 Delivery Costs

报告期内企业为完成各种原材料和产品的配送业务而发生的全部成本。包括支付外部配送费和企业自身完成配送业务所发生的费用，配送业务人员的工资福利、配送设施年折旧、燃料与动力消耗、设施设备维修保养费、业务费。计量单位：万元。

配送分拨中心 Distribution Center

物流行业运作的经济活动组织，换个角度来说，它又是集加工、理货、送货等多种职能于一体的物流据点。

配送服务 Distribution Service

在经济合理区域范围内，根据客户要求，对物品进行拣选、加工、包装、分割、组配等作业，并按时送达指定地点的物流活动。

配送管理系统
Distribution Management System

物流企业或部门采用网络化的计算机技术和现代化的硬件设备、软件系统及先进的管理手段，针对社会需求，严格地、守信用地按用户的订货要求，进行一系列分类、编配、整理、分工、配货等理货工作，定时、定点、定量地交给没有范围限度的各类用户，满足其对商品的需求。

配送平均价格 Distribution Cost

报告期内物流企业完成各种原材料和产品的配送业务，所取得的业务收入与配送作业量之比。配送平均价格＝配送业务收入÷配送量。计量单位：元／吨。

配送时效 Distribution Limitation

当日订单装车后到客户签收的时长。

配送式保障 Distribution Guarantee

在军事物资全资产可见性的基础上，根据精确预测的部队用户需求，尽可能跳过军事供应链的某些环节，采取从军事物资供应起点直达部队用户的供应方法，通过灵活调配物流资源，在需要的时间和需要的地点将军事物资主动配送给作战部队的一种军事物资供给方式。

配送网络结构
Structure of Distribution Network

物品从生产区域到消费区域的空间转移过程中移动（运输）和静止（中转集运、换装、分拣、库存、包装等）的控制策略与组织方式。配送结构决定了不同层次的节点在整个配送网络中承担的任务也是不同的。

配送需求计划
Distribution Requirement Planning, DRP

一种既保证有效地满足市场需要，又使得物流资源配置费用最少的计划方法，是MRP原理与方法在物品配送中的运用。它是流通领域中的一种物流技术，是MRP在流通领域应用的直接结果。主要解决分销物资的供应计划和调度问题，达到保证有效地满足市场需要又使得配置费用最省的目的。

配送站 Distribution Station

对货物进行配送处理的末端物流节点。它通常位于企业物流网络的最底层，是衔接分拨中心和最终客户的中间环节。

配送中心 Distribution Centre

接受并处理末端用户的订货信息，对上游运来的多品种货物进行分拣，根据用户订货要求进行拣选、加工、组配等作业，并进行送货的设施和机构。是从供应者手中接受多种大量的货物，进行倒装、分类、保管、流通加工和情报处理等作业，然后按照众多需要者的订货要求备齐货物，以令人满意的服务水平进行配送的设施。

配送中心的作业系统
Distribution Center Management System

在搬运、保管、包装、流通加工、配装和运输等作业中使用各种先进技术和设备的系统，使整个系统的运行实现自动化、快捷化、网络化，以提高整个物流活动的效率，增加物流整体效益。

配送资源计划
Distribution Resource Planning

是一种企业内物品配送计划系统管理模式，指在流通领域中配置物资资源的技术，能够实现流通领域内物流资源按照时间、数量的需求计划和需求到位。

配套包装 Support Package

按各国消费者的消费习惯，将数种有关联的产品配套包装在一起成套供应，便于消费者购买、使用和携带，同时还可降低包装成本，扩大产品销售。

配载 Load Matching

为提高货运车辆的实载率而进行的运输货物的配给、整车货物拼装或整车装载货物的组合。航班始发站根据飞机从本站出发的最大可用业务载重量来配运至各有关站的旅客、行李、邮件、货物，即实际业务载重量的配算。

配载技术 Loading Technology

在完成一个或者多个运作目标的前提下，将时间、成本、资源、效率、环境约束集中整合优化，实现现代物流管理低成本高效率的技术，是物流运营计划与实际运营之间的有效结合的关键。

配载线路优化技术
Optimization Technique of Loading Route

集货线路优化、货物配装及送货线路优化等，是配送系统优化的技术。

配置控制 Configuration Management

通常应用于那些物流导向型的服务中，以有效管理和控制大型设备。

配装号 Match Number

配装号指为区分给配装货物分配的标号。

喷水抑尘法
Dust-control With Water-jetting

喷水使物料湿润，以减少粉尘飞扬的防尘方法。

批发商型配送中心
Wholesaler Distribution Center

按照设立者分类的一种配送中心类型，由批发商或代理商为主体的配送中心。物品来自各个制造商，它所进行的一项重要的活动是对物品进行汇总和再销售。它的全部进货和出货都是社会配送的，社会化程度高。

批注 Remark

在卸箱时对照出口港所编批注清单检查集装箱，在卸船顺序单中注明异状或损坏扩大的情况。

皮带货运量 Belt Volumes

报告期内企业利用皮带运输机运输的原材料和产品总量。计量单位：万吨。

皮带式输送机 Belt Conveyor

以输送带作牵引和承载构件，通过承载物料的输送带的运动进行物料输送的连续输送设备。

片马口岸 Pianma Port

地处云南省高黎贡山国家级自然保护区西坡腹地，位于怒江傈僳族自治州泸水县片马镇，南、西、北与缅甸联邦共和国接壤，是怒江州唯一对外开放的省级口岸，已成为怒江州经济腾飞中的一翼，是云南省对外开放的重要窗口，正朝着资源开发、加工、进出口贸易等多功能综合性口岸发展。

拼箱 Consolidation

承运人（或代理人）接受货主托运的数

量不足整箱的小票货运后，根据货类性质和目的地进行分类整理，把去同一目的地的货，集中到一定数量拼装入箱。

拼箱运输
Consolidation Transportation

承运人或其代理人根据货类性质和目的地，将分属不同货主但流向相同（去同一目的地）的两票或两票以上的货物分类整理后，集中拼装在一个集装箱内，经海关检验并对集装箱施加铅封后予以运输。

品类 Category

品类及商品分类，指在顾客眼中一组相关联的和（或）可相互替代的商品和服务。按照国际知名的 AC 尼尔森调查公司的定义，品类即"确定什么产品组成小组和类别，与消费者的感知有关，应基于对消费者需求驱动和购买行为的理解而确定"，也有人认为品类即商品种类。一般情况下分为四个品类角色：目标性品类；常规性品类；季节性品类；便利性品类。

平板列车 Flatcar

一辆货车和一辆牵引杆货车挂车的组合；在可角向移动的货物承载平板的整个长度上载荷都是不可分地置于牵引车和挂车上。为了支撑这个载荷可以使用辅助装置。这个载荷和／或它的支撑装置构成了这两个车辆的连接装置，因此不允许挂车再有转向联结。

平板式集装箱半挂车
Container Semi-trailer

钢板或木板铺在车辆支承梁上，并按集装箱的规格设置旋锁，以固定集装箱的半挂车。

平仓机 Trimmer

配合装船机使散货能平整地装入船舱的专用机械。如带式抛料机、圆盘式抛料机等。

平舱 Trimming

按港口装卸设备和船舶起货设备的额定荷载，按一定的标准（货物件数与码型）在吊货工具上堆码的货组。

平常邮件 Ordinary Mail

邮政企业在收寄时不出具收据，投递时不要求收件人签收的邮件。

平过道 Foot Pass Between Platform

与线路平面相交的跨线设备。

平衡滑轮 Compensating Sheave

在钢丝绳缠绕系统中，用于均衡钢丝绳伸长量的滑轮。

平衡台车 Bogie

装有车轮或滚轮并通过铰接使轮压均匀的支承装置。

平衡重 Counterweight

装在平衡臂或转台上，在起重机作业时用于平衡工作载荷和／或某些起重机部件的重力的重块。

平衡重式叉车
Counterbalanced Forklift

车体前方装有升降货叉、车体尾部装有平衡重块的起升车辆，简称叉车。叉车适用于港口、车站和企业内部装卸、堆垛和搬运成件物品。3 吨以下的叉车还可在船舱、 火车车厢和集装箱内作业。

平衡重式堆高车
Counterbalanced Stacker

堆高车前无底腿，堆高车后加配重块，货叉可适量前倾与后倾，以保证铲货后水平。

平衡重式内燃叉车
Counterbalanced Internal-combustion Forklift

一般采用柴油、汽油、液化石油气燃料，载荷能力 0.5 吨－ 45 吨，10 吨以上多为柴油叉车。

平均车日行程
Average Moving Distance per Vehicle/day

在一定时期内，全部工作车辆中平均每辆车每日行程。

平均库存量 Average Stock

报告期内企业仓库中的原材料和产品平均库存量。计量单位：万吨。

平均每天堆存货物吨数
Average Cargo In Storage per Day

一定时期内，平均每天在港口库场堆存的货物吨数。

平均温度 Average Temperature

指某一段时间内温度的平均值。

平均运距 Average Haul Distance

在相应的时期和范围内运送旅客或货物的平均距离。单位：千米。

平均重箱箱货量
Average Weight of Loaded Container

重箱箱体质量和重箱载货质量之和与重箱换算箱数的百分比。

平均重箱载货量
Average Weight of Goods In A Container

重箱载货质量与重箱换算箱数的百分比。

平均重箱载运率 Average Ratio of Full Containers Loaded On Trucks

集装箱车辆载运重箱换算箱数与车辆箱位数的百分比。

平炉加料起重机
Open-hearth Furnace Charging Crane

装备有料箱搬运装置的桥架型起重机。

平码 Placed Horizontally Stacking

货物外形中的最大平面呈水平状态放置的堆码方式。

平面疏解 Plane Untwining

在同一高程线路的平面上采用时间间隔、分散交叉点、闸站或平行进路，以分散进路交叉位置，称为平面疏解。

平台或台架箱底架 Platform

承托此类集装箱箱底的重型结构梁或型钢，以避免出现箱底结构的过量下挠。

平台集成体 Platform Integrator

提供公共服务平台的集成体，由主体单元与客体单元组成，表现为一种场所性平台，目的是在物流集成场中形成有特定目的的有序作用关系，以支持专业化、信息化、网络化的物流集成过程的实现。

平台类电子商务企业 The Platform Class Enterprise Electronic Commerce

借助于先进的信息与网络技术，打造Internet服务平台，按照特定的交易与运行规范，为企业或个人提供线上推广、业务洽谈、商品交易等商务行为的虚拟空间，全面保障商务活动顺利运营的第三方企业。

平台式集装箱 Platform Container

一种没有上部结构的载货平台，其平面尺寸和最大总质量以及供搬运和紧固作业的设施等均符合标准集装箱的要求。

坡度 Gradient

起重机在基上工作的道路坡度，由 $i=h\div b$ 确定，用百分数表示，为起重机基距的两点之间的标高差值 h 与在坡道上的水平距离 b 之比。该标高差值应在此段线路上起重机空载条件下测定。

铺板条 Deck Board

顶铺板和底铺板的组成部件。

普通仓库 General Warehouse

储存和保管普通货物，一般不需要配置专用设施的货物仓库。

普通货车 General Wagon

用途较为广泛、适装运多种品类货物的通用车辆。如棚车、敞车和平车等。

普通货物 General Goods

对运输、装卸、保管没有特殊要求的货物。在交运、保管、装卸、运输及交付过程中没有特殊要求的货物。

普通货物分等运价
Rates for General Goods

按普通货物的性质、类别划分等级的运价。普通货物分三等：一等货物运价按基本运价定价；二、三等货物分别在一等货物运价的基础上，按一定的调价比例定价。

普通货物集装箱 General Container

除装运需要控温的货物、液态或气态货物、散货、汽车和活的动物等特种货物的集装箱以及空运集装箱以外其他类型集装箱的总称。

普通货物运输
General Cargo Transport

对运输、装卸、保管无特殊要求的货物运输。

普通悬挂输送机
Overhead Chain Conveyor

利用固定在悬挂链条上的吊具，连续输送、分拣邮件袋的设备。

普通邮票 Regular Stamp

面值种类齐全可多次印刷，供各类邮件贴用的邮票。

普通运价 Ordinary Tariffs

在全路正式营业线上都适用的统一运价，是货物运价的基本形式。

Q

期货保税交割 Futures Bonded Delivery

以海关特殊监管区域或保税监管场所内处于保税监管状态的期货合约所载商品作为交割标的物进行期货实物交割的过程。

期货交易 Futures Trading

在期货交易所内买卖某种期货合约的交易活动。

期末货物存储量
The Final Goods Storage

报告期末企业处于储存状态的钢铁原燃料和产品总数量。计量单位：万吨。

企业采购
Enterprise procurement/Business Purchasing

企业的采购通常采购数量较多，采购市场范围较宽，对于采购活动的要求也较为严格。企业采购首先需要对供应商进行评价与选择，再按照企业所需采购的原材料的品种、数量及需求规律进行采购各个环节的深入研究与科学操作，确保JIT及时采购的顺利进行。

企业回收物流
Enterprise Recycling Logistic

对企业排放的无用物或者再利用物进行运输、装卸、处理等的物流活动。企业在生产、供应、销售的活动中总会产生各种边角余料、废料或退货，这些东西的回收过程就是逆向物流。逆向物流可以帮助企业降低生产成本、提高客户满意度、加强环保等多方面的间接经济效益与社会效益。

企业逆向物流
Enterprise Reverse Logistics

企业将逆向物流纳入经营战略，实现企业目标和社会效益的统一。

企业逆向物流体系
Enterprise Reverse Logistics System

逆向物流的战略制定即企业为了适应外部环境和内部条件的变化，综合运用各种战略控制的方法，通过实现企业目标和社会效益的统一来促进企业综合业绩的不断优化。

企业物流 Enterprise Logistics

企业内部的物品实体流动。它从企业角度上研究与之有关的物流活动，是具体的、微观的物流活动的典型领域。企业物流又可区分为以下不同类型的具体物流活动：企业供应物流、企业生产物流、企业销售物流、企业回收物流、企业废弃物流等。

企业物流管理
Enterprise Logistics Management

以企业物流为研究对象，以供应物流、生产物流管理、销售物流管理、回收物流管理、库存物流管理与逆向物流为基础，并从物流营销服务、物流成本、物流信息、物流管理组织等不同角度，分析企业物流的实际运作和发展方向。

企业物流信息化
Enterprise Logistics Informatization

物流企业运用现代信息技术对物流过程中产生的全部或部分信息进行采集、分类、传递、汇总、识别、跟踪、查询等一系列处理活动，以实现对货物流动过程的控制，从而降低成本、提高效益的管理活动。物流信息化是现代物流的灵魂，是现代物流发展的必然要求和基石。

企业物流成本与服务
Enterprise Logistics Cost and Service

物流成本管理是企业物流管理的核心内容，对企业提升物流管理的效率、确定物流服务水平起着至关重要的作用。是基于对企业物流成本的构成、核算、控制理论以及物流成本与物流服务之间联动模型，构建以企业物流服务水平的保证为核心的物流成本分析体系。

企 业 物 流 成 本 控 制 研 究 Study on

Logistics Cost Control of Enterprise

物流成本控制就是在物流过程中对物流成本的各种影响因素，按照事先拟定的标准进行监督，发现偏差并予以纠正，从而使物流过程中的各项资源的消耗和费用开支限定在标准规定的范围内，是基于对物流成本核算与控制的认识，对企业物流成本的局部、总体控制策略，库存、运费成本控制等进行系统性的研究分析。

企业物流规划与管理 Planning and Management of Enterprise Logistics

针对企业之间的一种管理方式，企业高层管理机构根据企业长期经营、发展的总目标，结合企业内部条件和所处的外部环境制定出能够使企业达到总目标所需要遵循的管理方针和管理政策，做出现有资源优化配置的决策，提出实现总目标的经营途径和手段。

企业物流成本估算 Cost Estimation of Enterprise Logistics

货物或产品在运输、储存、包装、装卸搬运、流通加工、物流信息、物流管理等过程中所耗费的人力、物力和财力的总和以及与存货有关的流动资金占用成本、存货风险成本和存货保险成本的大概推断或估计。

企业物流工程 Enterprise Logistics Engineering

在企业物流管理中，把物流和信息流看作一个系统，运用运筹学和系统工程等理论知识来解决实际问题和优化系统，运用工程技术来研究和实施物流系统的设计、实现和运行，以低的物流费用、高的物流效率优质的顾客服务，达到提高社会经济效益和企业经济效益目的的综合性组织管理活动过程。

企业物流与经济的关系 The Relationship between Enterprise Logistics and Economy

企业物流能带动交通运输业、物流业、建筑业、商业、广告、旅游、金融等相关行业的发展，促进经济增长，而经济的增长情况又为企业物流提供了外部环境和新的需求。企业物流是在降低物质消耗、提高劳动生产率以外创造利润的第三重要源泉。

企业物流管理供应链视角 Enterprise Logistics Management Supply Chain angle of view

企业物流中涉及的上下游企业作为整体，相互合作、信息共享，提高物流的快速反应能力，降低物流成本的管理模式。可使物流活动的每一环节为了共同的目标保持协调一致，可有效提高企业产品物流的效率和服务水平。

企业物流服务外包 Enterprise Logistics Outsourcing

制造企业或销售等企业为集中资源、节省管理费用，增强核心竞争能力，将其物流业务以合同的方式委托给专业的物流公司（第三方物流，3PL）运作。外包是一种长期的、战略的、相互渗透的、互利互惠的业务委托和合约执行方式。

企业物流管理决策 Management Decision of Enterprise Logistics

为了提高企业物流的管理效能，以实现企业内部物流生产、供应、销售等环节生产技术经济活动的高度协调及资源的合理配置与利用，如物流渠道选择，设备更新改造决策，人事任免，组织机构调整等决策。

企业物流管理路径 Management Path of Enterprise Logistics

针对企业物流建立一套标准化管理模式与管理程序，是一个有关企业物流业务管理的综合模式，以企业生产经营为指导来促进物流管理组织和资源配置，最终起到规范物流运转，减少差错，降低成本，提高质量的作用。

企业物流监管 Enterprise Logistics

企业根据物流的规律，利用人员、技术、制度等手段对处于仓储、保管、运输等物流状态的货物（商品）进行计划、组织、指挥、协调控制和监督，使各项物流活动实现最佳的协调与配合，以降低物流成本，提高物流效率和经济效益，保证物流服务水平和服务质量。

企业物流成本控制
Cost Control of Enterprise Logistics

对企业物流活动中人、财、物等成本因素的比例、数量、质量的有效控制，有利于改善企业物流的运营管理，在竞争中获得持久持续性的优势，让企业取得更大的生存发展的机会。

企业物流营销战略 Marketing Strategy of Enterprise Logistics

以降低物流成本，提高顾客服务水平为目标，物流企业通过各种营销策略：产品实体分销战略，供应链营销战略；第三方物流战略；商物分离战略；联合配送战略；准时化送货战略等物流活动来达到扩大市场、促进销售的目的。

企业物流营销
Enterprise Logistics Marketing

企业为了有效满足物流需求而系统地提供服务概念、价值、价格、沟通的行为组合。物流营销是围绕市场需求，计划最可能的供给路径，在最有效和最经济的成本前提下，为客户提供服务空间流动和时间延伸的需要。

企业物流市场营销策略 Marketing Strategy of Enterprise Logistics

企业以顾客物流需要为出发点，根据经验获得顾客物流需求量以及购买力的信息、商业界的期望值，有计划地组织各项经营活动，通过相互协调一致的产品策略、价格策略、渠道策略和促销策略，为顾客得到满意的商品和服务而提供物流服务的过程。

企业物流管理会计 Management Accounting of Enterprise Logistics

企业会计的一个重要分支。核算和监督企业物流的资金运用、资金来源，企业物流的成本和费用，以及经营所得的财务成果，借以分析企业物流得失，改善企业物流管理，提高企业经济效益的一种管理活动。

企业物流管理人才 Management Personnel of Enterprise Logistics

在企业生产经营过程中，为满足物流需求而进行的对货物、服务及相关信息从起始点到消费地，高效率、高效益地流动与储存而进行的计划、实施及控制的过程中，根据物质资料实体流动的规律，应用管理的基本原理和科学方法，对物流活动进行计划、组织、指挥、协调、控制和监督的各类人员。

企业物流柔性管理 Flexible Management of Enterprise Logistics

以合理的成本采用合适的运输方式，在合适的时间和地点收集和配送合适的产品或资源，以整个供应链价值最大化为目标，为实现物流作业适应消费需求的"多品种、小批量、多批次、短周期"趋势，灵活地组织和实施物流作业的管理模式。

企业物流系统不确定性 Uncertainty of Enterprise Logistics System

因对企业物流的内外部环境预测的不确定性或是物流运作不确定性与环节间的衔接不确定性而产生货物的灭失和损害的情况，可能发生的环节主要有运输、仓储、装卸搬运和配送环节。

企业物流信息化陷阱 Informatization Trap of Enterprise Logistics

物流企业在信息化发展的过程中，由于缺乏对整个物流系统的全局考虑，盲目地引进不完善、不适用的物流信息平台，为了物流信息化而信息化，使信息化与其最初的目标背道而驰，造成企业成本增加，效益减少的结构性缺陷。

企业物流中的时间管理 Time Management in Enterprise Logistics

企业为了加快物流速度，减少物流时间，节省物流成本提升整体物流运作水平，通过事先规划并运用一定的技巧、方法与工具实现对物流各个环节时间的灵活以及有效运用，从而实现企业的既定目标，提高企业效益的管理工具。

企业物流发展途径 Development Ways of Enterprise Logistics

企业物流在成本、效率、技术、管理等方面不断改进、提高，实现企业物流发展升级的路径，包括企业物流需求扩张与结构调整，社会化与专业化能力提升、规模化与个性化发展、物流市场细分与国际化融合、区域物流集聚与扩散、物流信息集成化与移动化升级。

企业物流成本项目会计核算 Accounting Calculation of Enterprise Logistics Cost

企业在会计核算中分列物流成本项目，了解企业物流成本项目在会计核算过程中具体发生，研究企业物流成本费用项目的构成及影响因素，从而控制企业物流成本，提高效益。

企业物流系统流程再造 BPR of Enterprise Logistics System

企业以物流业务流程为改造对象和中心、以关心客户的需求和满意度为目标，对现有的物流业务流程进行根本的再思考和彻底的再设计，利用先进的制造技术、信息技术以及现代的管理手段实现技术上的功能集成和管理上的职能集成，实现企业物流管理在成本、质量、服务和速度等方面的改善。

企业物流供应链管理 Logistics Supply Chain Management of Enterprise

企业以最小成本并满足客户需要的物流服务水准下，对从供应商、制造商、分销商、零售商，直到最终用户间的整个渠道的整体管理的过程。是在相互关联的部门或业务伙伴之间所发生的物流、资金流和信息流，覆盖从产品服务设计、原材料采购、制造、包装到支付给最终用户以及产品退货和回收的全过程的管理活动。

企业物流库存管理 Inventory Management of Enterprise Logistics

企业物流库存管理是以降低企业的生产成本和提高其经济效益为目的，实现企业与库存物料的计划与控制有关的业务，主要针对仓库或库房的布置，物料运输和搬运以及存储自动化等的管理。

企业物流运作现状 Status Quo of Enterprise Logistics Operation

企业在生产活动中的采购、运输、储存、包装、装卸、流通加工、分销、售后服务等物资流通活动以及有关的信息活动中，企业当前物流资源配置、业务管理与运作的情况。

企业物流外包决策 Outsourcing Decision of Enterprise Logistics

企业结合自身业务模式、市场定位方向、战略目标达成等因素，依据掌握的各种决策分析技术与模型及相关的数据，对各种物流外包备选方案进行分析比较，从中选出最佳方案的过程。

企业物流风险防范 Risk Prevention of Enterprise Logistics

企业在选择物流外包时必须谨慎，在考虑物流外包优势的同时也必须重视其潜在的风险，以系统的、长期的观点来进行物流外包决策，并采取一定的应对策略来防范潜在的各种风险。主要的防范措施包括：①识别企业的核心竞争力；②外包伙伴，即第三方物流公司的选择；③物流外包活动的控制；④企业内部组织结构的调整；⑤以"双赢"为原则，巩固合作关系。

企业物流五种模式 Five Modes of Enterprise Logistics

指企业物流服务的提供方式，主要有：1. 自营物流；2. 直接使用第二方物流；3. 使用第三方物流；4. 部分自理；5. 联合物流。

企业物流服务水平的提升 Promotion of Enterprise Logistics Service Level

企业通过加强管理，更新技术和设备，优化工作流程，完善信息平台，引进新型管理人才等途径，实现企业运营过程中降低成本，提高效率，使企业物流服务水平得以提升，增加客户的满意度。

企业物流产出过程控制 Process Control of Enterprise Logistics Output

企业物流产品或服务在生产者、销售者之间流转，最后形成产品存储、运输、装卸等过程控制，这是企业物流控制的最后环节。加强这一环节的控制，有利于减少因管理不善造成的产品短缺、丢失、损坏等，保证提供客户所需的产品，确保物流流转效率。

企业物流保管过程控制 Custody Process Control of Enterprise Logistics

针对企业物流仓库管理过程的控制，这是物流控制的中间环节。企业加强这一环节的控制，对减少物资积压、浪费、压缩资金占用，降低发出物资差错损失，减少费用支出尤为重要。

企业物流成本控制思路 Cost Control Idea of Enterprise Logistics

企业对物流相关费用进行的计划、协调与控制。物流成本管理是通过成本去管理物流，即管理的对象是物流而不是成本。企业物流成本管理可以说是企业以成本为手段的物流管理方法。

企业物流外包决策模式 Outsourcing Decision Model of Enterprise Logistics

企业从战略的角度，针对自身业务发展需求对物流企业的物流运作水平、企业物流能力，将其物流业务以合同的方式委托于专业的物流公司运作，通过一定技术手段和管理流程选择外包方案的决策过程。

企业物流外包决策分析 Analysis on Outsourcing Decision of Enterprise Logistics

生产或销售等企业为集中精力增强核心竞争能力，依据掌握的各种决策分析技术与模型及相关的数据，对各种物流外包备选方案进行分析比较，从中选出最佳方案的过程。企业物流外包能给企业带来新的发展机会。

企业物流与微观经济的关系 The Relationship between Enterprise Logistics and Microeconomy

企业物流几乎涉及贯穿企业运营的所有过程，因此，企业物流对这些过程都具有或多或少的某种程度的影响。这些影响就表现为企业物流与微观经济的某些互动关系，比如企业物流与生产制造的关系、企业物流与市场营销组合的关系等。

企业物流与宏观经济的关系 The Relationship between Enterprise Logistics and Macroeconomy

企业物流通过影响社会资源的配置来影响宏观经济的政策与发展。因此，企业物流与宏观经济之间具有紧密的关系，二者表现为相互适应、相互促进。概括地说，企业物流对宏观经济的影响主要表现在促进社会分工的专业化、改善供给状况、提高产业效率等方面。

企业物流战略定位 Strategic Positioning of Enterprise Logistics

企业物流为实现经营目标，在目标市场上对自身占位与影响力的预设，通过对企业的外部环境和内部资源的分析而制定的较长期的全局性的重大物流发展决策。企业物流战略定位一般具有稳定性、长期性、全局性。

企业物流配送 Enterprise Logistics Distribution

在运输网络合理化和销售网络系统化的基础上，企业在经济合理区域范围内，根据客户要求，对物品进行拣选、加工、包装、分割、组配等作业，并按时送达指定地点的物流活动。

企业物流管理信息化模型 Management Information Model of Enterprise Logistics

结合企业实际的业务发展需要，通过对企业物流管理实务的研究，根据相关的业务过程、环节数据，抽象得出的相应的理论模型，用于提高企业物流信息化系统开发的精确性和可靠性。

企业物流效用
Enterprise Logistics Utility

企业在物流过程中的物化劳动和活劳动投入增加了产品的效用，具体表现为增加了产品的空间效用、时间效用、品种效用、批量效用、信息效用和风险效用等。

企业物流成本
Enterprise Logistics Cost

产品在物流活动中所耗费的各种活劳动和物化劳动的货币表现。具体地说，它是产品在实物运动过程中，如包装、搬运装卸、运输、储存、流通加工等各个活动中所支出的人力、物力和财力的总和。

企业物流管理竞争力 Management Competitiveness of Enterprise Logistics

企业内部经过整合后的知识和技能，尤其是协调企业物流各方面资源的知识和技能，一般体现在物流专业化、物流科技化、物流集成化、物流信息化、物流网络化等方面。

企业物流管理演变史 Evolution History of Enterprise Logistics Management

企业物流管理概念、理论与实践的产生、发展和成熟的演变历史。一般分为五个阶段：①物流功能个别管理阶段；②物流功能系统化管理阶段；③管理领域扩大阶段；④企业内物流一体化管理阶段；⑤供应链物流管理阶段。

企业物流管理中的数据挖掘 Data Mining Technology in Enterprise Logistics Management

从企业物流业务产生的大量数据中通过算法搜索隐藏于其中信息的过程，通过统计、在线分析处理、情报检索、机器学习、专家系统（依靠过去的经验法则）和模式识别等诸多方法来实现上述目标。

企业物流管理四大决策 Four Major Decisions of Enterprise Logistics Management

企业物流运作中的四个层面的决策：计划决策、组织决策、领导决策、控制决策。

企业物流管理基本流程 Basic Process of Enterprise Logistics Management

物品从供应地向接收地的实体流动过程中，企业根据实际需要，将运输、储存、装卸搬运、包装、流通加工、配送、信息处理等实际过程中抽取的基本的步骤和环节。

企业物流成本控制 Cost Control of Enterprise Logistics

物流成本控制是企业物流采用特定的理论、方法、制度等对物流各环节（运输、仓储、包装、装卸搬运、配送、流通加工、物流信息等）发生的费用进行有效的计划管理和控制调节。

企业物流成本会计核算模式 Cost Accounting Model of Enterprise Logistics

根据企业确定的成本计算对象，采用相应的成本计算方法，按照规定的成本项目，通过一系列物流费用的汇集与分配，从而计算出各物流环节成本计算对象的实际总成本和单位成本的标准程序。

企业物流管理运作模式 Operation Mode of Enterprise Logistics Management

在生产经营过程中，企业根据物流行业一般规律，应用管理的基本原理和方法，对物流运作进行计划、组织、协调和控制的活动过程的范式程序。

企业物流成本核算方法 Cost Accounting Method of Enterprise Logistics

对企业物流业务进行完整的、连续的、系统的反映和监督所应用的方法，主要包括以下七种：设置会计科目、复式记账、填制和审核凭证、登记账簿、成本计算、财产清查、编制会计报表。

企业物流金融 Enterprise Logistics Finance

企业在面向物流业的运营过程中，通过应用和开发各种金融产品，有效地组织和调剂物流领域中货币资金的运动。这些资金运动包括发生在物流过程中的各种存款、贷款、投资、信托、租赁、抵押、贴现、保险、有价证券发行与交易，以及金融机构所办理的各类涉及物流业的中间业务等。

企业物流信息系统整合与应用 Integration and Application of Enterprise Logistics Information System

针对企业物流现状，以供应链为基础，实施节约成本、优化系统策略，整合异构数据信息和物流成本信息，利用数据库理论和方法以及数据挖掘技术，优化物流业务模型，开发和升级企业物流信息管理系统，进一步提高系统效率，有效地监督、控制企业物流成本。

企业物流模式转换分析 Analysis on Mode Transformation of Enterprise Logistics

企业物流模式转换建立在对转换成本和转换风险分析的基础上，对企业物流既有习惯和价值观念等范式发展变革的研究与分析。企业物流模式转换分析应着重考虑企业自身的物流能力，第三方企业的能力和服务水平，转换成本和风险等几方面因素。

企业物流经营虚拟化 Virtualization of Enterprise Logistics Management

企业在物流组织上突破有形的界限，虽有生产、行销、设计、财务等功能，但企业物流体内却没有完整地执行这些功能的组织。就是说企业在有限的物流资源下，为了取得竞争中的最大优势，仅保留企业物流中最关键的职能，而将其他的功能虚拟化——通过各种外力进行整合互补，其目的是在竞争中最大效率地利用其他社会物流资源。

企业物流的特点 Characteristics of Enterprise Logistics

企业物流包括企业供应物流、企业生产物流、企业销售物流、企业回收物流、企业废弃物物流等，企业物流区别于其他业务的不同，主要有：物流成本高，供给和分拨路线长，对企业战略有重要意义，要求快速、个性化的反应。企业物流是一个受外界环境影响的具有输入—转换—输出功能的自适应体系。

企业物流资源整合 Integration of Enterprise Logistics Resources

企业物流资源整合是一个为长远利益而实现的战略决策。随着市场的情况变化与发展，企业的各种物流资源必须随之整合与优化，这需要极强的战略协调能力。企业必须设立动态战略综合指标，及时调控企业的物流资源能力，从而完善企业的战略。

企业物流模式转换 Transformation of Enterprise Logistics Mode

企业发展过程中形成的从物流工作程序到行为方式、管理方式、思维习惯和价值观念等范式状态变成另一种范式的变革，涉及价值观念、思维方式、学习过程和管理方式等多方面，是一项复杂的系统工程。

企业物流自营 Self-management of Enterprise Logistics

自营物流主要是企业自己营业的物流，是基于供应链物流管理以制造企业为核心的经营管理，可划分为第一方物流和第二方物流。它的主要的经济来源不在于物流，而是有能力自身承担物流业务并且从中获利。

企业物流管理系统 Management System of Enterprise Logistics

以计算机技术、通信技术、网络技术为基础，由人员、设备和程序组成的，为物流管理者执行计划、实施、控制等职能提供信息的交互系统。系统涉及仓储作业管理、运输及配载管理、财务管理、人力资源管理等内容，它与物流作业系统一样都是物流系统的子系统。

企业物流外包策略分析 Strategic

Analysis on Enterprise Logistics Outsourcing

对企业物流外包风险的形成机理、控制策略与方法进行深入分析，达到减少和控制风险的目标，是利用公司外部专业资源，从而降低成本，提高效率，增加企业自身竞争力的一种管理策略。

企业物流成本管理策略 Cost Management Strategy Enterprise Logistics

企业物流成本管理的方法主要包括物流成本核算方法、物流成本控制方法和物流成本优化方法等，企业物流成本的决定因素主要包括：①各种设施在生产空间的合理布局；②合理控制库存；③均衡生产；④合理的培植和使用物流机械；⑤健全物流信息系统。

企业物流管理的不足 The Insufficiency of Enterprise Logistics Management

指企业物流管理中的主要功能环节和流程方面存在的缺陷，或者对不确定性因素管理缺失。物流管理的不足会影响企业的经营服务效益，浪费企业人力资源和财产资源，增加企业在物流管理工作上的不当费用与支出。

企业物流外包风险防范 Outsourcing Risk Prevention of Enterprise Logistics

主要的防范措施包括：1. 识别企业的核心竞争力。2. 外包伙伴，即第三方物流公司的选择。3. 物流外包活动的控制。4. 企业内部组织结构的调整。5. 以"双赢"为原则，巩固合作关系。

企业物流经营运作模式 Operation Mode of Enterprise Logistics

是企业根据企业物流的资源条件和产品开发战略，为实现企业物流所确认的价值定位所采取某一类方式方法的总称。其中包括企业为实现物流业务价值定位所规定的业务范围，企业在供应链的位置，以及在这样的定位下实现价值的方式和方法。

企业物流集成管理方式 Integration Management Mode of Enterprise Logistics

企业管理者在对物流业务实施管理时，通过科学的分析创造性思维，拓宽视野，整合资源和要素，使组织的功能匹配，优势互补，使物流业务的整体产生 1+1>2 的效果的管理方式。

企业物流成本汇总 Cost Summary of Enterprise Logistics

是物流活动中所消耗的物化劳动和活劳动的货币表现的汇总。它包括社会资源从供方到需方的空间转移，这种转移包括移动与静止的过程，即物品在活动过程中，经过运输、仓储、包装、装卸搬运、流通加工、信息处理等各个物流环节所支出的人力、物力、财力的总和。

企业物流的增值作用 Value-added of Enterprise Logistics

在完成物流基本功能基础上，根据客户需求提供的各种延伸业务活动。在保证单一物流功能低成本运作的基础上，进行货物拆拼箱，重新贴签 / 重新包装，包装 / 分类 / 拼货 / 零部件配套，产品退货管理，组装 / 配件组装，测试和修理等服务。

企业物流的分类 Classification of Enterprise Logistics

企业物流是指企业内部的物品实体流动，根据企业性质的不同，可分为以下不同类型的具体物流活动：企业供应物流、企业生产物流、企业销售物流、企业回收物流、企业废弃物物流等。

企业物流技术选型 Technology Selection of Enterprise Logistics

企业针对物流方面的工程策划，仓储、配送、装卸等工程技术设计，装备选型与开发应用、升级与维护等工作，包括物流单元化技术选型、物流中心配套技术选型、厂内运输技术选型、现代分拣技术选型、物流信息系统技术，物流系统技术、功能和产能的合理匹配。

企业物流运输的安全管理 Safety Management of Enterprise Logistics Transportation

企业针对物品在物流运输各个环节对人员和技术的配置、作业规范、操作流程、消防要求、信息联络、事故应急救援要求等综合性管理措施。

企业物流链
Enterprise Logistics Chain

在门到门的物流服务中，企业按最高效率的运输方式科学地划分成若干区段，通过组织将各区段的运输方式紧密地衔接在一起的物流模式，企业物流管理主要任务，就是使这个链条贯通顺畅，并取得优化。

企业物流运作的功能 Function of Enterprise Logistics Operation

企业物流运作过程中各个业务环节实现的作用，包含着采购、运输、存储、搬运、生产计划、订单处理、包装、客户服务以及存货预测等若干项功能。

企业销售物流
Enterprise Sales Logistics

企业的流出物流，是将生产出的产品向批发商、零售商传递的物流。它是企业为了保证本身的经营效益，不断伴随销售活动，通过购销或代理协议将产品所有权转给客户的物流活动，以满足买方的需求，最终实现销售。

企业信息化
Enterprises Informatization

企业信息化实质上是将企业的生产过程、物料移动、事务处理、现金流动、客户交互等业务过程数字化，通过各种信息系统网络加工生成新的信息资源，提供给各层次的人们洞悉、观察各类动态业务中的一切信息，以做出有利于生产要素组合优化的决策，使企业资源合理配置，以使企业能适应瞬息万变的市场经济竞争环境，求得最大的经济效益。应用的企业信息化管理系统主要有：MES 制造执行管理系统；DNC 生产设备及工位智能化联网管理系统；MDC 生产数据及设备状态信息采集分析管理系统；PDM 制造过程数据文档管理系统；Trcaker 工装及刀夹量具智能数据库管理系统等。

企业站 Enterprise Station

设在工业站附近或工业企业原燃料入口或产品出口处附近企业内部，主要为工业企业铁路内部运输服务，其产权属于工业企业的车站。

企业资源计划 Enterprise Resource Planning（ERP）

建立在资讯技术基础上，以系统化的管理思想，为企业决策层及员工提供决策运行手段的管理平台。企业资源计划也是实施企业流程再造的重要工具之一，是属于大型制造业所使用的公司资源管理系统。

企业资源计划系统 Enterprise Resource Planning system

建立在信息技术基础上，以系统化的管理思想，为企业决策层及员工提供决策运行手段的管理平台，在销售的同时采集每种商品的销售信息并传送给计算机，通过对销售、库存、进货和配送等信息的处理和加工，为企业进、销、存提供决策依据。

启运港退税
Drawback of Departure Port

从启运港发往保税港区中转至境外的出口货物，一经确认离开启运港口，即被视同出口并可办理退税。

起吊 Lifting Trolley

起重机将货物吊起一定高度，在下降过程中进行制动性能试验的动作（工步）。

起落舱作业 Landing Gear Operation

货物装船或卸船时，从船舱到岸壁，从岸壁到船舱，从船舱到车辆，以及从船舱到另一船舱等的起落舱作业。件杂货装卸中，货物的起落舱作业主要使用船舶装卸设备和岸边的起重机这两种机械，统称为装卸船作业。

起升车辆 Lift Truck

能够装载、起升和搬运载荷的工业车辆。

起升范围 Lifting Range

取物装置最高和最低工作位置之间的垂直距离（D=H+h）。

起升高度 Load-lifting Height

起重机支承面至取物装置最高工作位置之间的垂直距离：对于吊钩和货叉，量至其支承面；对于其他取物装置，量至其最低点（闭合状态）；对于桥式起重机，起升高度应从地平面量起。测定起升高度时，起重机应空载置于水平场地上。

起升机构 Hoisting Mechanism

使载荷升降的机构。

起升速度 Load-lowering Speed

在稳定运动状态下，工作载荷的垂直位移速度。

起重电磁盘 Lifting Electric Plate

利用电磁力吸取钢铁的取物装置。

起重机 Crane

用吊钩或其他取物装置吊挂重物，是一种间歇工作、提升重物的机械。在空间进行升降与运移等循环性作业的机械。

起重机轨距 Gauge of Track

（臂架起重机）钢轨轨道中心线或起重机运行车轮踏面中心线之间的水平距离。

起重机轨面高度 Height of Crane Track

从地面（底层面）至起重机钢轨轨道顶面的垂直距离。

起重机稳定性 Stability of Crane

起重机抗倾覆力矩的能力。

起重机限界线

Clearance Line of Crane

起重机靠近构筑物工作时，安全作业条件所限定的空间，其边界线只有取物装置在进行搬运作业时才允许逾越。

起重机械 Hoisting Machinery

一种以间歇作业方式对物品进行起升、下降和水平移动的搬运机械。

起重机支承面 Crane-bearing Level

支承起重机运行底架的基础或轨道顶面的水平面。当支承钢轨或导轨处于不同水平面时，取较低者作为起重机基准面。

起重挠性件 Hoist Medium

从起重机上垂下，例如从起重小车或臂架头部垂下，并由起升机构等设备驱动，使挂在其下端的重物升降的钢丝绳、链条或其他设备。是起重机的一部分。

起重挠性件下起重量
Hoist Medium Load

吊挂在起重机起重挠性件下端起升的物品质量 mHL。质量 mHL 是有效起重量 mPL、可分吊具质量 mNA 和固定吊具质量 mPA 之和：$mHL=mPL+mNA+mPA$。

起重小车 Crab Trolley

使吊挂载移动的总成。

气力输送机 Airslide Conveyor

以压力空气作为输送介质沿管道输送经破碎至一定粒度的煤。适用于大型粮库的补仓、出仓、翻仓、倒垛以及粮食加工和啤酒、酿造等行业在生产工艺中的散装、散运等机械化作业。

气调储粮
Controlled-atmosphere Storage

在密封、低温的储存条件下，改变正常空气中的气体成分或调节原有气体的配比，将气体浓度控制在一定范围内，从而达到杀虫、抑霉、延缓粮食品质变化的储藏技术。

气调储运 Atmosphere controlled for

Storage and Transportation

在冷藏的基础上，通过气体成分调节的手段，对贮藏环境中温度、湿度、二氧化碳、氧气浓度和乙烯浓度等条件加以控制，以此来进行货物的储存和运输。

气调库 CA Storage

又称气调贮藏，是当今最先进的果蔬保鲜贮藏方法。它是在冷藏的基础上，增加气体成分调节，通过对贮藏环境中温度、湿度、二氧化碳、氧气浓度和乙烯浓度等条件的控制，抑制果蔬呼吸作用，延缓其新陈代谢过程，更好地保持果蔬新鲜度和商品性，延长果蔬贮藏期和保鲜期（销售货架期）。

气相防锈薄膜 VCI(Volatile Corrosion Inhibitor) Film

简称防锈薄膜。涂有气相缓蚀剂的塑料薄膜。在气相缓蚀剂溶液中加入黏合剂（聚乙酸乙烯酯，聚丙烯酸乙烯酯、聚乙烯醇缩丁一醛等），然后涂覆到载体薄膜（聚乙烯、聚丙烯、玻璃纸等），烘干即成。透明，可热焊，用于金属制品封存包装。

气相缓冲剂 Volatile Corrosion Inhibitor(VCI)

在常温下具有挥发性，且挥发出的气体能抑制或减缓金属大气腐蚀的物质。

汽车衡 Truck Scale

适用于称量各种大型车辆（铁路运输车辆除外）所运载货物重量的一种车辆秤。又称地磅。

汽车后市场 Aftermarket of Automotive

汽车从售出到报废的过程中，围绕汽车售后使用环节中各种后继需要和服务而产生的一系列交易活动的总称。

汽车集装箱运单 Container WayBill by Road

承运人与托运人签订的运输合同，并作为核算运杂费的依据和记录车辆运行的凭证。

汽车企业物流指标

OEMs Logistics Index

汽车整车生产和汽车零部件生产企业中从事的汽车物流业务中需要统计的指标。

汽车起重机 Autocrane

将起重机安装在汽车底盘上的一种起重运输设备。

汽车物流 Automobile Logistics

为满足汽车的生产、销售，汽车整车、汽车零部件、原材料、汽车备件，以及生产废弃物，从供应地向接收地的实体流动过程。根据实际需要，将运输、储存、装卸、搬运、包装、流通加工、配送、信息处理等基本功能实施有机结合。

汽车物流企业指标 Automotive Logistics enterprise Index

从事汽车物流工作的物流企业需要统计的指标，包括整车物流企业、零部件物流企业及售后服务备件物流企业。

汽车物流统计指标 Automotive Logistics Statistical Index

能够反映汽车物流总体现象数量特征的概念和具体数值。

汽车物流统计指标体系 Statistical Index System of Automotive Logistics

全面反映汽车物流中被统计事项数量特征、数量关系和互相联系的多个指标组成的统计指标系统。

汽车邮路 Car Route

利用各种汽车运送邮件、报刊的路线。

汽车运价 Freight of Automotive

汽车运输价值的货币表现，是货物和旅客运输的价格。

汽车运输货物装卸 Loading and Unloading of Truck Transportation

汽车货物运输生产过程始末的装货作业和卸货作业，是汽车进行货物运输必不可少的重要环节。货物装卸作业对车辆运用效率、货物运达速度、运输质量和运输费用都有非常重要的影响，一般由货物承运单位或发货、收货单位负责组织。

汽车运输企业规模
Scale of Truck Transportation Enterprise

以汽车、设备、设施和职工人数及状况综合反映汽车运输企业的生产能力。

汽车制造物流产业 Automotive Industry Logistics Industry

就是专门为汽车制造业提供的物流服务模式。一般按照产品和区域分成三个部分：零部件物流、企业内部物流、成品车物流。故此，汽车制造业物流基本是按照上述的三个模式，提供相应的物流服务给到汽车制造业。这其中相关物流经济活动的集合即为汽车制造物流产业。

牵出线 Headshunt

供列车牵出转线、解体、编组、取送等调车作业使用的线路。

牵引车 Towing Tractor

用以牵引货物、邮件、行李拖斗车和其他车辆的动力设备。装有牵引连接装置，专门用来在地面上牵引其他车辆的工业车辆。

牵引杆挂车
General Purpose Draw-bar Wagon

至少有两根轴的挂车，具有通过角向移动的牵引杆与牵引车联结；牵引杆可垂直移动，联结到底盘上，因此不能承受任何垂直力。具有隐藏地架的半挂车也作为牵引杆挂车。

牵引杆挂车列车 Draw-bar Wagon

一辆全挂牵引车与一辆或多辆挂车的组合。

牵引杆货车挂车
Goods Draw-bar Trailer

在其设计和技术特性上用于载运货物的牵引杆挂车。

牵引绳 Hauling Cable

必要时，拴在货件上对吊起的货件校正方位的绳索。

签单返还 The Return of Bill

快递服务组织在投递快件后，将收件人签收或盖章后的回单返回寄件人的业务。

前方堆场 Marshalling Yard

位于码头前沿和后方堆场之间，堆放即将装船的出口箱和临时堆存卸船进口箱的场地。

前方库场 Quayside Shed and Yard

设在临近码头前沿的港口仓库和堆场的总称。

前台 POS 系统 Front Desk POS System

通过自动读设备（主要是扫描器），在销售商品时直接读取商品销售信息（如商品名称、单价、销售数量、销售时间、销售店铺、购买顾客等），实现前台销售业务的自动化，对商品交易进行实时服务和管理，并通过通信网络和计算机系统传递送至后台，通过后台计算机系统的计算、分析与汇总等掌握商品销售的各项信息，为企业管理者分析经营成果、制定经营方针提供依据，以提高经营效率的系统。

前移叉 Reach Fork

叉取较远的托盘或货物，如从车厢的一个车厢侧面快速和简便地进行装货和卸货。通常和调距叉配装在一起使用，效率更高。

前移式叉车 Reach Lift Truck

对成件托盘货物进行装卸、堆垛和短距离运输作业的前移轮式搬运车辆。用于仓储大型物件的运输，通常使用电池驱动。

前移式堆高车 Reach Stacker

基本方面与平衡重式类似，无前底腿有配重，不同点是该车的货叉与门架可向后向前移动一定距离，一般为 0.56 米，可适量缩短堆高车长度，对通道要求有一定缓解，价格与平衡重堆高车类似。

前置期 Leading Time

171

问题的提出企业或者物资仓库在订货以后总要等待一段时间货物才能到达，所以订货行为也总是要提前一段时间，以防到货以前存货用完而发生缺货，这一时间长度称为前置期。

嵌入式登车桥
Embedded Boarding Bridge

嵌入装卸货操作平台中的登车桥。安装好的登车桥主板面与装卸货操作平台的上平面呈水平。完全融合于平台中，在没有进行装卸车作业时，不会影响到平台上的其他作业任务。

嵌套段 Nested Segment

包含特定报文类型，在一个已标识和结构化的段组中，与另一个段直接关联的段。

桥架 Bridge

供起重小车在其上横移用的桥架型起重机主要承载结构，或门式和半门式起重机支腿之间的结构件。

桥架型起重机 Overhead Crane

其取物装置悬挂在能沿桥架运行的起重小车、葫芦或臂架起重机上的起重机。

桥式堆垛起重机
Overhead Stacking Gantry Crane

装备有悬吊立柱且其上带有堆垛货叉的桥架起重机。

桥式起重机 Bridge Crane

横架于车间、仓库和料场上空进行物料吊运的起重设备。它的两端坐落在高大的水泥柱或者金属支架上，形状似桥。桥式起重机的桥架沿铺设在两侧高架上的轨道纵向运行，可以充分利用桥架下面的空间吊运物料，不受地面设备的阻碍。

撬棍 Crowbar

一端锻成扁平状用来撬起或移动重物和车辆的钢棒。

轻浮行包 Lightweight Luggage

每千克质量体积超过0.003立方米的行包。

轻泡货物 Light Cargo

每立方米体积重量不足333千克的货物。其体积按货物（有包装的按货物包装）外廓最高、最长、最宽部位尺寸计算。

清仓整库 Warehouse Checking

在一定期间内对库内货物进行清理、登记，包括对残损货物、无法交付货物等不正常运输情况进行处理，按码放规则对库内货物进行整理的工作。

清舱机 Clearing Machine

配合卸船机将船舱的散货堆集到舱口，以便卸船的专用机械，如单斗车、刮抛机、推耙机、推土机等。

清舱量 Clearance Volume

用化学药剂或其他物质对船舱进行熏蒸的作业。

清舱量比重 Percentage of Clean-up

在散货卸船作业时，舱底和舱内四周的散货剩余量。单位：吨。

清底 Clear Bottom

装卸车前后，清扫货车、货位、折叠篷布等作业。

清关 Customs Clearance

报关单位已经在海关办理完毕进出口货物通关所必需的所有手续，完全履行了法律规定的与进出口有关的义务，包括纳税、提交许可证件及其他单证等，进口货物可以进入国内市场自由流通，出口货物可以运出境外。

清洁生产 Cleaner Production

指将综合预防的环境保护策略持续应用于生产过程和产品中，采取整体预防的环境策略，减少或者消除对人类和环境的可能危害及风险，同时充分满足人类需要，使社会经济效益最大化的一种生产模式。

清洗费 Cleaning Rates

出入境时对大型集装箱进行清理、检查、保洁所产生的费用。

清洗间 Cleaning Shop

对装过化学品、毒品、动植物及其他不洁货物而被污染的集装箱进行冲洗熏蒸和清毒处理的场所。

区段承运人
Regional Transport Carrier

全程运输中某区段的实际承运人。

区段站 Regional Station

设在铁路网上牵引区段分界处的车站。一般除办理无调中转列车外，还解体和编组区段、沿零摘挂列、换挂机车或更换乘务组，对货物列车中的车辆进行技术检修和货运检查修理作业。设有接发列车、调车、机车整备和车辆检修等设备。

区际航线 Regional Airlines

在两个或两个以上的民航地区管理局管辖区域之间的航线。

区块链 Block Chain

布式数据存储、点对点传输、共识机制、加密算法等计算机技术的新型应用模式。

区内航线 Local Airline

一个民航地区管理局管辖区域内的航线。

区域大物流系统
Regional Large Logistics System

特定经济空间内的物质、流动、主体、地域、时间和信息等要素相互作用、相互影响所形成的，具有综合物流服务功能、满足特定经济社会发展需求的物流大系统。

区域分发中心
Regional Distribution Center（RDC）

一种物流运作模式。是物流公司具体进行业务运作的分发、配送中心，一般设有运输部、资讯部、仓务部和综合部，业务开发、各种物流运作指令均来自于物流公司的总部，各地的 RDC 只是按总部的指令，从事具体的物流服务操作。一般由仓储系统、运输系统和物流信息系统三部分组成，是按服务范围分类的一种配送中心，以较强的辐射能力和库存准备，向省际、全国乃至国际范围的用户配送的配送中心。

区域交换节点
Regional Switching Node

由省级交通运输主管部门推动建设，主要通过部署数据交换服务器为市场主体提供数据交换服务，是物流园区实现互联应用的接入节点。

区域配送中心
Regional Distribution Center

以较强的辐射能力和库存准备，向省（区、市）际乃至国际范围的用户实施配送服务的配送中心。

区域商贸物流
Regional Trade Logistics

在区域物流的范围内，主要针对因社会商贸流通业务所发生的相关活动而产生的物流，区域商贸物流侧重于城市之间、城乡之间的从供应者到需求者的物品的运输与集散，目的是运用区域概念和物流管理方法解决有关区域范围内商贸物流的各种主要问题，以实现区域商贸物流的最佳化。

区域枢纽机场 Regional Hub Airport

国内各个航空公司的航线航班的交汇中心。重庆、成都、武汉、郑州、沈阳、西安、昆明、乌鲁木齐等城市的机场为中国八大区域枢纽机场。

区域通关一体化
Integrated Regional Customs

就是"多地通关，如同一关"，企业可以自主地选择申报、纳税、验放地点和通关模式，以往需要在多关办理的手续可以在一个海关办理，进一步简化通关手续。

区域物流公共信息平台 Regional Logistics Public Information Platform

地方交通运输主管部门在区域交换节点基础上，拓展和衔接具有地方特色的应用系统，提供区域性物流公共信息服务的平台，主要承担物流园区互联应用信息的发布、查询等信息处理功能。

区域物流规划
Regional Logistics Planning

在特定的区域范围内，结合国民经济、社会发展的长远计划、区域的自然条件以及交通运输条件，对区域物流基础设施规模和速度，物流企业发展方向和功能定位等方面进行的规划，并对物流基础设施进行合理的空间布置。

区域物流系统化 Regional Logistics

将区域物流诸环节（或各子系统）有机联系起来，视为一个大系统，运用系统学原理进行整体设计、组织实施和管理，以最佳的结构、最好的配合，充分发挥系统功效，实现物流合理化。其研究的对象是城市干线道路、城市的集配中心、城乡结合通道、企业的仓库以及区域间通道等区域物流设施联合组成的物流网络体系。

区域物流中心 Regional Logistics Center

是地处商品的主要产地、集散地和交通枢纽地的大型物流机构，具有经济批量大、辐射距离远等特点，通过完善的物流网络体系和先进的物流设施，组织大跨度的商品流通。

区域型物流园区
Regional Logistics Park

按照物流服务功能需求划分的一种物流园区，其功能是满足所在区域的物流组织与管理。

区域性编组站
Regional Marshalling Station

于路网三条以上铁路的汇合点，承担较多中转车流改编作业，编组较多的技术直达列车和直通列车的车站。

区域性综合交通物流枢纽 Regional Integrated Logistics and Transportation Hub

国家交通物流网络的重要节点，应有两种以上运输方式衔接，区域运输流转功能突出，辐射范围较广，集散规模较大，综合服务能力较强，对区域交通运输顺畅衔接和物流高效运行具有重要作用。

区域组织型物流园区
Regional Organization Logistics Park

跨区域长途运输和城市面上配送体系的组织和转换枢纽，定位服务于区域。

渠道壁垒 Channel Barrier

利用品牌对各种细分渠道如"餐饮、商超、烟酒专卖行、团购市场、夜场、流通等"的精确分析，选择一个最适于自己品牌的主攻渠道，并集中优势兵力，短时间内在个别渠道为自己品牌构筑起一道最为牢固的市场屏障。

取件 Pickup

快递服务组织收取快件的过程。

取料机 Reclaimer

从堆场取出物料并向输送机连续供料的专用机械。

取物装置 Loading Device

用于抓取、持住或搬运重物的装置（如吊钩、抓斗、电磁吸盘、货叉、挂梁、集装箱吊具或其他装置）。

取消收货 Cancel a Receipt

对于已在 WMS 系统中完成收货确认的商品进行取消收货数据的作业。

全不锈钢堆高车
Stainless Steel Stacker Truck

整车以不锈钢为材料制作，适用于对环境卫生要求较高的场所，如食品、医药等，价格稍高。

全程场线绩效机理 Theory of Comprehensive Field Lines Performance

全程场线绩效机理中的场线是指由若干要素构成的合成场元。要提高全程场线绩效，就要寻找全程场线的瓶颈和最薄弱环节。这一机理可用公式表示为境内陆港到境外乃至全球用户的全程场线绩效。

全程负责
Be Responsible for Whole Process

多式联运经营人承担的从接受货物到交付客户手中的全过程责任。

全封闭储煤场
Full Closed Coal Storage Building

用于储存煤炭的有屋顶和围护结构的封闭式构筑物。

全挂牵引车 Full Trailer

前面有驱动能力的车头叫牵引车，后面没有牵引驱动能力的车叫挂车，挂车是被牵引车拖着走的。挂车的前端连在牵引车的后端，牵引车只提供向前的拉力，拖着挂车走，但不承受挂车的向下的重量，这就是全挂牵引车。

全国产品与服务统一代码
National Product Code（NPC）

全国产品与服务统一代码由13位数字本体代码和1位数字校验码组成，是产品和服务在其生命周期内拥有的一个唯一不变的代码标识。国家标准《全国产品与服务统一代码编制规则》GB 18936-2003规定了全国产品与服务统一代码的使用范围、代码结构及其表现形式。

全国干线网 National Trunk Network

干线网主要针对全国一、二级邮区中心局间的邮件运输。

全国型枢纽型物流园区
National Hub Logistics Park

多种运输骨干线网交汇的中转枢纽，面向全国、跨区域。

全国性综合交通物流枢纽 National Integrated Transport Logistics Hub

国家交通物流网络的核心节点，应有三种以上运输方式衔接，跨境、跨区域运输流转功能突出，辐射范围广，集散规模大，综合服务能力强，对交通运输顺畅衔接和物流高效运行具有全局性作用。

全回转起重机 Full-swing Crane

回转平台能在两个相互间夹角大于360°的极限位置之间转动的回转起重机。

全集装箱船 Full Container Vessel

舱内设有固定式或活动式的格栅结构，舱盖上和甲板上设置固定集装箱的系紧装置，便于集装箱作业及定位的船舶。

全面库存管理
General Inventory Management

从库存角度，全面透视企业供需链管理问题，通过优化整个链条的库存，提升企业供应链管理绩效。

全面质量管理
Total Quality Management

精益生产要求企业职工重视产品质量，采用全面质量管理是保证产品质量，树立企业形象和达到零缺陷的主要措施。全面质量管理是质量管理的一种形式，它以经营为目标，由全体职工参加，在全过程中对产品的全部广义质量所进行的管理，包括思想教育并综合运用各种科学方法。

全球采购 Global Purchasing

利用全球的资源，在全球范围内寻找供应商，寻找质量最好、价格合理的产品、工程和服务。全球采购是企业采购的重要发展趋势，企业应着眼于全球市场，以最低的成本达到最高的质量和效益。

全球定位系统
Global Positioning System（GPS）

利用定位卫星，在全球范围内实时进行定位、导航的系统，是由美国国防部研制建立的一种具有全方位、全天候、全时段、高精度的卫星导航系统，能为全球用户提供低成本、高精度的三维位置、速度和精确定时等导航信息，是卫星通信技术在导航领域的应用典范，它极大地提高了地球社会的信息化水平，有力地推动了数字经济的发展。

全球供应链 Global Supply Chain

在全球范围内组合供应链，它要求以全球化的视野，将供应链系统延伸至整个世界范围，根据企业的需要在世界各地选取最有竞争力的合作伙伴。是实现一系列分散在全球各地的相互关联的商业活动，包括采购原料和零件、处理并得到最终产品、产品增值、对零售商和消费者的配送、在各个商业主体之间交换信息，其主要目的是降低成本扩大收益。

全球供应链管理
Global Supply Chain Management

强调在全面、迅速地了解世界各地消费者需求的同时，对其进行计划、协调、操作、控制和优化，在供应链中的核心企业与其供应商以及供应商的供应商、核心企业与其销售商乃至最终消费者之间，依靠现代网络信息技术支撑，实现供应链的一体化和快速反应，达到商流、物流、资金流和信息流的协调通畅，以满足全球消费者需求。

全球供应链网络
Global Supply Chain Networks

由与跨国的核心企业相连的成员组织构成的，这些组织直接或间接与他们的供应商或客户相连，从起始端到消费端。必须分类并确定哪些成员对公司以及供应链的成功起着决定作用，以便对它们给予关注和合理分配资源。

全球供应链一体化
Integration of Global Supply

随着经济的全球化，以及跨国集团的兴起，企业产品生产的"纵向一体化"运作模式逐渐被"横向一体化"所代替，围绕一个核心企业（不管这个企业是生产企业还是商贸企业）的一种或多种产品，形成上游与下游企业的战略联盟，上游与下游企业涉及供应商、生产商与分销商，这些供应商、生产商与分销商可能在国内，也可能在国外。

全球化配送 Global Delivery

是指在全球经济合理的区域范围内，根据用户要求，对物品进行拣选、加工、包装、分割、组配等作业，并按时送到指定地点的物流活动。

全球化物流战略
Global Logistics Strategy

是指全球性企业想取得竞争优势，获得超额利润，就必须在全球范围内配置利用资源，通过采购、生产、营销等方面的全球化实现资源的最佳利用，发挥最大规模效益。

全球价值链 Global Value Chain

指为实现商品或服务价值而连接生产、销售、回收处理等过程的全球性跨企业网络组织，涉及从原料采购和运输，半成品和成品的生产和分销，直至最终消费和回收处理的整个过程。

全球经济一体化
Global Economic Integration

两个或两个以上的国家在现有生产力发展水平和国际分工的基础上，由政府间通过协商缔结条约，建立多国的经济联盟。在这个多国经济联盟的区域内，商品、资本和劳务能够自由流动，不存在任何贸易壁垒，并拥有一个统一的机构，来监督条约的执行和实施共同的政策及措施。

全球贸易管理
Global Trade Management

调整、矫正跨国贸易中信息、货物、财务交换的过程。GTM 包含五个独立的功能单元：订单管理、进出口文件、物流成本和合法性、多种模式的管理、财务处理。

全球贸易管理工具
Global Trade Management Tools

全球贸易管理使用的工具有：纸面系统、电子制表软件的使用、ERP、TMS、物流成本管理软件、基于网络的跨国贸易管理活动LRM 系统、全球贸易管理软件。

全球贸易项目标识代码
Global Trade Item Number（GTIN）

在世界范围内贸易项目的唯一标识代码，其结构为 14 位数字。

全球退货服务
Global Return Service（GRS）

是第四方速递以完备的全球仓储及物流服务网络为基础，通过领先的 GRS 退货服务系统和运营管理，为跨境电商卖家提供的个性化海外本地退货处理一站式服务。

全球位置码
Global Location Number（GLN）

运用 EAN.UCC 系统，对法律实体、功能实体和物理实体提供具有位置准确、唯一标识功能的代码。

全渠道模式供应链
Full Channel of Supply Chain

全渠道模式用 "1+N+n" 运营结构来定义：同一个品牌的围绕着多个渠道（N），提供线上线下的各种服务（n），都能够融合到一起，为同一个品牌的消费者服务，也就是从原来简单的零售逐步过渡到渠道融合的过程。全渠道模式的供应链是以平台为核心的驱动模式。全渠道模式下的供应链重组必须重视如下几个方面：1. 整合细分各渠道的粉丝及会员人群，这是从需求角度整合供应链前端，可以实现两个重要价值：精准营销、准确的供应链计划。2. 细分品类整合供应链运营：不管是电商还是传统零售，成功的品牌和平台本质上是以细分的品类为核心进行的驱动，全渠道模式下供应链运营整合的核心在品类。3. 多渠道库存共享：全渠道的供应链运营体系中，任何一个渠道的信息都能够实现实时、可视的共享。

缺货成本 Shortage Cost

又称亏空成本，是指由于存货供应中断而造成的损失，包括材料供应中断造成的停工损失、产成品库存缺货造成的拖欠发货损失和丧失销售机会的损失（还应包括需要主观估计的商誉损失）等。

缺货率 Stock-out Rate

缺货次数与客户订货次数的比率。

Q

R

RDC Regional Distribution Center

区域分拨中心。它是近年来一种极为重要的物流运作模式，是物流公司具体进行业务运作的分发、配送中心，一般设有运输部、资讯部、仓务部和综合部。

RMA Return Material Authorization

指售后维修中心。处理客户不良产品退货、换货和维修的单位。

RTV Return To Vendor

指将不合格品或者滞销品退给供应商。

让档 Berth-giving

以全船或某一舱口为计算单位，清舱量占全部散货重量的百分比。

热打码色带 Hot Coding Ribbons

热转印色带属于色带打码机使用耗材，适用于在产品软包装膜上打印生产日期、批号及必要的文字标注。

热激 Heat Shock

用热空气或者热水对采后果蔬进行处理的一种方式。通常热激是植物在较高但非致损的温度下的一种预锻炼。热激可控制果蔬的病害，延缓变质，提高物流质量，进而保持商品性。热激处理可分为热空气处理和热水处理技术。

人才供应链
Talent Supply Chain Management

通过系统考虑企业的人才供应与需求，整合人才管理各节点的相关机构，进行协同人才预测、规划及补给管理与柔性管理，实现人才供应链一体化运作的过程，它的最终目标是实现人才队伍建设的动态优化。

人工集成系统
Artificial Integrated System

自然演变系统的相对称谓。人工集成系统由人主导将有关资源整合形成一个过程的系统。电磁场、温度场等都是自然场，而集成场是人工场，体现了人工集成过程。物流服务过程、国际物流过程、两业联动发展等都可以看作是人工集成系统，可以纳入集成场进行探讨。

人工损失费 Artificial Loss

因误工而对个人造成的损失费。

人工智能 Artificial Intelligence

研究、开发用于模拟、延伸和扩展人的智能的理论、方法、技术及应用系统的一门新的技术科学。人工智能是计算机科学的一个分支，它企图了解智能的实质，并生产出一种新的能以人类智能相似的方式做出反应的智能机器，该领域的研究包括机器人、语言识别、图像识别、自然语言处理和专家系统等。

人工智能专家系统
Artificial Intelligence Expert System

一个有助于物流管理的以信息为基础的技术组合，系统由知识库、推理动力和人工界面三部分组成，利用专用分析技术为物流企业在承运人选择、物流营销和物流服务、存货管理以及在信息系统设计等方面提供迅速、科学的决策支持服务。

人工装卸 Manual Handling

主要由人工进行装卸货物的作业。

人机物智能
People Machine Material Intelligence

人机物融合的智能技术，简称人机物智能，也称为人机物三元计算。通过信息变换优化物理世界的物质运动和能量运动以及人类社会的生产消费活动，提供更高品质的产品和服务，使得生产过程和消费过程更加高效、更加智能，从而促进经济社会的数字化转型。

人均冷库容量
Cold Storage Capacity Per
区域内总的冷库容量按照区域人数平均分配，个人所占的体积。

容箱数
Permissive Period of Transport
能够容纳物流标准作业箱的数量。

容许运输期限
Permissive Period of Transport
货物所能允许的最长运输时限。

融合型基核关系
Fusion Type Base Nucleus Relationship
制造供应链核心基地与物流链作业核心基地处于同一区位的运作关系。这样物流场线运作距离比较近，容易实现 JIT 物流服务，可以精准服务到工位，能够体现高质量的专业化服务水平，体现全程物流服务质量高、物流运作效率高、成本低的绩效；便于不同集成体之间建立战略联盟或更紧密的合作关系。

融通仓
Finance-transportation and Warehouse
以周边中小企业为主要服务对象，以流动商品仓储为基础，涵盖中小企业信用整合与再造、实物配送、电子商务与传统商业的综合性服务平台。

柔性化配送中心
Flexible Distribution Center
以可实现资源优化动态配置的系统管理平台为核心，以具有可实现动态组合、完成不同物流作业功能的物流系统及以设备为基础的物流节点。

柔性连接键 Flexible Connection Key
针对刚性连接键相对而言的集成场范畴。柔性连接键是指依托集成体、基核等进行系统集成形成稳定连接的软性因素设计与构建，特别是指战略、文化、制度等柔性连接键，也就是集成体间战略、文化、制度等认同感的沟通渠道设计和建设。

柔性生产 Flexible Production
以满足顾客的个性化、多样化需求为主要目的，为适应市场需求多变和市场竞争激烈而产生的市场导向型的按需生产的先进生产方式。其优点是增强制造企业的灵活性和应变能力，缩短产品生产周期，提高设备利用率和员工劳动生产率，改善产品质量。

柔性制造系统
Flexible Manufacturing System
柔性制造系统是由统一的信息控制系统、物料储运系统和一组数字控制加工设备组成，能适应加工对象变换的自动化机械制造系统。

入库 Be Put in Warehouse
将收运的货物或到达的货物运入仓库进行核对、码放等工作。

入库不平衡系数
Coefficent of Storage
最大月货物入库（场）吨数与平均每月货物入库吨数的比值。

入库单 Warehousing Entry
收货人员完成系统收货后产生的收货信息记录单据，供库存入库上架使用。

入库系数 Storage Factor
经库场堆存的货物吨数与港区进口（或出口）各类货物总吨数的比值。

日化品物流产业 Cosmetics Logistics
日化品物流是以日化品产出物为对象，通过日化品产后加工、包装、储存、运输和配送等物流环节，使日化品保值增值，最终将日化品送到消费者手中。

R

S

SCM Supply Chain Management

供应链管理系统，也称采购管理系统，主要用于采购申请、采购订货、仓库收货、采购退货、购货发票处理、供应商管理、价格及供货信息管理、订单管理等功能作业。

SKU Stock Keeping Unit

指库存量单位，即库存进出计量的单位，可以是以件、盒、托盘等为单位。

SLA Service-Level Agreement

意思是服务水平协议。服务水平协议是关于网络服务供应商和客户间的一份合同，其中定义了服务类型、服务质量和客户付款等术语。

三角形铁路枢纽
Triangle Junction Railway Station

引入的干线汇集于枢纽内三个地点，构成三角形。一般在运量较大的干线上设一个客运共用的车站，并在三个点之间修建相应的联络线所形成的铁路枢纽。

三联互动 Sanlian Interaction

即物流、产业、市场的联合，物流中心、分拨中心、配送终端的联网，对外集输与对内集配的联动。

三维＋场线创新
3D+Field Line Innovation

指基于集成场理论两业联动发展模式概括的创新机理体系。"三维"指集成体、基核和连接键所构成的两业联动发展模式的框架结构体系；"场线"指集成体主导、运用基核、连接键创新参与全程物流场线的形成过程。"三维＋场线"创新关系包括集成体创新影响基核、连接键和场线创新，基核创新影响连接键、连接键影响场线创新绩效的多渠道创新关联过程。

三翼滑板 Three-tab Slip Sheet

在三个相邻的边上设翼板的滑板。

散货拖斗 Bulk Trailer

装载货物、邮件和行李，没有动力装置的地面运输设备。

散货装卸工艺系统
Bulk-cargo Handling system

由散货装卸机械、设备及各项散货装卸操作所组成的有机的整体。

散装化 Bulk

用专门机械、器具、设备对未包装的散状物品进行装卸、搬运、储存、运输的物流作业方式。粮谷、水泥、盐、糖等不装袋，散状进行运输装卸作业的方式。

散装货物 Bulk Goods

不使用运输包装，采用散装方法运输的货物。

散装作业法 Bulk Operation

对诸如煤炭、矿石、建材等大宗货物通常采用的散装、散卸方法，以及近来随着粮食、食糖、水泥、化肥、化工原料等的作业量增大，为提高装卸效率，降低成本而趋向采用散装、卸散的方法。

扫舱 Sweeping

散货装船作业时在舱内将货堆好、整平的作业。

商家数据服务 Business Data Services

平台运营商向商家开放顾客分析数据以及大数据分析报告，以帮助平台上商家精准营销，提升品牌价值和运营能力。

商流 Commodity Circulation

物品在流通中发生形态变化的过程，即由货币形态转化为商品形态，以及由商品形态转化为货币形态的过程，随着买卖关系的发生，商品所有权发生转移。

商贸服务型物流园区
Business Service Logistics Park

依托各类大型商品贸易现货市场、专业市场而规划，为商贸市场服务；提供商品的集散、运输、配送、仓储、信息处理、流通加工等物流服务；主要服务于商贸流通业商品集散。

商贸集成体 Business Integrator

指具有大规模商业销售功能和能力的企业，这类集成体往往是国际贸易的主导企业，销售网络及其销售能力是其主要特色。商贸集成体是物流集成体提供销售、服务的对象，物流集成体为其提供国内物流和国际进出口物流等业务。

商贸型物流园区
Commercial Logistics Park

按照物流服务功能需求划分的一种物流园区，其功能主要是为所在区域或特定商品的贸易活动创造集中交易和区域运输、城市配送服务条件。

商贸业物流管理信息系统 Information System of Business Logistics Management

适用于商业行业等流通企业的物流作业管理，其供应链中不含物品生产和原材料采购环节，管理从供应企业采购物品（商品或半成品）到销售的过程。

商品标识代码 Commodity Codes

由国际物品编码协会（EAN）和统一代码委员会（UCC）规定的、用于标识商品的一组数字，包括 EAN/UCC-13、EAN/UCC-8 和 UCC-12 代码。

商品车交接电子签收系统 Electronic Sign System of Commodity Vehicle Transfer

系统实现运输车辆进度的实时监控和状态预警：通过整合车载 GPS、GIS、运输车辆数据和订单数据，对每一运输车辆及其所属订单的时间、路程进度进行实时监控，通过既定的算法规则判断车辆和订单的运输进度实时状态，对处于落后进度的车辆或订单进行预警提示。相关信息通过电子签名技术发送至汽车物流公司的服务器进行数据校验和状态更新。

商品检验 Commodity Inspection

对卖方交付商品的品质和数量进行鉴定，以确定交货的品质，数量和包装是否与合同的规定相一致。商品检验分为数量验收和质量验收。

商品净重 Net Weight

商品本身的重量，即除去包装物后的商品实际重量。

商品料号 Commodity Item Number

为便于商品区分和管理而编制的商品编号。

商品完好率 Rate of Cargo in Good Condition

交货时完好的物品量与应交付物品总量的比率。

商品验收 Acceptance of Goods

是在仓库接货后，商品正式入库前，仓库或有关技术部门按一定程序和手续，对商品的数量和质量进行检查，以验证它是否符合订货合同的规定。

商务智能 Business Intelligence

利用数据仓库、数据挖掘技术对客户数据进行系统地储存和管理，并通过各种数据统计分析工具对客户数据进行分析，提供各种分析报告，如客户价值评价、客户满意度评价、服务质量评价、营销效果评价、未来市场需求等，为企业的各种经营活动提供决策信息。

商物分离 Separation of Deal and Physical Distribution

指商流、物流在时间、空间上的分离。商业流通和实物流通各自按照自己的规律和渠道独立运动。商贸企业可以不再有实际的存货和真实的仓库，仅拥有商品的所有权，销售时商贸企业完成的仅仅是所有权的转移，具体的物流则交给工厂或物流中心处理。

商业退回 Business Return

根据商业协议产生的商品退回。其中，B2B 一般指的是过期的产品的退回；B2C 一般指的是时间和产品质量问题不适应需求与供给的产品退回。

商业物流 Commercial Logistics

通过批发、零售和储存环节，把各生产企业的产品在一定物流据点集中起来，然后再经过储存、分拣、流通加工、配送等业务，将商品送到零售商或消费者手中的整个过程。现代物流促进了商业流通体系的变革和商业流通组织的现代化发展。由于现代物流的发展，商品流通将从目前的超市业态，向便利店、仓储商场等多重零售业态发展；从直营连锁向特许连锁等多种形式发展；从商品零售向多种形式的连锁服务发展。从而为商品流通发展创新了组织形式。

商业信函生成处理系统 Business Letters Generating and Processing System

具有商业信函的内件排版印刷、信封打印制作和自动封装过戳等功能的设备系统。

商业增值平台 Business Value-added Platform

由运营服务商主导建设，面向物流市场提供物流信息服务的商业信息平台，包括车货交易平台、代收货款平台、物流金融平台、电子商务平台等。通过与商业增值平台的合作，物流园区能够更快速、更广泛的获取物流信息资源，为用户提升更优质的信息服务。

商用车 Commercial Vehicle

在设计和技术特性上用于运送人员和货物的汽车，并且可以牵引挂车。乘用车不包括在内。

上侧梁 Upper Beam

通常位于箱体侧面的上部连接两个端部上角件的纵梁。对于台架式集装箱，它的侧部和顶部通常是敞开的，该项梁元可以省去，即使存在亦属不承受纵向力的杆件。

上端梁 Top-end Transverse Member

通常位于端框架上部连接两个顶角件的横梁。如果是在门端常称为门楣，敞顶式集装箱的门楣往往是可以拆卸或是可以回转的；带活动角柱合架式集装箱不设上端梁。

上架 Stack on Shelves

将待入库商品实物放入收货时系统分配的相应商品存放的储位上并进行系统入库确认的作业。

上门揽收 Collection from Domicile

邮政企业或快递企业上门收寄邮件或快件的或完成客户换或商品配送的作业方式，也称上门取件。

设备代码 Equipment Category Identifier

以"U"表示集装箱、以"J"表示挂装在箱体上面的设备、以"Z"表示集装箱挂车或底盘车。

设备交接单 Equipment Interchange Receipt (EIR)

集装箱交接时，记录箱体状况并据此划分责任的单证。

设备利用率 Equipment Utilization

报告期内企业设备投产总天数与报告期内设备总天数的比例。

设备完好率 Intact Rate of Equipment

设备保证正常运转的程度。计算公式：设备完好率＝完好设备台数÷设备总台数×100%。

设备自动识别系统的精确度 AEI System Accuracy

设备自动识别系统在规定信息读入中查

出所存在的误译和字节错误的能力。用来证明在规定条件下该系统的可靠性。

设备自动识别系统的可靠性
AEI System Reliability

设备自动识别系统按照 GB/T16894 规定的有效范围和环境状态，从码板读入并按要求安排和表示码板接收到的信息的可靠性。

社会规范物流文化
Social Logistics Culture

物流文化的"塔身"，是物流文化的生态机制，以追求效率为目标，以协调物流系统诸要素间的关系为核心。包括物流的信用文化和绿色物流。

社会物流 Social Logistics

物流的主要研究对象。是指以全社会为范畴、面向广大用户的超越一家一户的物流。涉及在商品的流通领域所发生的所有物流活动，带有宏观性和广泛性，也称为大物流或宏观物流。

社会物流产业
Social Logistics Industry

主要以全社会为范畴，面向广大用户的超越一家一户的物流。社会物流涉及在商品的流通领域所发生的所有物流活动，因此社会物流带有宏观性和广泛性，所以也称之为大物流或宏观物流。伴随商业活动的发生、物流过程通过商品的转移，实现商品的所有权转移这是社会物流的标志。

社会物流总额
Gross Value of Social Logistics

报告期内进入国内需求领域，产生从供应地向接受地实体流动的物品的价值总额，简称社会物流总额。包括六个方面的内容：进入需求领域的农产品物流总额、工业品物流总额、进口货物物流总额、外省市调入物品物流总额、再生资源物流总额、单位与居民物品物流总额。

社会物流总费用
Gross Costs of Social Logistics

报告期内国民经济各方面用于社会物流活动的各项费用支出的总和。包括支付给运输、储存、装卸搬运、包装、流通加工、配送、信息处理等各个物流环节的费用；应承担的物品在物流期间发生的损耗费用；社会物流活动中因资金占用而应承担的利息支出；社会物流活动中发生的管理费用等。社会物流总费用划分为运输费用、保管费用、管理费用。

社区配送产业
Community Distribution Industry

社区配送是直接面向城市社区商业和社区居民，将商品从供应商运送到社区店铺或居民的末端物流形式。总之，凡是家庭所用的耐用品、快速消费品，都属社区物流服务的范畴，且具备流通、加工、定制、存储、配送、回收等物流业态的诸要素。

射频标签 Radio Frequency Tag

安装在被识别对象上，存储被识别对象的相关信息的电子装置。

射频识别系统
Radio Frequency Identification System

由射频标签、识读器、计算机网络和应用程序及数据库组成的自动识别和数据采集系统。

射频识读器 RFID Reader

射频识别系统中一种固定式或便携式自动识别与数据采集设备。

申诉 Appeal

用户投诉后，在一定时间内没有得到处理，或对投诉处理结果不满意，向邮政管理部门提出请求处理的行为。

申诉时限
Time Limit on a Filed Appeal

自申诉事件发生之时起，到邮政管理部门可受理用户申诉的最长时间间隔。

伸缩臂式叉车
Telescopic Boom Forklift

装有可伸缩的吊臂，其货叉或属具通常

安装在吊臂上，能对货物进行吊装或叉装作业的叉车。该型叉车的货叉可跨越障碍、穿越孔口等进行叉装作业，并能在复杂工况下进行多排货物的堆拆垛作业。

升降平台车 High Loader

垂直升降和水平移动集装器的专用车辆。

升降台 Lift Table

能垂直升降和水平移动货物或集装单元器具的专用设备。

生产报废和副品
Production Scrap and By-products

生产过程的废品和副品，通过再循环、再生产，可以重新进入制造环节，得到再利用。

生产服务型物流园区
Production Service Logistics Park

毗邻工业园区或特大型生产制造企业，能够为制造企业提供采购供应、库存管理、物料计划、准时配送、产能管理、协作加工、运输分拨、信息服务、分销贸易及金融保险等供应链一体化服务，满足生产制造企业的物料供应与产品销售等物流需求。

生产库存 Production Inventory

指处在生产过程中为生产的各个环节顺利进行提供物资准备的库存，包括原材料库存、零配件库存、在制品库存等。

生产全球化
The Globalization of Production

生产全球化一般有两层含义：一是指单个企业（主要指跨国公司）的全球化生产向纵深推进，其跨国经营的分支机构在数量上和地域上极大地扩展，在组织安排和管理体制上无国界规划的动态过程；二是指借助于跨国公司及其分支机构之间多种形式的联系，以价值增值链为纽带的跨国生产体系逐步建立的过程。

生产商回收 Manufacturer Recycling

指生产商将顾客所持有的产品通过有偿

或无偿的方式收回。

生产物流 Production Logistics

生产工艺过程中，企业内部担负搬运或输送、储存、加工、装卸物料等任务的物流过程，以及与之紧密相关的信息流动过程。它是生产制造工序各个环节的纽带，其边界起始于原材料、配套件、标准件、通用件的采购投入，终止于成品仓库及成品发货系统，贯穿整个生产过程。

生产物流产业
Production Logistics Industry

生产物流一般过程：原材料、燃料、外购件投入生产后，经过下料、发料，运送到各加工点和存储点，以在制品的形态，从一个生产单位（仓库）流入另一个生产单位，按照规定的工艺过程进行加工、储存，借助一定的运输装置，在某个点内流转，又从某个点内流出，始终体现着物料实物形态的流转过程。

生产者责任延伸
Extended Producer Responsibility

将生产者的责任延伸到产品生命周期各个环节，尤其是产品回收处理环节，以便于更有效地解决废旧产品引发的环境问题，达到提高产品整个生命周期内的环境绩效、保护环境的目的。

生产者责任组织回收 Producer Responsibility Organization Take back（PROT）

是专业的废弃产品回收、处理、循环利用的团体，可以大大降低生产企业回收废弃产品的难度和成本，同时该组织在生产者和其他利益群体和政府之间起到了很好的联系纽带的作用。生产者责任组织的实质就是生产者通过合作机制或者政府建立专门的回收组织，来完成废弃产品的回收责任。

生鲜农产品
Fresh Agricultural Products

经过农业种植、养殖、捕捞等手段获取的生鲜产品，主要包括蔬菜、水果、花卉、肉、蛋、奶以及水产品等。

生鲜配送 Fresh Produce Distribution

通过运输、仓储、包装、搬运、流通加工及信息处理于一身的，通过最优方式将生鲜产品送达终点的过程。

生鲜配送中心
Fresh Distribution Center

根据各个店铺的生鲜订货内容，统一向产地、供应商或自采的渠道订货，经由配送中心统一验收、预冷、加工、分级、包装并配送到各店的机构。生鲜配送中心是整体冷链体系中的一个节点，以生鲜的拣选、配送、加工为主要功能，而不是单纯以储存为主要功能的冷库。

生鲜食品 Fresh Food

指操作环境在0℃－10℃的温度条件下，对食品进行营养不流失、不经过烹调的加工而制成的食品。广义的生鲜食品还包括刚刚采摘、捕捞、屠宰的未经加工的食品。

生鲜电商物流产业 Fresh E-Business Logistics Industry

生鲜电商物流，是为满足通过电子商务的手段在互联网上直接销售生鲜类产品（如新鲜蔬菜、水果、鱼肉等），而产生的物流活动。这一系列物流活动相关产业的集合即为生鲜电商物流产业。

声明价值附加费 Valuation Charge

托运人办理运输声明价值时向承运人支付的附加费用。

牲畜货场 Livestock Freight Yard

受理发送、到达交付各种牲畜的货场。

省际快递 Inter-province Express

寄件地和收件地分别在中华人民共和国境内不同省、自治区、直辖市的快递业务。

省内快递 Provincial Express

邮政提供的运送范围在省内不同城市的快递服务。

省内网 Provincial Intranet

省内网主要面对省内二、三级邮区中心局间的邮件运输。

省邮政网 Provincial Postal Network

是以省会（自治区首府）邮政中心局为中心，由省内干线联结省（自治区）内各级邮区中心局所组成的邮政网络体系。

施封 Seal

对重箱施加封志。

十字形铁路枢纽
Cross-type Railway Terminal

引入的两条主要干线呈十字形交叉，在各引入线上设有几个专业车站及相应的联络线所形成的铁路枢纽。

十字形周底托盘
Cruciform Perimeter Pallet

两块中心板彼此互为直角形式的周底托盘。

石油化工物流园区
Petrochemical Logistics Park

石油化工物流园区是指在石油化工物流作业集中的地区，在多种运输方式汇集的地方，将不同的石油化工物流设施和不同类型的石油化工物流企业在空间上集中布局的场所。

石化物流产业
Petrochemical Logistics Industry

石化物流是专门为石化工业提供产品运输、仓储、配送服务的体系，是连接供应方和需求方的纽带。同时，石化产品的运输方式包括水路运输、铁路运输、公路运输、航空运输和管道运输，在不同运输方式的转换过程中，必须通过仓储设施来完成，因此，仓储是石化物流体系中的关键中转环节。

时限准时率 On Time Delivery Ratio

在一段时期内，快递服务组织准时投递快件的件数与投递总件数的比率。

识别系统 Identification System

对集装箱的识别包括以下内容：三位字

S

符的所有者代码、一位字符的设备代码、六位数的集装箱序列号、一位数的核对数字。

实际承运人 Actual Carrier

根据缔约承运人的授权，履行全部或者部分运输的航空运输企业。掌握运输工具并实际参与多式联运分段运输过程的承运人。接受承运人委托，从事货物运输或部分运输的人，包括接受转委托从事此项运输的其他人。

实际尺寸 Actual Dimensions

箱体的最大外部长、宽、高总尺寸。集装箱的六个面中任意一面的两个对角线长度之差值是通过该面上角件孔中心所测出的对角线长度之差，即使该面各边的轮廓尺寸达到上限值时，其对角线长度的偏差值也必须在允许的范围内。

实际价值 Actual Value of Goods

货物本身的价值。

实际装卸出勤率
Actual Attendance Rate

装卸工人实际装卸工作工日与制度工作工日的比值。实际装卸出勤率 = 实际装卸工作工日 ÷ 制度工作工日 ×100%。

实际装卸工作工日 Actual Man-days

装卸工人出勤后，实际从事装卸作业的工日。

实时物流 Real-time Logistics

不仅是简单地追求生产、采购、营销系统中的物流管理与执行的协同与一体化运作，更强调的是与企业商务系统的融合，形成以供应链为核心的商务大系统中的物流反应与执行速度，使商流、信息流、物流、资金流四流合一。

实时型营销模式 Real-time Marketing

是一种基于市场预测和拓展的经营模式，其成效高低取决于产品创新程度、产品线扩展的广度以及营销渠道的控制程度。其具体特点是多品种少批量生产，高频度少量配送，按订单生产，注重产、销与物流的整合，

建立战略联盟，采用网络营销等手段。

实载率 Load Factor

在一定时期内，车辆实际完成货物周转量占其核定载质量总行程的比重。即是指单车或单船实际载重与运距之乘积和标定载重与全部行驶里程之乘积的比率。

食品供应链 Food Supply Chain

从食品的初级生产者到消费者各个环节的经济利益主体所组成的整体，实现食品数据资源的汇聚和共享，构建食品质量追溯体系，为食品的宏观调控和品质监管提供综合信息支撑。

食品冷冻 Frozen Food

食品冷冻分为冷却食品和冻结食品。冷冻食品易保藏，广泛用于肉、禽、水产、乳、蛋、蔬菜和水果等易腐食品的生产、运输和贮藏。

食用成熟度 Edible Maturity

果实已充分表现出品种特有的外形、色泽、风味和芳香，化学成分和营养成分均达到最高点的成熟度。

始发地机场 Airport of Departures

运输凭证上列明的旅客、货物运输的出发地机场。

始发港 Port of Departure

船舶在航次开始时所在的港口。

驶入式货架 Drive-in Rack

可供叉车（或带货叉的无人搬运车）驶入并存取单元托盘物品的货架。

世界包装组织
World Packaging Organization

世界包装业界的"联合国"，是一个旨在发展世界各国包装事业的非牟利性国际组织。

市场出清 Market Clearing

市场出清商品价格具有充分的灵活性（flexible），能使需求和供给迅速达到均

衡的市场。在出清的市场上，没有定量配给，资源闲置，也没有超额供给或超额需求。在实际中，这一理论适用于许多商品市场和金融市场，但不适用于劳动市场或许多产品市场。

市场占有率 Market Share

市场占有率又称市场份额，指一个企业的销售量（或销售额）在市场同类产品中所占的比重。

市场准入 Market Eentry

对申请从事道路运输经营的单位和个人，按有关规定进行的行政许可制度。

事务处理系统
Transaction Processing Systems

在数据（信息）发生处将它们记录下来，将信息保存到数据库中供其他信息系统使用，提高事务处理效率并保证其正确性的系统。

试刹 Braking performance test

起重机将货物吊起一定高度以检查机械的起吊能力，加、挂索和货物状态是否正常的操作（工步）。

试吊 Hanging Test

提头或绷绳之后，再落钩放检吊索，以便由起重工对吊索（索具）或货件进行调整的动作。

试验压力 Test Pressure

对特定罐体进行试验的表压力。

视频监控技术
Video Surveillance Technology

视频监控是根据某种特定用途，通过摄像头获取视频头像信息，对监控场景中的人和设施、设备以及所发生的行为和事件进行实时检测，并加以相应的描述、处理、传输、管理及系统控制的相关电子设备和传输介质组成的一个有机整体。

适箱货 Containerized Commodities

适于装入箱内并能保障运输安全的各种货物。

室韦水运口岸 Shiwei Inland Port

位于中俄界河额尔古纳河中游东端，在室韦镇的西南 0.5 千米处，南距额尔古纳市在地拉布达林镇 156 千米，西隔额尔古纳河与俄罗斯奥洛契口岸相对。室韦口岸所在地室韦镇 110 千伏变电线路的运营，程控电话的开通、海联运试航的成功、疏港公路的通车，使室韦口岸成为专业化的林业原材料进口基地。

收发货标志 Collection and Delivery

也称包装识别标志，主要供收发货人识别的标志。通常由简单的几何图形和字母、数字及文字组成。它标明在货物运输包装的一定位置上。

收费标准 Charging Criterion

国家主管部门对货物运输的计费里程、计费重量、运价单位等所作的规定。

收回赔偿 Compensation of Rrecovery

收回赔偿指在收回过程中对受害方产生的损失进行有关赔偿。

收货 Take Delivery of Goods

负责供应商到货验货、理货、系统收货及收货异常处理等作业的单位。

收货称重 Receiving Scale

在收货中对新品毛重信息称量和记录的作业。

收货及时率 Receiving in Batch

指每月及时收取货物的单数与每月收取货物总单数的比值。

收货批次 Receiving Batch

根据货物的不同收货时间信息，对货物进行标注的，以便于后期进行库存管理的生产加工的产品标记方式。

收货区 Receiving Area

对仓储物品入库前进行核查、检验的作业区域。

S

收货人 Consignee

在货物运单上载明的收货单位、个人或其代理人。有权从多式联运经营人处接收货物的人。承运人按照航空货运单或者货物运输记录上所列名称而交付货物的人。

收货专用章 Special Recipes

需加盖在供应商的送货单上，作为供应商到货的储配收货证明。

收寄 Acceptance

邮政企业或快递企业接收寄件人交寄邮件或快件的过程。

收寄端 At the Receiving End

是指分布在全国各地经办邮政业务的邮政局、所，包括邮政局、邮政支局、邮政所、邮政代办所、临时性居所、流动服务点和信箱信筒等。

收件人 Addressee

邮件或快件名址中指定的接收个人或单位。

收件人付费 Postage Paid by Addressee

寄递邮件或快件时，由收件人支付费用的付费方式。

收派员 Courier

从事上门揽收快件和投递快件工作的人员。

收缩包装 Shrink Wrap

用收缩薄膜裹包物品（或内包装件），然后对薄膜进行适当加热处理，使薄膜收缩而紧贴于物品（或内包装件）的包装技术方法。

收缩薄膜 Shrink Film

一种常用的、成本效益高的包装听罐、瓶子、硬纸盒和托板货物的材料，因为其重量轻也带来运输上的优势。收缩薄膜也适于回收、焚烧和掩埋。

手扳葫芦 Lever Hoist

一款使用简单、携带方便的手动起重工具。是通过人力手动扳动手柄借助杠杆原理获得与负载相匹配的直线牵引力，轮换地作

用于机芯内负载的一个钳体，带动负载运行。

手持终端 Handheld Terminals

具有以下几种特性的便于携带的数据处理终端：有操作系统，如 WINDOWS Mobile6.1/6.5 WinCE5.0/6.0、LINUX、Android 等；内存，CPU，显卡等；屏幕和键盘：数据传输处理能力；自身有电池，可以移动使用。

手持终端配置率 Wireless Handheld Terminal

衡量快递企业手持终端使用程度的指标，手持终端设备使用量占该企业全部配送终端的比率。

手动起重机 Manual Cranes

工作机构为人力驱动的起重机。

手动托盘搬运车 Manual Pallet Jack

在使用时将其承载的货叉插入托盘孔内，由人力驱动液压系统来实现托盘货物的起升和下降，并由人力拉动完成搬运作业。它是托盘运输工具中最简便、最有效、最常见的装卸、搬运工具。

手动液压堆高车 Hydraulic Stackers

一种无污染，无动力的装卸产品，该产品具有结构紧凑，运输灵活，操作简单，回转半径小等特点。适用于工厂，车间，仓库，车站，码头等处的货物搬运与堆垛。

手动液压升降平台车 Manual Lift Truck

使操作者轻松快捷地装载或卸载搬运箱内的零件，无须操作者起升、弯腰或伸手够，只需通过一个脚踏的液压缸起升作业台面，方便轻巧的拿取货物。

手拉葫芦 Hand Chain Hoists

又叫神仙葫芦、斤不落、手动葫芦，是一种使用简单、携带方便的手动起重机械，也称"环链葫芦"或"倒链"。它适用于小型设备和货物的短距离吊运，起重量一般不超过 100 吨。手拉葫芦的外壳材质是优质合金钢，坚固耐磨，安全性能高。

手提式冷藏箱 Portable Cooler

针对生活需要设计不同大小、配着重复使用科技冰袋，具有保温效果，方便携带的冷藏箱。

手推台车 Platform Trucks

一种以人力为主的搬运车，具有轻巧灵活、易操作、回转半径小的特点。手推台车广泛用于医疗、电子、通信、五金等行业，适宜工序间物料及工具的运送。手推台车是短距离、运输轻小物品的一种方便而经济的搬运工具。

首次投递 First Delivery Service

快递服务组织按规定第一次将快件投交收件人或其指定的代收人的过程。

首重费 Dimensional Weight

即起重费，对邮件或快件在不超过规定的首个重量范围内按一定价格标准计收的费用。

寿命周期分析 Life Cycle Assessment

从包装材料的生产到制成包装制品，然后回收或处理，整个过程所消耗的能量，以及生产了多少有害气体，总结评价包装材料的方法。

受理 Acceptance

托运人提出货物运单后，经承运人审查，若符合运输条件，则在货物运单上签证货物搬入日期或装车日期的作业。

受载面 Load Surface

滑板上承受单元货物和产品重量的部分。

售后服务 After Sales Service

指在商品售出后所提供的一系列服务，包括产品介绍、送货、维修和上门服务等活动。

枢纽辅助编组站 Auxiliary Marshalling Station

在一个铁路枢纽内设有两个及以上编组站时，辅助主要编组站的作业，以解编地区小运转车流为主，个别情况也编组少量的直达列车的车站。

枢纽机场 Airline Hub

国际、国内航班密度相对较大的民用机场，旅客和货物能够比较合适的在此机场进行中转。它是连接某一地区与另一地区经济的核心便捷运输方式。从功能上，可以分为三类：国内枢纽机场，国际枢纽机场，复合枢纽机场。

枢纽前方站 Grand Central Terminal

位于铁路枢纽入口处的车站。

枢纽编组站 Hub Marshalling/Classification Station

在一个铁路枢纽内设有两个及以上编组站时，担当路网上有调中转车流的改编任务，以解编直达、直通列车为主的车站。

输送机 Conveyor System

按照规定路线连续地或间歇地运送散装物品和成件物品的搬运机械。

输油臂 Crude Oil Loading Arm

在装卸油轮时，连接油轮集油管与岸上输油管的一种输油设备。

数据化发展指数 ICT Development Inde

智慧物流发展指数的一级指标，反映物流数据在整个物流环节中掌握的程度，由国内物流数据完备率、跨境物流数据完备率两个二级指标构成。

数据基础设施指数 Data Infrastructure Index

智慧物流发展指数的一级指标，反映数据基础设施的应用程度，主要是物流云的利用程度。

数据罗盘 Compass Data - Geospatial Technology

电商平台运营商面向商家店铺的分析工具，包括了店铺运营数据和行业数据。

数据业务化 Data Processing

是通过数据产品开发，把大数据应用到具体业务的过程，通过大数据产品赋能物流各个环节，从而实现提高效率和降低成本。

数字化仓储 Digital Warehouse

利用现有成熟的计算机网络和射频识别技术对仓库产品的入库、存放、调拨、出库、盘点、检索、发货等环节进行管理。

数字粮库 Digital Grain Scales

以粮食物流信息系统为基础，由 RFID 粮食仓储物流管理系统、粮食可视物流管理系统、粮食储运监管物流信息平台、传感器网络系统和数据分析及管理系统构成，具有粮食收储信息处理计算机化、仓储信息远程监管、财务信息真实透明等功能，确保粮食购销等业务全方位信息化管理与资源共享。

甩挂运输 Drop and Pull Transport

带有动力的机动车将随车拖带的承载装置，包括半挂车、全挂车甚至货车底盘上的货箱甩留在目的地后，再拖带其他装满货物的装置返回原地，或者驶向新的地点。这种一辆带有动力的主车，连续拖带两个以上承载装置的运输方式被称为甩挂运输。

拴固能力 Restraint Capability

集装箱通过箱底结构固定在特定载运工具上，在行驶中所能承受的最大加速力。

双半挂列车 Road Train

一辆铰接式列车与一辆半挂车的组合。两辆车的联结是通过第二个半挂车的联结装置来实现。

双边协议 Bilateral Agreement

航空公司间相互合作的协议文件。签订协议的双方互相承认对方凭证，接受订票，相互代理及提供服务，或在人员培训、零备件供应、飞机维修等方面进行合作。

双杆操作法
Cargo Handling with Double Boom

利用物体自重通过简易设备，使货物由高处滑到低处的一种装卸方法。

双挂列车 Road Train

一辆铰接式列车与一辆牵引杆挂车的组合。

双面使用托盘 Reversible Pallet

上下两面有相同铺板的双面铺板平托盘，任何一面均可以用来堆放货物，并具有相同的承载能力。

双面托盘 Double-deck Pallet

有上下两面铺板的平托盘。

双十一购物节
Shopping Festival on 11th November

是指每年 11 月 11 日的网络促销日。在这一天，许多网络商家会进行大规模促销活动，近年来双十一已成为中国电子商务行业的年度盛事，并且逐渐影响到国际电子商务行业。

双向编组站
Two-way Marshalling Station

上、下行方向各设一套调车系统的编组站。

双向横列式编组站
Transversal Marshalling Yard

上、下行两方向各自的到发场与调车场横列布置，两调车系统又并列配置的编组站。

双向混合式编组站
Hump Yard

上、下行方向各有一套调车系统，其中一个系统为纵列布置，另一个系统为混合布置或两个系统均为混合布置的车站。

双向进叉托盘 Pallet

允许叉车或托盘搬运车的货叉仅从两个相反方向插入的托盘。

双向纵列式编组站
Vertical Marshalling Station

上、下行各有一套顺序布置的调车系统的编组站。

双赢原理 Win-win Principle

合作双方的共赢。合作使双方风险共担，

利益共享。企业通过与外界物流商合作，实现自身物流管理，降低服务成本，提高服务质量。第三方物流商获得订单，加速发展。

双重作业 Bilevel Rail Car

车辆在同一车站卸车后又进行装车，在确定车辆货物作业停留时间时，按作业两次计算。

水产品包装
Packing for Aquatic Products

将鱼、虾、蟹、贝类等水产品按一定的标准和技术要求进行的包装。

水果表面涂层 Epicuticular Wax

为保持水果新鲜，延长其保质期而在其表面涂抹的一层化学物质。

水路货运量 Waterway Freight Volume

报告期内企业利用水路运输的钢铁原燃料和产品总量。计量单位：万吨。

水路集装箱货物运单
Waterway Transport

承运人收取运费，负责将托运人托运的货物用集装箱运输方式，经水路由一港运至另一港的书面运输合同。

水路集装箱运输 Container on Barge

用船舶运载集装箱的货物运输。

水路运输物流 Waterway Logistics

水路运输国内沿海港口、沿海与内河港口，以及内河港口之间由承运人收取运费，负责将托运人托运的货物经水路由一港运至另一港的行为。

水平变幅 Level Luffing Cane

臂架俯仰过程中，载荷的高度能自动保持基本不变的运动。

水平运输 Horizontal Gene Transfer

利用机械设备或人力使货物进行水平位移。

水上贮木场 River Campers

在邻近码头的适当浅水区域用防护栅围成的保管木材的水域。

水上装卸作业 Midstream Transfer

在锚地、系泊浮筒等水域进行的船与船（驳）之间的装卸作业。

水水联运
Intermodal Freight Transport

采用内河水运和海洋两种运输方式完成的多式联运。

水铁联运货场
Water-Rail Transport Terminal

专门办理铁路和水路转运业务的货场。

税控发票 Invoice

通过税控收款机的系列产品打印，并带有税控码等要素内容的发票。

顺阜码头 Shunfu Wharf

基本沿着原岸线布置的码头。

顺列式铁路枢纽
Vertical Railway Terminal

几条干线分别在枢纽两端汇合引入，主要客运站与编组站平行布置在枢纽内两条并行的通道上所形成的铁路枢纽。

顺引 Tissue Factor

指供应商或配送中心按照生产线车辆生产的车型顺序，向汽车工厂输送零件。节约工厂内零部件存储区的面积，同时降低厂内物流作业负荷、减少厂内物流作业人数，降低部分物流成本。

司机室操纵起重机 Online Store

司机在起重机司机室内的控制台控制其运行的起重机。

司索钩 Department of Cable Hook

作业中，起重工用以引导和校正货物或吊索位置的长杆形工具。

丝绸之路高铁物流节点 High-speed Railway Node along Silk Road

丝绸之路高铁物流网络中连接物流线路

的结节之处，是进行物资中转、集散和储运的节点。

丝绸之路经济带
Silk Road Economic Belt

中国与西亚各国之间形成的一个经济合作区域，大致在古丝绸之路范围之上。包括西北陕西、甘肃、青海、宁夏、新疆等五省区，西南重庆、四川、云南、广西等四省市区。2013年由中国国家主席习近平在哈萨克斯坦纳扎尔巴耶夫大学演讲时提出。

丝绸之路经济带核心区
Core Area of Silk Road Economic Belt

根据《推动共建丝绸之路经济带和21世纪海上丝绸之路的愿景与行动》，新疆被定位为"丝绸之路经济带核心区"。

丝路驿站 Silk Road (marketplace)

驿站，古时指供传递文书、官员来往及运输等中途暂息、住宿的地方。丝路驿站是推动"一带一路"倡议实施的必要基础设施，是一个综合服务平台。具体包括五个要素：面向大区域的商品展示交易中心，面向大自贸区的保税出口加工区，跨境支付、清算与金融基础设施，输出标准化的电子清关服务系统，部署大数据"经济雷达"和营销网络。

四车组合 Truck Car Combination

指在载货运输作业时，采用四车一组，卸货作业之后，进入拆装车间将四车组合成两车，然后两车运输到货运地，进入组装车间将两车变成四车，循环运输。

四号定位 I Am Number Four

用库房号、货架号、货架层次号和货格号表明物品储存位置的定位方法。

四核五带 Four Logistics Hubs and Five Logistics Belts

四核即四大物流枢纽，包括南京、苏锡常、徐州、连云港；五带即五大物流带，包括沿沪宁线物流带、沿江物流带、沿海物流带、沿东陇海线物流带、沿运河物流带。

"四散化"模式
The "four scatter" model

指大宗散货的散装、散运、散存、散卸的运作模式。

四向进叉托盘
Four Direction Fork Type Flat Tray

允许叉车、托盘搬运车和托盘堆垛机的货叉从四个方向插入的托盘。

速冻机 Instant Freezer

一种能够在短时间内冻结大量产品的高效率的冻结设备。可以有效地、经济地冻结放置在速冻机内部的多种多样产品，如各种形状的肉、鱼、虾、丸子、蔬菜以及调理食品、乳制品等。

速冻食品 Quick-Frozen Food

通过快速降温的方式将食品温度降至-18℃以下，这样保证了食品水分不会流失，微生物也基本不会繁衍，确保了食品的品质。

速冻水果 Quick-frozen Fruit

通过快速的降温对水果进行保鲜处理，通过冷冻的方式停止了生物内部的代谢以及微生物的活动，使得水果能够长期保鲜。

塑料托盘 Plastic Trays

一种与叉车、货架等物流设备配套使用的物流单元。可用来存放、装载、搬运货物，是现代化物流仓储中必不可少的物流设备之一。塑料托盘的承载性能高和使用寿命长等特点，在化工、轻纺、制造业等领域有着广泛的应用。

塑木托盘 Wood Plastics Tray

由塑木材料通过组装而成的各种规格、尺寸的托盘、垫板。

随车装卸 Escort Handling

装卸工人随车到收、发货点进行的装卸作业。

随机存放布局

Completely Randomized Design

将货物储存到库内空出的任何货位上的存储方式称为随机存放。理论上进货被分配到任何空位上的概率是相等的，实际上进货总是被指派到离装卸地点最近的空位上。所以随机存放布局也称为就近位置存取。

损腐率 Decomposition Rate

果蔬在运输、中转等过程中的人为损耗、自然腐烂等损耗占运输总量的比例。

损坏事故 Damage Accident

损坏事故是指货物在运输、装卸、保管过程中被损坏的情况。

损毁件 Damage Cargo

因包装不良、操作不当等原因，导致内件部分或全部价值损毁的快件。

所有者代码 Owner Code

由在国际集装箱局 (BIC-International Container Bureau) 注册后的三位大写的拉丁字母表示。

索具 Rigging

起重机的各种吊索，和与其配合使用的工具。

索赔 Claim

索赔是指国际贸易业务的一方违反合同的规定，直接或间接地给另一方造成损害，受损方向违约方提出损害赔偿要求。

索赔的处理时限 Time Limit for Claim

快递服务组织自受理用户索赔之时起，到答复用户赔偿方案的时间间隔。

索赔人 Plaintiff

向承运人提出索赔要求的托运人、收货人或其代理人。

索赔申告单 Claim Authorization Form

用户申请快件赔偿时所填写的单据。

索赔时限 Time Limit of Claim

索赔期限，是指受损害方有权向违约方提出索赔的期限。

锁扣 Locker

锁紧捆带的构件。

S

T

TNT 快递 TNT Express
提供世界范围内的包裹、文件以及货运项目的安全准时运送服务，总部位于荷兰的 TNT 集团，在欧洲和亚洲可提供高效的递送网络，且通过在全球范围内扩大运营分布来优化网络域名注册查询效能。

T 卡盘 T Plate
采用 T 形卡片记录集装箱位置状况等信息的管理方式。

塔身 Tower
起重机上支承臂架和回转平台，并保证臂架根部必要高度的垂直结构件。

塔式起重机 Tower Crane
臂架安装在垂直塔身顶部的回转式臂架型起重机。

台边式登车桥 Side Ramp
直接安装于装卸货平台前端边沿位置。无须在装卸货操作平台上开挖或是预留坑位，对建筑结构基本无改动。在建筑施工时没有考虑到登车装卸作业因素，台边式登车桥作为一种补救方案，同样能够达到进入卡车车厢装卸货作业要求。

台架 Platform
设有两个立柱梁或四个支腿，并有自由叉孔的平板。 注：叉孔高度通常在 150 毫米以上（特殊情况：由马口铁制作的单面双向叉孔托盘台架，叉孔高度约为 65 毫米）。

台架式集装箱
Platform-based Container
没有刚性侧壁，也没有像通用集装箱那种能够承受箱内载荷的侧壁等效结构，其底部结构类似平台式集装箱。

掏装箱费
Container Un-stuffing Charge
掏装集装箱货物的费用。

套装支腿 Blue-footed Booby
位于箱式或笼式托盘壁板内侧的支腿。

特惠贸易协定
Preferential Trading Area
成员国间的自由贸易协定、服务协定、关税同盟的总称，通过一系列单边、双边或者区域安排的协定，对全部商品或部分商品规定较为优惠的关税，但各成员国保持其独立的、对非成员国的关税和其他贸易壁垒。

特快专递 Express-delivery
承运人将物品从发件人所在地通过承运人自身或代理的网络送达收件人手中的一种快速服务方式。

特殊运价 Special Freight
在一些指定的线路上实行的不同于普通运价的运输价格。

特征值 Eigenvalue
在无限多次的检验中，与某一规定概率所对应的分位值。

特种仓库管理
Management System of special Warehouse
指对用以保存具有特殊功能、要求特别保管条件的物品的仓库进行的管理。

特种货车 Class U special wagon
具有特别用途或特殊结构的车辆。如救援车、检衡车、除雪车等。

特种货物 Special Cargo
对运输、装卸、保管有特殊要求的货物，包括长大笨重货物、危险货物、贵重货物和鲜活货物等。 在收运、仓储、装卸、运输及交付过程中，有特殊要求或需要采取某些特殊措施才能完好运达目的地的货物。

特种货物物流 Special Cargo Logistics

特种货物物流简称特货物流，是在物流过程中需要采取特殊条件、设备和手段的物流过程。特货物流涉及危险货物物流、大件货物物流、贵重货物物流和鲜活货物物流等。特货中的危险货物、大件货物运输不仅关系到货物运输过程本身的安全，而且关系到交通系统的通畅、社会环境的安全，甚至直接影响到和谐社会的构建。

特种货物集装箱
Special Cargo Container

用以装运需要控温货物、液态、气态和（或）固态物料以及汽车等特种货物集装箱的总称。

特种货物运价 Special Cargo

适用于特种货物的运价。

特种货物运输
Special Cargo Transportation

在运输过程中需要采取特殊措施、给予特殊照料和具备特定条件才能承运的货物的运输。

特种集装箱清单
Special Container List

列明单船当航次特种集装箱情况的清单。

梯度发展 Gradient Development

区域经济发展已形成经济发达区和落后区，经济发展水平出现了差异，形成了经济梯度。利用发达地区的优势，借助其扩散效应，为缩小地区差异而提出的一种发展模式。

提单 Bill of Lading

提单，是指作为承运人和托运人之间处理运输中双方权利和义务的依据。

提货通知单 Delivery Order

货物到达站向收货人发出的提货通知证明。货物运达目的地后，承运人向收货人发出的提取货物的书面通知。

提货证明 Identification for B/L

收货人在提取货物时出具的凭证，包括提货通知单、有效身份证件等证明材料。

提箱 Container Pick Up

提箱人凭船公司或其代理人签发的放箱单到港口、场站提取集装箱的过程。

提送货物流产业 Freight Transport

提送货物流指在客户发货过程中提供的专人、专车上门提货，客户的货到后，提供送货上门，这两个过程中所产生的相应物流活动。

体积重量 Dimensional & Weight

运输行业内的一种计算轻泡货物重量的方法。将货物体积利用折算公式换算获得的货物重量。重量单位为公斤（千克）。

填充物 Packing Material

在货物包装容器内填充的材料。如：泡沫塑料、气泡塑料薄膜、木丝、纸屑等材料。

条码标签 Barcode

印有条码符号的信息载体。

条码打印机 Barcode Printers

能制作一种供机器识别的光学形式符号文件的打印机，它的印刷有严格的技术要求和检测规范。

条码技术 Barcode Technology

条码技术主要包括条码编码原理及规则标准、条码译码技术、光电技术、印刷技术、扫描技术、通信技术、计算机技术等。具体来说，条码是一种可印刷的机器语言，采用二进制数的概念。由1和0表示编码的特定组合单元。

条码技术标准化
Standardization Barcode Technology

条码技术社会实践中，对重复性事物和概念，通过制定、发布和实施标准达到统一，以建立最佳秩序，取得最佳效益。

条码码制 Barcode Symbologies

条码符号的类型。各种条码符号都是由符合特定编码规则的条和空组合而成，具有固定的编码容量和条码字符集。

条码识读器 Barcode Reader

识读条码符号的设备。

条码系统 Barcode System

由条码符号设计、制作及扫描识读组成的系统。

条码自动识别技术 Automatic Identification and Data Capture of Barcode

运用条码进行自动数据采集的技术，主要包括编码技术、符号表示技术、识读技术、生成与印制技术和应用系统设计等。

条形码 Barcode

条形码是将宽度不等的多个黑条和空白，按照一定的编码规则排列，用以表达一组信息的图形标识符。常见的条形码是由反射率相差很大的黑条和白条排成的平行线图案。条形码可以标出物品的生产国、制造厂家、商品名称、生产日期、图书分类号、邮件起止地点、类别、日期等许多信息，因而在商品流通、银行系统等许多领域都得到广泛的应用。

条形码识别系统 Barcode Recognition System

由条形码扫描器、放大整形电路、译码接口电路和计算机系统等部分组成，可以阅读条形码所代表的信息。

调仓 Adjust Position

调整储存货物的仓库。

调仓单 List of Adjust Position

商品从某一 DC 库存区转入另一 DC 库存区，或在同一 DC 不同仓码的库存区域之间进行调拨时产生的商品明细单据。

调距叉 Fork Positioner

适用于机械、港口、陶瓷、建材、农业等无规则货场及无规定托盘的各种场合，通过液压调整货叉间距实现搬运不同规格托盘的货物，无须操作人员手动调整货叉间距，减轻操作人员的劳动强度，提高工作效率，降低托盘及货物的破损。

调气接口 Modified Atmosphere

为保温集装箱设置的空气调节装置，用来通过人工控制箱体内外的空气交换。

跳板 Springboard

搭在车辆、货垛和站台之间便于工人装卸作业时上下的长木板。

铁道邮路 Railway Post Route

指利用铁路运输运送邮件、报刊的路线，包括自备和租用火车车厢。

铁空联运 Railway-Air Intermodal Transportation

采用铁路和航空两种运输方式完成的多式联运。

铁路保温车 Insulated Wagon

车体设隔热结构的铁路车辆。

铁路产权罐车 Lac-Megantic rail disaster

主要用来装运运量很大的少数几种石油化工类液体危险货物。铁路产权罐车的限装品名为原油、汽油、煤油、航空煤油、柴油、溶剂油、石脑油、轻质燃料油等液体危险货物。

铁路车辆一次作业时间 Single Operation Period of Railway

铁路车辆在港口平均每次作业所停留的时间。

铁路车辆在站停留时间 Residence Time of Railway

在港区作业的铁路车辆停留时间的总和。计量单位：小时。

铁路车辆作业次数 Operation Times of Railway

装车数与卸车数之总和。装（或卸）一辆车计算一个作业次数。同一辆车卸车后又装车，则计为两个作业次数。

铁路的连带责任 Joint Responsibility of Railway

按国际铁路货物联运运单承运货物的铁路，应负责完成货物的全程运送，直到在到站交付货物时为止。每一继续运送的铁路，自接收附有运单的货物时起，即为参加这项运送契约，并承担因此而发生的义务。如向非参加国际铁路货物联运协定国家的铁路办理货物转发送时直到按另一种国际协定的运单办完运送手续为止。

铁路港 Railway Terminal

经国家批准对外开放，供中外籍人员、货物、交通工具和国际包裹邮件出入国（关）境的边境铁路车站、通道，以及经国家批准，可以与境外开展直达运输的内陆铁路车站等。

铁路货场 Rail Freight Yard

铁路车站办理货物承运、装卸、保管和交付作业的场所，是铁路与其他运输方式相衔接的地方。按线路配置图型可分为尽头式货场、通过式货场和混合式货场。

铁路货物运到期限
Astrological Transit

铁路在现有技术设备条件和运输工作组织水平的基础上，根据货物运输种类和运输条件，将货物运送一定距离而规定的最大运送限定天数。

铁路货运量 Rail Freight Volume

报告期内企业利用铁路运输的原材料和产品总量。计量单位：万吨。

铁路集装箱办理站
Railway Handling Station

办理集装箱的发送、到达、中转业务，进行集装箱的装卸、暂存、集配、门到门运输作业，组织集装箱专列等作业，并具有维修、清扫、清洗能力的铁路车站。

铁路集装箱场设计能力
Designed Capacity of Railway Terminal

根据货场的面积、箱位布置、装卸线路、汽车通道、机械状况等核定的铁路集装箱场的年集装箱办理量。

铁路集装箱场作业能力
Operation Capacity of Railway Terminal

铁路集装箱场的装卸车，拆装箱以及机械、劳力等的综合能力。

铁路集装箱出站单
Delivery Receipt of Railway Container

从铁路车站搬出铁路集装箱时，铁路承运人根据铁路货物运单填写的集装箱出站和交回的凭证。

铁路集装箱堆场
Railway Container Yard

进行集装箱承运、交付、装卸、堆存、装拆箱、门到门作业，组织集装箱专列等作业的场所。

铁路集装箱货物运单
B/L of Railway Container

是承运人与托运人之间为运输货物而签订的一种运输合同，在运输集装箱时，加盖集装箱运输专用章。

铁路集装箱集散站
Intermodal Freight Transport

具有集装箱装卸、暂存、保管、临修、装拆箱、拼箱、接取、送达、门到门运输能力的场所，是铁路集装箱办理站的站外设施。

铁路集装箱运输
Railway Container Transportaion

用火车运载集装箱的货物运输。

铁路集装箱中心站
Railway Container Terminal

具有综合物流和多式联运的各项功能，如仓储、拆拼箱、加工、包装、配送、商贸、信息处理等，是以铁路集装箱服务为主导的综合物流基地，是铁路物流中心的重要表现形式。

铁路集装箱周转时间 Transshipment Time of Railway Container

集装箱从装箱至下一次装箱之间的时间。

T

铁路集装箱专用平车
Railway Container Flatcar

车底架呈骨架结构，设有固定集装箱的锁闭装置，专门用于装运集装箱的铁路车辆。

铁路集装箱装卸费
Railway Container Handling Charge

铁路集装箱运输中，在到、发站收取的集装箱装卸、搬运费用。

铁路口岸 Railway Terminal

国家在内地批准设立的通过铁路运输方式以供人员和货物出入国境的海关通道。

铁路口岸站 Port Railway Station

设在不同国家或地区边境附近、不同轨距的铁路交接点处，各国在本国境内各自承担进口货物的换装作业，以及客车的换轮作业或换乘作业，设有车站管理、海关、边防检查、国检等机构的铁路车站。

铁路冷藏车 Refrigerator Wagon

以冰、冰盐、冷板、液化气体等各种冷源或机械制冷的铁路车辆。

铁路零担运输 Railway LTL Services

是主要铁道运输方式之一。货主需要运送的货不足一车，则作为零星货物交运，承运部门将不同货主的货物按同一到站凑整一车后再发运的服务形式。零担运输需要等待凑整车，因而速度慢。为克服这一缺点，已发展出定路线、定时间的零担班车，也可利用汽车运输的灵活性，发展上门服务的零担送货运输。

铁路平车 Railway Flatcar

可用于运输载货汽车、（半）挂车及集装箱等运载单元的铁路车辆。

铁路起重机
Container Crane for Railway

安装在专用底架上沿铁路轨道运行的起重机。

铁路枢纽 Railway Junction Station

在两条以上铁路干支线的交会处或终端地区，由一个或几个统一调度协调作业的专业站（包括客运站、货运站、编组站）以及相应的正线、进出站线、联络线、迂回线、环线等铁路设备组成的整体。

铁路枢纽货运系统 Railway Hub

在铁路枢纽覆盖的范围内，由所需位移与服务的物、提供服务的设备（装卸搬运机械、运输工具、仓储设施等）、组织服务的人员和信息等若干相互制约的动态要素所构成的具有特定功能的有机整体。

铁路双层集装箱运输
Double-stack Railway Transportation

铁路专用平车运输双层集装箱的多式联运组织形式。

铁路双层集装箱运输通道
Double-stack Railway Corridor

具有充足和稳定的双方向集装箱运量、运输距离较长、限界满足要求，具备相应的技术条件和技术准备的可运行双层集装箱列车的大运量铁路运输通道。

铁路物流 Railway Logistics

依托铁路的点、线集合，发挥基础设施和生产运营两个层面的网络经济特征，联结供给主体和需求主体，根据铁路资源配置和优化条件，将运输、储存、装卸、搬运、包装、流通加工、配送、信息处理等功能有机结合，是物品从供应地向接受地实体流动的计划、实施与控制的过程。

铁路物流货场 Railway Logistics Yard

铁路车站办理货物承运、装卸、保管和交付等物流作业的场所，是铁路与其他运输方式相衔接的地方。

铁路物流基地 Railway Logistics Base

位于铁路流通节点城市，负责货物的集散、分拨，满足货物班列和多式联运等运输需求，具备物流基本服务功能和增值服务功能，具有相应的配套服务设施和建设物流事业基础的一个特定区域。

铁路物流园区 Railway Logistics Park

以铁路货运场站等资源为基础，融合现代物流与供应链管理和服务理念，为客户提供以铁路运输为主的全方位、一体化现代物流服务的空间场所，其既可作为铁路自身提供物流服务的场所，同时也可作为公共性物流基地吸引相关物流企业入驻共同开展物流服务的场所。

铁路物流中心
Railway Logistics Center

专业办理铁路集装箱、商品汽车、包装成件货物、长大笨重货物、散堆装货物、危险货物及其他货物运输、装卸和堆存作业，为社会或企业提供仓储、配送、加工、商贸、展示等增值服务，并具有完善信息网络的从事物流活动的场所。

铁路物流中心吞吐量 Throughput of Railway Logistics Center

一定时期内，铁路物流中心发送、到达的货物总量。

铁路物流中心周转量 Transshipment of Railway Logistics Center

一定时期内，由物流动车组完成的每批货物重量与该批货物运送里程的乘积之和。

铁路物流中心作业量
Rail Transport in Ethiopia

一定时期内，铁路物流中心为实现物流功能所进行的装卸、搬运、储存等各类活动完成的货物总吨数。

铁路运输物流产业 Rail Transport

铁路运输是利用铁路进行货物运输的方式，是利用铁路设施、设备运送旅客和货物的一种运输方式，在国际货运中的地位仅次于海洋运输。铁路运输与海洋运输相比，一般不易受气候条件的影响，可保障全年的正常运行，具有高度的连续性。铁路运输还具有载运量较大、运行速度较快、运费较低廉、运输准确、遭受风险较小的优点。

铁路制冷车组 Refrigerator Car

运送肉食、鲜果、蔬菜等易腐货物的专用车辆。这些货物在运送过程中需要保持一定的温度、湿度和通风条件，因此火车的车体装有隔热材料，车内设有冷却装置、加温装置、测温装置和通风装置等，具有制冷、保温性能。

铁路专用线 Siding (Rail)

用于运输钢铁类物品，由企业或者其他单位管理的与国家铁路或者其他铁路线路接轨的岔线。计量单位：条。

铁路专用线长度
Private Siding of Railway

港口为加速货物的集散而铺设的专用铁路线的长度。计量单位：米。

铁路装卸 Handling of Railway

在铁路车站进行的装卸搬运作业，包括汽车在铁路货物和站旁的装卸作业，铁路仓库和理货场的堆码拆取、分拣、配货、中转作业，铁路车辆在货场及站台的装卸作业，装卸时进行的坚固作业，以及清扫车辆、揭盖篷布、移动车辆、检斤计量等辅助作业。

铁路装卸线通过能力
Throughput Capacity of Railway

港口铁路装卸线在一定时间内（年、月）所具有的装卸货物的能力。它主要反映了铁路运输组织、装卸车效率和取送车能力等。

铁路装卸线长度
Length of Handling Track

铁路专用线中用于装卸作业的线路长度。

铁水联运
Rail-water Intermodal Transportation

采用铁路和水路两种运输方式完成的多式联运。

停驶车日 Downtime Vehicle-days

每天完好车辆中，未出车工作的车辆累计数。

停驶率 Downtime Rate

全部营运车辆的总车日中，停驶车日所占的比重。

通常底板承载能力
Floor Loading Capability

空载集装箱的底部结构所能够承受箱内有效荷载或设备车轮所产生的静载和动载的能力。

通风集装箱
Dust-control with Enclosure

类似通用集装箱，但具有与外界大气进行气流交换的装置。其通风的方式可以是自然流通的，也可以借助通风机械来实现。

通风换气次数 Mechanical Ventilation
单位时间内进行气体循环的次数。

通风容积 Ventilation Dimension
进行通风的空间的体积。

通风设备 Ventilator
冷藏车内用以换入新空气和排出车内有害气体及水蒸汽的设备。

通关 Customs Clearance
又称报关手续，即出口商或进口商向海关申报出口或进口，接受海关的监督和检查，缴纳相关税款和费用，履行海关规定的相关手续。

通关一体化 Customs Integration
指企业可自主选择向经营单位注册地、货物实际进出境地海关或其直属海关集中报关点办理申报、纳税和查验放行等通关手续。以提高企业通关效率，降低通关成本，并增强企业活力和竞争力。

通过式货场 Through-type Goods Yard
由通过式装卸线组成的货场，其装卸线两端均连接车站站线。

通过式货运站
Through-type Goods Station

到发场的两端都与正线相连通的货运站。

通过式装卸线
Through-type Handling Line

两端均连接车站站线。取送车作业可在货场两端同时进行，比较方便，与装卸作业干扰较少，可以进行整列装卸作业。

通勤机场 Commuter Airlines
使用民用航空器从事公共航空运输以外的民用航空活动而使用的机场，包括可供飞机和直升机起飞、降落、滑行、停放的场地和有关地面保障设施。民用的通用航空飞行任务特指旅客运输和货物运输以外的其他飞行任务。

通用航空器 General-purpose Airport
除用于军事、警务、海关缉私飞行和公共航空运输飞行以外的航空活动所使用的航空器。

通用货车半挂车 Semi-trailer Truck
一种在敞开（平板式）或封闭（厢式）载货空间内载运货物的半挂车。

通用机场 General Airport
专门为民航的"通用航空"飞行任务起降的机场。通用航空机场是专门承担除个人飞行、旅客运输和货物运输以外的其他飞行任务。

通用集装箱 General Purpose
具有风雨密性能的全封闭集装箱。设有刚性的箱顶、侧壁、端壁和底部结构，至少在一个端部设有箱门，以便于装运普通货物。

通运货物 Thorough Goods
由境外启运，经船舶或航空器载运入境后，仍由原载运工具继续运往境外的货物。

统一采购策略
Unified Procurement Strategy

是指企业实行集中采购、统一进货战略。企业可将一年销售的商品一次性签订采购合同，由于一次采购数量巨大，其价格优惠可以远远高于同行，形成其他企业无法比拟的价格优势。

筒仓 Silo

用以堆存粉末、颗粒散状物料的筒状仓。

筒式托盘 Sleeve Pallet

通常称为"居中散货容器"，是一种四壁密封的箱式托盘。装有密封盖，四周有框架结构。通常用来装运干粉状或颗粒状货物。

投诉 Complaint

托运人、收货人或其代理人对承运人在货物运输过程中发生的问题所提出的批评意见或索赔要求。

投递 Delivery

指货物已经到达顾客所在的城市，物流公司将安排快递员将货物送到顾客的手中。

投递端 Delivery End

是邮政网的末端，是指各投递局所通过投递人员到达的各类邮件接收点，包括个人住户、单位收发室、邮政专用信箱、用户信报箱、信报箱群。

投递段道 Delivery Section

是指为投递人员划定的投递邮件，报刊的地段范围和路线。

投递及时率 Timely Rate of Delivery

指快递公司提供派送服务过程中，快件能够及时投递的比率。

投递路线 Delivery Route

是指为投递人员划定的投递邮件，报刊的地段范围和路线。

投递频次 Frequency of Delivery

邮政企业或快递企业在一定时间内固定投递邮件或快件的次数。

投诉退货 Complaint for Return

此类逆向物流形成可能是由于运输差错、质量等问题，它一般在产品出售短期内发生。通常情况下，客户服务部门会首先进行受理，确认退回原因，做出检查，最终处理的方法包括退换货、补货等。电子消费品如手机、家用电器等通常会由于这种原因进入回收渠道。

投诉有效期 Filing a Formal Complaint

自快件收寄之日起，到快递服务组织可受理用户投诉的最长时间间隔。

透明包装 Transparent Package

通过透明包装材料能看见全部或部分内装物的包装。

透明一体化供应链
Transparent Integrated Supply Chain

是指应用互联网及信息技术，把供应链中的物流要素进行透明连接，并系统性地考虑终端需求拉动及供给的有效响应，尽最大可能减少不必要中间环节的物流过程，在整体上实现物流及供应链效率的提升。

突堤码头 Pier

由岸线伸入水域的码头。

途中装卸 Rail Freight Transport

按整车运输的货物，在区间或在不办理货运营业的车站进行的装卸作业。

团购订单 Group Order

某一特定时期内，通过降低某些商品的销售价格来刺激和集中用户的需求，通过批量采购和销售此商品而产生的客户订单，订单号和正常商品订单类型一致，为S开头。

推测型营销模式 Speculative Marketing

一种追求规模经济的经营模式，它所表现出来的是大规模集中生产、大规模物流设施和大规模流通库存，其优势在于能够充分享用规模经济所带来的利益。其具体特点是进行少品种大量生产，大量仓储与配送，按市场预测生产，注重流通渠道的控制，用分销商等中介的营销组织形式。

推拉器 Push-pull Output

用于对单元货物的无托盘化搬运和堆垛作业，在食品、轻工电子行业应用广泛。滑板可以采用纸质滑板、塑料滑板、纤维滑板，省去购买、存放、维修托盘等费用。

T

推式悬挂输送机
Power and Free Conveyors by Ultimation

利用悬挂链条上的推头推动夹钳小车，连续输送、分拣、贮存邮件袋的设备。

退关货物 Shut-out Cargo

计划配装并已办妥托运手续，但因故不能装船的货物。

退换货 Product Return

指顾客在收到货品后，由于货品出现问题，而无法达到顾客的要求时，对收到的货品进行退货或换货的行为。

退回 Return

邮政企业或快递企业按规定将无法投递的邮件或快件返回原址或寄件人的过程。

退货管理 Return Management

是指对已采购但验收不合格的原材料和零部件的退货，以及与已售出商品的退货有关的运输、验收和保管有关的物流活动。

退货率 Rate of Return

是指产品售出后由于各种原因被退回的数量与同期售出的产品总数量之间的比率。可作为反映商品质量、顾客服务、商品价格的指标。

退货逆向物流 Reverse Logistics

零售商可把未售出去的剩余商品以全价（批发价）或部分价格退还给制造商，其目的是希望零售商增加库存量和降低零售价。

退货逆向物流系统
Reverse Logistics System

消费者将不符合其订单要求或运输途中质量遭受损坏的产品退回给供应商时，发生的退货回收处理活动。

退税 Tax Refund

国家按规定对纳税人已纳税款的退还，这是国家为鼓励纳税人从事或扩大某种经济活动而进行的税款退还。

退装货物 Cargo Load List

所有积载在货舱及船上的货物。

吞吐量 Throughput

报告期内企业进入和送出原材料和产品总数量。计量单位：万吨。

托架提升机 Stillage Cages

在链条上相隔一定距离装一托架，用托架作为工作构件，装运件货的提升机。

托盘 Pallet

托盘是一种用来集结、堆存货物以便于装卸和搬运的水平板。其最低高度应能适应托盘搬运车、叉车和其他适用的装卸设备的搬运要求。托盘本身可以设置或配装上部构件。

托盘包装 Palletizer

以托盘为承载物，将物品堆码在托盘上，通过捆扎、裹包、胶粘等方法加以固定，形成一个搬运单元，以便用机械设备搬运的包装技术。

托盘底滑板 Skid Pallet

由一块底铺板和两块或更多块垫块组成的组合件，或由一块端部朝上、矩形断面的金属型材和一块中心垫块构成的组合件。

托盘货架 Pallet Racking

托盘货架以储存单元化托盘货物，配以巷道式堆垛机及其他储运机械进行作业。高层货架多采用整体式结构，一般是由型钢焊接的货架片（带托盘），通过水平、垂直拉杆以及横梁等构件连接起来。其侧面间隙考虑在原始位置货物的停放精度、堆垛机的停位精度、堆垛机及货架的安装精度等；货物支承的宽度必须大于侧面间隙，免得货物一侧处于无支承状态。

托盘宽度 Pallet Dimensions

垂直于托盘长度方向的铺板尺寸。

托盘联运 Pallet Intermodal

将载货托盘货体（货物按一定要求成组装在一个标准托盘上组合成为一个运输单

位），从发货人开始，通过装卸、运输、转运、保管、配送等环节，将托盘货体原封不动送达收货人的一种"门到门"的运输方法。

托盘平面尺寸 Unit Load Device

托盘长度和托盘宽度的公称平面外廓尺寸。

托盘式货架 Pallet Racking

俗称横梁式货架，或称货位式货架，是存放装有货物托盘的货架。托盘货架所用材质多为钢材结构，也可用钢筋混凝土结构。此类货架在高位仓库和超高位仓库中应用最多（自动化仓库中大多用此类货架）。

托盘循环共用系统
Pallet Pooling System

是在托盘标准化的基础上，以租赁的方式，并按照规范化的操作流程，实现产业链上下游及不同行业之间的托盘循环共用和带板运输。

托盘运输 Palletized Transportation

采用按一定规格制成的单层或双层平板载货工具，进行装卸、运送的货物运输。托盘承载货物，使用叉式装卸机械进行装卸、搬运作业的运输方式。

托盘长度 Pallet Length

纵梁或纵梁板方向上的面板尺寸。注1：无纵梁或纵梁板的托盘长指较长的面板尺寸。注2：首先确定托盘的长度，再确定托盘的宽度。

托盘转换装置 Pallet Converter

放在托盘上，使其成为箱式托盘或立柱式托盘的上部结构。

托运 Consignment

托运人按照规定办法委托承运人运送货物的行为。

托运单 Charter Party

托运人根据贸易合同和信用证条款内容填制的，向承运人或其代理办理货物托运的单证。

托运计划 Thrift Savings Plan

托运人向承运人提交运送货物的书面要求。

托运人活体动物运输申报单
Pet Airline Shipping Forms

托运人在托运动物时向承运人如实申报的作为承运人办理活体动物运输的证明。

托运人危险物品申报单
IATA – Shipper's Declaration

托运人在托运危险物品时向承运人如实申报并作为承运人承运航空危险物品的证明。

拖挂运输 Semi-trailer Truck

牵引车拖带挂车装载货物的运输。

拖行式起重机 Railer Crane

不带运行动力，但可像拖车一样用牵引车拖行的起重机。

拖航 Towing

指用拖轮牵引各类非自航移动式钻井平台及其他勘探装置在海上航行的作业。

脱锭起重机 Stripper Crane

装备有使钢锭从钢锭模中脱出装置的桥架型起重机。

脱索 Get off the Line Definition

将吊索从货件两端脱离出的操作（工步）。

驮背运输 Piggyback

是铁路、汽车联合运输系统的一种技术，这种技术是以载货汽车为核心设备，从发运者处接运货物，完成"门到站"的运输。到达火车－汽车转运站之后，顺火车车尾坡道开上火车，锁住后，由火车车皮驮运汽车货载完成"站到站"运输。至到达站之后，再顺序沿车尾坡道开下，直驶至接货人的"门口"。

妥投率 Correct-Distribute Rate

快递公司提供送件服务过程中，快件派送成功的比率。

U

UPS 国际快递 United Parcel Service

    一家全球性的公司，其商标是世界上最知名、最值得景仰的商标之一。作为世界上最大的快递承运商与包裹递送公司，同时也是运输、物流、资本与电子商务服务的领导性的提供者。

U 型线　U-line

    脱离原有生产线设计思想，使物流路线形成 U 型，进料和出料由一个人承担，可避免由于投入的人看不到出货情况而造成的中间在制品增加。真实含义是在加工的过程中物流的过程是 U 型，而不是设备排布像 U 型。

V

VMI Vendor-managed Inventory

一种以用户和供应商双方都获得最低成本为目的，在一个共同的协议下由供应商管理库存，并不断监督协议执行情况和修正协议内容，使库存管理得到持续地改进的合作性策略，体现了供应链的集成化管理思想，适应市场变化的要求，是一种新的、有代表性的库存管理思想。

V

WMS Warehouse Management System

仓库管理系统的缩写，是通过入库业务、出库业务、仓库调拨、库存调拨和虚仓管理等功能，对批次管理、物料对应、库存盘点、质检管理、虚仓管理和即时库存管理等功能综合运用的管理系统，有效控制并跟踪仓库业务的物流和成本管理全过程，实现或完善企业仓储信息管理。

外包模式 Outsourcing

指企业把原来属于自己的物流活动，以合同的方式委托给第三方物流服务企业，同时通过信息系统与其保持密切联系，以达到对自身企业物流全过程的管理和控制的一种运作管理模式。

外包装 Inner and Outer Packaging

货物包装中的最外层包装，在储运过程中主要起保护货物、方便运输的作用。

外变换操作
Operational Transformation

指那些能够在设备运行过程中进行的操作。

外场装卸 Ground support equipment

在库区外部进行的货物装卸作业。

外档 Overside

靠泊码头的船舶，其船舷向水一侧或系泊于浮筒的船舶，靠主航道的一侧都称为外档。

外档过驳
Oversize Transfer and Trucking

货物通过海运出口运输时，进行货物装船的方式之一。货物由驳船集港，装船时，驳船直接靠海轮外舷，货物由驳船吊到海轮上，这种"船过船"的作业方式被称为外档过驳。

外交信装 Diplomatic Bag

为保障外交信袋的安全运输，在仓储、操作、运输过程中对货物实施专门流程的航空运输服务。适用于各国政府、联合国下属组织以及各国驻外使领馆、政府驻外办事处之间作为货物托运的，使用专用包装袋盛装的公务文件、资料等。

外界温度 Temperature

在集装箱运输过程中面临的外界环境的温度，与集装箱的内部温度相对。在冷链货物的运输过程中，集装箱的外部环境温度的变化，会造成集装箱内所装的冷鲜商品的腐烂、失效等变质现象。

外贸综合服务平台 Integrated Foreign Trade Service Platform

为中小微企业外贸供应链服务平台，可为中小微外贸企业提供包括融资、物流、退税、清关、信息咨询、客户介绍、产品展示、海外追账在内的全流程服务，涵盖了国际贸易的各个环节。

外商投资物流企业
Foreign-Owned Enterprise

境外投资者以中外合资、中外合作的形式设立的，能够根据实际需要，选择对货物的运输、仓储、装卸、加工、包装、配送、信息处理以及进出口等环节实施有机结合，形成比较完整的供应链，为用户提供多功能一体化服务的外商投资企业。

外伸支腿 Outrigger

为增大轮胎式起重机在起重工作时的起重能力，起重机设有支腿。支腿要求坚固可靠，伸缩方便，在行驶时收回，工作时外伸撑地。从结构特点来分，有蛙式、h式、x式、辐射式和铰接式支腿。

完好车日 Vehicle Impoundment

在总车日中，用于营运车辆中技术状况完好，不需要进行修理、维护和保养，即能参加运输的车辆累计天数，包括实际参加运输的车日和由于各种非技术性原因而停驶的车日。

完好率 Serviceability Rate

在统计期内，企业全部营运车辆的总车日中完好车日所占的比重。反映了运输过程中对营运车辆总车日利用的最大可能性，可以最大限度地利用车辆的周转、安排车辆的维修保养时间、应对突发业务等。

完整的固端结构
Moment Distribution Method

平台（和台架式）集装箱的类型之一，在端部的两根角柱之间有横向连接件，但该端部结构不能够折倒。特点是，双固端结构、固定角柱、活动侧柱或者活动顶结构。

完整的折端结构 Protein Folding

平台（和台架式）集装箱的类型之一，在端部的两根角柱之间有横向连接件，但该端部结构能够折倒。特点是，可折的完整结构，可折角柱、活动侧柱或者活动顶结构。

晚点 Behind Schedule

没有按照规定的时间将货物送到目的地。运送时间过长主要有两方面原因：一方面是客观原因，受天气状况的影响或者柴油供应紧张，运力受到一定限制，到货周期就会变慢；另一方面是电子商务迅速发展，物流产业的人力、基础设施等投入都赶不上电子商务发展速度，出现了部分供需失衡的现象。

万国邮政联盟 Universal Postal Union

简称"万国邮联"或"邮联"，其前身是 1864 年 10 月 9 日成立的"邮政总联盟"，1868 年改为现名。是商定国际邮政事务的政府间国际组织，总部设在瑞士首都伯尔尼。宗旨是促进、组织和改善国际邮政业务，并向成员提供可能的邮政技术援助。

网链集成
Integration of Network Chain

物流链或者供应链为实现一定目标或任务，将相关物流资源、功能等网络关系，进行再整合，形成的物流运作形式和过程。是对一体化物流所实现高端物流服务的基础支撑。

网链结构 Structure of Network Chain

以核心企业为中心，核心企业与供应商、核心企业与分销商之间呈一对多的关系。诸多核心企业、供应商、分销商组合起来，关系交叉，构成了网状拓扑，情况复杂。链上的各节点企业，为了同一个目标协调各自的行为方式进行各种活动。供应链就是一个功能网链结构模式。

网链物流 Supply Chain of Network

依托物流网络和供应链机制进行运作的物流服务系统，需要较高的信息化水平和集成管理能力。一般将其称为"高级物流"或"高端物流"范畴。常用于比较以仓储的"点"和专线运输的"线"开展的传统物流业务。

网络GPS Global Positioning System

基于 Internet 的 GPS 系统，是卫星定位技术、GSM 数字移动通信技术以及国际互联网技术等相互融合产生的科技成果。通过在互联网上构建的公共 GPS 监控平台，可降低投资费用，免除了物流运输公司自身设置监控中心的大量费用，不仅包括各种硬件配置，还包括各种管理软件。

网络采购与管理组合策略 Network Procurement and Management Strategy

通过计算机网络进行采购活动。在电子信息技术支持和新经济思想影响下，国内一些企业在采购管理中利用网络，在网上产品、价格、供货商一目了然，市场透明度提高，产品优胜劣汰，大大降低了采购成本同时需要管理工作紧密配合。

网络仓库 The Network Warehouse

借助先进通信设备可以随时调动所需物资的若干仓库的总和。改变了传统的仓储观念，仓库的网络化使物资在仓库之间的调动变得毫无意义，物资从出厂到最终目的地可能只经过一到二次运输，大大节省运输费用。实际上是一个虚拟的仓库，它利用强大的信息流统筹网络内仓库可以利用资源，用以满足对订货的需求，可以减少在时间和空间上造成的迂回物流和仓储费用的增加。

网络开发 Global Development Network

B2C电商企业为了完成线下的物流配送，根据公司发展策略，建置新的物流据点（配送中心，分拨中心，配送站等），并配套相应资源，以提升服务品质及降低运营成本。

网络零售 Online Shopping

交易双方以互联网为媒介进行的商品交易活动，即通过互联网进行的信息的组织和传递，实现了有形商品和无形商品所有权的转移或服务的消费。买卖双方通过电子商务（线上）应用实现交易信息的查询（信息流）、交易（资金流）和交付（物流）等行为。

网络信息采集系统
Network Information Collecting System

利用计算机软件技术，针对定制的目标数据源，实时进行信息采集、抽取、挖掘、处理，从而为各种信息服务系统提供数据输入的整个过程。

网上商店 Online Store

也称电子商店。用户使用浏览器访问Internet 就可以在这个网站中获取商品信息，按照规定购买网站提供的商品和（或）服务，以及享受该网站提供的其他服务，是企业对消费者 (BtoC) 电子商务模式的典型模式之一。

网上书店 Online Bookstore

不同于线下书店，它是通过网络提供图书、音碟、影碟等产品销售的线上书店。消费者线上提交订单，网上书店集合众多消费者的订单后，通过线下物流网络完成对消费者的配送服务。

网上直接市场调查 Direct Marketing

利用互联网直接进行问卷调查等方式收集一手资料，主要采用站点法辅助以电子邮件法通过 Internet 直接进行。与传统的市场调查相同，进行网上调查首先要确定调查目标、方法、步骤，在实施调查后要分析调查的数据和结果，并进行相关的定量分析和定性分析，最后形成调研结论。

网套 Net

又称为货网或者网罩，是用编织物编织而成。主要用于固定托盘上的货物，网套与托盘之间利用货物上的金属环连接。根据托盘的尺寸，网套也有相应的规格尺寸。

危废品处理 Hazardous Waste Disposal

为了使各类危险废物得到安全有效的处置，对危险废物的收集、储存、处置等都会制定严格的程序，同时，需要使用专用的设备，遵循科学的流程，对处理人员进行特定培训，使危废品在处置过程中不发生任何事故。

危险货物 Dangerous Goods

具有爆炸、易燃、毒害、感染、腐蚀、放射性等危险特性，在运输、储存、生产、经营、使用和处置中，容易造成人身伤亡、财产损毁或环境污染而需要特别防护的物质和物品。

危险货物包装标志
Dangerous Goods Packaging

2009 年发布了国家标准，即 GB 190-2009。该标准规定了危险货物包装图示标志（以下简称标志）的分类图形、尺寸、颜色及使用方法等。该标准适用于危险货物的运输包装。标志的图形共 21 种，19 个名称，其图形分别标示了九类危险货物的主要特性。

危险货物包装性能试验
Package Testing of Dangerous Goods

为了检验危险货物运输包装是否符合要求，各运输机构都规定了相应的包装试验方法，对危险货物的包装进行相应的性能试验以保证装配过程的安全。常用的测试试验有，跌落、防渗透、液压、堆码和制桶等。

危险货物车辆标志
Logo of Dangerous Goods Vehicles

道路运输管理部门为加强道路运输危险货物车辆管理而设置，要求相关车辆按规定使用的标志。

危险货物的危险程度
Hazardous Degree of Dangerous Goods

危险货物的危险程度指根据相关规定给内装危险货物划定的危险程度，主要包括较大危险、中等危险、较小危险等。

危险货物分类
Classification of Dangerous Cargo

对人体健康、公共安全和环境安全有危害的物质或物品进行的分类。

危险货物货场 Dangerous Cargo Yard

专门办理具有易燃、易爆、有毒等性质货物的货场。

危险货物类项 Category Dangerous Goods

由爆炸品、压缩气体和液化气体、易燃液体、易燃固体、自燃物品和遇湿易燃物品、氧化剂和有机过氧化物、毒害品和感染性物品、放射性物品、腐蚀品和杂类构成的九类。

危险货物配装
Loading of Dangerous Goods

根据各种危险货物相抵触的程度和运输条件，确定其允许或不允许在同一车内的装载条件。

危险货物箱堆场
Dangerous Cargo Container Yard

专供停放带有危险货物标志的集装箱使用的堆场。

危险货物装箱证明书
Container Packing Certification

集装箱装运危险货物后，现场检查员根据《国际海运危险货物规则》，对集装箱和危险货物在箱内的积载情况进行检查后签发的证书。

危险品 Dangerous Goods

易燃、易爆、有强烈腐蚀性、有毒的物品的总称。运输和储存时，应按照危险品条例处理。

危险品包装 Dangerous Goods Packaging

根据危险品的特性，按照有关法令、标准和规定，采用专门设计制造的容器和防护技术的包装。

危险品运价 Rate of Dangerous Goods

装有危险品的国际集装箱和国内专用集装箱的运价，危险品运价以基本运价为基础，在规定的限额幅度内实行加价。易燃、易爆、剧毒和放射性的烈性危险品加价高于一般危险品。

危险品运价辅助装卸费
Complementarity Charge of Dangerous Cargo

危险品运价辅助装卸费指危险品在装卸过程中涉及铺垫、分包等辅助活动而产生的相关费用。

危险品运价掏装箱费
Unstuffing Fee of Dangerous Goods

危险品运价掏装箱费，指在码头等地为配合检查需将危险品等掏出装箱产生的相关费用。

危险品运价装卸费率比差 Ratio of Freight Loading and Unloading of Dangerous Goods

危险品运价装卸费率比差，指危险品装卸过程中每单位危险品产生的实际费用与基本费用之间的比值。

危险品运价装卸机械延滞费 Delay Fee of Dangerous Goods Handling

危险品装卸过程中因托运方缘故，导致的装卸机械未按规定展开装卸任务，而需支付装卸机械方的有关费用。

危险品运价装卸机械走行费 The Machinery Travel Fee of Dangerous Goods Freight Loading and Unloading

危险品装卸过程中，因为机械搬运产生

的相关费用。

危险品运价装卸基本费率
Basic Handling Freight of Dangerous Goods

在危险品装卸过程中，每单位危险品产生的基本费用。

危险物品仓库
Dangerous Goods Warehouse

根据危险物品的特性，分类存放危险物品的仓库。即存储和保管储存易燃、易爆、有毒、有害物资等危险品的场所。

危险物品收运检查
Dangerous Goods Acceptance Check List

航空承运人依据航空危险物品运输规定，对托运人填写的危险物品申报单、航空货运单和货物包装件等项目进行逐项检查的一种表格。

危险物品运输包装 Dangerous Goods Packing for Transportation

根据危险物品的性质，按照有关法规、标准和规定专门设计制造的运输包装。

危险品运输 Carriage of Dangerous Goods

危险品运输是特种运输的一种，专门组织或技术人员对非常规物品使用特殊车辆进行的运输。一般只有经过国家相关职能部门严格审核，并且拥有能保证安全运输危险货物的相应设施设备，才能有资格进行危险品运输。

危险物品运输标签 Marking and Labelling of Dangerous Goods

按规定的标准在货物运输包装上标明不同类别（项）和性质的危险物品的标记。通常以不同图案、颜色和文字组成。

微服务 Micro Services

按照"一体两翼"经营发展战略布局，设置了普邮、寄递和金融的三大邮政基础服务，通过整合公共政务资源提供的政务导航服务和通过聚合资讯资源提供的本地资讯服务。

微观物流 Microcosmic Logistics

包括消费者、生产者企业所从事的实际的、具体的物流活动，在整个物流活动之中的一个局部、一个环节的具体物流活动和在一个小地域空间发生的具体的物流活动。

微观物流集成
Micro-logistics Integration

指企业层次的物流集成。由于企业是以市场竞争为生存和发展前提条件，企业生存与发展机制直接影响物流集成战略和集成动力的形成。

微速下降速度
Precision Load-lowering Speed

起重机在稳定运动状态下，进行安装或堆垛最大工作载荷时，能实现的最低下降速度。

违禁物品
Prohibited and Restricted Goods

托运人违反政府有关规定，隐瞒实情交运的禁止运输物品。包括：法律、行政法规明令禁止运输的货物；有腐蚀性、有放射性等可能危及运输工具、人身和财产安全的货物；凡具有爆炸、易燃等危险性质，在运输、装卸、存储、保管过程中，于一定条件下能引起爆炸、燃烧，导致人身伤亡和财产损失等事故的易燃易爆物品。

违约金 Forfeit

托运人或承运人因违反货物运输合同而向对方支付的费用。

桅杆起重机 Derrick

以桅杆为机身的动臂旋转起重机，其臂架铰接在上下两端均有支承的垂直桅杆下部的回转起重机。由桅杆本体、动力一起升系统、稳定系统组成。主要部件由桅杆、动臂、支撑装置和起升、变幅、回转机构组成。

桅柱装置 Mast Farm Service

由桅柱（塔柱）、带或不带副臂的臂架以及其他必要附件组成的流动式起重机的可替换工作装置。

维修退回 Repair and Return

缺陷或损坏产品在销售出去后，根据售后服务承诺条款的要求，退回制造商。典型的例子包括有缺陷的家用电器、零部件和手机，由制造商进行维修处理，再通过原来的销售渠道返还用户。

维修网络 Maintenance Network

为了支持闭环供应链和高科技产品的维修作业，通常内含在逆向物流和闭环供应链系统之中。

尾部回转半径 Ski Geometry

当汽车吊转台部分回转时，一般是后部配重处最外缘距转台回转中心的距离，就是尾部回转半径。塔式起重机尾部回转半径是回转中心线到起重机回转尾部外缘的最大距离。

尾程配送 Tail Distribution

海外仓根据订单信息，选取最佳本地配送方式将货物安全快速、准确无误的送达终端消费者。

委托保管 Entrust

接受用户的委托，由受托方代存代管所有权属于用户的物资，从而使用户不再保有库存，甚至可不再保有保险储备库存，从而实现零库存。受托方收取一定数量的代管费用。

未利用罐容 Ullage

罐体内容积未被货物占据的部分。以百分比来表示。

喂料机 Feeding Machine

在散货堆场为坑道漏斗或皮带机喂料的专用机械。用于把物料从贮料仓或其他贮料设备中均匀或定量的供给到受料设备中，是实行流水作业自动化的必备设备。

稳定性试验 Stability Test

对起重机取物装置施加超过额定起重量Z%的静载荷所进行的试验。

问题件 Problem Courier

由于收货信息异常或者派送遇阻等情况，导致不能送到收货人手中的或者需要延期送到收货人手中的快件。

污染事故 Pollution Incident

即货物在运输、装卸、保管过程中发生污染的情况。

无船（车）承运人 Freight Forwarder

不拥有运输工具，但以承运人的身份发布自己的运价，接受托运人的委托，签发自己的提单或其他运输单证，收取运费，并通过与有船承运人签订运输合同，承担承运人责任，完成国际海上货物运输经营活动的经营者。

无法交付行包 Luggage Free

行包运达后，超过规定领取期限仍无人领取的行包。

无法交付货物 No Delivery of Cargo

已通知收货人提取或找不到货主，超过三个月无人提取的货物。在规定期限内，无人提取或未提出处理意见的货物。

无缝连接 Seamless Connection Definition

在充分掌握系统的底层协议和接口规范的基础上，开发出与之完全兼容的产品，是供应链中的上下游企业之间的信息无障碍沟通，及企业内部各部门之间的协调工作。

无菌包装 Aseptic Processing

用铝箔作阻隔材料，制成附带有（饮用汽水时）麦秆吸管孔的长方形纸盒包装。

无人搬运车 Automated Guided Vehicle

装备有电磁或光学等自动导引装置，能够沿规定的导引路径行驶，具有安全保护以及各种移载功能的运输车，工业应用中不需驾驶员的搬运车，用可充电的蓄电池为其动力来源。

无人机快递 Unmanned Aerial Vehicle Express

通过利用无线电遥控设备和自备的程序控制装置操纵的无人驾驶的低空飞行器运载

包裹，自动送达目的地，其优点主要在于解决偏远地区的配送问题，提高配送效率，同时减少人力成本。缺点主要在于恶劣天气下无人机会送货无力，在飞行过程中，无法避免人为破坏等。目前顺丰快递已有，但未大范围使用。

无人驾驶电动运输汽车
Unmanned Electric Vehicle

是一种智能汽车，也可以称之为轮式移动机器人，主要依靠车内的以计算机系统为主的智能驾驶仪来实现无人驾驶。

无水港 Dry Port

在内陆地区建立的具有报关、报验、签发提单等港口服务功能的物流中心。其内设置有海关、检验检疫等监督机构为客户通关提供服务。同时，货代、船代和船公司也在无水港内设立分支机构，以便收货、还箱、签发，以当地为起运港或终点港的多式联运提单。

无线电操纵起重机
Wireless-operated Crane

通过无线电波（例如微波或其他电磁波）控制的起重机。

无线射频技术
Radio Frequency Identification (RFID)

它是 20 世纪 90 年代兴起的一种非接触式的自动识别技术，具有非接触、阅读速度快、无磨损、不受环境影响、寿命长、便于使用的特点和具有防冲突功能，能同时处理多张卡片。其在阅读器和射频卡之间进行非接触双向数据传输，以达到目标识别和数据交换的目的。

无线遥控起重机
Industrial Radio Remote Crane

控制器（控制台）与起重机之间无须任何实体连接，可传输司机指令进行操纵的起重机。

无压干散货集装箱
Non-pressurized Dry Bulk Container

靠物料自身的重力进行装载和卸载的无包装的固体颗粒状和粉状货物的干散货集装箱。

无运输工具承运业务
Non-Transportation Logistics

是指经营者以承运人身份与托运人签订运输服务合同，收取运费并承担承运人责任，然后委托实际承运人完成运输服务的经营活动。

无着快件 Undeliverable Express Mail

无法投递且无法退回寄件人、无法投递且寄件人声明放弃、无法投递且保管期满仍无人领取的快件。

五 MQS 浪费 Deeper Understanding of Lean Through 5MQS

将浪费分成 5 个 M，1 个 Q 和 1 个 S，共七大类。其中，5M 指人（Man）、机（Machine）、料（Material）、法（Method）和管理（Management）；Q 是品质（Qulity）；S 是生产的根本，即安全（Safety）。

五 S 现场管理法 5S (methodology)

又称为"五常法则"，主要包括整理（Seiri）、整顿（Seiton）、清扫（Seiso）、清洁（Seiketsu）、素养（Shitsuke）。

5W1H 分析法 Five Ws

对选定的项目、工序或操作，都要从原因（何因 Why）、对象（何事 What）、地点（何地 Where）、时间（何时 When）、人员（何人 Who）、方法（何法 How）等六个方面提出问题并进行思考的方法。

五通三同
Five Focuses and Three Communities

是对"一带一路"倡议内涵的解读，"五通"就是政策沟通、设施联通、贸易畅通、资金融通、民心相通，这"五通"是统一体，缺一不可。"三同"就是利益共同体、命运共同体和责任共同体。

五型港口 Port 5

即创新型、质量效益型、顺畅型、安全型、

环保型的港口。

物料搬运 Material Handling

同一场所范畴内进行的、以改变物料存放状态和空间位置为主要目标的活动。

物料定时配送
Timing Distribution of Materials

根据汽车生产作业计划以及物料单位存储容量确定配送周期及配送时间。各种物料根据生产计划实时配送，大大减少了生产线边物料存储，配送灵活性提高。

物料管理 Materials Management

将管理功能导入企业产销活动过程中，希望以经济有效的方法，及时取得供应组织内部所需之各种活动。该概念的采用起源于第二次世界大战中航空工业出现的难题。

物料集中配送
Mass Distribution of Material

将汽车生产所需要的原材料、零部件、半成品等物料成批配送至生产线边，配送频次相对较少，但容易造成物料积压、生产现场管理混乱、物料可跟踪性差、生产柔性差等问题。适用于单一产品稳定生产的情况。

物料需求计划
Material Requirement Planning

根据市场需求预测和顾客订单制定产品的生产计划，然后基于产品生成进度计划，组成产品的材料结构表和库存状况，通过计算机计算所需物料的需求量和需求时间，从而确定材料的加工进度和订货日程的一种实用技术。它解决了如何实现制造业库存管理目标——在正确的时间按正确的数量得到所需的物料这一难题。

物流 Logistics

为了满足客户的需要，以最低的成本，通过运输、保管、配送等方式，实现原材料、半成品、成品及相关信息由商品的产地到商品的消费地所进行的计划、实施和管理的全过程。其构成有商品的运输、仓储、包装、搬运装卸、流通加工，以及相关的物流信息等环节。

物流保险 Logistics Insurance

宏观上，是一切与物流活动相关联的保险；微观上，是物品从供应地向接受地的实体流动过程中对财产、货物运输、机器损坏、车辆及其他运输工具安全、人身安全保证、雇员忠诚保证等一系列与物流活动发生关联的保险内容。

物流标签 Logistics Label

表示物流单元相关信息的各种质地的信息载体。以人、机两种可识读的方式提供有关物流单元简明、清晰的信息。使物流和信息流之间建立关联，便于准确的数据采集。

物流标准化 Logistics Standardization

在运输、配送、包装、装卸、保管、流通加工、资源回收及信息管理等环节中，对重复性事物和概念通过制定发布和实施各类标准，达到协调统一，以获得最佳秩序和社会效益。

物流冰山学说
Iceberg Theory of Logistics

是日本早稻田大学的西泽修教授在1969年提出的：物流成本正如浮在水面上的冰山，人们所能看见的向外支付的物流费用好比冰山的一角，大量的是人们所看不到的沉在水下的企业内部消耗的物流费用。当水下的物流内耗越深反而露出水面的冰山就越小，将各种问题掩盖起来。这种现象只有大力削减库存，才能将问题暴露并使之得到解决。

物流仓储 Logistics Warehousing

利用自建或租赁库房、场地,储存、保管、装卸搬运、配送货物。现代"仓储"不是传统意义上的"仓库""仓库管理"，而是在经济全球化与供应链一体化背景下的仓储，是现代物流系统中的仓储。

物流产品 Logistics Products

为了满足顾客需要，从供应地到接收地提供运输、库存、装卸、搬运及包装储存的服务，并不是有形的实体，而是一种无形的服务，是一个过程。

物流产品促销 Marketing Logistics

物流企业或者从业人员借助各种媒体和营销策略，向消费者传递有关本企业能提供的物流产品的各种信息，说服或吸引消费者应用其物流产品，以达到扩大销售量的目的。

物流产业集群
Logistics Industry Cluster

将各种类型不同的物流企业、各种必备的物流基础设施等在空间上的集聚，从而将高度密集的物流资源和专业化经营的物流企业在一定区域内，集聚而形成的物流经营场所。它具备了一般产业集群的基本特点，适应于现代物流的发展，为解决供应链物流供给能力不足提供了一种有效方式。

物流产业集约化
Consolidation of Logistics Industry

物流产业在一定区域或范围内，把个别的、零碎的、分散而同质的生产组织形式集中成规模的、便于现代化的大生产组织形式，协调社会整体资源，规避资源重复设置和浪费，充分利用信息和网络技术，运用现代组织和管理方式，延伸供应链管理领域的服务范围，将物流、运输、仓储、配送、信息等环节进行有效资源整合，优化运作成本，并进行社会一体化协作经营的新体制物流。

物流产业增加值 Value Added Logistics

物流产业在一定时期内通过物流活动为社会提供的最终成果的货币表现，是物流产业的总产值扣除中间投入后的余额，反映了物流产业对国内生产总值的贡献。增加值包括固定资产的折旧、劳动者报酬、生产税净额、营业盈余等。

物流成本 Logistics Cost

指产品的空间移动或时间占有中所耗费的各种活劳动和物化劳动的货币表现。具体地说，它是产品在实物运动过程中，如包装、搬运装卸、运输、储存、流通加工等各个活动中所支出的人力、物力和财力的总和。现代物流成本的范围更广，贯穿于企业经营活动的全过程，包括从原材料供应开始一直到将商品送达到消费者手中所发生的全部物流费用。

物流成本管理
Logistics Cost of Management

不是管理物流成本，而是通过成本去管理物流，可以说以成本为手段的物流管理，通过对物流活动的管理降低物流费用。

物流成本预测
Cost Prediction of Logistics

指依据物流成本与各种技术经济因素的依存关系，结合发展前景及采取的各种措施，利用一定的科学方法，对未来期间的物流成本水平及其变化趋势做出科学的推测和估计。

物流创新 Logistics Innovations

在物流活动中，引入新的经营管理理念，实施新的经营管理方法，运用新的科学技术手段，对物流管理和物流运营过程进行改造和革新，从而全面提高物流活动的效率，取得最大化的企业经济效益和社会效益的创新活动实践。

物流单元 Logistics Unit

为需要通过供应链进行管理的运输和（或）仓储而设立的任何组成单元。即为了便于运输和仓储而建立的任何组合包装单元。在供应链中需要对其进行个体的跟踪与管理。

物流单证 Logistics Documents

即物流单证体系，用"三层三分结构"表示。第一层是根据货物流向不同分为出口、进口和加工贸易对流单证三个系统；第二层是根据运作目的不同分为商检、清关和结算单证三套；第三层是根据各运作环节单证性质的不同分为填制、自制和签发单证三组。其特点是成组、成套和成系统。

物流地理
Transport Geography of Logistics

从影响物流发展的政治、经济环境入手，

根据国家经济发展政策、区域资源分布、生产力布局来研究物流各类基础设施布局合理性及其发展规律，主要涉及物流运输方式的构成、物流路径和枢纽的布局等问题。

物流动车组
Multiple-unit Train Control

多动力物流车辆组合，把动力装置分散安装在每节车厢上，带动力的车辆叫动车，不带动力的车辆叫拖车。

物流仿真技术
Logistics Simulation Technology

借助计算机技术、网络技术和数学手段，采用虚拟现实方法，对物流系统进行实际模仿的一项应用技术，它需要借助计算机仿真技术对现实物流系统进行系统建模与求解算法分析，通过仿真实验得到各种动态活动及其过程的瞬间仿效记录，进而研究物流系统的性能和输出效果。

物流风险 Logistics Risk

是指供应链内所有物流活动运作中所能产生的损失的可能性。根据风险管理的理论，现代物流风险可谓是体系庞大、纷繁复杂，它不仅包括了传统意义上的纯粹风险，还包括责任风险、客户流失风险、合同风险、诉讼风险、投融资风险、财务流动性风险、人力资源风险等各个方面。

物流服务 Logistics Service

为满足客户需求所实施的一系列物流活动过程及其产生的结果。其传递方式体现在物流过程中，物流是附带一定设施设备的服务，在这一服务过程中，设施设备一直处在有形展示之中，受服务人员素质高低影响。

物流服务3P模式
Third-party Logistics

包括服务集成过程、实物依据和参与者为一体的物流服务营销理论。其中，集成物流服务过程中的服务集合过程（Process of service assembly）体现为项目设计，实物依据（Physical evidence）体现为运用的技术设备，参与者（Participants）主要是企业员工是物流服务过程的基础。3P要素是物流服务质量传递及实现的关键因素，是能够实现产品或系统价值增值的服务的保障。

物流服务质量
Quality of Logistics Services

用精度、时间、费用、顾客满意度等来表示的物流服务的品质。以物流服务固有的特性满足物流顾客和其他相关要求的程度。

物流工程 Logistics Engineering

是以物流系统为研究对象，研究物流系统的规划设计与资源优化配置、物流运作过程的计划与控制以及经营管理的工程领域。

物流公共信息平台
Logistics Public Information Platform

指基于计算机通信网络技术的，提供物流信息、技术、设备等资源共享服务的信息平台，具有整合供应链各环节物流信息、物流监管、物流技术和设备等资源，面向社会用户提供信息服务、管理服务、技术服务和交易服务的基本特征。

物流管理 Logistics Management

指在社会的生产过程中，根据物质资料实体流动的规律，应用管理的基本原理和科学方法，对物流活动进行计划、组织、指挥、协调、控制和监督，使各项物流活动实现最佳的协调与配合，以降低物流成本，提高物流效率和经济效益。物流管理是建立在系统论、信息论和控制论，以及集成场理论的基础上的综合集成管理。

物流管理信息系统
Logistics Management Information System

运用信息技术，结合管理思想和决策方法，系统化地采集、加工、传递、存储企业内外部的物流信息，从而达到对商流、物流、信息流和资金流的有效管理与控制。广义上说，包括物流过程的各个领域（行业）的信息系统，有计算机、应用软件以及图文传输、全球定位（GPS）等高科技通信设备，通过全球通信网络链接起来纵横交错的、立体的、动态的系统。狭义上说，只是管理信息系统在某一涉及物流的企业中的应用，即某一企业（物流企业或非物流企业）用于管理物流的系统。

物流管理应用系统 Logistics Information Management Application

主要包括物流企业独立或综合作业过程中使用的各类应用系统（如仓储、运输、配送、货代等应用系统或具有综合管理功能的应用系统），面向监管部门的监管应用系统，与平台相关的功能集合应用系统（如企业资源信息交流和交易应用系统等）。

物流合理化 Rationalization of Logistics

物流管理追求的总目标。它是对物流设备配置和物流活动组织进行调整改进，实现物流系统整体优化的过程。所谓物流合理化，就是使物流设备配置和一切物流活动趋于合理。具体表现为以尽可能低的物流成本，获得尽可能高的服务水平。

物流混合云 Logistics Mixed Cloud

一种物流解决方案，包括架构的混合、流程的混合、服务的混合、API 的混合、数据的混合五个层面，最终达到企业无论大小，都可以借助互联网用混合云管理自己的业务。同时因为混合云的联通性，最后带来的是整个供应链的联通，库存可视，物流过程可视、可监控，标准化在行业的实施，供应链效率极大提高，成本降低。

物流活动 Logistics Activities

物流过程中的运输、储存、装卸、搬运、包装、流通加工、配送等功能的具体运作。

物流基地 Logistics Base

是指在一个区域内综合性较强，同时具有这个大领域的专业性的物流活动场所，一般是衔接干线、支线运输和市内配送、集散运输的主要物流结点；规模较大、处理货物的能力较强；有一定储存能力和调节功能。

物流集成 Integrated Logistics

物流集成体（龙头企业）为实现一定目标将物流相关资源、功能等整合起来形成的物流运作过程。与集成物流相对应，物流集成强调的是过程，集成物流强调的是结果。

物流集成场 Logistics Integration Field

在物流集成力和集成引力作用下，合成场元在物流集成过程的时空分布状态，是以物流集成过程为研究对象的理论与应用范畴。例如，以特定集成边界划分有：企业物流集成场、产业物流集成场、区域物流集成场、全国物流集成场和全球物流集成场等。

物流集成乘数效应 Multiplier Effect of Logistics Integration

是涉及不同的物流功能参与供应链物流过程各阶段活动的集成效率，通常用乘积关系来反映。诸如，物流集成、两业联动、两链融合的物流功能、过程集成效率都可以用各阶段的效率乘积作用来表示。

物流集成动力机制 Power of Logistics Integration

物流集成体主动推进物流集成过程的内在动力机理和实现方式。具体体现在物流集成过程的市场获得、价值追求机制，即提高物流链整体价值、提高供应链乃至全球供应链整体价值的动力动因和实现方式。

物流集成动能 Motivation power of Logistics Integration

指物流集成体进行集成运动所吸收运用的集成能量和能力。理论上，在集成过程中，政府制定的物流集成政策势能可以转化为物流集成体主导的物流集成活动动能。

物流集成动因 Motivation of Logistics Integrated

主要包括市场动因、资源动因和能力动因，其中市场动因是最根本动因。物流集成体自身动因及其参与物流集成场的物流集成活动动因，由外部和内部两方面因素相互作用决定，通过映射关系形成物流集成力的方向。

物流集成风险管理 Risk Management of Integrated Logistics

各成员独自或协同运用风险管理工具和方法去处理由内外部因素或相关活动引起的或受其影响的物流集成运作的风险事件和不确定性。

物流集成管理机制
Integrated Logistics Management

物流集成系统的组织结构、运行原理及方式，是为了保证物流集成过程顺利、有序、高效、持续进行而建立的管理方式、方法及制度等结构体系。决定着物流集成运作目标、信息、组织结构和功能绩效。

物流集成环境
Logistics Integration Environment

是物流集成体（企业）为实现一定目标或任务将相关物流资源、功能等整合起来形成物流集成运作过程的行为准则、市场、竞争和政策等外部作用条件。

物流集成理论
Logistics Integration Theory

是以物流集成体为核心，物流集成力为主线，物流集成系统形成、运行、演变和跃迁为研究内容的物流集成知识、方法体系。物流集成理论体系涵盖了从一个物流集成体的形成、演变，到多个物流集成体在物流集成场中的运作机理；阐述了物流集成动因及形成、物流集成体的结构与功能；研究了物流集成力在物流集成体成长、物流集成系统发展以及物流集成场互动机制形成过程中的作用机理；探讨了物流集成能及其转化关系，物流集成系统的动力、组织、运行、信用和风险机制等理论问题。

物流集成模式
Logistics Integration Model

是物流集成主体能动的构成物流集成单元之间相互联系的稳定方式，它反映物流集成主体与客体以及不同主体与客体之间的职能关系，以及物质、信息和能量的交换关系。货运集散一体化模式是物流集成的基本模式，以物流链的方式体现物流集成体主导物流集成的基本过程方式。在此基础上，可以形成物流链集成模式：如电商物流一体化运作方式；可以形成物流链转型延伸模式：如物流集成体转型商贸集成体运作方式；也可以形成物流链集成管理模式：如物流集成体主导客户物流链集成物流管理作用等。

物流集成能
Logistics Integration Energy

是在一定条件下，由不同物流集成体（或集成主体）实现或为实现物流集成活动所积聚或吸收的能量。物流集成能可以用集成势能和集成动能表示。物流集成能与物流集成力不同，物流集成力是矢量，物流集成能是标量。物流集成能强弱取决于构成的资源质量及其发布者能级的大小。可支配集成资源质量越大，所能积聚或吸收运用的集成能就越大，发布政策的能级越高，政策的影响力也就越大。

物流集成商主导型供应链 Logistics Integrator-oriented Supply Chain

指由产品生产或销售相关的上下游企业或企业部门所形成的地域分散而管理集中的供应链网络中，由集成物流商通过其所拥有的不同资源、能力、技术和管理能力，对客户企业所处的供应链进行优化和决策，提供一整套供应链解决方案，从而有效地提高供应链中物流效率，降低物流成本的一体化供应链物流运作模式。

物流集成实现机制 Implementation Theory of Logistics Integration

指物流集成要素之间相互联系、相互支持物流集成过程的运作原理和实现方式，是描述物流集成条件的主要术语之一。

物流集成势能 Potential Energy of Logistics Integration

是由物流集成主体（或物流集成体）所处的能级决定其所能集聚的集成能量。物流集成主体（组织）能级高的组织机构往往具有较高的集成势能，可以动员经济社会资源支持、参与物流集成过程，而物流集成主体（组织）能级低的组织具有较低的集成势能，可动员的社会资源有限。政策资源只能对物流集成过程起促进或制约作用，但其作为施政者本身并不直接参与物流集成过程，并不构成物流集成体或物流集成系统的资源部分。

物流集成体 Logistics Integrator

是通过对物流资源商、物流功能商和综合物流商业务整合，提供一体化物流服务的集成物流商。物流集成体通过整合物流资源商、物流功能商等形成物流链，物流链通过切入制造集成体所主导的供应链，可以为其提供一体化的物流服务。

物流集成体更新机理 Update Theory of Logistics Integrator

更新机理是指物流集成体与外界交换会出现质或量的不平衡，需要调节内部资源结构矛盾以适应系统发展需要的道理，这样物流集成体会产生调整、扬弃和更新资源等需要。

物流集成体生命周期 Life Cycle of Logistics Integrator

一个物流集成的有机体，可以用生物体形成、成长、成熟、演变、衰退等规程进行描述。与其成长发展过程相对应，物流集成体的生命周期可以分为形成期、成长期、成熟期和衰退期。物流集成体的成长动力取决于其内在的物流集成力，其不同状态的物流集成力表明了物流集成体的生命周期状态。

物流集成体稳定机理 Stability Mechanism of Logistics Integrator

是基于外部需求引力和内在资源能力的互动形成的动态平衡状态，使物流集成力趋于稳定和维持状态。

物流集成体形成机理 Formation Mechanism of Logistics Cluster

物流系统开始通过集成方式向更高级方向发展的内外作用综合关系，是物流系统向高级化发展的主体推动力量的作用机制。

物流集成条件 Condition of Logistics Integration

物流集成体（企业）为实现一定目标将相关物流资源、功能等整合起来所需要的物质基础及影响因素。物流集成场的基础概念包括物流集成单元、集成模式、集成环境以及集成机制等，都属于物流集成条件的主要方面。

物流集成系统 Integration Systems of Logistics

是一个物流资源整合过程的开放的人工复杂大系统。运用集成场范畴进行物流集成系统分析和顶层设计，可以将物流链形成、制造业与物流业的两业联动活动过程所涉及的要素，都归结为集成体、基核、连接键、场线等合成场元进行研究。集成体是主动性场元，基核是复合场源的载体，物流基地作为载体，连接键是不同集成体及其相关的其他合成场元之间紧密相连的一种单元。精简研究对象，使人们很容易抓住分析人工大系统能动主体的主要环节和关键因素。

物流集成效应 Effect of Logistics Integration

是指物流集成所能带来的实际效果，体现供应链物流顶层设计和运行的效果。物流集成效应主要体现物流集成的功能目标、协同目标和供应链整体目标的比较、权衡和创新。

物流集成信用机制 Logistics Integration Credit Mechanism

是在物流集成过程中的多个物流集成体间开展合作时所体现的信守合约、履行合约的自觉行为、动力及约束方式。建立稳定的信用机制是多个物流集成体合作的基础。信用机制主要依靠经济性和约束性手段，包括约束型信用机制、信誉型信用机制和惩戒型信用机制。

物流集成要素 Integration Elements of Logistics

运用集成场范畴进行物流集成系统分析和顶层设计中值得单独考察的基本单元。可以将物流链形成、制造业与物流业的两业联动活动过程所涉及的基本单元，都归结为集成体、基核、连接键、场线等合成场元进行研究。

物流集成引力 Gratity of Logisyics

基于物流基核的各类场源对物流集成相关资源的吸引作用。两业联动集成体之间的集成引力可以表示为：两个集成体之间的集成引力与物流集成体可用于集成的资源质量成正比，与两者网络之间距离的可达性的平方成反比。物流集成资源质量表明了可用于两业联动集成场中的系统和集成过程资源的兼容性、有效性和协同性，兼容性、有效性和协同性越高，表明资源质量越高。这种条件下，物流集成体用于物流集成过程产生的物流集成力也越大，在物流集成体之间产生的物流集成引力也越大。

物流集成运行机制
Logistics Integration Operation Mechanism

是在物流集成运行过程中各部分主体、资源等按照计划、技术等要求进行运作的内驱动力和驱动方式。在物流集成过程中，物流集成运行机制能够将不同的物流集成体有效纳入到物流集成系统中，充分发挥各个物流集成体的作用，实现专业化与协同化的有机统一。

物流集成主体
Logistics Integration Body

是指制定、颁布物流运作政策的政府职能主体。政府职能部门介入物流业发展过程是制定政策，引导、支持物流业发展的过程，即产生政策集成势能作用，政府职能部门即为物流集成主体。政府的两业联动发展政策是作为物流集成主体对一定区域范围产业集聚、产业联动给以引导和支持，但不能将其作为物流集成运作实体。这就需要区分主导物流集成运作的有机体和颁布物流运作的政策主体之间的差异。企业主导物流过程的有机体称为物流集成体，政府制定政策支持物流业发展称为物流集成主体。

物流集成组织机制 Logistics Integration Organization Mechanism

是以参与物流集成运作的各个组织单元之间的协调为基础而形成的组织形态以及组织方式，涉及集成目标、信息共享和组织联系结构。物流系统的运作既不同于单个组织内部的组织运作，也不同于普通交易活动中独立的多组织运作。

物流集聚区 Logistics Cluster Area

在供应链管理背景下产生的，由物流企业为主体的产业高度集中，产业资本要素在空间范围内不断汇聚的一个特定区域。

物流技术 Logistics Technology

是指物流活动中所采用的自然科学与社会科学方面的理论、方法，以及设施、设备、装置与工艺的总称。物流技术包括硬技术和软技术两个方面。其中物流硬技术是指组织物资实物流动所涉及的各种机械设备、运输工具、站场设施及服务于物流的电子计算机、通信网络设备等方面的技术。物流软技术是指组成高效率的物流系统而使用的系统工程技术、价值工程技术、配送技术等。

物流技术管理
Logistics Technology Management

对物流活动中的技术问题进行科学研究、技术服务的管理，是整个物流管理工作中的一个重要组成部分。包括：物流技术的开发、研制、推广和引进，物流设施、设备和工具管理以及安全技术管理，技术文件档案管理，技术人员的培训，技术信息的管理等五个方面。

物流季节波动性
Seasonal Fluctuation of Logistics

受市场环境、生产条件等因素的影响，物流的发展规模随着季节的变化而呈现周期性的变动。

物流绩效 Logistics Performance Index

指在一定的经营期间内企业的物流经营效益和经营者的物流业绩。其中包括企业根据客户要求在组织物流运作过程中的劳动消耗和劳动占用与所创造的物流价值的对比关系等指标。

物流绩效评价
Evaluation of Logistics Performance

指为达到降低企业物流成本的目的，运用特定的企业物流绩效评价指标、比照统一的物流评价标准，采取相应的评价模型和评价计算方法，对企业对物流系统的投入和产效（产出和效益）所做出的客观、公正和准确的评判。

物流节点 Logistics Node

是指物流网络中连接物流线路的结节之处。广义的物流节点是指所有进行物资中转、集散和储运的节点，包括港口、空港、火车货运站、公路枢纽、大型公共仓库及现代物流（配送）中心、物流园区等。狭义的物流节点仅指现代物流意义上的物流（配送）中心、物流园区和配送网点。

物流金融 Logistics Finance

是指在面向物流业的运营过程，通过应用和开发各种金融产品，有效地组织和调剂物流领域中货币资金的运动。这些资金运动包括发生在物流过程中的各种存款、贷款、投资、信托、租赁、抵押、贴现、保险、有价证券发行与交易，以及金融机构所办理的各类涉及物流业的中间业务等。

物流科技服务
Logistics & Technology Services

通过科技化、智能化的一站式物流服务平台，提供"精细化仓储加配送"的供应链一体化等服务，为客户提供高效的服务和体验，最终实现客户的价值增值。

物流客户服务
Customer Service & Logistics

物流企业为促进其产品或服务的销售，以顾客的需求为核心，发生在顾客与物流企业之间的相互活动。包括基本物流服务、精细物流服务和增值物流服务。

物流联盟 Logistics Alliance

以物流为合作基础的企业间协议建立起的联盟关系。它是指两个或多个企业之间，为了实现自己物流战略目标，通过各种协议、契约而结成的优势互补、风险共担、利益共享的松散型网络组织。

物流链 Logistics Chain

集成物流服务提供商以整合社会物流资源、功能方式为客户企业服务，所形成的一体化物流服务过程，其过程的网链组织就是物流链。它是以集成物流服务供应商为主导的物流集成专业化组织形式，可以切入供应链，实现两业联动等供应链集成过程。

物流链的客户服务价值 Customer Service Value of Logistics Chain

反映了物流链各关联要素所决定或影响的客户价值。其中服务附加成本包括除客户承受的服务价格以外的成本，如精神成本、体力成本、时间成本等。可见，客户价值与物流链内部员工及外部客户都有关系。

物流链管理
Logistics Chain Management

是将物流全过程各个环节运作看作一个相互衔接、连贯运行的整体链条组织，进行战略研究、规划设计、运行组织和全程监控管理。

物流量 Volume Logistics

在进行区域及地方物流系统规划、物流园区及配送中心、物流节点的规划与建设时，一般把货物操作量或折成当量物流量来作为进行物流业务量分析的类比指标，来进行物流业务量的预测与分析。

物流量波动系数
Fluctuation Coefficient of Logistics Quantity

年度内最大的月（或季度）物流量与全年各月（或季度）平均物流量的比值。

物流流程重组
Logistics Process Re-engineering

从顾客需求出发，通过物流活动各要素重新组合，力求对物流质量、效率和成本有显著的变革，对管理和作业流程进行优化重组设计。

物流模数 Logistics Modulus

是指物流设施和设备的尺寸基准。为了物流的合理化和标准化，以数值关系表示的物流系统各种因素尺寸的标准基础尺度。它是由物流系统中的各种因素构成的，这些因素包括：货物的成组、成组货物的装卸机械、搬运机械和设备以及运输设施、用于货物保管的机械和设备等。

物流配送管理
Logistics and Distribution Management

指在经济合理区域范围内，根据用户要求，对物品进行拣选、加工、包装、分割、组配等作业，并按时送达指定地点的物流活动，是商流与物流紧密结合，包含了商流活动和物流活动，也包含了物流中若干功能要素的一种形式。

物流配送应急预案
Logistics Contingency Planning

指在物流运输中，为在突发道路运输应急事件来临时，能够有序快速反应解决问题所做的应急预案。

物流企业流程优化 Process Optimization of Logistics Enterprise

遵循现代物流企业运作的基本规律，根据企业自身特点，分析诊断企业的所有流程，以用户为中心和利用信息技术，使传统物流流程在统一的框架内不断得以优化，逐渐向精简化、核心化、高效化和信息化的流程转变的过程。

物流企业信息化
Logistics Enterprise Informatization

由于企业管理和发展的需要，所产生的信息化需求，主要包含物流信息化，包括预先发货通知、送达签收反馈、订单跟踪查询、库存状态查询、货物在途跟踪、运行业绩监测、管理报告等核心内容，以及物流企业在办公自动化、财务电算化、决策智能化方面的信息化内容。

物流企业财务会计 Financial Accounting of Logistics Enterprise

物流企业财务会计是应用于物流企业的一门专业会计，它以货币为主要计量单位，对物流企业的经营活动进行连续、系统、全面地反映和监督，并在此基础上对经济活动进行控制，为投资者、债权人、政府管理部门以及与企业有经济利益的各方提供有用信息的一种经济管理信息系统。

物流企业规范化制度全书 Standardization System Book of Logistics Enterprise

物流行业规范化管理为基础、岗位精细化管理为主线，把物流企业的整个操作流程与职能岗位工作紧密联系，系统化专业化的将规章制度进行整合，形成制度化体系。

物流企业管理
Logistics Enterprise Management

物流企业管理作为企业管理的一个分支，是对企业内部的物流活动（诸如物资的采购、运输、配送、储备等）进行计划、组织、指挥、协调、控制和监督的活动。通过使物流功能达到最佳组合，在保证物流服务水平的前提下，实现物流成本的最低化，这是现代企业物流管理的根本任务所在。

物流企业流程整合 Process Integration of Logistics Enterprise

对现有物流流程进行创新、清除和简化并进行重新结合，确保整个物流流程顺畅、连贯、能更好地满足顾客需求。包括任务整合，组织整合、与顾客整合、与供应商整合等多方面整合类型。

物流企业统计
Logistics Enterprise Statistics

以统计的方法收集物流企业生产经营过

程中的数量方面相关信息，再通过对信息的统计分析得出科学的结论做出预测来指导物流企业以后的生产经营。物流企业统计包括两个方面：①物流数据的收集整理；②对收集的信息进行分析。

物流企业仓储作业岗位管理 Warehouse Management Post Logistics Enterprise

主要包括以下职能：①要准确编制仓储计划，把仓储和配送等环节联系起来；②要加强仓库的日常管理；③要对货物的收货入库、出库、配送等环节加强监督。

物流企业经营管理基础 Management Foundation of Logistics Enterprise

物流企业经营管理包括物流信息平台、物流运输管理、物流仓储组织与库存控制、流通加工与配送、物流中心经营管理、物流企业经营风险管理和控制；职能包括计划职能、组织职能、领导职能、协调职能、控制职能；物流企业管理的方法有经济方法、行政方法、法律方法等三大类。

物流企业配送作业岗位管理 Distribution Work Post Management of Logistics Enterprise

物流企业配送作业岗位设置主要包括：①采购或进货管理组；②储存管理组；③加工管理组；④配货组；⑤运输组；⑥客户服务组；⑦财务管理组；⑧退货作业组。

物流企业绩效分析与评价 Performance Evaluation of Logistics Enterprise

物流企业物流绩效评价是为达到降低企业物流成本的目的，运用特定的企业物流绩效评价指标、比照统一的物流评价标准，采取相应的评价模型和评价计算方法，对企业对物流系统的投入和产效所做出的客观、公正和准确的评判。

物流企业存货数量 Inventory Quantity of Logistics Enterprises

物流企业在正常生产经营过程中持有以备周转使用的材料、低值易耗品，或者将在

程中提供劳务过程中耗用的燃料、轮胎和配件等，物流企业存货的数量需要通过盘存来确定。确定存货的实物数量通常有两种方法：一种是实地盘存制；另一种是永续盘存制。

物流企业安全 Security of Logistics Enterprise

物流企业安全是指物流企业在物流活动的各个环节所涉及的人员、货物、设备的安全，主要包括：①人员安全；②资金资产安全；③消防安全；④运输安全；⑤仓储安全；⑥信息安全。

物流企业品牌战略 Brand Strategy of Logistics Enterprise

品牌战略是在与战略管理的协同中彰显物流企业文化，把握目标受众充分传递自身的产品与品牌文化的关联识别，物流企业的品牌定位不是宣传服务而是要挖掘具体服务的理念，突出其核心价值。

物流企业资金战略 Capital and Strategy Logistics Enterprise

围绕物流企业价值最大化目标，选择合适的投资回报率的项目，并筹划合适的资本成本的筹资组合。处理好投资项目资金需求、筹集资金的时间间隔问题，在保证物流企业资金流动性的基础上，处理好风险与收益的关系，实现资金战略管理活动的价值。

物流企业存货质押融资 Inventory Impawn Financing of Logistics Enterprises

需要融资的企业（即借方），将其拥有的存货做质物，向资金提供企业（即贷方）出质，同时将质物转交给具有合法保管存货资格的物流企业（中介方）进行保管，以获得贷方贷款的业务活动，是物流企业参与下的动产质押业务。

物流企业信息化管控 Information Controls of Logistics Enterprise

应用管理控制的概念，结合 IT 治理的思想，研究在物流企业信息化建设周期中的

规划、实施、运行和后评估等不同的阶段，如何使物流企业信息系统建设与企业业务发展进行匹配，整合物流企业核心竞争力，实现物流企业信息化最大价值的体系。

物 流 企 业 财 务 监 管 Financial Regulation of Logistics Enterprise

物流企业的物流活动囊括了购买、销、运等经济活动，企业通过组织物流财务活动，加强对企业的财务管理，能够使企业在生产、经营、服务中以最小的成本来实现经济效益的最大化，避免物流资金管理上的片面性和短期行为，有效规避资金风险，确保企业实现资金效益。

物 流 企 业 数 字 化 监 管 Digital Regulation of Logistics Enterprise

物流企业以信息化物流平台为基础，整合物流活动中各个环节的信息数字化模块，导入用户数据，在建立好物流数字化服务平台后，物流公司即可通过该平台对企业每日实时运营情况进行监控和分析。

物流企业融资形式 Financing Form of Logistics Enterprises

物流企业的融资方式一般有两种：一种是内源融资，即企业将自己的留存收益和折旧转化为投资的过程；另一种是外源融资，即吸收其他经济主体的资金，以转化为自己投资的过程。

物流企业内控系统 Internal Control System of Logistics Enterprise

由物流企业董事会（或者由企业章程规定的经理、厂长办公会等类似的决策、治理机构，以下简称董事会）、管理层和全体员工共同实施的、旨在合理保证实现企业基本目标的一系列控制活动。

物 流 企 业 网 络 营 销 策 略 Network Marketing Strategy of Logistics Enterprise

物流企业根据自身在市场中所处地位不同而采取的一些网络营销组合，它包括网页建设策略、品牌定位策略、推广策略、产品策略、价格策略、促销策略、渠道策略和顾客服务策略，为物流企业提供全方位的 O2O 策略。

物 流 企 业 物 流 金 融 Logistics Finance of Logistics Enterprise

物流金融（Logistics Finance）面向物流业的运营过程，通过应用和开发各种金融产品，有效地组织和调剂物流领域中货币资金的运动。这些资金运动包括发生在物流过程中的各种存款、贷款、投资、信托、租赁、抵押、贴现、保险、有价证券发行与交易，以及金融机构所办理的各类涉及物流业的中间业务等。

物流企业集合采购 Set Procurement of Logistics Enterprises

针对那些无法独立形成规模采购能力的物流行业及行业中各企业单元，在原材料需求方面接受集中、集合、规模采购的一种商业运作模式。它的特点就在于打破了传统的单一集中，使各多点集中经各单点集合向规模化汇集。

物 流 企 业 服 务 创 新 的 类 型 Service Innovation in Logistics Enterprise

物流企业服务创新可分为服务产品创新、服务过程创新两种类型。其中，服务产品创新包括开发全新的服务产品以及组合或改进服务产品；服务过程创新涵盖服务生产过程创新与传递过程创新。

物 流 企 业 服 务 创 新 的 特 性 Characteristic of Service Innovation in Logistics Enterprise

物流企业为了满足客户的需求，在企业战略的引导下，采用新的管理理念和方法，应用以现代信息技术为主的各种新型物流技术，改进现有的物流服务产品与物流服务流程。物流企业服务创新具有无形性、产品创新与过程创新同一性、较强的客户导向性、多样性、高交互性等特性。

物流企业的基础能力
Basis of Logistics Enterprise

能够按照客户物流需求对运输、储存、装卸、包装、流通加工、配送等基本功能进行组织和管理的能力。物流企业的基础能力必须包括：①订单处理能力；②信息反馈能力；③项目策划和推动能力；④流程管理能力。

物流企业管理风险 Risk Management of Logistics Enterprise

物流企业风险管理分为业务风险和管理风险。其中业务风险分为仓储货品风险、人员风险、车辆风险。管理风险分为非资产型物流企业风险和资产型物流企业风险。其中非资产型物流企业风险具有两方面的风险，即：资信能力风险和管理能力风险。资产型物流企业风险分为：合同责任风险、与分包商合同责任风险、与客户合同责任风险、与信息服务提供商的合同风险。

物流企业市场开拓 Market Development of Logistics Enterprise

物流企业在明确自身企业使命、任务、方向、目标的基础上，企业以什么样的手段和方法打开市场，提高物流企业产品的市场占有率、品牌曝光率、信息漏出量，属于营销层面上的企业市场活动。

物流企业国际化制约因素 Internationalization Constraint of Logistics Enterprises

我国物流企业国际化的制约因素有：①物流技术自动化程度不高；②物流管理的方法运营和推广不足；③信息化普及和应用程度不高；④物流规格、标准不统一；⑤国际环境差异较大；⑥专业人员素质跟不上物流发展需要，复合型人才缺失。

物流企业品牌 Brand Management of Logistics Enterprise

物流企业品牌以企业名称为品牌名称的品牌。物流企业品牌传达的是企业的经营理念、企业文化、企业价值观念及对消费者的态度等，能有效突破地域之间的壁垒，进行跨地区的经营活动。并且为各个差异性很大的地域之间提供了一个统一的企业形象，统一的承诺，使不同的产品之间形成关联，统合了产品品牌的资源。

物流企业业务
Logistics Enterprise Business

按照各类物流企业的主要业务功能特点，将其分为运输型、仓储配送型、综合服务型三种类型。业务范围包括采购、生产、销售、储存、运输配送等各个业务环节的运作；商流、信息流、物流、资金流四流合一；运输、储存、装卸、搬运等功能作业。

物流企业信息平台 Information Platform of Logistics Enterprise

物流信息平台是以移动网络、物联网、大数据、云计算、AI 等技术为基础，运用物流营销策略为指导思想，为司机、企业、用户等多主体提供信息查询、作业监控、优化服务，最终降低成本、提高效率的具有虚拟开放性的物流网络平台。

物流企业应收账款管理
Accounts Receivable Management of Logistics Enterprise

物流企业应收账款管理内容主要包括：①建立应收账款的风险防范体系；②强化应收账款的内部管理；③注重应收账款的保值增值，规避坏账风险。

物流企业并购动因 M&A Motivation of Logistics Enterprise

物流企业并购的主要动因有：①为企业获取战略机会，企业并购后直接获得正在经营的企业，获得时间优势，提升企业核心竞争力；②获得新技术，实现资源最优化配置；③加大网络布局，提高物流企业市场份额；④人力资源和客户资源的优化。

物流企业税收筹划 Tax Planning of Logistics Enterprise

一是自备运输车辆的物流单位应申请货

物运输业自开票纳税人。二是要分开核算不同应税业务，按照不同税率缴纳税款。三是可以合理确定运输业务收入和仓储等其他应税业务收入金额。四是其他物流企业应争取成为试点企业，尽快享受新政策规定的待遇。

物流企业资源整合内容
Resource Integration Content of Logistics Enterprise

在科学合理的制度安排下，借助现代科技特别是计算机网络技术的力量，以培养企业核心竞争力为主要目标，将企业有限的物流资源与社会分散的物流资源进行无缝化链接的一种动态管理运作体系。

物流企业国际化战略
Internationalization Strategy of Logistics Enterprise

物流企业以建立物流企业的国际物流系统为前提，建立与完善运输子系统、仓储子系统、商品检验子系统、商品包装子系统、国际物流信息子系统，不断完善国际贸易条件，大力发展新型物流，培养国际物流人才。

物流企业战略联盟 Strategic Alliance between Logistics Enterprises

物流企业战略联盟是介于独立的企业与市场交易关系之间的一种组织形态，以物流合作为基础，两个或多个企业之间，为了实现自己物流战略目标，通过各种协议、契约而结成的优势互补、风险共担、利益共享的松散型网络组织。

物流企业竞争力提升 Competitive ability of Logistics company

①资源整合实现规模化经营。②提升服务质量。③加快企业信息化建设，增加物流企业的科技投入，提高科技含量。④加快人才培养，实施人力资源战略。⑤实施名牌战略。⑥用户精细化管理。

物流企业战略管理 Strategic Management of Logistics Enterprise

通过物流战略设计、战略实施、战略评价与控制等环节，调节物流资源、组织结构等最终实现物流系统宗旨和战略目标的一系列动态过程的总和。

物流企业客户关系管理 Customer Relationship Management of Logistics Company

以大数据分析、网络协同为背景，多种信息技术为支持和手段，利用Web、呼叫中心、移动设备等多种渠道来搜集、追踪和分析每一个客户的信息，实现物流企业和客户的连贯交流和客户资源的循环化管理。

物流企业顾客服务绩效评价指标 Performance Evaluation Index of Logistics Enterprise Customer Service

包括价格、质量、作用、形象、名誉、关系和服务，作为物流企业的战略目标，由它所选择的市场部分或顾客目标所决定，包括准时装运率、准时交货率、拣选准确率、订货完成率、品类完成率、交货准确率、差错损失率等。

物流企业顾客服务绩效水平的评 Service Performance Evaluation of Logistics Enterprise Customer

物流企业顾客服务绩效水平的评价包括：①历史标准；②计划标准；③同行业先进标准；④竞争对手标准；⑤客户标准。建立物流顾客服务评价有助于企业准确、全面、及时了解和分析物流顾客服务质量，实现企业物流配置最优化。

物流企业风险防范措施 Risk Prevention Measures of Logistics Enterprise

物流企业风险方法措施包括：①环境风险防范；②管理风险防范；③财务风险防范；④操作风险防范；⑤客户风险防范；⑥市场操作风险防范。

物流企业存货清查管理 Stock Inventory Management of Logistics Enterprises

为了如实反映存货的数量和金额，监督存货的安全完整，掌握存货的储备情况，不断地改进存货管理，保证存货核算的真实性，做到账实相符，物流企业必须定期或不定期地组织存货的盘点清查工作。

物流企业营销活动优化 Optimization of Marketing Activities of Logistics Enterprise

建立在物流企业市场定位、战略目标基础上，所开展的包括：①营销渠道策略；②关系营销策略；③贯彻 4Cs 营销组合策略；④了解客户的潜在需求；⑤科学细分物流市场；⑥提供物流组合服务；⑦建立相对稳定的客户群等市场营销活动。

物流企业营销组合内容 Marketing Mix of Logistics Enterprise

物流营销具有一般产品市场营销的一些特征，然而，由于物流所具有的特点，要求物流营销组合与有形产品以及其他的服务产品的营销有着不同的特点。组合一：顾客需求。组合二：顾客愿意支付的成本。组合三：照顾顾客的便利性。组合四：与客户沟通。

物流企业管理提速策略 Accelerated Management Strategy of Logistics Enterprise

①物流企业管理着力培养核心竞争力。②物流企业管理纵横向整合资源。③物流企业管理应用现代信息化技术。④物流企业管理建立战略伙伴关系。

物流企业核心竞争力的涵义 Meaning of Logistics Enterprises Core Competitiveness

物流企业核心竞争力是由企业各方面能力整合而成的多元复杂系统，主要包括物流资源的整合能力、物流业务的运作能力、物流服务的创新能力、物流信息技术的应用能力、物流品牌的塑造能力、物流市场的营销能力。

物流企业标准化作用 Standardization of Logistics Enterprises

物流标准化的作用主要表现在下列几个方面：1. 可以统一一国内物流概念。2. 可以规范物流企业。3. 可以提高物流效率。4. 可以使国内物流与国际接轨。

物流企业发展特征 Development Characteristics of Logistics Enterprise

随着传统物流与现代物流的紧密结合，物流企业呈现产权结构多元化发展，物流运作模式在实践中不断创新，物流信息化、标准化受到企业普遍重视。主要的特征体现在：①网络化；②信息化；③服务一体化；④管理科学化。

物流企业仓储合理化措施 Warehouse Rationalization Measures of Logistics Enterprise

①实行 ABC 分类控制法；②适当集中库存；③加速总周转；④采用有效的"先进先出"方式；⑤提高仓容利用率；⑥采用有效的储存定位系统；⑦采用有效的监测清点方式。

物流企业储位管理 Warehouse Management of Logistics Enterprise

储位管理就是利用储位来使商品处于"被保管状态"并且能够明确显示所储存的位置，同时当商品的位置发生变化时能够准确记录，使管理者能够随时掌握商品的数量及位置，以及去向。

物流企业规范化管理 Standardized Management of Logistics Enterprises

规范化管理需要确立标准的物流业务模型，确立标准化的物流运作程序管理目标。通过物流企业规范化管理可实现运作的标准化、规范化、透明化，完善物流活动中的计划、组织、执行和控制等环节，提高自己的管理规范，建立高效的管理体系。

物流企业增值服务 Value Added Services

物流企业增值服务在完成物流基本功能

基础上，根据客户需求提供的各种延伸业务活动。可分为：①承运人型增值服务；②仓储型增值服务；③货运代理型增值服务；④信息型增值服务；⑤第四方物流增值服务。

物流企业集权型网式经营结构 Centralized Net Structure of Logistics Enterprise

物流公司的总部掌握物流管理和运作的大部分权力，各个分公司或子公司构成的网络节点只负责业务运作的管理和运作模式，采用集权型的网式经营，客户直接同总部结算，总部根据各个点的运作情况，下发运作经费。

物流企业知识管理 Knowledge Management of Logistics Enterprise

指物流企业利用 IT 手段，对组织的知识资源（包括隐性知识和显性知识）进行系统管理，并在此基础上延伸，以提高其应变能力和创新能力，为企业带来商业价值，创造竞争优势的过程。

物流企业运营的网络化 Operating Network of Logistics Enterprise

物流信息的跨地区即时传递提供了经济合理的解决方案，使信息流、商流和资金流的处理得以即时请求，即时完成。网络的应用使物流信息能够以低廉的成本即时传递，通过完善的物流信息管理系统即时安排物流过程，促使物流行业产生了革命性的变化，导致了物流行业的升级和实现物流的现代化。

物流企业装卸成本 Handling Costs of Logistics Enterprise

在企业物流装卸活动中耗费的物化劳动和活劳动耗费的货币表现称作物流装卸成本。装卸成本是物品在装卸搬运过程中所支出费用的总和，由装卸搬运直接费用和营运间接费用构成。

物流企业并购 Mergers and Acquisitions of Logistics Enterprises

物流企业之间的兼并与收购行为，是企业法人在平等自愿、等价有偿基础上，以一定的经济方式取得其他法人产权的行为，是物流企业进行资本运作和经营的一种主要形式。物流企业并购主要包括公司合并、资产收购、股权收购三种形式。

物流企业融资体制 Financing System of Logistics Enterprises

物流企业融资体制主要包括投资主体行为、资金筹措方式、投资使用方式、项目决策程序、建筑施工管理和宏观调控等方面的内容。

物流企业决胜点 Enterprise Matchpoint of Logistics

物流企业决胜点在于现代金融服务和物流信息化，物流是基础，资金流是保障，物流与金融能够互相促进，加强二者之间的信息沟通，以信息化为纽带现代金融业与物流业互相促进，加快现代金融与物流现代化和全球化进程，成为物流企业发展的决胜因素。

物流企业客户资源整合分析 Customer Resource Integration Analysis of Logistics Enterprise

客户资源整合是在现代物流的营运和生产经营活动中，将客户资源集中在一个系统中进行统一设计和运用，在企业的其他资源的有效衔接和充分利用下，根据客户需求为其提供差别化的物流服务，实现客户服务成本最低化、客户服务效率和效益最大化的目标。

物流企业供应链管理 Business Logistics/Supply Chain Management

协调物流企业内外资源来共同满足消费者需求，把供应链上各环节的企业看作为一个虚拟企业同盟，而把任一个企业看作为这个虚拟企业同盟中的一个部门时，同盟的内部管理就是供应链管理。

物流企业核心竞争力 Core Competitiveness of Logistics Enterprises

在提供物流服务过程中，有效地获取、协调和配置企业的有形和无形资源，为顾客提供高效服务和高附加价值，使顾客满意并使企业获得持续竞争优势的能力。物流核心竞争力表现在：基础设施、服务内容、行业经验、营销能力、网络服务能力、人力资源管理、行业定位、创新能力、企业机制等。

物流企业收账款管理 Logistics Enterprise Account Receivable Management

物流企业收账款管理具体工作包括：①建立完备的客户资料档案；②选择合理的信用政策；③利用现金折扣促使客户早日还款；④建立分级审批制度。

物流企业运作模式整合分析 Operation Pattern integration analysis of Logistics Enterprise

物流企业运作整合模式包括：①业务过程的有效整合；②管理模式的有效整合；③现代技术的有效整合；④企业文化、组织结构、管理与技术的有效整合。物流企业只有实现运作模式的有效整合，才能达到快速反应、最低库存、有效管理准确预测，真正起到流通系统的桥梁和纽带作用。

物流企业的竞争战略 Competitive Strategy of Logistics Enterprises

物流企业竞争战略主要解决的问题是通过界定顾客需求，竞争者的产品，和企业自身产品三者之间的关系，来奠定本企业自身的产品在市场的地位并维持其优势地位。其核心思想包括核心技术、应变能力、组织整合和营销传播。

物流地产产业 Logistics Real Estate

物流地产，是经营专业现代化的物流设施的载体，是出于房地产开发企业对利润的追求，根据物流企业客户需要，选择一个合适的地点，投资和建设企业业务发展所需的现代物流设施。跟物流地产相关经济活动的集合即为物流地产产业。

物流信息化产业 Informatization of Logistics Industry

物流信息化是物流企业运用现代信息技术对物流过程中产生的全部或部分信息进行采集、分类、传递、汇总、识别、跟踪、查询等一系列处理活动，以实现对货物流动过程的控制，从而降低成本、提高效益的管理活动。物流信息化是现代物流的灵魂，是现代物流发展的必然要求和基石。这其中相关物流信息活动的集合即为物流信息化产业。

物流技术产业 Logistics Technology Industry

物流技术是物流活动中所采用的自然科学与社会科学方面的理论、方法，以及设施、设备、装置与工艺的总称。物流技术概括为硬技术和软技术两个方面。跟物流技术相关技术经济活动的集合即为物流技术产业。

物流设备产业 Logistics Equipment Industry

物流设备是进行各项物流活动所需的机械设备、器具等可供长期使用，并在使用中基本保持原有实物形态的物质资料，不包括建筑物、装卸站台等物流基础设施。物流机械设备是物流劳动工具，是物流系统的物质技术基础。跟物流设备相关的设备经济活动的集合即为物流设备产业。

物流金融产业 Logistics Finance Industry

物流金融是在面向物流业的运营过程中，通过应用和开发各种金融产品，有效地组织和调剂物流领域中货币资金的运动。这些资金运动包括发生在物流过程中的各种存款、贷款、投资、信托、租赁、抵押、贴现、保险、有价证券发行与交易，以及金融机构所办理的各类涉及物流业的中间业务等。

物流咨询产业 Logistics Consulting

物流咨询是针对物流与供应链各环节进行的专业化的咨询服务。物流咨询涉及战略咨询、营销咨询等方面，包括物流企业和企业物流的物流业务管理诊断、物流市场的调研与分析、第三方物流运作模式、物流园区或物流中心选址、规划与实施、供应链运作咨询等。

物流包装加工产业
Packaging Processing of Logistics

物流包装加工，是指在物流活动中，对运输过程中的货品进行深包装加工以满足货品运输安全及运输便利性的要求。物流包装与加工是物流的三大增值功能之一。

物流培训服务产业
Service Training of Logistics

物流培训服务是针对物流行业所需的专业知识、专业技能、专业人员、专业营销策略而提供的相应培训服务，以满足物流业对高端人才以及先进技术的需求。

物流认证服务产业
Certification Service of Logistics

物流认证服务是为物流企业以及从事物流活动相关的人和事，提供企业品牌认证、企业资质认证、管理体系认证、社会责任认证、人才认证等一系列认证服务。

物流产业政策服务
Service Industry Policy of Logistics

物流产业政策服务，是为了发展物流业而发展的政策服务体系，根据政府针对物流行业的相关政策信息（包括但不限于税收、财政、物价、扶持等），为物流企业提供相关的政策福利及咨询。

物流信息系统产业
Logistics Information Systems

物流信息系统是由人员、设备和程序组成的、为物流管理者执行计划、实施、控制等职能提供信息的交互系统，它与物流作业系统一样都是物流系统的子系统。物流信息系统是建立在物流信息的基础上的，只有具备了大量的物流信息，物流信息系统才能发挥作用。

物流配套服务产业
The Logistics Service Industry

物流配套服务是物流企业为了满足物流客户多元化、多样化的服务需要，通过整合服务能力，提供支持性、配套性、多样性的整体解决方案的"一条龙"式服务，使客户能够在整个物流活动中得到尽可能多的服务价值。

物流运输技术
Logistics & Transportation

物流运输技术主要包括运输设施和运输作业两大类，前者属于运输硬技术，后者属于运输软技术。运输硬技术主要包括运输基础设施，如公路、铁路、海运、运输车等基础设施的完善；运输软技术则包括管理方法、物流技术、物流人员素养等。

物流园区产业
Industry of Logistics Park

物流园区是对物流组织管理节点进行相对集中建设与发展的、具有经济开发性质的城市物流功能区域；同时，也是依托相关物流服务设施降低物流成本、提高物流运作效率，改善企业服务有关的流通加工、原材料采购、便于与消费地直接联系的生产等活动、具有产业发展性质的经济功能区。

物流信息化产业
Informatization of Logistics

物流信息化是物流企业运用现代信息技术对物流过程中产生的全部或部分信息进行采集、分类、传递、汇总、识别、跟踪、查询等一系列处理活动，以实现对货物流动过程的控制，从而降低成本、提高效益的管理活动。物流信息化是现代物流的灵魂，是现代物流发展的必然要求和基石。

物流拣选设备产业
Picking up Device Industry

物流拣选设备一般由输送机械部分、电器自动控制部分和计算机信息系统联网组合而成。它可以根据用户的要求、场地情况，对快件、小件物品、药品、货物、物料等，按用户、地名、品名进行自动分拣、装箱、封箱的连续作业。也是物流配送中心对物流进行分类、整理的关键设备之一。通过应用分拣系统可实现物流中心准确、快捷的工作。

物流搬运设备产业
Logistics Handling Equipment

物流搬运设备是用来搬移、升降、装卸和短距离输送物料或货物的机械。装卸搬运设备是实现装卸搬运作业机械化的基础，是物流设备中重要的机械设备。它不仅可用于完成船舶与车辆货物的装卸，而且还可用于完成库场货物的堆码、拆垛、运输以及舱内、车内、库内货物的起重输送和搬运。

物流机器人产业 Robotics of Logistics

具备搬运、码垛、分拣等功能的智能机器人相关的产业。

物流图书产业
Logistics Books Industry

物流图书业，以出版、发行与物流行业相关行业资讯、行业发展、行业现状的图书或报刊的相关企业。

物流安全体系
Safety Evaluation System of Logistics

物流安全体系是针对车辆行驶的安全；货物在运输途中、装卸、库存、进出仓的安全，防火、防盗、防抢、防雨、防潮、防虫等；人员操作安全、防止工伤等物流生产活动过程，所制定的一整套安全标准体系。

物流保险 Logistics Insurance

一切与物流活动相关联的保险。物品从供应地向接受地的实体流动过程中对财产、货物运输、机器损坏、车辆及其他运输工具安全、人身安全保证、雇员忠诚保证等等一系列与物流活动发生关联的保险内容，其中还包括可预见的和不可预见的自然灾害。

物流大数据产业 Big Data of Logistics

大数据（big data），指无法在一定时间范围内用常规软件工具进行捕捉、管理和处理的数据集合，是需要新处理模式才能具有更强的决策力、洞察发现力和流程优化能力的海量、高增长率和多样化的信息资产。物流大数据涉及物流行业相关数据的集合，包括车辆信息、快递信息、人员信息等。

物流人才教育产业
Logistics Talent of Education Industry

为相关物流企业或者个人提供物流方面专业知识及技能的物流培训教育机构。比如高校相关物流专业课程的学习、物流相关机构组织的个人技能提升等。

物流柔性化 Logistics Flexibility

柔性化本来是为实现"以顾客为中心"理念而在生产领域提出的，但要真正做到柔性化，即真正地能根据消费者需求的变化来灵活调节生产工艺，没有配套的柔性化的物流系统是不可能达到目的的。

物流软技术 Logistics Soft Technology

对物流活动进行最合理的计划，对各种物流设备进行最合理的调配和使用，对物流效率进行最有效的评价而运用的各种技术。例如，使用电子计算机、系统工程、价值工程技术求取物流的最佳技术方案。

物流设施 Logistics Facilities

为满足物流需要而建立起来的机构、系统、组织、建筑等，统称物流设施。主要包括港口、码头、货场、航空港、仓库、自动化立体仓库、物流基地、物流中心、配送中心等。

物流市场细分
Market Segmentation of Logistics

是指根据物流需求者的不同需求和特点，将物流市场分割成若干个不同的小市场的分类过程。通过物流市场细分成子市场，每个子市场的物流需求者都有类似的消费需求、消费模式等，而不同子市场的需求者则存在着需求和特点的明显差异。

物流市场营销 Logistics Marketing

是市场营销在物流行业的运用，是指物流企业以物流市场的需求为核心，通过采取整体物流营销行为，以提供物流产品和服务来满足顾客的需要和欲望，从而实现物流企业利益目标的过程。

物流枢纽 Logistics Hub

依托综合交通运输枢纽，承担区域间主要物流中转、交换、衔接等功能，具有集聚和辐射能力的物流设施和物流资源集中地。

物流数据服务公司
Logistics Data Service Company

在互联网时代，依靠先进的互联网技术和利用大数据，建立智能数据平台，专门为物流企业提供车辆大数据、大数据智能分单等数据服务的公司。代表企业有菜鸟网络和G6。

物流台车 Table Trolley

又叫载货台车或笼车，是一种安装有四只脚轮的运送与储存物料的单元移动集装设备。常用于大型超市的物流配送或工厂工序间的物流周转。

物流通道交通结构 Traffic Structure of Logistic Corridor

以物流需求为导向的服务通道内交通方式、运输工具的组合和比例。

物流团地 Distribution Park

日本国家对物流园区的称谓，将具有相同目的的物流用地集中在一起，具有良好的基础设施的地域。

物流服务网站
Logistics Service Website

实现了物流全程的可视化问题，物品可以被实时监控，并获得相关的数据。为客户多渠道、多角度的提供免费的运价查询及物流服务，并为客户提供在线即时沟通服务。

物流网络 Logistics Network

建立在物流基础设施网络之上的、以信息网络为支撑、按网络组织模式运作的三大子网有机结合的综合服务网络体系。物流三大子网：①物流组织网络，它是物流网络运行的组织保障；②物流基础设施网络，它是物流网络高效运作的基本前提和条件；③物流信息网络，它是物流网络运行的重要技术支撑。

物流网络规划

Logistics Network Planning

是指对物流网络系统发展进行的能动有序的设计规划。进行物流网络规划是降低投资损失、提升物流网络整体运作效率的有力保障。物流网络是否能够有效运作，从根本上来说依赖于物流网络规划的好坏。

物流网络化 Logistics Networks

物流网络化的基础是信息化，包含两层含义，一是物流配送系统的计算机通信网络，包括物流配送中心与供应商或制造商的联系要通过计算机网络，与下游顾客之间的联系也要通过计算机网络通信。二是企业组织自身的网络化。

物流网络设计
Logistics Network Design

指的是设计以多个物流中心统一布局、合理分工、相互衔接为节点，形成覆盖一定局域范围的网络。主要内容：一是确定回收产品从收集地到市场需求终点的整个流通渠道结构；二是逆向物流网络结构的效率分析及绩效评价。

物流网中网
Logistics Network in the Net

实际上是一种叫作WVPN的虚拟专网技术，它利用智能网的技术构成一个"虚拟平台"，在这个虚拟平台里，可以把物流企业所使用的常用电话号码缩减成一个短号码，内部成员"公司、集团内部或者整个物流行业的企业"之间通话只需要拨打短号码就行。

物流文化 Logistics Culture

人们对物流活动全部理念和整体运行过程的认识。是指一种物流范围内具有特殊内容和表现手段的文化形态，是人们在社会经济活动中依赖于以物流技术、物流资源、物流信用为支点的经济活动而创造的物质财富和精神财富的总和。

物流系统 Logistics System

由两个或两个以上的物流功能单元构成，以完成物流服务目的、处于一定环境中的有机集合体。是指在一定的时间和空间里，为了实现既定物流活动目标，由物流固定设施、移动设施、通信方式、组织结构、人员及运行机制等要素形成的人机合一的经济系统。

物流系统的效益背反
Benefits Reverse of Logistics System

物流的若干功能要素之间存在着损益的矛盾，即某一个功能要素的优化和利益发生的同时，必然会存在另一个或另几个功能要素的利益损失，反之也如此。这是一种此涨彼消，此盈彼亏的现象，虽然在许多领域中这种现象都是存在着的，但物流领域中，这个问题似乎尤其严重。

物流系统仿真
Simulation of Logistics Systems

借助计算机仿真技术，对物流系统建模并进行实验，得到各种动态活动及其过程的瞬间仿效记录，进而研究物流系统性能的方法。

物流系统模型 Logistics System Model

是对物流系统的特征要素、有关信息和变化规律的一种抽象表述，它反映物流系统某些本质属性。描述了物流系统各要素间的相互关系、系统与环境之间的相互作用。在物流系统工程中，能对所研究的系统进行抽象模型化，反映了人们对物流系统认识的飞跃。

物流系统设计
Logistics System Design

经过系统分析，完成物流系统硬件结构和软件结构体系的构想，形成物流系统组织设计和技术方案的过程。

物流效益 Logistics Effectiveness

物流企业在组织商品实体运动过程中所取得的经济收入与其所支付的物流成本之间的对比关系。通常用一定的利润额来表示。收入大于成本，则表现为经济效益；成本大于收入，则表现为负经济效益。

物流效用增长率
Logistics Utility Growth Rate

当年物流费用比上一年增长率与当年销售额比上一年增长率之比值。一般其合理的比率应该小于1。如果比率大于1，则表明该公司物流费用控制具有一定的降低空间。

物流信息 Information of Logistics

反映物流各种活动内容的知识、资料、图像、数据、文件的总称。从狭义范围看，物流信息指直接产生与物流活动相关的信息，从广义范围来看，物流信息还包括与其他流通活动有关的信息。

物流信息安全标准 Security Standard of Logistics Information

为防止对物流信息系统的非法访问而制定的标准，包含物流信息系统中的用户验证、加密解密、防火墙技术、数据备份、端口设置、日志记录、病毒防范等。

物流信息编码
Logistics Information Coding

将物流信息用一种易于被电子计算机或人识别的符号体系表示出来的过程。

物流信息标准化 Standardization of Logistics Information

在运输、配送、包装、装卸、保管、流通加工、资源回收及信息管理等环节中，对重复性事物和概念通过制定发布和实施各类标准，达到协调统一，以获得最佳秩序和社会效益。

物流信息采集标准 Collection Standard of Logistics Information

对物流信息的采集方法、手段、格式等进行统一规定，包括条形码标准、射频识别电子标签标准、全球定位系统技术标准等。

物流信息传输与交换标准 Transmission and Exchange Standard of Logistics Information

对物流信息的通信协议、传输方式、传送速度、数据格式、安全保密、交换程序等统一规定的标准。

物流信息管理
Logistics Information Management

应用信息技术完成物流过程中信息的采集、处理、存储、传输和交换，实现物流信息的电子化、数字化、网络化。

物流信息管理系统 Logistics Information Management System

即第三方物流的信息管理系统。涉及仓储作业管理、运输及配载管理、财务管理、人力资源管理等内容。通过使用计算机技术、通信技术、网络技术等手段，建立物流信息化管理，以提高物流信息的处理和传递速度，使物流活动的效率和快速反应能力得到提高，完善实时物流跟踪，减少物流成本。

物流信息化 Logistics Informatization

是指物流企业运用现代信息技术对物流过程中产生的全部或部分信息进行采集、分类、传递、汇总、识别、跟踪、查询等一系列处理活动过程，以实现对货物流动过程的控制，从而降低成本、提高效益的管理活动。

物流信息化分类编码标准 Classification Standard of Logistics Information

将大量物流信息进行合理化的统一分类，并用代码加以表示，构成标准信息分类代码，便于人们借助代码进行手工方式或计算机方式的信息检索和查询。

物流信息记录与存储标准 Recording and Storage Standard of Logistics Information

对物流信息的记录、存储和检索方式等进行规定。包括存储介质、存储形式、存储过程、数据库类型、数据库结构、索引方式、压缩方式、查询处理、数据定义语言、数据查询语言、数据操纵语言、完整性约束等标准。

物流信息设备标准
Logistics Information Equipment Standards

包括交换机、集线器、路由器、服务器、计算机、不间断电源、条码打印机、条码扫描器、存储器、数据终端以及面向物联网应用等设备的相关标准。

物流信息系统
Logistics Information System

根据物流管理运作的需要，在管理信息系统的基础上形成的，物流系统信息资源管理、协调系统。以系统性为原则，以人为主导，以计算机、网络通信设施和其他相关设备为基础，进行物流信息的收集、传输、加工、存储、更新和维护，以物流企业战略竞优，提高效益和效率为目的，支持物流企业高层决策，中层控制，基层运作的集成化人机系统。

物流信息系统测试评价标准 Testing & Evaluation Standards of Logistics Information System

对物流信息系统产品进行测试、评价的统一规定和要求。

物流信息系统开发标准 Development Standard of Logistics Information System

物流信息系统的需求分析、设计、实现、测试、制造、安装调试、运行和维护等统一规定的标准。

物流信息系统开发管理标准 Development Management Standard of Logistics Information System

对物流信息系统开发的质量控制、过程管理、文档管理、软件维护等制定的统一标准。

物流需求 Demand Logistics

一定时期内社会经济活动对生产、流通、消费领域的原材料、成品和半成品、商品以及废旧物品、废旧材料等的配置作用而产生的对物在空间、时间和费用方面的要求，涉及运输、库存、包装、装卸搬运、流通加工以及与之相关的信息需求等物流活动的诸方面。

物流云 Cloud Logistics

"物流云"是在云计算的基础上产生的行业云模式。"物流云"不是一种产品，它是一种服务，是站在供给方的角度向需求方提供物流服务。从狭义上来说，"物流云"是指整合各类通用、标准化的物流资源，构成一个虚拟的"云主体"，用户可以根据自身的实际需要，享受"云主体"提供的各类物流服务。从广义上来说，"物流云"是指将涉及物流活动的各类资源，包括有形的硬件设备设施，无形的订单交易信息，按照各个基础模块进行资源的集中和整合，并根据用户的需求，将不同模块资源进行组合，为用户提供个性化的服务。

物流云服务 Logistics Cloud Services

一种在网络技术支持下，通过物流云服务平台整合物流资源和客户资源，并按照客户需求智能管理和调配物流资源，为客户定制和提供灵活可变的个性化物流服务的新型物流服务模式。

物流云利用率
Utilization Rate of Logistics Cloud

将物流云作为物流数据基础设施的企业占所有总企业的比率。

物流云平台
Cloud Platform for Logistics

为各方提供单个物流企业无法完成的资料收集、资源整合，提供一整套的流程化、标准化的数据交互和业务协同服务，实现信息流、商流、物流、资金流的协同合一。

物流运营面积
Logistics Operation Area

物流园区内除了生活配套和商务配套用地外的物流设施和物流作业用地的面积，包括码头、铁路装卸线、道路、仓库、堆场、雨棚、流通加工场所、货车停车场、装卸搬运场地、信息服务用地等。

物流运营面积比例 Ratio of Logistics Operating Area

物流园区评估指标之一，指物流运营面积占物流园区占地面积的比例。

物流运作系统
Logistics Operations System

由专业人员、任务、设施、设备、信息系统等要素组成，其运作过程涉及物品品种、数量、线路、服务部门和时间等因素，是能够满足客户物流服务要求的具有硬件和软件技术资源构成的有机整体，具有一般系统所具有的特点。

物流战略 Logistics Strategy

为了寻求物流的可持续发展，根据物流发展目标以及达成目标的途径与手段，制定的长远性、全局性的规划与谋略。在必要的时间配送必要数量、必要商品的多频度少量运输，或者将 Just In Time 运输等高水准的物流服务逐渐普及，并成为物流经营的一种标准。

物流战略管理
Logistics Strategy Management

通过物流战略设计、战略实施、战略评价与控制等环节，调节物流资源、组织结构等，最终实现物流系统宗旨和战略目标的一系列动态过程的总和。

物流站通过能力 Carrying Capacity of Logistics Station

根据物流站现有技术设备，在采用合理的技术作业过程条件下，车站一昼夜所能接发各方向的最大货物列车数。

物流站咽喉能力 Carrying Capacity of Logistics Station Throat

物流站某一衔接方向的咽喉区，各方向接、发车进路的所占用的咽喉道岔组的通过能力的总和。

物流成本率 Logistics Cost Ratio

指物流职能成本与物流总成本的比值，该指标可以明确说明包装费、运输费、保管费、装卸费、流通加工费、信息流通费、物流管理费等各物流职能成本占物流总成本的比率。

物流指数 Logistics Performance Index

是综合地区经济发展状况、物流发展基础条件以及物流发展对环境的影响的系统性评价指标，是人们对物流行业发展进行综合诊断和物流行业管理的必要手段，是综合衡量一个地区物流业发展程度的重要指标。

物流质量 Quality of Logistics

是一个双重概念，不仅是现代企业根据物流运作规律所确定的物流工作的量化标准，而且更应该体现物流服务的顾客期望满足程度的高低。主要分为商品质量、物流服务质量、物流工作质量、物流工程质量等类别。 主要从物流时间、物流成本、物流效率三个方面来衡量。

物流中枢 Logistics Hub

依托综合交通运输枢纽，承担区域间主要物流中转、交换、衔接功能，所形成的相互间紧密协作、合理分工，拥有便捷运输联系的物流设施群综合体。通常位于物流中心城市，个别也可位于重要物流节点城市。

物流主体 Body Logistics

直接参与或专门从事物流活动的经济组织，包括货主物流企业、第三方物流企业、储运企业等。这些企业可为本区域、中心城市、跨区域或国际物流市场提供综合物流服务、专业化物流服务或功能性的物流服务，从而形成多层次、多功能、不同性质的现代物流产业群体。

物流追踪 Logistics Tracking

原本是物流企业用来追踪内部物品流向的一种手段，现在向客户开放任其查询成为一种增值服务，通常还是一项免费的服务。完善的追踪系统取决于每个运输、分拣、中转、配送的时间，甚至可以精确到在每一环节的准确时间。

物流咨询 Logistics Consulting

针对物流与供应链各环节进行专业化的咨询服务。更体现了咨询范围中的行业性和专业性，涉及整体物流方案的策划设计以及相应的程序支持，提供国际、国内贸易和保税区、物流园区的政策咨询，调集和管理组织自己及具有互补性服务提供的资源、能力和技术，以提供一个综合的供应链解决方案。

物流资源 Logistics Resources

指用于物流业务运作与管理的各类资源。包括仓储资源、人力资源、信息资源、管理资源、运力资源等。企业内部物流资源的充分利用与否，直接影响着存货的经济采购量、仓储量和存货的仓储成本。

物流资源计划
Logistics Resource Planning

以物流为基本手段，打破生产与流通界限，集成制造资源计划、能力资源计划、分销需求计划以及功能计划，形成的物资资源优化配置方法。也是一种运用物流手段进行物资资源配置的技术。

物流资源配置
Logistics Resource Allocation

按照物流资源计划，以物流为基本手段，打破生产与流通界限，由制造资源计划、能力资源计划、分销需求计划以及功能计划而形成的物资资源优化配置方法。

物流自动化 Logistics Automation

指物流作业过程的设备和设施自动化，包括运输、装卸、包装、分拣、识别等作业过程，比如，自动识别系统、自动检测系统、自动分拣系统、自动存取系统、自动跟踪系统等。

物流总成本分析
Total Cost Analysis of Logistics

判别物流各环节中系统变量之间的关系，在特定的客户服务水平下，使物流总成本最小化的物流管理方法。

物流组织变革
Logistics Organization Reform

运用行为科学和相关管理方法，对组织的权力结构、组织规模、沟通渠道、角色设定、组织与其他组织之间的关系，以及对组织成员的观念、态度和行为，成员之间的合作精神等进行有目的的、系统的调整和革新，以适应组织所处的内外环境、技术特征和组织任务等方面的变化，提高组织效能。

物流作业成本法 Activity Costing Principle of Logistics

以特定物流活动成本为核算对象，通过成本动因来确认和计算作业量，进而以作业量为基础分配间接费用的物流成本管理方法。

物流作业管理系统 Logistics Operation Management System

在作业成本法的管理基础上，根据不同的物流作业活动来控制成本，进行业务分析，从而改善作业流程，最终目标是实现物流成本的最低以及作业流程的最优。

物流作业系统 Logistics Operation System

是物流管理信息系统业务操作的核心，提供了现代物流业务的全面功能，包括仓储管理系统、运输管理系统、配送管理系统、报关报检管理系统、货代管理系统、结算管理系统。

物品采购 Procurement

指采购对象为原材料、产品、设备等各种物品的采购类型。

物品储备 Reserve

为应对突发公共事件和国家宏观调控的需要，对物品进行的储存。可分为当年储备、长期储备、战略储备。

物品分类 Sorting

按照物品的种类、流向、客户类别等对货物进行分组，并集中码放到指定场所或容器内的作业。

物通量 Logistics Volum

在特定时间段，通过主要物流通道截面的物流通过量。物通量应当是向量，在国际物流主通道上的物通量发展应当趋向于对称平衡，这是达成共享共赢的基本前提。

物通量对称平衡机理 Symmetry Equilibrium Theory of Logistics Volume

基于同一通道不同方向物流量尽可能方向对称、数量平衡，这样物流通道两端场线过程的组织和实施可以实现互动发展。实现国际物流主通道上的物通量对称平衡，所连接的基核之间的关系才能形成可持续发展形态。

误差处理 Error Processing

反映订单执行出现错误后物流企业对错误的处理方式和效率。如果顾客收到错误的货品，或货品的质量有问题，都会向物流供应商追索更正。物流企业对这类错误的处理方式直接影响顾客对物流服务质量的评价。

X

西安国际港务区 Xi'an International Trade & Logistics Park

2008 年，西安国际港务区正式成立，目标为建设中国第一个不沿江、不沿海、不沿边的国际陆港。2010 年 4 月 20 日，西安保税物流中心正式通过中华人民共和国海关总署等四部委联合验收，同年 6 月 1 日，西安铁路集装箱中心站竣工开通。2013 年 11 月 28 日，首列"长安号"国际货运班列开行。

西安咸阳国际机场 Xi'an Xianyang International Airport

建于 1991 年，位于西安市西北方向，距市中心 46 公里的咸阳市渭城区底张镇境内。关中城市群目前唯一的国际机场，是中国重要的门户机场，为西北地区最大的空中综合交通枢纽，是中西部地区第三大机场（2015 年客运吞吐量），同时也全国第五大机场（面积）。

西咸新区空港新城 New Airport City

西北地区最重要的航空、铁路、高速公路汇集的核心交通枢纽，着力打造一流国际航空物流枢纽和空中丝绸之路新起点，建设我国向西开放和辐射西北亚的战略门户。

西南出海物流大通道 Southwest Logistics Corridor

北起西安、宝鸡，经成渝地区，至云南沿边和广西沿海地区，主要依托包头至防城港综合运输通道和临河至磨憨综合运输通道西安（宝鸡）至磨憨段、珠江－西江干流航道等，强化关中、成渝、滇中、北部湾等地区间的货运联系，并进一步连接沟通南亚、东南亚地区。

吸附性材料 Sorptive Material

能吸附和滞留液体的材料，容器一旦发生破损，泄漏出来的液体能迅速被吸附，滞留在该材料中。

吸粮机 Pneumatic Grain Loader

用气吸方式，在封闭的管路形成气流起卸并输送散粮的机械设备。

洗舱 Washing

船舶卸货后或装船前，对散落在舱内的货物和杂物进行的清扫作业。

系船浮筒 Mooring Buoy

设在水域的系船设备，其主体是一个封闭的金属浮体。

系船柱 Bollard

设在码头上，供船舶系缆用的柱体。一般由金属材料制作，由于形状为柱状，因此得名。根据泊位能力、码头结构型式设计选型，满足船舶离靠码头、停泊、移泊和调头等作业安全可靠和使用方便要求。由壳体、锚杆、螺母、垫圈、锚板和柱心填料组成。

系列包装 Packaging of Series

又称家族化包装，这种商品包装设计给人以整齐的视觉效果，整体有序地呈现于市场。对于消费者来说，易于识别辨认。对于企业来说，优化了产品的多样性、组合性、统一性。

系列货运包装箱代码 Code of Serial Shipping Container

EAN. UCC 系统中，为物流单元（运输和／或储藏）提供唯一标识的代码，具有全球唯一性。物流单元标识代码由扩展位、厂商识别代码、系列号和校验码四部分组成，是 18 位的数字代码。它采用 UCC/EAN-128 条码符号表示。

系统收货 Cash Receipt System

即仓储管理系统收货。根据 ANS 单的商品信息，并根据商品的实际可收货数量在 WMS 中进行收货的作业。

狭义产业链 Narrow Industrial Chain

在某一特定区域内，围绕某一产业由某些优势资源组合构成的生产链接方式，例如中国浙江温州的服装产业，其产业链由布料辅料纽扣、印染裁缝标签饰品仓储、批发市场、运输、生产服务等构成的在温州地区形成的生产组合。

下部固定点 Lower Mounting Point

在保温集装箱的下部特设的左右两个螺栓孔，为所附加的设备提供锚固之处。

下侧梁 bottom side rail

通常位于箱体侧面的下部连接两个端部底角件的纵梁。

下端梁 bottom-end transverse member

位于通用干货集装箱箱体端部连接底部角配件的横梁。

下架 Out Of Stock

将商品从 BIN 位取出后，在系统中进行账目扣减的作业。

下降深度 Descending Height

起重机支承面至取物装置最低工作位置之间的垂直距离。对于吊钩和货叉，量至其支承面；对于其他取物装置，量至其最低点（闭合状态）。对于桥式起重机，下降深度应从地平面量起。测量下降深度时，起重机应空载置于水平场地上。

下限比差 Lower Limit Ratio

相应的价目运价率与基本运价保持在下限以上，上限不计的比率。

鲜活货物 Fresh & Live Goods

凡在运输中需要采取特殊措施（冷藏、保温、加温等），以防止腐烂变质或病残死亡的货物，均属鲜活货物。

鲜活易腐货物 Perishable Cargo

在一般运输条件下，因温度、湿度、气压的变化或地面运输时间等原因易死亡或变质的物品。

鲜活易腐货物标签 Perishable Cargo Label

以简单醒目的鲜活物品图案表示的贴在外包装上的标记。

县邮政网 County Post Network

以县邮政局为中心，由农村邮路连接各乡镇邮政支局所、服务点所组成的传递邮件的网络体系。

县域电商 County E-Business

在县域范围内以计算机网络为基础，以电子化方式为手段，以商务活动为主体，在法律许可范围内所进行的商务活动过程。

县域物流园区 County Logistics Park

是指在县级或县级市范围内，为本县域服务的物流园区。

现场调度 On-site Dispatch

在装卸现场组织、监督车辆装货、卸货、交接及处理有关问题的调度工作。

现代采购模式 Modern Procurement Mode

集成了电子采购技术、供应链管理思想并与物流业务紧密结合在一起的模式。包括：集中采购、分散采购、电子采购、JIT 采购和应急采购。

限寄物品 Restricted Articles

按规定允许在限制数量或其他限制条件范围内寄递的物品，如卷烟和烟叶等。

限时达 Appointed Time Delivery

根据顾客的下单时间，对货物送达的最晚时间进行承诺的一种物流配送服务。例如京东的 211 限时达。

限时快递 Time Definite Express

快递服务组织在限定的时间段内将快件送达用户的快递业务。

限制器 Limiting Device

停止或限制起重机的运动或功能的装

置，在有关的运动或功能达到极限状态时会自动起作用。除了功能限制器、额定起重量限制器、运动限制器、缓冲器和终端止挡器以外，还包括以下各种性能限制器：偏斜量限制器、钢丝绳卷绕和退绕限制器、回转速度限制器、起升／下降速度限制器、起重机运行速度限制器、起重小车运行速度限制器和安全阀（液压系统内）。

线路全长 Total Length of Track
指车站线路一端的道岔基本轨接头至另一端的道岔基本轨接头（贯通线）或车挡（尽头线）的长度。

线路所 Block Post
除正线外无其他配线，只办理列车的闭塞、接发，不办理列车的会让、越行等作业的分界点。

线路有效长
Effective Length of Track
指在车站线路全长范围内可用以停留机车车辆部分的长度。

线路中心线 Center Line of Track
指铁路线路两钢轨内侧间的中心线（不计轨距加宽值）。

相对物流集成体 Relative Logistics Integrator
根据物流企业联盟规定或运作制度要求，在受理客户物流需求时，发挥物流集成体作用，或在关联伙伴做物流集成体时能够起到物流功能、资源配合等作用的角色。相对的物流集成体在两业联动集成场中的地位取决于与客户之间的关系、与联盟中的企业间关系，其物流集成体的地位是相对的。

箱次费 Charge Per Container
短途运输中在基本运价外按每一箱次增收的运费。集装箱运输以箱为单位，包车运输以小时为单位，超过半小时进整。

箱底结构 Base Structure
一般由四个底角件、两根底侧梁、两根底端梁、地板及其横向托梁（罐式集装箱除外）、叉槽或鹅颈槽等可择性设施组成。也包括载荷传递区，该区设在规定位置，以传递集装箱和运输车辆间的作用力。

箱顶 Roof
通常箱体顶部具有风雨密功能的封板，它与两根上端梁、两根上侧梁和四个顶角件相承接。在某些情况下，设计成可拆卸结构。

箱式托盘 Box Pallet
四面有侧板的托盘，有的箱体上有顶板，有的没有顶板。其箱板有固定式、折叠式、可卸下式三种。其四周栏板有板式、栅式和网式，四周栏板为栅栏式的箱式托盘也称笼式托盘或仓库笼。

箱体刚度 Rigidity
固缚在运输工具上的集装箱能够承受因运输工具动态所导致横向和纵向的挤压能力。

箱体检查 Container Inspection
对集装箱内外部状况的检查。检查集装箱外表是否有弯曲、擦伤的痕迹和应没有无关标志。集装箱骨架的焊接处应当完好无损，四柱、六面、八角没有进水孔，焊接处没有裂缝，箱门、箱壁、箱底、箱顶应当完好无损。箱内是否有凸出物，应保持清洁，不能留有残余物或者异味。

箱体自身净质量 Net Weight
以"T"表示，系某特定箱型在正常作业时的空箱质量，该值包括箱体自身的附件和配件的质量。例如，一只冷藏集装箱的自身质量应当包括制冷机组和满载的油料等。

箱务管理 Container Management
集装箱所有者对集装箱及其设备进行的有效管理，使其在可用期内达到最大效用。在广义上还包括对箱内货物的跟踪管理。目的是加快箱子的周转速度，减少空箱滞留时间，准确预测货流，及时调运空箱，提高箱子的利用率。

箱型干散货集装箱 Dry Bulk Container

具有多边体的储料空间，至少在一个端部（下端）设有出料口，通过箱体的纵向倾斜进行卸料的无压干散货集装箱。

箱载利用率
Container Loading Utilization Ratio

集装箱内实际装载货物的重量与集装箱额定载重量的比例。

箱罩 Tarpaulin Cover

设在箱体敞开的顶部、侧部或端部可以移动的柔性罩盖，一般由帆布或高分子合成材料构成，这种柔性材料一般称为"防水油布"或"防水漆布"。

箱址 IP Address of Container

集装箱在堆场的坐标代码。由箱区、位（贝）、排、层组成。是用一组代码表示集装箱在堆场内的物理位置。

项目物流 Project Logistics

以国家重点工程等大型项目为主要服务对象，利用现代物流企业的物流配送网络和社会资源，在全球范围内开展多式联运业务、货运代理业务、报关等业务。

消费品逆向物流
Reverse Logistics of Consume Goods

涵盖了对管理、协调与逆向物流控制的消费品行业的实践运作。

消费品退货率
Return Rate of Consume Goods

某种消费品在售出后由于各种原因被退回的数量与同期售出的产品总数量之间的比率。一般的消费品退货率受到产品生命周期的直接影响。

销售发货单和发货通知单
Sales Invoice and Delivery Note

销售订单下达之后，生成销售发货单和发货通知单。销售发货单是通知库存部门发货的单据，是销售物资的出库凭证和库存台账处理的主要依据。发货通知单是用来通知客户货物已经发出的单据，客户需要连接到核心企业的网站上查看所需的发货信息，保证整个收发货业务及时高效地进行。

销售配送 Distribution（business）

配送企业是销售性企业或者是指销售企业作为销售战略一环所进行的促销型配送。一般来讲，这种配送的配送对象是不固定的，用户也往往是不固定的，配送对象和用户往往是根据对市场的占有情况而定。

销售时点信息系统 Point of Sale

利用光学式自动读取设备，按照商品的最小类别读取实时销售信息以及采购、配送等阶段发生的各种信息，并通过通信网络和计算机系统传送至有关部门进行分析加工处理和传送，便于各部门可以根据各自的目的有效地利用上述信息以提高经营效率的系统。

销售物流 Sales Logistics

又称为企业销售物流，是企业为保证本身的经营利益，不断伴随销售活动，将产品所有权转给用户的物流活动。以满足买方的要求，最终实现销售。是企业物流系统的最后一个环节，是企业物流与社会物流的又一个衔接点，与企业销售系统相配合共同完成产成品的销售任务。

小循环运行
Partial Circulating Operation

根据营运范围内的班次、车型和道路等不同情况，将部分班线分别编排成循环线路，使班车在一定范围内循环运行的调度方法。

效率型供应链 Efficient Supply Chain

指以最低的成本将原材料转化成零部件、半成品、产品，并以尽可能低的价格有效地实现，以供应为基本目标的供应链管理系统。在产品需求可以预测时，在整个供应链各环节中总是力争存货最小化，并通过高效率物流过程形成物资、商品的高周转，从而在不增加成本的前提下尽可能缩短导入期。

效益背反 Reverse Cost

物流成本的效益背反规律或二律背反

效应又被称为物流成本交替损益（trade off）。在物流的各要素间，物流成本此消彼长，是物流的若干功能要素之间存在着损益的矛盾。即某一个功能要素的优化和利益发生的同时，往往会导致另一个或另几个功能要素的利益损失，反之也会如此。

协同规划、预测和补给 Collaborative Planning, Forecasting and Replenishment

一种建立在联合管理库存（JMI）和供应商管理库存（VMI）的最佳分级实践基础上的协同式供应链库存管理技术，也称为"协同式供应链库存管理"（CPFR）。通过零售企业与生产企业共同预测和补货，并将各企业内部的计划工作由供应链各企业共同参与，改善零售商和供应商的伙伴关系，以提高预测的准确度，改进计划和补货的过程和质量，最终达到提高供应链效率、减少库存和提高消费者满意程度的目的。

协议运价 Contract Freight

航空公司之间制定并报请各有关政府批准的航空货运价；也指由国际航空运输协会成员谈判拟定，并由有关政府批准的国际航空运价。

协作分包 Cooperative Subcontracting

制造企业的一种产业结构形式，这种结构形式可以以若干企业的柔性生产准时供应，使主企业的供应库存为零；同时主企业的集中销售库存使若干分包劳务及销售企业的销售库存为零。

协作货位 Cooperate Freight Section

为了便于铁路车辆与其他运输工具间倒装，利用装卸设备的高差或配置一定的机械，为协调装卸作业而设置的货位。

协作型物流组织 Collaborative Logistics Organization

在不改变原有组织机构模式的基础上，通过某种协作机制，使分散在各部门的物流只能实行统一的组织。

卸车系统 Unloading System

卸车机械、设备及辅助设施按一定的卸车工艺组成的有机整体。

卸车数 Quantity of Unloading

一个车站、分局、铁路局或全路在一定时期（年、季、月、旬、日）内，凡填制货票的货车卸车作业完了的车数，通常指一天的卸车数。其计算方法有多种，例如：平均每昼夜卸车数等于报告期间卸车总数，报告期间，日卸车数等于各车站卸车数的总和或卸车数等于各品类货物卸车数的总和。

卸车站 Unloading Station

主要办理某种品类大宗货物的卸车作业，卸车大于装车，经常排出大量空车的车站。

卸车作业 Unloading Operation

利用机械、设备或人力，将由车辆（火车或汽车）运到港的货物从车上卸下的作业。

卸船工艺系统 Unloading System of Vessel

卸船机械、设备及各种卸船辅助设施按一定的卸船工艺组成的有机整体。

卸船作业 Ship-discharging operation

将货物由船舱（或甲板上）卸到岸上或其他运输工具（车、船）上的作业。

卸机单 Unloading Document

卸机时，所用的表明卸货舱位、件数、重量和集装器编号等内容的清单。

卸载 Unloading

将商用车从背载车辆或专用运输工具上移动并脱离的相关作业过程。

新华丝路信息网 Xinhua Silk Road Information Service

是由新华社中国经济信息社主办，以"一带一路"为核心内容的国家级信息服务平台。通过中英文数据库、征信、咨询与智库、交易撮合四大产品服务体系，为客户提供"一带一路"建设相关的信息查询与发布、信息甄别、个性化咨询以及商务撮合交易等服务，帮助用户把握商机、规避风险。

新型运输网络
New Transportation Network

实施干线运输方式改革，打破了六十多年干线主要依靠铁路运输邮件的方式，构建了长途以火车为主、中短途以汽车为主的运输网络。

新亚欧大陆桥经济走廊 Economic Corridor of New Eurasian Land Bridge

又名"第二亚欧大陆桥"。是从江苏省连云港市到荷兰鹿特丹港的国际化铁路交通干线，国内由陇海铁路和兰新铁路组成。途经江苏、安徽、河南、陕西、甘肃、青海、新疆六个省区，到中哈边界的阿拉山口出国境，然后可经三条线路抵达荷兰的鹿特丹港。

信函分拣机 Letter Sorting Machine

采用光学条码识别装置扫描识别信封上的条码地址信息的信函分拣机。

信函邮票盖销机
Letter Stamp Cancelling Machine

在信函贴邮票区域加盖日戳或水波纹销票日戳戳记注销邮票的设备。

信件类快件 Express Post Letters

以套封形式缄封的，内件是按照名址递送给特定个人或单位的信息载体的快件，不包括书籍、报纸、期刊等。

信息采集 Information Collection

从信息使用者的需要出发，通过各种渠道和形式获取相关信息的过程。

信息高速公路 Information Highway

并不是指交通公路，而是指高速计算机通信网络。是通过光纤或电缆把政府机构、科研单位、企业、图书馆、学校、商店以及家家户户的计算机连接起来，利用计算机终端、传真机、电视等终端设备，方便、迅速地传递和处理信息，从而最大限度地实现信息共享。

信息孤岛 Information Island

是指相互之间在功能上不关联互助、信息不共享互换以及信息与业务流程和应用相互脱节的计算机应用系统。

信息管理系统
Management Information System

对物品编码、客户及补货订单、检验文件、存货需求、送货单、送货回单、提货单、拣货单、移仓单、盘点表格、库存报表、运输文件、结算报表等纸质或电子化形式的单证和报表等信息及信息管理系统进行的计划、组织、协调与控制等内容。

信息技术密集型物流活动 Information Technology Intensive Logistics Activities

在现代物流核心活动的各个层次中，其活动有赖于 EDI、条形码、RFID、GIS、GPS、LMIS 等信息技术的全方位支持。从物流设备的自动化到物流进程优化乃至整个供应链各项资源的可视化，信息技术成为贯穿所有物流活动的关键要素。

信息平台服务
Information Platform Service

客户通过第三方物流的信息平台（EDI、XML），实现同海关、银行、合作伙伴等的链接，完成物流过程的电子化。

信息丝绸之路 Information Silk Road

指开辟以通信和互联网产业为抓手的新型国际贸易之路。在建设"一带一路"的过程中，沿路各国从信息交流上互联互通，而互联互通重在网络先行，同时应积极推动媒体共享共赢，在资源互换、人员交流、业务培训上加强互动，建立起多元、长效的交流合作机制，开拓媒体间互联互通的合作新局面。

信息型连接键
Information Connection Key

是物流企业间有效进行资源、功能整合的最重要的连接键形式之一。企业间构建的电子数据交换（EDI）、互联网 +BDS、运输管理系统（TMS）、仓储管理系统（WMS）、企业资源计划（ERP）、供应商管理库存（VMI）、物流信息平台、电商物流综合平台，都是物流企业间基于信息型连接键合作的具体形式，并处于不断升级完善状态之中。

信息质量 Information Quality

物流企业从顾客角度出发提供产品相关信息的多少，这些信息包含了产品目录、产品特征等。如果有足够多的可用信息，顾客就容易做出较有效的决策，从而减少决策风险。

信用证 Letter of Credit（L/C）

是一种有条件的银行付款承诺。由开证银行根据申请人（进口方）的要求和申请，向受益人（出口方）开立的有一定金额、在一定期限内凭汇票和出口单据，在指定地点付款的书面保证。

形式发票 Proforma Invoice

按照海关要求提供的，证明所寄物品品名、数量、价值等，以便海关进行监管的报关文件。

修箱 Container Repair

对残损的集装箱进行修理的作业。使集装箱处于完好的技术状态、能进行再次使用的作业过程。

虚拟 POS 系统 Virtual POS System

综合采用网络计算机和虚拟存储等新的信息处理技术，并通过成本低、体积小的多种虚拟 POS 终端，使一台 PC 或 PC—POS 能够同时处理前台集货、柜台自收款、收款处收款和后台的商品管理。

虚拟口岸 Virtual Port

是相对于"实体口岸"而言的一个概念。为了提高企业的通关效率，国家对内陆地区某些区域赋予"实体口岸"的职能，企业可在出口出发地和进口目的地直接完成检验检疫等通关功能，在报关地口岸不需再二次检验，从而有效提高货物的区间流转速度，降低企业的进出口物流作业成本。

虚拟口岸直通放行 Direct Pass of Virtual Port

检验检疫局为加快口岸通关放行速度，通过依托特定进出境实体口岸的"虚拟口岸"检验检疫区，进出口企业或其代理人向"虚拟口岸"检验检疫机构申请办理口岸查验放行手续，实现"一次报检、一次检验检疫、一次放行"。

虚拟库存 Virtual Inventory

将有可能需要而又没有的东西的所有相关信息建立档案，包括品名规格价格数量等，在需要时能使用上。

虚拟企业 Virtual Enterprise

为了共同开拓市场、共同对付其他的竞争者，将具有不同资源与优势的企业，建立在信息网络基础之上，共享技术与信息，分担费用，联合开发的、互利的企业联盟体。

虚拟物流 Virtual Logistics

虚拟物流是利用日益完善的通信网络技术及手段，将分布于全球的企业仓库虚拟整合为一个大型物流支持系统，以完成快速、精确、稳定的物资保障任务，满足物流市场的多频度、小批量订货需求。

虚拟物流产业 Virtual Logistics

虚拟物流是以计算机网络技术进行物流运作与管理，实现企业间物流资源共享和优化配置的物流方式。虚拟物流是多个具有互补资源和技术的成员企业，为了实现资源共享、风险共担、优势互补等特点的战略目标，在保持自身独立性的条件下，建立的较为稳定的合作伙伴关系。虚拟物流是利用日益完善的通信网络技术及手段，将分布于全球的企业仓库虚拟整合为一个大型物流支持系统，以完成快速、精确、稳定的物资保障任务，满足物流市场的多频度、小批量订货需求。

虚拟物流配送 Virtual Logistics Distribution

运用数学规划方法的算法分析和仿真模

拟方法，使供应商将最接近需求点的产品，运用遥控运输资源实现交货，解决物流送货点分散、点多面广，送货批量小、成本高、送货时间长等问题，对配送方案进行多目标动态优化，对订购请求进行实时处理并对物流配送实时调度等。

虚拟物流组织
Virtual Logistics Organization

虚拟物流的实现形式，包括组建过程的设计、组建模式的研究、组织构建的流程设计和组建模式，主要包括组建过程和阶段的划分、组织结构分析、技术框架设计和运作模式分析与设计等。虚拟物流组织可以使物流活动更具市场竞争的适应力和赢利能力；以这种方式将物流企业、承运人、仓库运营商、产品供应商以及配送商等通过计算机网络技术集成到一起，提供"一站式"的物流服务，从而有效改善单个企业在物流市场竞争中的弱势地位。

续重费 Charges for Additional Weight

对邮件或快件超出首重范围的部分按一定价格标准计收的费用。

悬臂起重机 Cantilever Crane

取物装置悬挂在刚性固定的悬臂（臂架）上，或悬挂在河沿悬壁（臂架）运行的小车上的臂架起重机。

悬臂有效伸距 Outreach From Rail

离悬壁最近的起重机轨道中心线至位于悬臂端部取物装置中心线的最大水平距离。

悬挂包装 Hanging Packing

用弹簧或绳索，从箱内各方向把货物悬置在箱子中间的包装。

悬挂输送机 Underslung Conveyor

自由选择输送线路，能有效地利用空间、节省人力、提高工作效率，主要是由链条、轨道、吊具、支架、传动座和调整座等组件组成，采用变频调速控制系统。

旋转器 Rotator

可360度旋转，用于翻转货物和倒空容器，将货物翻倒或将竖着的货物水平放置。可与其他属具连用，使属具有旋转功能，还可提供专用于浇铸、渔业和防爆型产品。

旋转式货架 Rotary Rack

电力驱动装置的驱动部分可设于货架上部，也可设于货架底座内，货架沿着由两个直线段和两个曲线段组成的环形轨道运行，由开关或用小型电子计算机操纵。存取货物时，把货物所在货格编号由控制盘按钮输入，该货格则以最近的距离自动旋转至拣货点停止。

选择性征税 Selective Taxation

设立在特殊监管区域的企业，在手册备案时向海关提出申请，当其加工并销往区外保税货物时，可以允许其就课征的对象（进口原料或加工产品）做出无条件的优惠性选择。

熏舱 Fumigation

船舱洗舱后，在装载怕潮货物前，向舱内打入强风或热风，使船舱干燥的作业。

熏蒸费 Costs of Fumigating

对产品的包装或集装箱用化学或其他方法进行灭菌、杀虫或清洗而产生的费用。

旬间装车计划
Wagon Loading Plan per Ten Days

根据批准的月度货物运输计划和托运人当月的临时运输需求而编制的旬间的日历别装车计划。

循环流程 Circulation Process

石油码头的输油管系在不进行船舶装（卸）油作业时，为避免原油在油管内凝固，保持码头区储油库（罐）及油管内原油不断循环流动的过程。

循环经济 Circular Economy

最大限度优化配置资源，最大限度提高资源利用效率，最大限度提高资源使用效益，表现为"资源—产品—再生资源"的经济增长方式，做到生产和消费污染排放最小化、废物资源化和无害化，以最小成本获得最大经济效益和环境效益。

循环取货 Milk Run
　　制造商用同一货运车辆从多个供应处取零配件。每天固定的时刻，卡车从制造企业工厂或者集货、配送中心出发，到第一个供应商处装上准备发运的原材料，然后按事先设计好的路线到第二家、第三家，以此类推，直到装完所有安排好的材料再返回。

行包 Luggage
　　旅客随身携带或托运的物品，也称行李、包裹。

行包保管 Luggage Storage
　　行包在托运受理后或到站交付前，由车站负责保管的过程。

行包标签 Luggage Tag
　　系在行包上的签条，标有品名、票号、起止站点、托运人或收货人姓名等内容。

行包差错率 Error Rate of Luggage
　　行包在运输过程中出错的概率。

行包承运 Consignment of Luggage
　　承运人按规定办法接受托运人委托承担运送行包的行为。

行包丢失 Lost Package
　　行包在运输过程中丢失。

行包价目表 Luggage Tariff
　　公布行包运价的图表。

行包开启查验 Luggage Inspection
　　车站对旅客行包进行检查。

行包赔偿率 Luggage Indemnify Rate
　　行包在运输过程中因为出错给失主造成的损失进行有关的赔偿的比率。

行包损坏 Property Damage
　　行包在运输过程中发生损坏。

行包托运 Luggage Consignment
　　旅客委托承运人运送行包并办理托运手续。

行包业务 Luggage Service
　　为旅客办理行包运输的业务。

行包遗失清单 Tracer
　　旅客填写遗失行包内装物品的品名、数量、新旧程度及价值等项内容的单据。

行包运价 Luggage Rate
　　行李、包裹的运输价格，按照普通行包、轻浮行包和计件行包分类定价。

行包运输单证
Document of Luggage Consignment
　　行包托运使用的单据、票据和凭证。

行包运输货票 Luggage Check
　　旅客托运和提取行包的计费凭证。

行包装车清单 List of Checked Luggage
　　填有运输行包品名、件数、重量、票号签章等内容的单据。

行车作业率
Operation Efficiency of Trucks
　　报告期内企业车辆有效作业时间与车辆总作业时间的比率。

行程 Trip Length
　　车辆在工作过程中行驶的里程。

行驶速度 Transportation Speed
　　起重机在水平道路行驶状态下，依靠自身动力驱动的最大运行速度。

行走式起重机 Travelling Crane
　　工作时能自行移动的起重机。

245

Y

押运 Escorting

根据需要，由托运人派员随车同行，负责对运输途中的货物的保管、照料。

押运货物 Escorted Cargo

由于货物性质特殊，在航空运输过程中需要托运人派专人照料和监护的货物。

亚欧大陆桥 Eurasia Land Bridge

横贯亚洲和欧洲大陆的铁路，把两侧的海上运输线联结起来的便捷运输通道，其目的是便于亚欧接壤国家之间开展海陆联运，以缩短运输里程。

烟包夹 Cigarette Packaging Clamp

用于烟草行业的烟箱，尤其适合于复烤烟叶箱的无托盘化搬运。一次可搬运一个、两个或多个烟叶箱。

延迟策略 Postponement Strategy

为了降低供应链的整体风险，减少错误生产或不准确的库存安排，有效地满足客户个性化的需求，将最后的生产环节或物流环节推迟到客户提供订单以后进行的一种经营战略。

延滞费 Demurrage

在海上货物运输中，由于不能按规定期限完成货物装卸作业而由租船人付给船舶所有人或者港口付给船舶方的一种罚款。

沿海开发 Development of Coastal Area

即沿海开发战略。沿海地区发展的定位是立足沿海、依托长三角、服务中西部、面向东北亚、建设我国重要的综合交通枢纽，沿海新型的工业基地。

沿海捎带 Coastal Incidentally

在国内沿海港口间从事运输和拖航，其性质属于国内沿海运输。船舶承接一国国内沿海港口之间的支线运输业务，可使货物的在途时间节省，物流效率提高而费用降低，

商品的市场竞争力提高。

沿长江物流大通道 Logistics Corridor along the Yangtze River

东起上海，西至成都，主要依托沿江综合运输通道上海至成都段的长江干流、沿线公铁线路等，强化长江经济带的沿线跨地区货物交流。

验道 Road Inspection

根据运输需要，对道路、桥涵等通过限界的勘察工作。

验视 Visual Inspection

指将包裹给快递员的时候，快递员检查物品是否完好无损，对物品进行称重、检查，看货品是否属于国家违禁物品，是否符合寄件标准。

药品冷藏箱 Drug Cooler

主要用于药品、生物制剂、疫苗、血液冷藏保存和运输，方便对温度的实时监控，由机箱、冰盒、隔板等部分组成。

要车计划表 Wagon Requisition Plan

托运人向承运人提出的一种具有统一格式的表格，其内容反映了托运单位对铁路运输的具体要求。经铁路批准后，即成为运输合同的组成部分。

业务流程图 Transaction Flow Diagram

一种描述系统内各单位、人员之间业务关系、作业顺序和管理信息流向的图表，利用它可以帮助分析人员找出业务流程中的不合理流向。它是物理模型，描述的是完整的业务流程，以业务处理过程为中心，一般没有数据的概念。

业务数据化 Business Digitization

所有商业行为均成为数据源，实现物流信息的可跟踪追溯，让供应链的各个环节透明。

业务外包 Outsourcing

也称资源外包、资源外置。它是指企业整合用其外部最优秀的专业化资源，从而达到降低成本、提高效率、充分发挥自身核心竞争力和增强企业对环境的迅速应变能力的一种管理模式。

液体货物货场 Liquid Freight Yard

专门办理石油产品（原油、柴油、汽油、煤油、液化气体、沥青等）、液体化工产品（酸、碱等）及其他液体货物（植物油等）的货场。

液体货装卸工艺系统
Liquid Cargo Handling System

由液体货专用装卸机械、设备和各项液体货装卸操作所组成的有机的整体。

液体散货码头 Liquid Bulk Terminal

供原油、成品油、液体化工品、LPG 和 LNG 介质等，用管道装卸和输送的专业码头。

一般行包 Normal Luggage

每件行包质量在 40 千克及以下，每千克质量体积不超过 0.003 立方米，且无特殊要求。

一次保险 Insurance for Single Event

托运人只需一次性缴纳全程保险费用，即可对货物在多式联运全过程中，遭受的承保范围内的风险进行保险。

一次收费 Lump Sum Settlement

由多式联运经营人向托运人，一次核收全程所发生的全部费用。

一次性防伪封箱贴 Disposable Anti-fake Sealing Paste

粘贴之后，首次撕起即毁且容易被发现或标识破损的标签。

一次性托盘 Disposable Pallet

使用一次即丢弃的托盘。常常叫作"不反复使用"或"一次往返"托盘。

一带一路 The Belt and Road

"丝绸之路经济带"和"21 世纪海上丝绸之路"的简称。是一种合作发展的理念和倡议，是依靠中国与有关国家既有的双多边机制，借助既有的、行之有效的区域合作平台，借用古代"丝绸之路"的历史符号，高举和平发展的旗帜，主动地发展与沿线国家的经济合作伙伴关系，共同打造政治互信、经济融合、文化包容的利益共同体、命运共同体和责任共同体。

一带一路倡议
The Belt and Road Initiative

2013 年 9 月和 10 月，中国国家主席习近平在出访中亚和东南亚国家期间，先后提出共建"丝绸之路经济带"和"21 世纪海上丝绸之路"的重大倡议。这两个倡议符合欧亚大陆经济整合的大战略，丝绸之路经济带倡议和 21 世纪海上丝绸之路经济带倡议，合称——"一带一路"倡议。

一单制 One-bill

在货物多式联运的全过程中，只凭一份多式联运运单办理所有货物运输手续。

一个流 One Piece Flow

按工序顺序挨个或一个一个进行加工、组装，挨个流向下一工序的方法。

一个流生产 Single Stream Production

在各工序只有一个工件在流动，使工序从毛坯到成品的加工过程始终处于不停滞、不堆积、不超越的流动状态，是一种工序间在制品向零挑战的生产管理方式，实现人尽其才、物尽其用、时尽其效。

一类开放口岸 First-class Open Port

由国务院审批，允许中国籍和外国籍人员、货物、物品和交通工具直接出入国（关、边）境的海（河）、陆、空客货口岸。

一流三网 One Flow & Three Net

指海尔集团物流的运作模式。所谓"一流"是指以订单信息流为中心；"三网"分别是全球供应链资源网络、全球用户资源网络和计算机信息网络。围绕订单信息流这一中心，使得供应商和客户、企业内部信息网络这"三网"同时开始执行，同步运输，为订单信息流的增值提供支持。

一批货物 Consignment

办理货物运输的单位，要求托运人、收货人、发站、到站和装卸地点相同（整车分卸货物除外）。

一票多件
Multi-Mail with One Dispatching Note

寄件人凭一份邮件详情单或快递运单，寄递多件邮件或快件给同一收件人的寄递方式。

一票货物 Shipment

凭一份航空货运单运输的，运往一个目的地的一件或多件货物。

一日三送
Tri-Distribution in One Day

针对某些自营区域，实现一天内送达此地三次的服务政策。

一体化物流服务
Integrated Logistics Service

以提高客户管理效率、降低物流成本为目标，通过整合供应链、构筑供应链联盟，建立以信息技术为支撑的物流服务平台，优化、对接供应链各企业的流程，实现供应链各企业的"双赢"或"多赢"。

一站铁路枢纽
Railway Terminal with One-stop Service

在几条干、支线会合处，设置一个共用车站，兼办客、货运输及解编作业的铁路枢纽。

医药电子商务 Medical E-commerce

基于现代计算机技术以及 Internet 网络通信技术，将药品生产企业、医药销售公司、专业医疗机构、银行、医药信息服务提供商以及保险公司等机构进行整合，共同组成新型电子商务平台。实现药物的买卖以及药物信息、资金信息、物流信息的共享，为广大消费者提供安全、可靠、开放并且易于维护的医药电子交易模式。

医药冷链流通率 Circulation Rate of Medical Reefer Logistics

在医药物流过程中，采用冷链物流占所有物流活动的比重。其影响因素包括：冷链物流模式的选择、市场规模、运营成本、专业化和标准化程度以及服务网络和质量等。

医药绿色储存 Medical Green Storage

运用规模经济原理，将分散小批量的药品加以集中，利用标签技术进行绿色分类和盘点，并采用地面防尘材料，空气净化、太阳能通风及智能调控照明等技术，为药品储存提供合适的环境。

医药物流 Medical Logistics

依托一定的物流设备、技术和物流管理信息系统，有效整合营销渠道上下游资源，通过优化药品供销配运环节中的验收、存储、分拣、配送等作业过程，提高订单处理能力，降低货物分拣差错，缩短库存及配送时间，减少物流成本，提高服务水平和资金使用效益，实现医药物流的自动化、信息化和效益化。

医药物流产业
Logistics of Pharmaceutical Industry

跟医药物流相关的物流经济活动的集合即为医药物流产业。

医药物流第三方外包模式 Third Party Outsourcing for Medical Logistics

医药企业将非核心的物流业务，外包给符合企业质量控制需求的专业的第三方物流企业，以降低医药企业在物流基础设施和冷链技术方面的投入。

医药物流自营模式 Proprietary Business for Medical Logistics

医药企业通过自行建立物流仓储设施，构建依附自身生产销售模式的药品物流配送体系，自行完成医药物流全过程的物流运作模式。

移泊 Shifting from Berth to Berth

船舶在同一港口从一个泊位移至另一泊

位，或者船舶在原泊位不解掉缆绳，利用缆绳向前或向后移动其停泊位置的作业。

移动式登车桥
Mobile Vehicle-Ride Bridge

与叉车配合使用的货物装卸辅助设备，可根据汽车车厢的高低调节高度，叉车可以直接通过本设备驶入车厢内部进行货物的批量装卸，仅需单人作业，即可实现货物的快速装卸。

移动式货架 Mobile Rack

每排货架有一个电机驱动，由装置于货架下的滚轮沿铺设于地面上的轨道移动。提高了空间利用率，一组货架只需一条通道，在相同的空间内，储存能力比一般固定式货架高得多，且易控制，安全可靠。

移动现场服务管理
Service Management of Mobile Field

支持移动计算、网络计算和数据信息同步，利用无线设备可使在现场的服务人员或工程师实时访问服务、产品和客户信息，同时，企业各部门还能通过此系统与他们保持通信联系。

移动支付 Mobile Payment

在商务处理流程中，基于移动网络平台，随时随地地利用现代智能设备，如手机、PDA、笔记本电脑等工具，为服务商务交易而进行的资金流流动。简而言之，就是允许移动用户使用其移动终端（通常是手机），对所消费的商品或服务，进行账务支付的一种服务方式。

移上移下 Shift on/Shift off

两车（如火车及汽车）靠接，然后货物靠水平移动，从一个车辆推移到另一个车辆。

移箱 Container Moving

对已装船的集装箱或在堆场的集装箱，进行搬移更换位置的作业。

遗失率 Loss Ratio

物流公司在提供配送服务过程中，配送货品丢失的比率。

异步交换模型
Asynchronous Message Exchange

交换信息集中存放但不实时传输的信息交换模型，依托于一个总部数据中心、一个信息交换库和若干信息处理节点构成的网络系统。总部数据中心和信息处理节点，把要交换给对方的信息，按约定的数据格式构造完毕后，通过广域网送到信息交换库，从交换库中取回需要的信息。

异动盘点 Strange Variety Inventory

某一时间段内，对某区域内发生过商品进出／增减动作的 BIN 位，进行商品实物清点确认的作业。

易冻货物 Freezable Goods

冬季经由铁路运输时，全部或部分易冻结在一起，或易冻结在车壁板或车底板上的货物。

易腐货物 Perishable Goods

在运输、保管过程中须保持一定低温，以防腐烂、变坏的货物。

易腐货物预冷
Precool of Perishable Cargo

将容易腐败的货物从初始温度迅速降至所需要的终点温度的过程。

易腐食品 Perishable Foods

受正常的湿度和温度的影响，在一定时间内会发生腐烂、变质、死亡、霉变的食物。

易燃货物 Inflammable Goods

在铁路运输中不属于危险货物，但具有易燃性质，需要加以防护，以免因各种原因引起燃烧的货物。

易碎品 Fragile Cargo

在存储和配送过程中容易破损、变形的物品或商品。

易用型手机盖章贴
Mobile Phone Sticker

249

印刷有保修印章的贴纸，可以通过贴纸粘贴印章来代替手动盖章。

溢短货物 Over and Short Goods

船舶承运的货物，在装运港以装货单数字为准，在卸货港以进口舱单数字为准。当理货数字比装货单或进口舱单数字溢出时，称为溢货（OVER），短少时，称为短货（SHORT）。

翼式托盘 Wing Tab

铺板两端突出于纵梁和垫块以外的部分，用于起重机吊运，因此称为"翼式托盘"。

翼板 Tab

滑板延伸到单元货物尺寸之外，方便用带有抓爪的拖拉装置搬运的部分。

引导 Guide the Lifting

起重机将吊起后的货件向指定位置运移的过程（工步）。

引入线 Leadin

在枢纽内将衔接各方向的干线、支线分别引向各专业车站的线路。

隐私面单 Privacy Express Sheet

消费者的信息通过技术处理，不显示在快递面单上，同时在后台也进行了加密处理，快递员只能通过 APP 联系收件人，无须人工识别手机号码。

盈江口岸 Yingjiang Port

与缅甸克钦邦接壤的陆路口岸之一，具有得天独厚的区位优势，是内地通往缅甸、印巴各国的主要商道，比西北古"丝绸之路"要早两百多年。

营业税改增值税 Business Tax Becomes VAT

简称营改增，是指以前缴纳营业税的应税项目改成缴纳增值税。增值税只对产品或者服务的增值部分纳税，减少了重复纳税的环节，进一步减轻企业税负，调动各方积极性，促进服务业尤其是科技等高端服务业的发展，促进产业和消费升级、培育新动能、深化供给侧结构性改革。

营业总成本 Total Operating Cost

报告期内企业在物流经济活动中，完成物流业务而发生的所有成本。计量单位：万元。

营运标志 Signs of Operation

营运车辆按道路运输管理机构的规定应喷涂的文字、图案和挂置的营运线路牌等标记。

营运收入 Operational Revenue

为社会提供运输、储存、装卸、搬运、包装、流通加工、配送信息处理和其他相关劳务，并按照一定标准向用户或服务对象收取运输费、装卸费等。

应急采购 Emergency Procurement

是一种新兴的采购模式，通常是指在救灾抢险、战时动员等紧急状态下，为完成急迫任务而进行的采购活动。具有采购任务的不确定性，采购程序的高效性，采购管理的规范性等特点。

应急道路运输 Emergency Response for Road Transport

为应对突发公共事件，由县级以上人民政府交通主管部门组织实施的紧急运输工作。

应急调度管理 Emergency Response Dispatch

在紧急状态下征用的运输车辆、驾驶人员、货物等人力、物力资源进行的统筹协调、合理组织等工作。

应急物流 Emergency Logistics

为应对严重自然灾害、突发性公共卫生事件、公共安全事件及军事冲突等突发事件而对物资、人员、资金的需求进行紧急保障的一种特殊物流活动。包括军事应急物流和非军事应急物流。

应急物流仓储 Emergency Logistics Warehousing

为了满足突发性事件产生的，需要物流

仓储的活动。

应急物流供应链
Emergency Logistics Supply Chain

因某一特定突发应急事件，由应急物资生产、采购、储存、运输、消耗等各部门临时组合而成的，物流环节可根据不同情况的需要进行增减的供应链。

应急物流管理
Emergency Logistics Management

对应急物流全过程的统筹规划。其主要内容包括应急物流保障机制、快速保障技术平台的构建、应急资金的筹措与分配、应急物资的集中与采购、仓储与保存和运输与配送。主要体现在速度方面。

应急物流配送系统
Emergency Logistics Distribution System

为了满足突发性的物流需求，进行的各种物流配送活动的有机整体。

应急物流系统
Emergency Logistics System

为了满座突发性的物流需求，由各个物流元素、物流环节、物流实体组成的相互联系、相互协调、相互作用的有机整体。

应急物流信息系统
Emergency Logistics Information System

进行应急物流活动指挥、调配、协调的一个计算机系统。

应急物流园区
Emergency Logistics Park

为满足由严重自然灾害、突发性公共卫生事件、公共安全事件及军事冲突等突发事件，产生物资、人员、资金等的需求，进行紧急保障的一种特殊物流活动的区域。

应急物流指挥中心 Emergency Logistics Command Center

对救援物资的筹集、运输、调度、配送等工作的统筹指挥，使整个应急体系高效有序地运作。

应急物流中心
Emergency Logistics Center

满足应急物流系统中的基础设施，是应急物流网络的节点。

硬顶集装箱 Hardtop Container

由于敞顶集装箱帆布篷的防水性差，故将箱顶的布篷改成坚固的可拆装的硬箱顶后的集装箱。

用户领取 User Receiving

邮政企业或快递企业通知收件人到指定地点凭证领取邮件或快件的投递方式。

优江拓海 Develop Plan for Yangtze River and the Coastal Areas

即南通港"优江拓海"战略。沿江开发，由沿江向沿海拓展，由"江河时代"迈入"江海时代"。

邮袋 Postal Bags

封装邮件的专用袋。航空邮件均采用完好的航空邮袋进行分袋装封，并加挂"航空"标牌，不得采取零散包装形式。

邮件 Mail

邮局交给航空运输部门运输的邮政物件，是信函、印刷品、汇款通知、报刊和其他印刷品等的统称。每件不超过 30 千克。

邮件处理场所 Mail Handling Area

邮政企业专门用于邮件分拣、封发、储存、交换、转运、投递等处理活动的场所。

邮件处理中心 Mail Processing Center

是邮政网的节点，位于邮路的会接处，是邮件的集散和经转枢纽。

邮件全程时限 Mail Full Time Limit

邮政企业从收寄邮件到投递邮件到的时间间隔，以邮件上日戳时间计算为准。包裹等需要投递通知单的邮件，以通知单上日戳时间计算为准。

Y

邮件全程时限达标率
Mail Full Time Limit Rate

中国邮政集团公司从收寄邮件到完成投递的全程时间，达到国家规定寄递时限的比率。反映中国邮政集团公司邮政普遍服务邮件寄递时限水平。由国家邮政局组织开展邮件全程时限监测结果计算得出。

邮件容器输送储存分配系统
Transportation Storage and Distribution System for Mail Container

将装有邮件的容器，按处理流程进行输送、分类、储存和分配，并将容器送回邮件开拆、分类作业区的设备系统。

邮件运单 Mail Waybill

邮政部门向承运人或者承运人指定的邮件运输代理人，提供邮件的件数、重量以及预定运输的航班，据此填写的航空邮运结算单。由财务联（淡绿色），结算联（淡蓝色），第一承运人联（淡粉色），中转联（淡橙色），第二承运人联（淡粉色），目的站联（淡黄色）和存根联，白色一式七联组成。

邮件运输 Mail Transportation

邮政部门交给航空公司的邮件的运输。具有全程全网，紧密衔接，时限要求较高的特点。根据邮件运输时限的不同，按照相应的公布货物运价计价收取邮件运费。是航空货物运输的组成部分。

邮件重量 Weight of Mail

每袋邮件按照毛重计算，即邮件及其包装的重量之和。以邮局在路单上所列的重量为准，民航一般不再过秤，但应注意检查核对，必要时也可以过秤。

邮乐网 The Mail Company

中国邮政与 TOM 集团联手打造的线上与线下相结合的购物新平台。

邮路 Mail Route

利用运邮工具或人力，按规定途径、班期运输邮件的路线。

邮掌柜 Mail Master

"邮掌柜"系统是以邮乐网平台为基础，通过搭载多项业务功能，以利于邮政切入农村电子商务市场而建设的线上线下一体化的综合服务平台。

邮政便民服务站
Convenient Post Station

以信息化为手段，智能缴费终端为载体，将邮政业务以较低的成本，方便、快捷地延伸到人群密集地，能够为老百姓提供缴费、票务、报刊等家门口的便捷服务。

邮政服务申诉处理满意率 Postal Service Appeal Handling Satisfaction Rate

向国家邮政局邮政业安全中心提出，关于邮政服务申诉的用户，对邮政企业处理结果满意的比率，反映集团公司维护用户合法用邮权益情况。

邮政滑槽 Mail Chute

利用邮件自重输送、贮存邮件的，与水平面成一定角度的槽形承载体。

邮政流动服务车 Mobile Post Office

为了偏远地区或者受灾地区广大群众，就地方便、快捷地办理邮政业务，当地的邮政部门安排流动服务车进入这些地区，当地群众在家门口，通过服务车可办理代缴农电费、邮寄信件和包裹、电子汇兑和报刊发行等多种业务。

邮政摩托车 Postal Motorcycle

在 20 世纪 70 年代中后期，邮电部提出"乡邮摩托化"的现代化建设目标，乡村邮政投递和县内邮件转运开始批量引入摩托车，幸福 250 是主打车型。马力强劲，载荷率高，除驾驶员外，后座专门支架上横一竖二驮载满装的三只 127 号邮袋绰绰有余。长江 650 也加入到邮政运输机动车行列，承担较大公社和较小偏远县份的邮件转运任务。

邮政普遍服务满意度
Post Universal Service Satisfaction

消费者对邮政普遍服务感知的效果与其期望值相比较后得出的指数，反映消费者对集团公司提供邮政普遍服务的满意程度。由国家邮政局委托第三方通过抽样调查方式计算得出。

邮政普遍服务乡镇覆盖率 Post Universal Service Township Coverage

中国邮政集团公司在邮政管理部门备案的乡镇，提供邮政普遍服务的邮政营业场所设置，符合国家规定标准的比率，反映集团公司邮政设施布局保障邮政普遍服务需要的情况。由全国设有提供邮政普遍服务的邮政营业场所的乡镇占全国所有乡镇的比率计算得出。

邮政企业 Postal Enterprise

中国邮政集团公司及其提供邮政服务的全资企业、控股企业。

邮政牵引车 Postal Tractor

牵引邮政拖车的机动车。

邮政设施 Postal Facility

邮政企业提供邮政服务的设备和场所的统称。

邮政特殊服务 Postal Special Service

邮政企业按照国家规定提供的机要通信、国家规定报刊的发行，以及义务兵平常信函、盲人读物和革命烈士遗物的免费寄递等特殊服务业务的统称。

邮政拖车 Postal Trailer

用于装载邮件的无动力车辆。

邮政网 Postal Network

由邮政营业厅、投递局所及其设施、邮件处理中心，通过邮路（含邮运工具），按照一定的原则和方式组织起来，在控制系统的作用下，遵循一定运行规则完成邮件传递的网络系统。

邮政物流 Postal Logistics

由邮政企业提供的国内速递、国际及港澳台速递、合同物流等相关物流服务。

邮政业 Postal Industry

邮政企业为社会提供邮件寄递服务以及国家规定的其他服务。

邮政营业场所 Postal Place of Business

邮政企业提供邮件收寄及其他相关服务的场所。

邮政营业窗口综合业务处理设备 Comprehensive Processing Service Equipment for Postal Service

在营业窗口能完成多项收寄及投递邮件等业务的设备。

邮政运输 Transportation for Post

通过邮局寄交进出口货物的一种运输方式。邮政运输比较简便，只要卖方根据买卖合同中双方约定的条件和邮局的有关规定，向邮局办理寄送包裹手续，付清邮费，取得收据，就完成交货任务。

邮政运输船 Postal Vessel

运输邮件并悬挂邮旗的船舶。

邮政中心局 Central Post Office

邮区内邮件的处理中心和运输中心，是全网的基本封发单元。它的任务是对集中到邮区的进口、出口、转口邮件经过处理再分发传递出去。可以说邮区中心局是邮件传递过程的集散中心。

邮政专用汽车 Postal Vehicle

带有下列标识之一，用于邮政通信的专用汽车。1. 邮电徽标和邮政字样；2. 邮政徽标 3. 邮政特快专递业务徽标。

邮政资费 Postal Charges

即邮资，邮政企业提供邮政服务时按规定收取的服务费用。

邮政组织管理机构 Management Organization for Post

邮政企业为了向社会提供各种邮政业务和邮政服务，需要对生产过程的人员，设备及劳动对象以及信息等生产要素进行有目的、有计划、有秩序的合理配置和安排并实施有效控制的全部活动的主体。

邮资符志 Postage Stamp

由邮资机直接打印在信封表面或打印在签条上粘贴在信封表面，作为资费纳付标志的戳记。

邮资机 Postage Meter

用于收寄邮件，能记账、结算邮资并在邮件上加盖日戳和邮资凭证戳记的设备。

邮资凭证 Certificate of Mailing

表明邮资纳付标志的有价票证。包括邮票、邮资符志、邮资信封、邮资明信片、邮资邮简、邮资信卡等。

邮资信卡 Postage Card

邮政部门发行、对折式不需套寄的通信卡片。通信卡折叠后的正面书写收、寄件人名址，信文写在里面，邮寄时对折，将三个边齿孔外的边纸粘住，信文不公开。收件人沿齿孔撕掉边纸即现信文。

游车 Idle Car

因货物长度关系而加挂的不承载超限、超长货物重量的平车。

有单无货 Found AWB

在到达站只收到航空货运单而未收到货物。

有货无单 Missing AWB

在到达站只收到货物而未收到航空货运单。

有机粮食物流 Organic Grain Logistics

粮食生产过程以及流通过程的有机化，既要求粮食的种植符合有机标准、严禁使用化肥、添加剂、基因工程技术和衍生物，也包括有机运输、有机包装、有机流通加工、有机存储以及有机的信息处理与收集。

有线遥控起重机 Remote Control Crane

控制台与起重机之间使用电气、液压或光导纤维连接、通过司机指令操纵的起重机。

有效补货 Efficient Replenishment

从生产线到收款台，通过 EDI，以需求为导向进行自动连续补货和计算机辅助订货，使补货系统的时间和成本最优化，从而降低商品的售价。

有效促销 Efficient Promotion

提高仓储、运输和生产的效率，减少预先购买、供应商库存及仓储费用，简化分销商与供应商的贸易关系，使贸易和促销的整个系统效率最高。

有效起重量 Effective Liftin Capacity

起重机能吊起的重物或物料的静质量。
注：如起重机在水电站起吊闸门或从水中起吊重物，在考虑有效起重量时还应计及水流的负压或水的吸附作用所产生的力。

有效商店空间管理
Effective Store Space Management

通过建立空间管理系统以及有效的商品品种等手段，有效地利用店铺的空间和店内布局，最大限度地提高商品的获利能力。

有效申诉 Effective Complaint

由邮政管理部门按照国家法律法规或标准，确定为邮政企业或快递企业责任的申诉。

有效申诉率
Effective Complaint Ratio

在一段时间内，用户有效申诉的邮件或快件件数，占同一时期内寄递的邮件或快件总件数的比率。

有效身份证件 Valid Identification

托运人或收货人托运、提取货物时必须出示的由政府主管部门规定的证明其身份的有效证件。如：居民身份证、有效护照、军官证、士兵证、文职军人证、户口簿等。

有效投诉办结率
Effective Complaint Completion Rate

物流园区评估指标之一，有效投诉办结数和总有效投诉之比率，物流有效投诉包括入驻企业、社会客户对园区运营管理机构的投诉以及社会客户对园区入驻企业的投诉。

有效投诉率 Valid Complaint Rate

托运入或收货人的投诉经查实责任件数与货物运输总件数之比，一般以万分比表示。计算公式为：有效投诉率＝责任件数÷物运输总件数×‰。

有效新产品导入
Effective New Product Introduction

采集和分享供应链伙伴间时效性强的更加准确的购买数据，以此为指导来有效地开发新产品，合理安排产品的生产计划，提高新产品的成功率。

有形损耗 Material Loss

又称物质损耗或物质磨损。是可见或可测量出来的物理性损失、消耗。指固定资产由于使用发生的物质磨损或自然力的影响，受到物理、化学或自然力等因素的作用而逐渐发生的一定程度的损耗或磨损。

有压干散货集装箱
Pressurized Dry Bulk Container

靠物料自身的重力或外部压力进行装载和卸载的干散货集装箱。

迂回运输 Circuitous Traffic/Roundabout Transportation

货物在长于最短距离方向上所进行的绕道运输。

逾期交付 Delayed Delivery

运输承运人超过合同约定期限交付货物。

逾期提货 Delayed Pick-up

收货人超过合同约定期限，到汽车货运站（场）提货。

渝新欧 Chongqing-Xinjiang-Europe Express Block Train

即"渝新欧"国际铁路联运大通道。利用南线欧亚大陆桥这条国际铁路通道，从重庆出发，经西安、兰州、乌鲁木齐，向西过北疆铁路，到达边境口岸阿拉山口，进入哈

萨克斯坦，再经俄罗斯、白俄罗斯、波兰，至德国的杜伊斯堡，全长 10269 公里的由沿途六个国家铁路、海关部门共同协调建立的铁路运输通道，占据中欧班列主导地位。

预测技术 Forecasting Technique

人们运用现代科学技术手段，事先依据一定方法，对自己的活动可能产生的后果及客观事物的发展趋势做出的科学分析。

预垫 Make the Goods with the Ground or Leave Gaps between Cargo Shipments

货物落位前在货物下放置支承物，使货物与地面或货物与货物之间留有空隙，以便加索或叉取。

预防包装 Protective Packaging

可以保护内装物从封闭包装到最终使用者打开包装为止的过程中不发生变质、损坏或损失。根据周围的环境对产品危害程度的不同和需要保护的时间的长短，可使包装具有不同保护程度的一种包装方法。

预防包装技术与方法 Methods and Techniques of Protective Packaging

保护内装物，使其不发生变质、损坏或损失的包装技术与方法。

预冷费 Precooling Cost

冷藏运输和高温冷藏之前的冷却过程所产生的费用。

预留舱位 Reserve a Port Berth

托运人与航空公司约定，在飞机上留出部分舱位允许托运人在该公司的指定航班上运输货物。

原包装 Original Package

货物在托运时，未另行包装，而是原产品自带的包装。

原产地证明 Certificate of Origin

证明商品原产地，即货物的生产或制造地的一种证明文件，是商品进入国际贸易领域的"经济国籍"，是进口国对货物进行确

255

定税率待遇，贸易统计，实行数量限制（如配额、许可证等）和控制从特定国家进口（如反倾销税、反补贴税）的主要依据之一。

原车过轨 Transferring of Original Loaded Wagon from One Railway to Another

在轨距相同的国家间实行一国车辆驶入另一国境内的货物联运办法。

原料库存 Raw Material Inventory

企业为了生产加工产品，通过采购和其他方式取得和持有的原材料、零部件的库存。

原燃料库存损耗率 Inventory Loss Rate of Raw Fuel

报告期内企业原材料在仓库存放过程中产生的损耗比率。

原燃料在途损耗率 Road Attrition Rate of Raw Fuel

报告期内企业原材料在运输过程中产生的损耗比率。

原燃料直付率 Direct Pay Rate of Raw Fuel

报告期内企业原材料从厂外直接运到生产环节的比率。

原始记录完备率 Completion Rate of Original Record

原始记录表已记录表数与规定记录表数的百分比。

运输及时率 Rate of timely Delivery

准点到达目的地的运输车次与运输总车次的比率。

约定的经停机场 Conventional Stopping Airport

除始发地机场和目的地机场以外，在运输凭证或承运人的班期时刻表内列明的预定停留的机场。

月度货物运输计划 Monthly Freight Traffic Plan

根据年度货物运输计划和托运人提出的当月具体运输要求而编制的货物运输计划，既是货物运输计划在月间的具体安排，又是组织日常运输生产活动的依据。

越行站 Overtaking Station

设在双线铁路上，主要办理列车的接发和越行，办理少量的旅客乘降和行包、零担等客货业务。不办理整车货物的装卸作业和摘挂车辆的调车作业的车站。

越库配送 Cross Docking

物品在物流环节中，不经过中间仓库或站点，直接从一个运输工具换载到另一个运输工具的物流衔接方式。

越野货车 Cross-country Truck

在其设计上所有车轮同时驱动（包括一个驱动可以脱开的车辆）或其几何特性（接近角、离去角、纵向通过角、最小离地间隙）、技术特性（驱动轴数、差速锁止机构或其他型式的机构）和它的性能（爬坡度）允许在非道路上行驶的一种车辆。

云仓 Cloud Storage

利用云技术和现代管理方式，依托仓储设施实现在线交易、交割、融资、支付、结算等一体化的服务。

云仓储 Cloud Warehouse

是一种全新的仓库体系模式，它主要是依托科技信息平台充分运用全社会的资源，做到迅速、快捷、合理地选择理想的仓储服务。在这一模式下，快件可直接由仓储到同城快递物流公司的公共分拨点实现就近配送，极大地减少配送时间，提升客户体验。

云快递 Cloud Express

即通过一个便民消费和服务的商业交易平台，类似线下商业的物流配送服务平台，用这个平台来实践所有电子商务的物流功能。采用这种直营和加盟相结合的模式，并结合电子商务企业的需求，构建配套的网络技术平台，既实现流程环节的控制，又可以实现业务覆盖范围的扩张。

云物流平台 Cloud Logistics Platform

基于云计算的一种连接线上商流和线下物流的信息平台，依靠大规模的云计算处理能力、标准的作业流程、灵活的业务覆盖、精确的环节控制、智能的决策支持和信息共享为各类物流企业、政府、工商企业和普通用户提供完整的解决方案。信息采集、信息处理和信息传输是云物流平台的关键技术。

运动限制器 Motion Control

对起重机指定运动停止和／或限制的装置。如：起升限位器、下降限位器、回转限位器、起重机运行限位器、小车运行限位器、臂架俯仰或变幅限位器。

运费、保险费付至
Carriage and Insurance Paid to (CIP)

卖方除付有与运费付至术语相同的义务外，卖方还须办理货物在运输途中应由买方承担的货物灭失或损坏风险的海运保险并支付保险费。

运费到付 Charges Collect

由收货人在目的站支付运费的付费方式。

运费付至 Carriage Paid To(CPT)

卖方要自负费用订立将货物运往目的地指定地点的运输契约，并且负责按合同规定的时间将货物交给承运人，即完成交货义务。卖方在交货后要及时通知买方。买方自货物交付承运人处置时承担货物灭失或损坏的一切风险。

运费预付 Carriage Prepaid

由托运人在始发站提前支付运费的付费方式。

运行吨公里
Tone-kilometer of Railway/Highway

根据司机报单上所载的货物实际重量和实际走行距离计算的吨公里数。

运行管理 Operation Management

运输过程中的指挥、监督、检查以及处理商务事故等工作。

运行计划 Operation Plan

运输企业有关部门编制的，下达给车队或车站在一定时间内所要完成的运输任务、运行或线路和班次等方面的计划。

运行速度 Travelling Speed

在稳定运动状态下，起重机的水平位移速度。在 10 米高处风速不超过去 3 米／秒的条件下，起重机带工作载荷沿水平路径运行时进行测定。

运行周期 Operational Cycle

班车自始发站驶出，按规定线路、站点运行后又回到始发站所需要的时间。

运价比差 Ratio of Freight

不同价目的运价率与基本运价的比率。

运价加成 Rate Addition

某些条件下或有特殊要求的运输，规定价外加成率。

运价减成 Rate Reduction

对某些条件下的运输，规定的价外减成率。

运价率 Tariff Rates

计算运输服务的价格，运价的基本单位。

运距 Haul Distance

运送旅客或货物的距离，计量单位：千米。

运输 Transportation

用运输设备将物品从一地点向另一地点运送。其中包括集货、分配、搬运、中转、装入、卸下、分散等一系列操作。

运输包装 Packing of Transportation

为了尽可能降低运输流通过程对产品造成损坏，保障产品的安全，方便储运装卸，加速交接点验，人们将包装中以运输储运为主要目的的包装称"运输包装"。又称外包装。它的作用主要在于保护商品的品质和数量，便于运输、储存、检验、计数、分拨，有利于节省运输成本。运输包装的方式主要有两种：单件运输包装和集合运输包装。

运输标签 Transport Labels

标明货运单号码、货物流向、重量与件数的标记。

运输标志 Transportation Mark

以文字、符号和图形等形式表示货物运输特性，装卸、运输、保管注意事项，收货、发货方名称和地址的标记。

运输成本 Transportation Cost

报告期内企业为完成各种原材料和产品的运输业务而发生的全部成本。分为支付外部运输费和自有车辆运输费。包括从事货物运输业务人员的工资福利、车辆（船舶等）年折旧、燃料与动力消耗、铁路使用费、机车牵引费、过路过桥费、维修保养费、年检费、企业货物运输业务费。计量单位：万元。

运输单证 Carriage Documents

道路货物运输生产经营管理工作中，使用的单据、票据和凭证的总称。

运输方式 Mode of Transport

运输货物所采取的方式。如国际多式联运及空陆联运等。

运输费用 Freight

货物运费与货运杂费的总称。

运输服务经营者
Service Operator of Transportation

经营运输委托、代办运输业务、组织客货源、配载等业务的企业和个人。

运输管理决策
Management Decision of Transportation

主要是运输系统内各职能部门为贯彻全局性决策所做的具体的或局部的决策，如各种运输计划的制订、运输设备更新的选择等方面的决策。

运输管理系统

Transportation Management System（TMS）

供应链分组下的（基于网络的）操作软件。它能通过多种方法和其他相关的操作一起提高物流的管理能力；包括管理装运单位，指定企业内、国内和国外的发货计划，管理运输模型、基准和费用，维护运输数据，生成提单，优化运输计划，选择承运人及服务方式，招标和投标，审计和支付货运账单，处理货损索赔，安排劳力和场所，管理文件（尤其当国际运输时）和管理第三方物流。

运输过程透明管理
Transparent Management of Transportation

基于物流信息化管理思想和信息技术对物流运输过程进行监督和管理，实现车队管理者和客户实时了解运输过程，提升运输管理的效果并增加客户对承运商的信任。

运输号码 Traffic Number

发站在受理零担货物、集装箱时，由经办人在货物运单左上角填写的受理顺序号。

运输合理化
Management System of Transportation

从物流系统的总体目标出发，按照货物流通规律，运用系统理论和系统工程原理和方法，选择合理的运输路线和运输工具，以最短的路径、最少的环节、最快的速度和最少的劳动消耗，组织好货物的运输与配送，以获取最大的经济效益。由于运输是物流中最重要的功能要素之一，物流合理化在很大程度上依赖于运输合理化。

运输决策系统
Decision System of Transportation

物流管理体系中的最基本决策，主要包含运输路线、配送频率、配载量等业务，以成本为考核核心，根据实际情况选择最优的运输方案。

运输浪费 Waste of Transportation

除对货物有效空间位移不可缺少的最小数量的资源投入以外的任何东西。在运输过程中确实存在许多属于"浪费"的支出。运输能力浪费主要包括重复的运输路线、非经济的运输规模、运输等待和运输事故引起的成本。

运输里程 Mileage of Transportation

客、货实际运输里程。

运输路线 Transportation Route

由托运人或其代理人在航空货运单上列明的货物运输的具体路线。

运输平均价格
Transportation Average Price

报告期内物流企业完成各种原材料和产品的运输业务，所取得的业务收入与运输货物量之比。运输平均价格＝运输收入÷运输货物量。计量单位：元／吨。

运输声明价值
Declared Value of Carriage

托运人向承运人特别声明的其所托运的货物在目的地交付时的实际价值。

运输市场管理
Market Control of Transportation

按照国家的法律、法规、规章、规范性文件，对运输活动进行的检查、监督和违章违纪查处工作。

运输收入 Transportation Revenue

钢铁物流经济活动中，行业参与物品运输而取得的全部收入。计量单位：万元。

运输枢纽型物流园区
Transport Hub Logistics Park

按照物流服务功能需求划分的一种物流园区，其功能是作为物流相对集中的区域，从运输组织与服务的角度，可以实现规模化运输。

运输条件
Conditions of Transportation

为了保证货物完整和运输安全，承运人和托运人、收货人必须遵守的某些限制和运输要求。

运输文化 Culture of Transportation

在长期的运输发展实践中逐步形成的，并被行业和社会普遍认可的服务方式、服务内容、做法。

运输限制
Limitation of Transportation

经国家政府和省、直辖市、自治区政府颁布，要求铁路将某些品名的货物限制在一定区域内运输，或者某些品名的货物需凭一定级别的政府或指定机构出具的证明才能办理运输的规定。

运输形式 Mode of Transport

按运输作用、组织方法或运营范围的不同，对道路运输的划分。

运输业务决策
Business Decision of Transportation

在日常的运输生产活动中为了提高生产或工作效率所做的决策，如运输部门间的经营协作、运输生产组织的局部调整、劳动定额的制定及生产任务的日常分配等方面的决策。

运输战略决策
Strategic Decision of Transportation

指与运输系统未来发展有关的全局性决策，如运输经营目标、经营方针、技术改造以及运输系统的长远发展规划等方面的决策。

运输质量 Quality of Transportation

运输业在实现人和物位移的过程中形成的使用价值及其对消费者需要的满足程度。

运输质损 Quality Loss

商用车因发运过程造成的质量缺陷、损坏、缺失及更换非原厂规定部件等。

运输质损率 Damage Rate of Quality

考核期内，有运输质损的商用车数量与商用车承运总量的比率。

运输货损率 Damage Rate of Cargo

运输绩效评价质量方面的一个维度指标。计算方法为：损坏货物价值÷货物总

Y

价值（货物总价值不好算时用运输服务费用来替代）×100%。

运输种类 Mode of Transportation

按照不同的运输对象或运输工具对道路运输的分类。

运输准时率
In Time Ratio of Transportation

运输绩效评价体系中运输效率方面的一个维度指标。计算方法为：准时到货数 ÷ 任务总数 ×100%。

运输自然损耗
Natural Loss of Transportation

货物在运输过程中发生的在规定的合理限度之内的损耗。

运通快递 YunTong Express

运通快递始创于 1995 年。公司主要经营中国香港地区、国内国际快递、粤港运输、仓储货运、物流派送、清关报关以及国内国际航空等业务。运通网络现有员工数千人，各类运输车辆数百辆，固定营业和仓储面积数万平方米。每天有几十台网络车在珠三角地区穿梭往返，保证货物的快速中转与派送。

运载单元 Transportation Unit

可在不同运输方式之间实现快速装卸和转换的标准化储运器具，包括集装箱、可拆卸箱体和半挂车等。

运作层 Operation Layer

供应链管理的重要组成部分，许多具体的操作要在这个层次进行。这个层次的管理不仅包括企业内部供应链系统的管理，还包括与其他企业的协调合作管理。合作管理不仅包括与企业上游的供应商、下游的客户合作，还包括与同类企业合作，包括购买、生产分配、销售等生产过程的各个环节。

Z

载荷传递带 Load Transfer Band
载荷传递区所处的纵向范围。

载荷传递区 Load Transfer Area
位于箱体底结构横梁的底面与骨架式载箱挂车纵向主梁的接触部位。

载荷起升 Lifting of Load
起升质量的重力。

载荷微速下降 Precision Load-lowering
进行安装或堆垛作业时，载荷以最低稳定速度进行的下降动作。

载荷下降 Lowering of Load
载荷在垂直方向的位移。

载荷中心距 Load Center Distance
在货叉上放置标准的货物时，其重心到货叉垂直段前壁的水平距离，以米表示。对于1吨到4吨叉车规定载荷中心距为0.5米。

载货空间 Cargo Space
在箱体各接口关闭的情况下，被箱壁围绕的空间。

载重及平衡 Weight and Balance
为保持飞机重心不偏离规定限度，对货物、邮件、行李、燃油及旅客的位置或重量等进行的合理安排。

载重平衡表 Weight Balance Table
关于运输飞机起飞和着陆状态下的业载分布和重心位置的记录。

再次销售 Re-sale
对从大型零售商处回收的消费品进行重新包装或微小修改后进行重新销售的过程。

再利用 Recycle
将废物作为产品或经翻新、修复、更换零部件、改制后继续作为产品使用。

再生材料 Recycled Materials
再生材料区别于再生资源，系指再生资源中可回收加工成原材料的那部分资源，而不包括能源、水等更广泛意义上的资源。焚烧、堆肥等资源利用途径也不属于再生材料的范畴。

再生循环 Regeneration Cycle
可以周而复始的使用，即产品或材料可以回收并融化再次做出产品。

再生资源 Renewable Resource
人类的生产、生活、科教、交通、国防等各项活动中被开发利用一次并报废后，还可反复回收加工再利用的物质资源，它包括以矿物为原料生产并报废的钢铁、有色金属、稀有金属、合金、无机非金属、塑料、橡胶、纤维、纸张等，都称为再生资源。

再循环处理中心 Recycling Center
在生产过程中，将未完全反应转化的物料加工处理。

再制造 Remanufacturing
废旧产品制造成"如新产品一样好"的再制造产品的再循环过程。

再制造逆向物流
Reverse Logistics of Remanufacturing
以再制造生产为目的，为重新获取废旧产品的利用价值，使其从消费地到再制造生产企业的流动过程。

再制造物流 Remanufacturing Logistics
将废旧产品从消费地运回生产地的逆向物流以及将再制造产品从生产地运往消费地的正向物流，涉及废旧产品收集、检测/分类、再制造、再分销等环节，是一种闭环物流系统。

再制造物流网络设计
Design of Remanufacturing Logistics Network
设计再制造物流的过程。再制造物流网

络设计是否合理从根本上决定了再制造物流管理的绩效。

再制造中心 Remanufacturing Center

将旧的机器设备作为毛坯，采用新的技术再制造的过程。

在库库存 Inventory

目前闲置的，用于未来的，有经济价值的库存资源。

在途 In Transit

商用车从运输起始地办理提车手续，至运输目的地完成交车手续之间的作业状态。

在途库存 In-transit Inventory

又称中转库存，指尚未到达目的地，正处于运输状态或等待运输状态而储备在运输工具中的库存。在途库存的大小取决于需求和生产—配送周期。对企业而言，在途库存是实现补给订货所必需的。

在途库存量 Stock in Transit

报告期内企业在运输途中的钢铁原燃料和产品。计量单位：万吨。

增值服务 Value-added Service

针对特定客户或特定的物流活动，在基本服务基础上提供的定制化服务。增值服务其真实含义在内容上具有可扩展性，既包括一般意义上的增值服务，也包括更深层次的延伸服务。

增值配送服务 Value-added Delivery

根据客户的需要，为客户提供的超出配送的基本功能，能够满足客户各种需求的各类服务的总称。

增值物流服务 Value-added Logistics

在完成物流基本功能基础上，根据客户需求提供的各种延伸业务活动。在完成传统物流功能的基础上致力于增值服务的创造是现代物流与传统物流的主要区别。

闸口（出入道臼） Gate

集装箱码头的出入口，设有若干股车道，

有关交接集装箱和集装箱货的各种手续、指定集装箱的堆放场地、检查集装箱的完好情况、核对铅封箱号，以及集装箱的称重等都在此进行。

摘果式拣货 Order Picking

拣货搬运员巡回于储存场所，按某客户的订单挑选出每一种商品，巡回完毕也完成了一次配货作业。将配齐的商品放置到发货场所指定的货位。然后，进行下一个要货单位的配货。

摘索 Sing-Off

将吊索（或索具）从吊钩上摘下来的操作（工步）。

栈桥式码头 Pier

用栈桥与陆域相连的离岸码头。

战略采购 Strategic Sourcing

战略采购是一种系统性的、以数据分析为基础的采购方法。简单地说，战略采购是以最低总成本建立服务供给渠道的过程，一般采购是以最低采购价格获得当前所需资源的简单交易。

站到场 CFS to CY

承运人在起运地集装箱货运站按件接货并装箱，负责运抵目的地集装箱堆场，整箱交付收货人。

站到门 CFS to Door

承运人在起运地集装箱货运站按件接货并装箱，负责运抵收货人的工厂或仓库整箱交货。

站到站 CFS to CFS

承运人在起运地集装箱货运站按件接货并装箱，负责运抵目的地集装箱货运站，拆箱后，按件交付收货人。

站容 Appearance of Station

车站内外设施、环境卫生等状况。

站台登车桥 Dock Levelers

当货车底板平面与货场站台平面有高度

差时，为使手推车辆、叉车无障碍地进入车厢内的装置。

站务管理 Station Management

车站在服务工作、运行组织、票据营收方面所进行的管理工作。

站线 Station Tracks

车站内除正线以外的线路。包括到发线、调车线、货物线、牵出线以及站内指定用途的其他线路。

真空冷却 Vacuum Cooling

基于汽态水分子比液态水分子具有更高的能量，因此水在汽化时必须吸收汽化潜热，而其汽化潜热又是随着沸点的下降而升高的这一原理而将处理物放入能耐受一定负压的、用适当真空系统抽气的密闭真空箱内，随着真空箱内真空度不断提高，水的沸点温度不断降低，水就变得容易汽化，水汽化时只能从被处理物自身吸收热量，被处理物便可得到快速的冷却。

真空吸盘 Vacuum Chuck

利用真空原理吸直货物的一种取物装置。

整车分卸 Car Load Freight Unloaded at Two or More Stations

限按整车办理的货物（蜂蜜、使用冷藏车装运需要制冷、保温的货物和不易计算件数的货物除外），其数量不够一车，按托运人要求将同一路径内的两个或三个不同到站在站内卸车的货物，装在同一货车内，作为一批整车货物运输。而在途中不同到站卸车的运输方式。

整车货物运输 Truck Load Transportation

根据规定批量按整车货物办理托运手续、组织运送和计费的货物运输。一批货物的重量、体积、形状或性质需要以一辆或一辆以上货车装运的货物运输。

整车物流 FTL Logistics

以整车作为物流服务标的物，按照客户订单对交货期、交货地点、品质保证等的要求进行快速响应和准时配送。整车物流从简单的商品车运输变化为以运输为主体，仓储、配送、末端增值服务为辅的新型物流。

整车运价 FTL Freight

一次托运货物的批量在规定重量以上，按整车货物运输计费的运价，以基本运价定价。

整合的供应链 Integrated Supply Chain

企业需要的是一种供应链网络，即整合的供应链模式，从而使企业间的协作能够同步。

整理装卸 Loading and Unloading Services

由于装载的货物危及安全运输，对货物装载状态进行调整，或卸下一部分重新装载。

整体包装 Total Packaging

即整合包装、完整包装。在整个包装链上，提供完整包装方案，从而达到保护产品的效果。

整箱货 FCL Cargo

一个集装箱装满一个托运人同时也是一个收货人的货物。

正班 Bus Routes Will Run as Scheduled

按班车时刻表的要求，在规定时间内发车和运行的班车。

正点 Bus Routes & Schedules

班车在允许误差时间范围内，按规定的时间发车、运行、中途停靠及到达。

正逆向一体化供应链解决方案 Supply Chain Solution of Forward and Reverse

京东物流集团提出的一种解决方案，为合作伙伴提供包括仓储、运输、配送、客服、售后的一体化供应链解决方案产品和服务。

正线 Main Track

由区间连接车站并贯穿或直股伸入车站的线路。

正向物流 Forward Logistics

制造商经制造程序将产品完成再销售到最终使用者等一连串的过程。

政府采购 Government Procurement

各级国家机关、事业单位或团体组织，使用财政性资金采购依法制定的集中采购目录以内的或者采购限额标准以上的货物、工程和服务的行为。

支承轮廓 Supporting Contour

连接诸如车轮或支腿等支承件垂直轴线的水平投影线段围成的轮廓。

支门器 Door Openers

保证敞车下扇车门开度的一种支撑装置。

支腿 Foot

装在箱式或立柱式托盘底部的，便于堆码货物的定位装置。

支腿横向间距 Outrigger Canoe

沿垂直于起重机纵向运行方向测定的支腿垂直轴线之间的距离。

支腿纵向间距 Outrigger Base

沿平行于起重机纵向运行方向测定的支腿垂直轴线之间的距离。

支线 Feeder Route

一个省、自治区内各城市间及相邻省、区各城市间的航线。

支线航班 Commuter Airline

短距离、小城市之间的非主航线运行。一般座位数在 50 座到 110 座左右，飞行距离在 600 千米到 1200 千米的小型客机航班。

支线机场 Regional Airport

年度旅客吞吐量在 50 万人以下或大于 50 万但所处地理位置较为偏远的机场；机场在目前和可预见的时期内，进出港航线主要呈单向分布，非辐射性分布，航班以国内和省内为主；机场处于非首都、非省会或自治区首府城市，服务的旅客群体以本地为主。

支线运输 Feeder Transportation

在干线运输的基础上，对干线运输起辅助作用的运输形式。一般为在县道、县乡和乡间道路上的运输。

直拨运输 Direct Transportation

商业、物资批发等企业在组织物品调运过程中，对当地生产或由外地到达的物品不运进批发站仓库，而是采取直拨的办法，即通常采用就厂直拨、就车站直拨、就仓库直拨、就车船过载（"四就"直拨运输）等具体的运作方式。

直达运输 Through Transportation

把商品从产地直接运达要货单位的运输，中间不需要经过各级批发企业的仓库的运输；直线运输是指减少商品流通环节，采用最短运距的运输。直达运输与直线运输的合理性是一致的，通常合称为直达运输。

直钉 Straight Nailer

由圆料或方料制作的用于冲击打入被紧固物体的直形紧固件，通常带有尖和头。

直脊 Sagittal Crest

货垛顶部逐层收拢的堆码和装载货物时的方法。

直角通道最小宽度
Width of Aisle Calculations.

供叉车往返行驶的成直角相交的通道的最小宽度。一般直角通道最小宽度愈小，性能愈好。

直接换装 FS Reloading

又叫接驳转运。是指物品在物流环节中，不经过中间仓库或站点，直接从一个运输工具换载到另一个运输工具的物流衔接方式。

直接换装比重
Percentage of Direct Transshipment

直接换装的货物自然吨在港口总装卸自

然吨中所占的百分比，又称直取比重。

直接运输贸易 Direct Trade
生产国和消费国之间的商品交付没有经过第三方的领土的贸易活动。

直径线 Diametrically
为提高枢纽通过能力和作业机动性、灵活性，便利客货运输组织，在特大或大城市专业站间修建的贯穿城市中心的线路。

直通场 Through the Yard
办理无调中转列车作业的车场。

直线形包裹分拣机
Straight Line Type Machine
主传送部件为直线形的包裹分拣机。

直营连锁物流园区 Affiliated Regular logistics Park
由同一资本所有者通过独资、控股、兼并发展壮大自身实力和规模，先开发一个标准物流园区，从制度制定、人事管理到业务操作和管理，建立一套标准和规范，再按此标准复制分园区的物流园区连锁扩张模式。

直销物流产业 Direct Logistics
所谓直销物流，是指直销企业在出售商品时，物品在供方与需方之间的实体流动。直销指以面对面且非定点之方式，销售商品和服务，又称"门对门销售"（Door to Door Selling）或"人对人销售"（People to People Selling）。 直销（direct marketing）：是描述没有中间商的行销。直销者绕过传统批发商或零售通路，直接从顾客接收订单。物流为了满足客户的需要，以最低的成本，通过运输、保管、配送等方式，实现原材料、半成品、成品及相关信息由商品的产地到商品的消费地所进行的计划、实施和管理的全过程。

值班调度 Dispatch Routines
根据车辆运行作业计划，组织、指挥、监督车辆运行和处理车辆运行中有关问题的调度工作。

植绒内托
Flocking Toxin-Expelling from Interior
一种采用特殊材料的吸塑托盘，将普通的塑料硬片表面粘上一层绒质材料，从而使托盘表面有种绒质的手感，用来提高包装品档次。

止动螺栓 Carriage Bolt
同螺栓。但是在头的下面有防止转动的方形或其他形状的部分。

纸基平托盘 Paper-Based Flat Tray
用纸质材料做基材，经粘合联接、插接、钉合或一次成型工艺等制成的托盘。

纸卷叉 Paper Roll Clamps
用于纸卷、塑料薄膜卷、水泥管、钢管等圆柱状货物的搬运，实现货物的快速无破损装卸和堆垛。

指泊 Berth Allocation Problem
港口调度部门对抵港船舶指定停泊地点的工作。

指定商品运价
Specific Commodity Rate (SCR)
在特定地区与航线，规定运输种类、指定运输条件的货物的运价。

指令拣选 Command Picking
涉及聚集和安排客户的订单的过程，给订单行分配库存、下发订单到楼层，从采摘和排列的储存点的物品中拣选物品。

指令性运输 Command Transportation
政府或有关部门指令性任务，包括应急预案中的旅客、货物运输。

指示器 Indicating Device
向起重机司机发送听觉和／或视觉信号，以便将起重机控制在其合适的工作参数范围内的装置。除了工作参数指示器和额定起重量指示器以外，还包括以下各种功能指示器：功能指示器（贪偏斜指示器、起重机坡度指示器、卷简旋转指示器、松绳指示器）和位置指示器（幅度指示器、臂架指示器）。

Z

至倾覆线伸距 A Divorce Timeline

起重机置于水平场地时，取物装置垂直中心线至倾覆之间的水平距离。

制动器 Arrester

使起重机机构减速或停止和／或防止其运动的装置。

制冷设备 Refrigerating Equipment

制冷操作所用的设备。不同制冷方法使用不同的设备。目前应用最广的是蒸气压缩制冷，主要设备有压缩机（见流体输送机械）、冷凝器、蒸发器和节流阀。压缩机用于压缩和输送制冷剂蒸气，其中以活塞式和离心式的应用最广。

制造供应链
Manufacturing Supply Chain

围绕最终产品制造的集成体（企业），从原材料采购开始，进入原材料库、中间产品制造以及最终产品制成，最后将产品送到消费者手中过程。将供应商、制造商、分销商、零售商直到最终用户连成一个整体的供应链网链结构。

制造商型配送中心
Distribution Center

按照设立者分类的一种配送中心类型，以制造商为主体的配送中心，配送中心里的物品全部为自己生产制造，用以降低流通费用、提高售后服务质量和及时地将预先配齐的成组元器件运送到规定的加工和装配工位。从物品制造到生产出来后条码和包装的配合等多方面都较易控制，所以按照现代化、自动化的配送中心设计比较容易，但不具备社会化的要求。

制造业物流管理信息系统
Manufacturing and Logistics Information Systems

适用于生产制造企业的物流作业管理。根据企业涉及供应链的长短可分为两类：一类以生产制造为主的短链物流，系统功能涵盖原材料采购、存储、生产配送、半成品和成品存储、包装、销售等；另一类则包括从生产制造到销售完整过程的管理，功能除短链管理的业务外，还包括产品的销售、存储、运输、跟踪、报关等相关业务。

制造业物流业联动 Joint Development of Manufacturing and Logistics Industry

指制造企业和物流企以专业化为基础的组织化形式互相深度介入对方企业的管理、组织、计划、运作和控制等过程，共同追求资源集约化经营和企业整体优化的协同合作。

制造资源计划
Manufacturing Resource Planning

以物料需求计划 MRP 为核心，覆盖企业生产活动所有领域、有效利用资源的生产管理思想和方法的人－机应用系统。其基本思想就是通过运用科学的管理方法和现代化的工具——电脑，规范企业各项管理，根据市场需求的变化，对企业的各种制造资源和整个生产、经营过程，实行有效组织、协调、控制，在确保企业正常进行生产的基础上，最大限度地降低库存量，缩短生产周期，减少资金占用，降低生产成本，提高企业的投入产出率等，从而提高企业的经济效益和市场竞争力。

质量责任制
Quality Responsibility System

规定货物运输质量的标准和要求，为保证质量把任务、责任、要求和权利以制度的形式明确下来，公布实施。

质量证明书 Quality Certificate

制造厂商证明交货符合订购要求的文件，内容包含材料的名称、规格、交货件数、重量等，并提供标准或合同规定的保证项目的全部检验结果。

质量指标 Quality Index

反映道路客、货运输服务全过程满足客户服务要求的参数。

智慧保障 Wisdom Guarantee

借助互联网、云计算、卫星定位、地理信息系统等新技术体系进行的保障。

智慧粮食 Wisdom Food

运用物联网、云计算、空间地理和遥感信息集成等信息技术，推进粮情监测、预测预警和服务管理的精细化、智慧化，建立全程可追溯、互联共享的农产品质量和食品安全信息平台。

智慧物流大数据发展指数 Intelligent Logistics Development Index

物流行业数据化和智能化水平的量化评价体系。智慧物流大数据发展指数 =A 数据化发展指数 +B 智能协同发展指数 +C 数据基础设施指数。本指数采用 0 — 100 取值，越接近 100，代表程度越高，其中，0 — 30 处于初级发展阶段，30 — 69 属于快速发展阶段，69 — 90 属于相对成熟阶段，90 以上属于完全成熟阶段。

智慧邮政 Wisdom Post

智能的邮政系统，可以实时更新包裹的信息。

智慧物流 Intelligent Logistics

智慧物流是一种以信息技术为支撑，在物流的运输、仓储、包装、装卸搬运、流通加工、配送、信息服务等各个环节实现系统感知。具有全面分析，及时处理及自我调整功能，实现物流规整智慧、发现智慧、创新智慧和系统智慧的现代综合性物流系统。

智力丝绸之路 Intellectual Silk Road

深化人才培养合作，倡议成立一带一路职业技术合作联盟，培养培训各类专业人才。

智能仓储 Intelligent Warehouse

物流过程的一个环节。智能仓储的应用，保证了货物仓库管理各个环节数据输入的速度和准确性，确保企业及时准确地掌握库存的真实数据，合理保持和控制企业库存。

智能分仓 Intelligent Warehousing

通过智能系统计算，考虑货架的利用率、作业员的最佳路径以及货物的先进先出，在补货时自动分货到适合库位，拣货时自动引导到指定库位，最后进行配送。

智能驾驶 Intelligent Drive

涉及注意力吸引和注意力分散的认知工程学，主要包括网络导航、自主驾驶和人工干预三个环节。智能驾驶的前提条件是选用的车辆满足行车的动力学要求，车上的传感器能获得相关视听觉信号和信息，并通过认知计算控制相应的随动系统。

智能交通系统 Intelligent Transportation System

是将先进的信息技术、数据通信传输技术、电子传感技术、控制技术及计算机技术等有效地集成运用于整个地面交通管理系统而建立的一种在大范围内、全方位发挥作用的，实时、准确、高效的管理系统。

智能路由分单率 Intelligent Routing

物流平台型企业联通商业数据与物流数据，通过优化算法确定物流最优路径的方式，是通过智能路由分单的包裹业务量与总量的比率。

智能调拨 Intelligent Allocation

智能化调拨库存，以整个智能化全国调拨运输网络确保库存已经提前调拨到离客户最近的运营中心，这样全国范围内只要有货就可以下单购买，这是大数据体系支持全国运输调拨网络的充分表现。

智能物流 Intelligent Logistics

智能物流是利用集成智能化技术，使物流系统能模仿人的智能，推理判断和自行解决物流中某些问题的能力。智能物流的发展将会体现智能化、一体化、层次化，以及柔性化与社会化等特点。是物流行业的前沿科技，将代表未来物流的发展方向。

智能协同发展指数 Leadership Development and Organizational Coaching

智慧物流发展指数的一级指标，反映整个物流环节中协同发展的程度，由电子面单

Z

267

普及率、智能路由分单率、末端协同率三个方面描述。

智能运输系统
Intelligent Transportation System

在较完善的交通基础设施之上，将先进的信息技术、通信技术、控制技术、传感器技术和系统综合技术有效地集成，并应用于地面交通系统，从而建立起来的大范围内发挥作用的，实时、准确、高效的交通运输系统。

智能快递投递箱产业
Intelligent Express Delivery Box

智能快递投递箱是一个基于物联网的，能够将物品（快件）进行识别、暂存、监控和管理的设备。与 PC 服务器一起构成智能快递投递箱系统。PC 服务器能够对本系统的各个快递投递箱进行统一化管理（如快递投递箱的信息，快件的信息，用户的信息等），并对各种信息进行整合分析处理。快递员将快件送达指定地点后，只需将其存入快递投递箱，系统便自动为用户发送一条短信，包括取件地址和验证码，用户在方便的时间到达该终端前输入验证码即可取出快件。该产品旨在为用户接收快件提供便利的时间和地点。

滞报金 Delayed Declaration Fee

进口货物的收货人或其他代理人超过海关规定的申报期限，未向海关申报，由海关依法征收的一定数额的款项。

中观物流集成 Intermediate Logistics Integration

产业层次的物流集成，包括某一产业内部物流的形成，如煤炭产业物流链、钢铁产业物流链，往往涉及不同企业间的协作物流集成活动，也包括相关产业之间联动的物流集成活动，如煤电产业联营物流集成活动。

中国（陕西）自由贸易试验区
Shaanxi Free Trade Zone

2016 年 4 月 1 日，中国（陕西）自由贸易试验区在西安揭牌，标志着陕西自贸试验区正式成立。其实施范围大约 119.95 平方公里，涵盖三个片区：中心片区（含陕西西安出口加工区，西安高新综合保税区和陕西西咸保税物流中心），西安国际港务区（含西安综合保税区），杨凌示范区。战略定位为：以制度创新为核心，以可复制可推广为基本要求，全面落实党中央、国务院关于更好发挥"一带一路"建设对西部大开发带动作用、加大西部地区门户城市开放力度的要求，努力将自贸试验区建设成为全面改革开放试验田、内陆型改革开放新高地、"一带一路"经济合作和人文交流重要支点。

中国（上海）自由贸易试验区
Shanghai Free Trade Zone

2013 年 9 月 29 日，上海自由贸易试验区正式挂牌成立。是我国第一个自由贸易区。其实施范围大约 120.62 平方公里，涵盖上海市外高桥保税区、外高桥保税物流园区、洋山保税港区和上海浦东机场综合保税区、金桥出口加工区、张江高科技园区和陆家嘴金融贸易区等七个区域。其目标是，到 2020 年，把自贸区建设成为投资贸易自由、规则开放透明、监管公正有效、营商环境便利的国际高标准自由贸易园区，形成法治化、国际化、便利化的营商环境和公平统一高效的市场环境。

中国城级国际浮港 China's Float Port

移动在海面上的特大型船坞轮船，是中国形象的代表，具有"集装箱港口＋国际城镇＋自由贸易区＋文化交流中心＋飞机机场＋海军基地＋船坞登陆舰"等基础功能。平时是巡游在各国港口的中国国际贸易和国际物流中心，为中国拓展进出口贸易、促进中外文化交流服务，战时是海军基地和船坞登陆舰。

中国电子口岸
China's Electronic Port

国务院有关部委将分别掌管的进出口业务信息流、资金流、货物流等电子底账数据集中存放到口岸公共数据中心，为各行政管理部门提供跨部门、跨行业的行政执法数据联网核查，并为企业及中介服务机构提供网上办理进出口业务服务的数据交换平台。

中国公路物流运价指数 China's Freight Index of Highway Logistics

由中国物流与采购联合会推出，是以公路运价为基础的指数体系。该指数体系既有按时期范围划分的周指数、月指数、季指数和年指数，也有按对比基期划分的环比指数、定比指数和同比指数，还有按车型、路线、区域划分的各类指数。

中国快递发展指数 China's Express Development Report

以 2010 年为基期，基期设定为 100。其指标体系包括发展规模指数、服务质量指数、发展普及指数和发展趋势指数等四个方面，共 11 个指标，数据来源为国家邮政局和国家统计局。

中国物流金融服务平台 China's Logistics Financial Services Platform

由中国物流与采购联合会、中国仓储与配送协会、中国银行业协会等国家级行业协会联合支持的全国性物流金融服务平台，定位是担保存货登记公示和产业集群动产金融。

中国物流日 Logistics Day of China

每年 5 月 16 日，中国物流行业，包括各地区物流行业协会、物流教育机构等社会团体在这一天共同组织包括物流知识宣传、物流主题座谈会、物流业务讨论等多种形式的活动，来进行行业内的沟通交流。

中国物流信息中心 China Logistics Information Center

我国 PMI 指数、生产资料领域与物流领域从事信息采集、研究、发布的行业信息中心，隶属于国务院国有资产管理委员会，同时也承担着中国物流与采购联合会科技信息部的职能。

中国物流业景气指数 China's Logistics Prosperity Index

由业务总量、新订单、从业人员、库存周转次数、设备利用率五项指数加权合成的合成指数，每月 5 日上午 9 时通过媒体对外发布，主要发布官方网站为中国物流与采购联合会网站和中国物流信息中心网站。

中国—中亚—西亚经济走廊 China – Central Asia – West Asia Economic Corridor

东起中国，向西经中亚至阿拉伯半岛，是丝绸之路经济带的重要组成部分。该条经济走廊由新疆出发，抵达波斯湾、地中海沿岸和阿拉伯半岛，主要涉及中亚五国（哈萨克斯坦、吉尔吉斯斯坦、塔吉克斯坦、乌兹别克斯坦、土库曼斯坦）、伊朗、土耳其等国。

中国自由贸易区 China Free Trade Zone

在中华人民共和国境内关外设立的，以优惠税收和海关特殊监管政策为主要手段，以贸易自由化、便利化为主要目的的多功能经济性特区。

中间件 Intermediate Express

为满足 1E、1EE 和 1EEE 型集装箱的支承、堆码、搬运和紧固作业要求而设置在相当于 1A、1AA 和 1AAA 型集装箱角件位置处的配件。

中间运输工艺系统 Intermediate Transportation System

搬运货物的运输机械、设备及各种辅助设施按货物搬运工艺组成的有机整体。

中间站 Intermediate Station

一般设在两个技术站之间，办理列车接发、会让和通过作业、沿零摘挂列车的调车和客货运等作业的车站。

中欧班列 China-Europe Freight Block Train

中国开往欧洲的快速货物班列，适合装运集装箱的货运编组列车的统称。目前铺划了西、中、东三条通道中欧班列运行线：西部通道由我国中西部经阿拉山口（霍尔果斯）出境，中部通道由我国华北地区经二连浩特出境，东部通道由我国东南部沿海地区经满

Z

洲里（绥芬河）出境。

中欧班列集成运作 Integration of China-Europe Freight Block Train

集成运作是站在中欧班列集成场的视角分析，确立国际中转陆港，将各地孤立运行中欧班列在国际中转陆港进行中转集成运作，可以提高中欧班列运行密度、质量、效率和成本方面绩效。中欧班列各自孤立运作状态使得每条班列的货源不足，业务规模小、班次频率低，运行效率低、运输成本高，特别是在地方政府政绩的背后的隐含成本、区域竞争恶化，造成整个国家向西开放成本剧增，无法体现集成协同运作的质量、效率和效益。

中欧班列协同运作实现途径 The Co-operative Group

以中转港战略指导并通过国际物流中转港功能与中亚、中欧以及更广域的点轴型发展系统对接，以市场机制主导中欧班列集成运作，可以实现高质量、高效率、低成本融入"一带一路"倡议实践进程。具体内容包括：确立国际中转港地位，建设基核场源功能；从中转枢纽到全国配送中心实现对称平衡；应用中转枢纽港功能的中转时效临界值条件；国际中转枢纽港功能应用与实现条件。

中欧班列中转时效临界条件 Transportation in the United States

在"一带一路"建设初期，中欧班列各条线路均面临货源不足的情况下，可以通过国际中转枢纽港的功能，构建国际物流快速通道网络。其国际中转港中转时效临界条件是：各地孤立发整列时间周期≥各地经中转港发整列时间周期。符合上述条件时，研究结论所形成的中欧班列集成运作良性循环系统成立，可以在集货时间、列车密度、物流效率和物流成本等指标方面发生显著的改变。

中途拉卸 Feeds Paper Halfway Through, Stops, then Flashes Reload Button

经停站因特殊情况需要卸下过境货物。

中心板组 Finding the Center of a Cluster

局部四向进叉托盘底铺板的中心板组。

中性包装 Neutral Packing

指商品和内外均无标明生产国别、地名和厂商的名称，也不标明商标或牌号的包装。主要是为了适应国外市场的特殊要求，如转口销售，或者为了打破某些进口国家的关税和非关税壁垒，并适应交易的特殊需要，它是出口国家厂商加强对外竞销和扩大出口的一种手段。

中性货运单 Neutral Air Waybill

不带任何航空公司标志的航空货运单。

中亚区域经济合作 CAREC

于1996年由亚洲开发银行发起成立，是中亚区域重要的经济合作机制之一，现有成员包括中国、阿富汗、阿塞拜疆、哈萨克斯坦、吉尔吉斯斯坦、蒙古、巴基斯坦、塔吉克斯坦、土库曼斯坦和乌兹别克斯坦十个。

中置轴挂车 Centre Axle Trailer

牵引装置不能垂直移动（相对于挂车），车轴位于紧靠挂车的重心（当均匀载荷时）的挂车，这种车辆只有较小的垂直静载荷作用于牵引车，不超过相当于挂车最大质量的10%或10 000 N的载荷（两者取较小者）。其中一轴或多轴可由牵引车来驱动。

中转出库单 Transit Delivery Order

体现此批待中转出库商品信息的单据。

中转存货 Transit Inventory

也叫渠道存货（pipeline inventory）、已中转存货或供应线存货。代表着正在转移或等待转移的、储备在运输工具中的存货。现今的存货战略已把更多的注意力集中到如何减少存货的数量以及与此相关的不确定因素上。在供应链环境下，从整体上考虑，中转存货可计为平均存货的一部分。

中转货物 Transshipment Cargo

在某一中途站卸下又装上另一架飞机运

输的货物。

中转劳务包干费
Transshipment Service Charge

经过第三方途径获得相应工作从而支付给中介的劳务费。

中转箱比
Ratio of Transshipment Container

在一定时间内，港口中转换算箱数与集装箱吞吐量的百分比。

中转箱堆场
Transshipment Container Yard

专供堆放中转集装箱的场地。

中转邮件 Transferring Mail

在某一中途点卸下又装上另一架飞机的邮件。

中转运输 Transshipment Transportation

商品运输在商业系统内的中间转运。即商品运输不直达目的地，须在中途变换运输方式或更换运输工具的一种运输方式。

终点港 Destination Port

船舶在航次结束时所在的港口。

终端使用退回 THC - Terminal Handling

即使用期满后产品被收集进行重新制造、回收或者焚烧。

终端止挡器 Terminal Stopping Devices

限制起重机和小车运动的装置。

众包解决方案 Crowdsourcing

众包机构根据企业特性、业务特质、客户群体定制的依靠社会个体资源完成服务输出的方案。

众包物流 Logistics in Crowdsourcing

企业物流外包的一种形式，是将原本在企业内部完成的物流活动交给企业外部的大众群体来完成，有业余时间的个体可以申请成为派送员，利用闲暇时间进行包裹派送。

众包物流有利于整合社会资源，降低企业物流配送成本。

重车行程 Mileage of Loaded Truck

运行中车辆载有客、货（不管是否满载）的行驶里程，单位为车公里。

重车行程载重量
Routing of Loaded Truck

载货或载客的工作车辆按吨（客）位与重车行程乘积计算的重车吨（客）位公里累计数。

重车重心
Center of Gravity of Loaded Truck

货物装车后，货物与所装车辆作为一个整体的重心。

重车重心高 Gravity Center Height Limit of Loaded Truck

重车重心距钢轨轨面的垂直高度。

重点舱 Key Holder

在已定航次配载的基础上，做出所配货物在各个货舱和甲板位置上的合理分配与正确堆装。

重点货物 Priority Goods

关系国计民生的物资及抢险、救灾、战备等物资。

重货位卸车 Heavy Goods Unloading

同一货位上堆积多车货物的卸车方式。

重力式货架 Pallet Live Racking

一种密集存储单元物品的货架系统。在货架每层的通道上，都安装有一定坡度的、带有轨道的导轨，入库的单元物品在重力的作用下，由入库端流向出库端。

重心的偏移 Ford Focus

不论是空箱、重箱以及是否带有附件，其实际重心与四个底角件对角线交叉点所形成几何中心在纵向和横向的偏离数值。

重型叉车 Heavy Forklift

采用柴油发动机作为动力，承载能力10吨－52吨，一般用于货物较重的码头、钢铁等行业的户外作业。

周底托盘 Perimeter Base Pallet

外底板以完整的框架布置，并且设有一块或者两块中心板的托盘。所有的底板均在同一平面内。又称作"窗式托盘"。

周转箱 Transshipped Container

托运人或发货人购置的集装箱，由铁路承运人统一管理和维修。

轴距及轮距 Wheelbase and Track Width

叉车前后桥中心线的水平距离。轮距是指同一轴上左右轮中心的距离。

主动性合成场元 Active Compositive Elements of Field

整体上具有人的决策智能结构并具有资源调动能力的集成场范畴。被动性合成场元是与主动性合成场元相对而言的，例如集成体。物流企业没有集成体意识将缺乏主动优化意识和能力，是无法做大做强的。

主辅单 Master Subsidiary

一个订单的商品分布在多个不同区域，根据商品的大、中、小件等级生成的主单和辅单的拣货单据。

主管机构 Competent Authority

在特定条件下由政府部门授权对具有危险性质的干散货运输条件进行认可的机构。

主营业务利润 Primary Operations Profit

报告期内物流企业完成物流业务所取得的利润。计量单位：万元。

主营业务收入 Primary Business Revenue

报告期内物流企业完成物流业务所取得的收入。计量单位：万元。

主营业务营业税金 The Main Business of Business Tax

报告期内企业从事物流业务活动，按规定向财税部门交纳的各种税金。包括损益表中的主营业务（经营、营业）税金及附加、应交增值税，财务成本表中属于物流业务部分的房产税、车船税、土地使用税、印花税以及养路费、排污费、水电费附加、上交管理费等。计量单位：万元。

柱式悬臂起重机 Pillar Jib Crane

悬臂可绕固定于基座上的定柱回转，或与能在基础内支承回转的转柱固定在一起的悬臂起重机。

铸造起重机 Ladle Crane

装备钢（铁）水包升降和倾翻机构的桥架起重机。

抓斗 Crab Mentality

用高强度化学纤维和橡胶混合制成的一种中型货袋。

抓斗料箱起重机 Box-handling Crane with Grab

用抓斗作为取物装置并配有料箱搬运装置的桥架型起重机。

抓斗起重机 Grab Cranes

用抓斗作为取物装置的起重机。

专差快递 Special Express

快递服务组织指派专人以随身行李的方式寄递快件的快递业务。

专户备品订单 Special Order

储配先将客户需购买的商品送货至客户方（商品所有权仍属于B2C电商），此时不计入公司营收。根据客户的实际使用情况，每月对商品数量进行盘点，并对已领用商品对应的订单做返款，订单处理完毕。

专线运输 Special Transportation

专线运输就是直达运输，是从某个城市到另一城市的直达运输。与专线运输相对应的是中转运输。

专业物流配送中心 Professional Logistics and Distribution Center

按照设立者分类的一种配送中心类型，是以第三方物流企业为主体的配送中心，有很强的运输配送能力，地理位置优越，可迅速将到达的货物配送给用户。

专业性货运站 Specialized Freight Services

只办理单一运输种类或单一货物品类货运营业的车站。如为办理煤、矿石、石油、木材、粮食等大宗货物的车站或危险货物车站等。

专用半挂车 Special Semi-trailer

一种半挂车，按其设计和技术特性用作：需经特殊布置后才能载运人员和（或）货物；只执行某种规定的运输任务。如：原本半挂车、消防半挂车、低地板半挂车、空气压缩机半挂车等。

专用仓库 Special Warehouse

储存和保管特种或特定货物，并配有相应设施的货物仓库，如粮食仓库、冷藏仓库、危险货物仓库。

专用货车 Special Wagon

专供运送某种或某品类货物的车辆。如罐车、冷藏车、煤车、矿石车、水泥车、长大货物车、集装箱专用车等。

专用集装箱 Specific Purpose Container

普通货物集装箱中某些具有一定结构特点箱型的总称，包括可以不通过箱体的端门进行货物装卸以及具有透气或通风功能的集装箱。

专用集装箱运价 Rate of Special Container

使用冷藏式集装箱载运贵重品和特殊鲜活易腐品的运价。以基本运价为基础，按规定的调加幅度定价。

专用汽车运输经营者 Specialized Motor Transport Operator

使用专用车辆或特种车辆，专门经营集装箱、特种货物或某些种类货物运输的汽车运输企业和个人。

专用牵引杆挂车 Special Draw Bar Trailer

一种牵引杆挂车，按其设计和技术特性用作：需经特殊布置后才能载运人员和/（或）货物；只执行某种规定的运输任务。如：乘用车运输挂车、消防挂车、低地板挂车、空气压缩机挂车等。

专用铁路 Private Railway

货运量较大的厂矿、企事业，具有相应的运输组织系统，以自备的机车动力办理取送车作业和为本单位内部提供运输服务的专用线。

专用线 Private Siding

厂矿、企事业单位与铁路营业网相衔接的自有线路，或不包括在铁路营业网以内由铁道部所属而租给厂矿、企事业单位专用的线路。

专用作业车 Heavy Goods Vehicle

在其设计和技术特性上用于特殊工作的货车。例如：消防车、救险车、垃圾车、应急车、街道清洗车、扫雪车、清洁车等。

专卖店配送产业 Distribution for Franchised Store

一般大型制造业（如，衣服、鞋子等），通过第三方物流或者自有物流，向各个区域内的专门店进行补货以及退货服务。一般都是通过每个区域的仓库中心进行收发货。

转垛 Stacking Adjustment

在同一库场内，将货垛进行全部或部分调整货位的搬倒作业。

转关运输 Trans-customs Transportation

进出口货物在海关监管下，从一个海关

运至另一个海关办理海关手续的行为。

转口贸易 Transit Trade

国际贸易中进出口货品的生意，不是在生产国与消费国之间直接进行，而是通过第三国易手进行的买卖。这种贸易对中转国来说即是转口贸易。

转库
Transfer of Cargo To another Storage

货物自一库转移至另一库的作业。

转台 Platform Rotating

放置起重机机构的回转结构件。

转运 Transshipped Cargo

运载单元更换运输方式而货物本身不发生处理的作业活动。

转运货物 Transit Cargo

由境外启运，到我国境内设关地点换装运输工具后，不通过我国境内陆路运输，再继续运往境外的货物。

转运模式 Transshipment Mode

消费者负责使用国外物流将商品运送至转运公司的海外仓库，再由转运公司负责通关、航空货代、国内通关、国内配送环节，最终将物品送到消费者手中。

装车工艺系统 Loading System

装车机械、设备及辅助设施，按一定装车工艺组成的有机整体。

装船/车机 Loader

众多物流运输设备中的一种，主要适合于物品的传输、装卸工作，可以大大地缩短人工往返搬运物料的距离。装车机可以在长度方向上自由伸缩，随时控制输送机的长度，链网输送机高效输送物料装卸。

装车数 Quantity of Wagon Loading

一个车站、铁路局或全路在一定时期（年、季、月、旬、日）内承运的货物装车完了的车数，通常指一天的装车数。

装车作业 Loading Operation

利用机械、设备或人力，将港口水运转陆运的货物装上车辆（火车或汽车）的作业。

装船工艺系统 Ship Loading System

装船机械、设备及辅助设施按一定的装船工艺组成的有机整体。

装货（箱）落空损失费 Compensation for Failure of Loading

由于托运人或收货人的责任造成车辆装货（箱）落空，补偿承运人损失的收费。

装机单 Loading Sheet

货物装机前应填写的包括货物种类、件数、重量、装载位置和飞机号、航班号等内容的清单。

装舾作业 Install Outfitting Work

将货物由岸上或其他运输工具（车或船）上装到船舱或甲板上的作业。

装箱人 Stuffing Operator

负责将货物装入集装箱的作业经营者。

装卸搬运 Handling

在同一地域范围内（如车站范围、工厂范围、仓库内部等）以改变"物"的存放、支承状态的活动称为装卸，以改变"物"的空间位置的活动称为搬运，两者全称装卸搬运。有时候或在特定场合，单称"装卸"或单称"搬运"也包含了"装卸搬运"的完整含义。在习惯使用中，物流领域（如铁路运输）常将装卸搬运这一整体活动称作"货物装卸"；在生产领域中常将这一整体活动称作"物料搬运"。实际上，活动内容都是一样的，只是领域不同而已。

装卸搬运工艺 Handling Process

装卸搬运作业的技艺和方法。

装卸搬运量 Handling Quantity

报告期内经过企业装卸搬运的钢铁原燃料和产品数量。由物流企业对每票业务按计费重量统计。计量单位：万吨。

装卸搬运平均价格
Average Price of Handling

报告期内物流企业完成各种钢铁原燃料和产品的装卸搬运业务，所取得的业务收入与装卸搬运作业量之比。装卸搬运平均价格＝装卸搬运收入÷装卸搬运量。计量单位：元／吨。

装卸车后三检 Check after Handling

装卸车后，检查车辆、检查货物、检查装卸设备与设施等。清扫车辆内或货位上残留货物的操作。

装卸车前三检 Check before Handling

装卸车前，检查车辆、检查货物、检查装卸设备与设施等。

装卸成本 Handling Cost

报告期内企业为完成货物装卸搬运业务而发生的全部成本。包括业务人员的工资福利、装卸搬运设施年折旧、燃料与动力消耗、设施设备维修保养费、业务费。计量单位：万元。

装卸定额 Handling Quota

规定单位时间内应完成的货物装卸量。

装卸定额完成率
Coefficient of Handling Quota

装卸定额工时数与实际作业工时数的比值。装卸定额完成率＝定额工时数÷实际装卸作业工时数×100%。

装卸放射性货物容许作业时间 Allowed Time for Handling of Radioactive Cargo

根据放射性货物的运输等级、操作方法和安全防护原理所确定的放射性货物容许作业时间。

装卸费率 Handling Freight

计算货物或集装箱装卸费的单位价格。分计重、计箱和计时装卸费率。

装卸费率比差
Aircraft Ground Handling Aircraft

不同货物或箱型的装卸费率和装卸基本费率的比率。

装卸费收 Handling Charge

货物装卸或集装箱装卸、集装箱掏装和一切辅助性作业费收的总称。

装卸工 Stevedore

从事装卸搬运生产活动的工人。

装卸工班 Handling Shift

从事装卸工作时间达到每日法定工作时间为一个工作班，一般以装卸八小时计算一个工作班。

装卸工班定额 Handling Shift Quota

每个工班在一个班次内应完成的额定装卸货物吨数。

装卸工班数
Man-shifts for Handling Shift

装卸工人从事装卸工作的工班数（八小时为一个工班）。

装卸工班效率
Efficient of Handling Shift

每一装卸工班所操作完成的货物吨数。装卸工班效率＝操作量÷装卸工班数。平均每个装卸工班实际完成的货物吨数，计算单位为操作吨／工班。

装卸工具 Handling Tool

工人、工具、机械设备、操作方法和对象都不变的一个操作过程，是装卸工序的组成部分。

装卸工时产量
Output of Handling Shift

每一装卸工人平均所完成的装卸货物数量，计算单位为操作吨／工时。装卸工时产量＝装卸货物数量（操作吨）÷装卸作业工时总数（工时）。

Z

装卸工时产量（效率）
Handling Time (Production Efficiency)
每一参加装卸的工人实际从事装卸作业完成的操作吨，单位为吨每小时。装卸工时产量＝装卸货物数量÷装卸作业工时总数。

装卸工时定额
Hourly Quota of Handling Shift
规定装卸每吨货物需要的工时数。

装卸工序 Handling Procedure
按装卸作业过程所进行的操作顺序。完成一班、一次或一项装卸作业的工作顺序。一次作业分为准备工序、基本工序和整理工序。

装卸工艺 Handling Technology
在一定条件下，装卸、搬运不同货物的操作方法和工作程序。

装卸工艺管理 Management of Handling
装卸工艺的计划、技术、生产、劳动组织及机械设备的各项管理工作。

装卸工艺计划 Handling Plan
预先拟定的装卸作业的具体内容、步骤和方法。

装卸工艺流程 Handling Procedure
按照一定的装卸工艺所进行的装卸过程。

装卸工艺系统 Handling System
港口生产中，由装卸机械、设施及各项装卸操作所组成的有机整体。

装卸工作班定额 Handling Shift Quota
规定每个装卸工班应完成的货物装卸作业量。

装卸工作单 Handling Shift Order
装卸值班员（派班员）向装卸工组下达的作业计划，是核算工作量的依据，也是货运人员验收合格的凭证。

装卸工作系数 Handling Coefficient
操作吨与货物吞吐量的比值。

装卸管理 Handling Management
保证装卸搬运作业正常进行，按时完成预定装卸搬运任务的全部工作。包括政治管理、行政管理、技术管理、业务管理、财务管理、人事管理、劳资管理、物资管理等。

装卸过程 Handling Process
从货物装卸准备、装车卸车、出入库场（站）及辅助作业的全部工作过程。

装卸机械非完好台时
The Museum of Unworkable Devices
装卸机械技术状况不良，不能从事装卸作业和其他工作的台时数。它包括正常的修理、保养、待修、待报废、使用过程中 th 的故障修理时间以及事故停机台时。

装卸机械工作台时
Machines-hours at Work
装卸机械实际进行装卸作业和其他工作的台时数，包括装卸设备转移工作场地的途中行驶时间。

装卸机械化水平
Mechanization of Production
某一时间内、某单位（全路、局、分局、车站）站内机械装卸作业量与站内总装卸作业量的比值。

装卸机械化系统
Mechanization System of Cargo Handling
各种装卸机械及设备，按照装卸工艺所组成的装卸机械联合体。

装卸机械利用率 Container Port Capacity and Utilization Metrics
装卸设备工作台时与日历台时的比值，反映港口企业装卸设备在报告期内的装卸设备的利用程度。装卸机械利用率＝工作台时／日历台时 ×100%。

装卸机械平均台时产量 Machine Productivity Units of Output Per

Machine Hour

平均每台装卸机械每作业一小时所完成的起运吨数（或集装箱标准箱箱量）。装卸机械平均台时产量是反映装卸机械起运效率的一个综合性指标。

装卸机械日历台时 Calendar Machine-hours of Cargo Handling Machinery

一定时期内装卸机械在册天数乘 24 小时的总和，包括完好台时和非完好台时。

装卸机械台时产量 Machine Productivity Units of Output Per Machine Hour

装卸设备平均每台设备作业所完成的机械作业量，反映装卸设备的效率的指标。台时产量 = 装卸机械作业量 ÷ 作业台时 ×100%；台时产量 = 自然箱 ÷ 作业台时 ×100%。

装卸机械停工台时 Machine Hour Rate

装卸机械技术状况虽然良好，但由于船、车到港不均衡，暂无装卸任务。缺燃料、停电、不满一小时的机械故障临时修理，以及风、雨、雹、雾等原因造成的一切未参加工作的时间。

装卸机械完好率 Percentage of Perfectness of Handling Machinery

装卸机械完好台时与日历台时数的百分比。

装卸机械完好台时 Machine-Hours of Handling Machinery in Good Condition

装卸机械技术状况良好，可以装卸作业的台时。

装卸机械效率 Terminal Productivity Container management

装卸机械平均每小时装卸的集装箱换算箱数。

装卸机械延滞费 Demurrage and Detention Tariffs

由于托运人或承运人一方责任引起的装卸机械待装、待卸或停滞、延误造成损失时，由责任人对另一方补偿的费收。

装卸机械走行费 Handling Travel Expenses

装卸机械由场、站至装卸点作业、往返行驶的费收。

装卸机械作业 Mechanically Handled Cargo

在装卸作业中，用装卸机械操作完成的货物数量。

装卸机械作业量 Tonnage of Cargo Transferred by Cargo-Handling Machines

装卸机械在装卸过程中所起落或搬运的货物吨数的总和。计算装卸机械作业量的目的是为了更好地反映装卸机械完成的工作量和起运效率。

装卸机械作业台时 Machine-hours at Cargo Work

装卸机械在现场进行装卸作业的台时数。

装卸基本费率 Handling Basic Charge

在规定装卸条件下，以标准操作能力的装卸机械对单位装卸量进行作业所确定的装卸费率，是计算不同装卸费率的基准费率和计费的尺度。

装卸技术 Handling Technology

在同一地域范围内进行的、以改变物的存放状态和空间位置为主要内容和目的的活动，具体说包括装上、卸下、移送、拣选、分类、堆垛、入库、出库等活动。

装卸进度 Handling Progress

一定时间内船舶和车辆在港装卸货物的累计吨数。装卸作业中的某瞬间，已完成该批（车）作业的数量或比重。

装卸距离 Handling Distance

在装卸作业范围内，规定可不另计收货物搬运费的运距。

Z

装卸量 Handling Volume

一定时期内实际完成的装卸货物的量，以吨表示。

装卸能力 Handling Capabilities

装卸部门或装卸机械在一定时期或时间内所能完成的最大货物装卸量，以吨表示。

装卸平台 Handling Platforms

用于装卸的液压、气动或机械装置。它可以帮助用户安全、高效地装卸各种高度和大小的货车。使用时，装卸平台搭接在货车尾部，使得搬运叉车得以从月台进入货车装卸货物。

装卸桥 Handling Bridge

一种具有较大跨度，起重小车行走速度较高，主梁分别支承在一刚性支腿和一柔性支腿上的桥架型起重机。

装卸设备 Handling Equipment

国内钢铁物流行业用于装卸搬运货物的设备。包括集装箱装卸桥、门式起重机、桥式起重机、带式输送机、叉车等。计量单位：万台。

装卸生产能源单耗
Energy in Food Production

一定时期内，完成每万吨吞吐量所消耗的装卸生产能源。单位为每万吨。装卸生产能源单耗＝装卸生产能源消耗÷完成万吨吞吐量。

装卸生产能源消耗量
Energy in Food Consumption

一定时期内，港口企业直接用于装卸生产的能源消耗量。包括装卸、水平运输、库场作业、现场照明、客运服务等能源消耗量。单位为吨标准煤。

装卸事故 Handling Accident

装卸责任造成的人身伤亡、货物损失、设备损坏等事故。

装卸条件 Handling Condition

装卸作业应具备的装卸场地、汽车进出车道、装卸机具、照明设施等的总称。

装卸调度 Handling Scheduling

具体组织、指挥、掌握装卸搬运作业的人。在车站称为值班员、派班员。

装卸线 Handling Track

办理各类货物装车和卸车作业用的线路。

装卸业务 Handling Business

从装卸受理到装卸完毕所进行的经营管理工作。

装卸自然吨 Handling Ton

一吨货物从进站到出站，不论经过几次装卸搬运过程，都按一吨计算。是铁路站内发到货物的实际重量。

装卸作业 Handling Operation

利用人力或机械将货物装上或卸下飞机及其相关作业的总称。

装卸作业半自动化
Semi Automation of Handling

装卸过程中的部分或主要工序实现了自动化，其余的工序则由机械和人力来实现。

装卸作业车辆停时 Automobile Handling and Vehicle Handling

从货运员通知开始到报告装卸完毕止，火车在装卸线的停留时间。

装卸作业工时 Handling Time

参加装卸作业的工人从配工开始到作业完毕的全部工时数。

装卸作业机械化
Mechanization of Handling

在装卸作业中，以动力机械代替人力，由机械完成货物的装卸工作。

装卸作业机械化比重
Mechanization Ratio of Handling

装卸作业中，机械化作业所占的百分比。

装卸机械化比重 = 机械作业工序吨总和 ÷ 总工序吨 × 100%。

装卸作业计划
Handling Operation Plan

装卸企业或班组安排每个班组或个人的月、旬、日内的生产计划。

装卸作业量 Assignment of Handling

装卸搬运货物的重量。装车、卸车、装汽车、卸汽车、倒垛等各种装卸搬运作业分别依次计算后进行累加。单位为作业吨（简称吨）。

装卸作业生产线 Material Handling in the Production Line

按一定的装卸工艺流程，将劳动力和装卸设备与设施组合和联接起来，以完成完整的装卸搬动任务的作业线。

装卸作业时间 Handling Time

从车辆到达现场准备装卸到装卸完毕的全部工作时间。

装卸作业五统一 Five collaboration of Handling Operation

铁路车站对在站内从事装卸作业的人员实行统一管理、统一派班、统一费率、统一收费、统一清算。

装卸作业线 Handling Track

为完成装卸船作业，由一台岸边装卸机械、若干水平运输机械、堆场装卸机械及船舶调度员（中控员）、装卸工人、理货人员等资源组成的作业系统。

装卸作业指标
Index of Handling Operation

反映装卸作业量和工作效率的指标。

装卸作业自动化
Automatic Handling Operation

在整个装卸作业过程中，各种装卸搬运操作及其监测、调节、检验、控制等均不需人力直接介入，全部靠机电设备来自动完成的作业方式。

装卸作业组织
Cargo Handling Organization

调配机械、人力，指导、监督、检查工人按照操作规程和作业标准进行装卸作业。

装运港船上交货 Free on Board（FOB）

卖方在合同规定的装运期内，在指定装运港将货物交至买方指定的船上，并负担货物在指定装运港越过船舷为止的一切费用和风险。

装载 Loading

将商用车移动到专用运输工具上的相关作业过程。

准时制生产
Just-in-time Manufacturing

在所需要的时刻，按所需要的数量生产所需要的产品（或零部件）的生产模式，其目的是加速半成品的流转，将库存的积压减少到最低的限度，从而提高企业的生产效益。

准时制物流 Just-in-Time Logistics

与准时制生产模式相适应的物流管理方式。

准时化采购 JIT Purchasing

由准时化生产管理思想演变而来的。它的基本思想是：把合适的数量、合适质量的物品、在合适的时间供应到合适的地点，最好的满足用户需要。

资产生产率 Asset Productivity

由于存货投资是资产占用的一大方面，改进资产生产率要重视存货水平的减少和存货周转的加快。同时在固定设施如仓库、长途运输车队等的投资也会影响资产生产率。加强物流管理，强调与客户合作共享数据，更可以减少整个物流管道的存货。

资源型连接键
Connecting Key for Resource

将车辆、仓库、设备、站场等物流资源

Z

进行整合，形成一个有机的资源优化利用整体优化的稳定结构，从而达到物流集成系统整体功能倍增的效果。中小物流企业的资源连接键主要从运输（运力）资源、仓储资源、人力资源等方面出发进行资源整合。国内公路运输中的车辆挂靠组织形式是进行载运工具资源整合的一种稳定形式，属于资源型连接键。

资源型物流服务
Resource-based Logistics Services

提供物流资源为基础的服务，包括出租仓库、车辆、设备等基础性服务。依据客户物流服务采购的要求，可以在此基础上，形成新的增值服务，例如，基于仓库资源的服务，可提供进出仓库货装卸、仓储货物监控、物流金融等增值服务。

自备罐车 Own Tank

企业为满足自身生产需要，用于运进原料和运出产品而购置的罐车，车辆所有权归企业。

自备货车 Own Truck

属于厂矿、企事业单位所有并经签订过轨协议（合同）的车辆，其车体中部标明"某某企业自备车"字样及企业所在地的车站名称，在铁路营业线上行驶的货车。

自备箱 Shipper's Own Container

使用货主自有的集装箱配货出口，一般是客户为了免掉因为使用船公司集装箱带来的箱使用费或者因为自有集装箱而利用自有集装箱装货出口获得船公司的用箱折扣以降低成本的业务模式。

自动补货
Automatic Store Replenishment

基于计算机信息技术，快捷、准确地获取客户销售点的需求信息，预测未来商品需求，并据此持续补充库存的一种技术。

自动补货系统
Automatic Replenishment（AR）

自动补货系统是连续补货系统（Continuous Replenishment，CR）的延伸，即供给商猜测未来商品需求，负起零售商补货的责任，在供给链中，各成员互享信息，维持长久稳定的战略合作伙伴关系。

自动导向车辆系统
Automated Guided Vehicle System

由微处理器对车辆进行跟踪并做出交通控制决策的具有自动导向功能的车辆系统，它是连接取货、存储、制造和装运的纽带。

自动导引车
Automated Guided Vehicle（AGV）

装有自动导引装置，能够沿规定的路径行驶，在车体上具有编程和停车选择装置、安全保护装置以及各种物料移载功能的搬运车辆。

自动分拣机 Automatic Sorting Machine

由输送机械部分、电器自动控制部分和计算机信息系统联网组合而成。它可以根据用户的要求、场地情况，对条烟、整箱烟、药品、货物、物料等，按用户、地名、品名进行自动分拣、装箱、封箱的连续作业。机械输送设备根据输送物品的形态、体积、重量而设计定制。

自动分拣系统
Automatic Sorting System

在最短的时间内从庞大的高层货存架存储系统中准确找到要出库的商品所在位置，并按所需数量出库，将从不同储位上取出的不同数量的商品按配送地点的不同运送到不同的理货区域或配送站台集中，以便装车配送的系统。

自动化仓库系统
Automated Warehouse System

在不直接进行人工处理情况下能自动存储和取出物料的系统。这个定义覆盖了不同复杂程度及规格的极为广泛的多样的系统。自动化仓库是由电子计算机进行管理和控制，不需人工搬运作业而实现收发作业的仓库。

自动化立体仓库 Automated Warehouse

自动化立体仓库利用立体仓库设备可实现仓库高层合理化、存取自动化、操作简便化。自动化立体仓库的主体由货架、巷道式堆垛起重机、入（出）库工作台和自动运进（出）及操作控制系统组成。货架是钢结构或钢筋混凝土结构的建筑物或结构体，货架内是标准尺寸的货位空间，巷道堆垛起重机穿行于货架之间的巷道中，完成存、取货的工作。

自动化元器件 Element Of Automation

广泛应用于物流设施和物流系统自动化运作或控制的器件。

自动化装卸 Automatic Handling

运用自动化设备装卸货物的作业。

自动取包机 Automatic Parcel Counter

自动存、取、传送包裹的设备。

自动识别技术
Automatic Identification Technology

信息数据自动识读、自动输入计算机的重要方法和手段，它是以计算机技术和通信技术的发展为基础的综合性科学技术。

自动识别视屏补码联机式信函分拣系统 OCR/video Coding Letter Sorting System

采用光学字符识别与人工阅读并按键输入显示屏上拒识字符相结合的方式，识别信封上的收件人邮政编码，并具有标识条码等功能的信函分拣联机系统。

自行车式起重机 Walking Crane

由高架导轨支撑，可沿地面轨道运行的悬臂起重机。

自行式起重机 Self-propelled Crane

依靠自身运行机构，能在工作时和转移工作场地时运行的起重机。

自驾运输 Self-driving Transport

由驾驶员驾驶商用车运输的服务。

自理行包 Personal Luggage

按托运行包计费，但在运送过程中由旅客自行保管的行包。

自理装卸
Self-care Loading and Unloading

经承运人同意，托运人自己组织力量进行装车或卸车称为自理装卸。

自流装（卸）油 Oil Loading/discharging by Gravity Flow

将发油容器的输出油管接通收油容器，利用液位差，使油品自行流出（入）的作业。

自取件 Self Pick-up Express

到达约定目的地后，由收件人自行提取的快件。

自然箱 Unit

以有形个体计数的集装箱。以集装箱的自然数作为计算单位。

自提点 Self Pick-up Site

电商企业或者快递企业在客户集中的区域内建立的包裹寄递和派送的末端网点。主要是为了客户寄递和派送方便设立的网点，是整个物流网络的最末端节点。

自营仓库 Private Warehouse

由企业或各类组织自营自管，为自身提供储存服务的仓库。

自营改自提 Self Promotion

自营配送的订单更改为上门自提。

自营配送 Private Distribution

企业物流配送的各个环节由企业自身筹建并组织管理，实现对企业内部及外部货物配送的模式。

自营配送能力
Private Distribution Capacity

依现有的配送资源结合区域特性计算得出的最大配送能力。

自营物流模式
Private-operated Logistics

工业企业自己经营企业物流业务，而它的核心业务及主要的经济来源不在于物流。

自用型保税物流中心（A型）
Private Logistics Center (Type A)

中国境内法人经营，仅向本企业或者本企业承包集团内部成员提供保税仓储物流服务的海关监管场所。

自用型物流中心
Private Logistics Center

物流中心的一种。客户范围窄，由供应链上某一个环节自行建立，只为企业内部提供物流服务。物流设施有一定规模。功能上提供一种或少数几种具有明显竞争力的物流服务。

自由叉孔 Free Entry

托盘搬运车叉臂轮可不离地面即能插入的孔。

自由叉孔托盘 Free-entry Pallet

托盘搬运车叉臂轮可不离地面即能插入孔的托盘。

自由贸易区 free-trade Area

在主权国家或地区的关境以外，划出特定的区域，准许外国商品豁免关税自由进出。实质上是采取自由港政策的关税隔离区。狭义仅指提供区内加工出口所需原料等货物的进口豁免关税的地区，类似于出口加工区。广义还包括自由港和转口贸易区。

自由贸易协定 Free Trade Agreements

两国或多国间具有法律约束力的契约，目的在于促进经济一体化，其目标之一是消除贸易壁垒，允许产品与服务在国家间自由流动。这里所指的贸易壁垒可能是关税，也可能是繁杂的规则等。

自由贸易园区 Free Trade Zone

一国或地区在己方境内划出的一个特定区域，区域内在货物监管、企业设立、税收政策、外汇管理等领域实施特殊的经济管理体制和特殊政策。

自由贸易账户 Free Trade Accounting

银行为客户在上海自由贸易试验区分账核算单元开立的规则统一的本外币账户，属于人民银行账户体系的专用账户。对境内企业来说，FT账户就是拥有了一个可以和境外资金自由汇兑的账户。对境外企业来说，则意味着可以按准入前国民待遇原则获得相关金融服务。

自有仓储面积 Private Storage Area

本企业拥有并用于保管、储存物品的建筑物和场所的面积，包括库房面积和货场面积。计量单位：平方米。

自有车辆 Private Truck

公司出资购买的车辆。

自愿变更
Voluntary Changes in Cargo Traffic

托运人对已托运的货物，提出发运前退运、中途停运、运回原处、变更到达站或变更收货人的要求。

自愿连锁物流园区
Voluntary Chain Logistics Park

保留单个资本所有权的联合经营模式，通过与合作方签订经营合同，在合同中明确双方的权利和责任，管理方不进行投资，凭借自身的人才、管理标准、客户资源和品牌等方面优势对物流园区进行运营管理的物流园区连锁扩张模式。

综合保税区 Integrated Bonded Area

集保税区、出口加工区、保税物流区、港口的功能于一身，可以发展国际中转、配送、采购、转口贸易和出口加工等业务，是国内功能最全的海关特殊监管区域。综合保税区是设立在内陆地区的具有保税港区功能的海关特殊监管区域，由海关参照有关规定对综合保税区进行管理。

综合费用率

Comprehensive Rate of Fees

运输绩效评价运输成本的一个维度指标，计算方法为：运输各项成本费用总和÷公里数×100%。

综合交通枢纽
Integrative Transport Hub

整合铁路、公路、航空、内河航运、海港和运输管道为一体的海陆空协同枢纽体系。综合交通枢纽是综合交通运输体系的重要组成部分，是衔接多种运输方式、辐射一定区域的客、货转运中心。

综合交通运输体系
Integrative Traffic Carriage System

各种运输方式在社会化的运输范围内和统一的运输过程中，按其技术经济特点组成分工协作、有机结合、连续贯通、布局合理的交通运输综合体。

综合物流服务
Integrative Logistics Service

为客户制定系统化物流服务解决方案，并组织实施。

综合性货场 Integrative Yard

办理多种品类货物货运作业的货场。

综合性货运站
Integrative Freight Station

办理多种货物运输种类或多种品类货物的货运营业和专用线作业的车站。一般设置在大城市、工业区或港口等大量货物装卸地点，并设有较大货场。

综合运输体系
Integrative Transportation System

将现有成熟的五种运输方式（公路、水运、铁路、民航、管道）以其固有的技术经济特性，进行合理分工、优势互补、有机结合、互联贯通的总体。

综合运输信息平台 Integrative Transportation Information Platform

以信息通信网络为基础、信息采集处理技术为支撑、信息资源管理为载体，是综合运输体系建设的重要组成部分和神经系统，基础设施网络和运输枢纽共同构成综合运输体系的基础设施建设内容。

总车吨位／日
Total Truck- tonnage-day

在一定时期内，每天在用营运车辆标记吨（客）位的累计数。

总车日 Total Vehicle-days

在一定时期内，每天在用营运车辆的累计数。

总出库量 Total Amount of Outbound

报告期内企业仓库中的原材料和产品出库总量。计量单位：万吨。

总行程 Total Trip

在一定时期内，所有车辆在工作过程中行驶里程的累计，包括重车行程和空车行程，不包括进出保修厂（场）及试车的行程。计量单位：车千米。

总行程载重量
Total Trip Vehicle-km Capacity

在一定时期内，按工作车辆吨（客）位与行程乘积计算的吨（客）位千米的累计数。它是车辆在总行程中的载运能力。

总起重量 Weight

直接吊挂的起重机上，例如挂在起重小车或臂架头部上的重物的质量 mGL。质量 mGL 是有效起重量 mPL、可分吊具质量 mNA、固定吊具 mFA 质量和起重挠性质量 mHM 之和：mGL=mPL+mNA+mFA+mHM。

总容积 Total Capacity

在 20℃ 条件下，充满罐体所需水量的体积。

总质量 Total Mass

包括压重和平衡重以及按规定量加足的燃料、油品、润滑剂和水在内的起重机质量。

纵梁板 Stringer Board

连接垫块和铺板的水平件。

纵梁板重叠托盘 Overlapping Pallet

上下铺板均有纵梁板的托盘。

纵梁桁高 Stringer Chord Depth

叉槽最高点至纵梁顶部的距离。

纵梁脚 Stringer Foot

位于叉槽与纵梁端部之间，指叉槽纵梁下部很短的那个部分。

纵梁上有 U 形槽的托盘
A Tray of U Groove Beam

每个纵梁上有两个 U 形槽的托盘。

纵梁 Stringer

位于顶铺板下或顶底两铺板之间的纵向构件，用以支承铺板并形成供叉车和托盘搬运车货叉进叉的空间。通常亦称作"支承梁"。

纵列式中间站
Tandem Intermediate Station

上、下行到发线有效长部分错开布置的中间站。

纵向一体化模式 Vertical Integration

即从原科、半成品或零部件到成品一条龙的生产方式，所谓"大而全""小而全"的经营方式。企业内部有很强的加工和生产能力，但在新产品研发和开拓市场方面能力不足。市场环境的"3C"即顾客（customer）、竞争（competition）、变化（change），使传统企业的管理模式很难在竞争中获得优势。

租船运输 Chartering

轮船公司将船舶按事先制定的船期表（Sailing Schedule），在特定海上航线的若干个固定挂靠的港口之间，定期为非特定的众多货主提供货物运输服务，并按事先公布的费率或协议费率收取运费的一种船舶经营方式。

租赁贸易 Renting Trade

采取以商品为媒介的信贷形式，双方按协议（契约），出租方把商品租给承租方，在一定时期内使用，收取一定租金的贸易方式。分金融租赁、维修租赁、经营租赁三种形式。

租赁箱 Leased Container

向集装箱所有人租用的集装箱。

租用仓储面积
Rented Warehouse Storage Area

租用本企业以外的用于保管、储存物品的建筑物和场所的面积。包括库房面积和货场面积。计量单位：平方米。

租用货车 Hired Wagon

根据厂矿、企事业单位与铁路部门签订的租赁合同，铁路将货车租给对方使用。其车辆中部标明"某某企业租用车"字样及到达车站名称，在铁路营业线上行驶的货车。

组合冷库 Combination Cold Storage

组合冷库，以氟利昂（R22、R502）为制冷剂，广泛适用于储存肉类、水产类、禽蛋类、乳制品、冷冻饮品、果蔬类、食用菌、医药类和工业原料等。

组合运输 Combined Transport

主要部分运输过程采用铁路、内河水运或海运等运输方式，且初始和最终的辅助运输过程采用短距离公路运输的运输形式。

组配 Assembly

采用科学的方法进行货物装载。

组装 Assembling

将货物配装在一个集装器内的作业。

最大堆码高度
Maximum Stacking Height

按库、场技术条件及库场装卸机械最大技术允许高度，考虑到货物的物理、化学特性和包装情况、堆垛型式及技术安全条件等因素而确定的允许堆码高度。

最大起升高度 Maximum Lifting Height

叉车位于水平坚实地面，门架垂直放置且承受有额定起重量货物时，货叉所能起升的最大高度，即货叉上平面至地面的垂直距离。

最大起升速度 Maximum Lifting Speed

叉车最大起升速度通常是指叉车满载时，货物起升的最大速度，以米/分表示。提高最大起升速度，可以提高作业效率，但起升速度过快，容易发生货损和机损事故。目前国内叉车的最大起升速度已提高到 20 米/分。

最大起重量 Maximum Lifting Capacity

额定起重量的最大值。

最大商务载量
Maximum Commercial Load

航班飞机实际允许装载旅客、行李、货物和邮件的总重量。

最大业载 Maximum Traffic Load

飞机合格证上列出的最大载量。

最大允许工作压力
Maximum Allowable Working Pressure

由主管机构或被授权专家对特定罐式集装箱认定允许作业的压力限值。超过该值是不可以投入使用的。

最低运费 Minimum Freight

一份航空货运单的货物，不按计费重量计算，而是按规定的最低限额收取的运费。

最高行驶速度 Maximum Travel Speed

提高行驶速度对提高叉车的作业效率有很大影响。对于起重量为一吨的内燃叉车，其满载时最高行驶速度不低于 16 米/分。

最惠国待遇
Most Favored Nation Treatment

最惠国待遇要求一成员现在和将来给予另一成员的待遇、特权和豁免，都不应低于该成员给予任何第三方的优惠、特权和豁免，否则构成差别待遇或歧视。

最小离地间隙
Minimum Ground Clearance

车轮以外，车体上固定的最低点至地面的距离，它表示叉车无碰撞地越过地面凸起障碍物的能力。最小离地间隙愈大，则叉车的通过性愈高。

最小转弯半径 Minimum Turning Radius

起重机转向车轮处于极限偏转位置，其外侧前轮运行轨迹的曲率半径。

作为货物运输的行李
Unaccompanied Baggage

旅客凭本人有效客票在航班飞机起飞前按货物运输交运的行李。

作业环节 Cargo Handling Operation

港口装卸过程中，不同作业地点上的主要装卸作业部分，是装卸工艺流程的组成部分。

作业区 Port Operation Section

港内在装卸作业及其管理上相对独立、自成体系的小区。

作业系数 Coefficient of Operations

作业吨与自然吨的比值。

宅配服务物流产业
Home Delivery Service Logistics

宅配服务物流，它是有着现代 IT 系统的支持，更有着营销货运驾驶员的优质服务，通过分区域的配送体系，从而实现宅到宅的小件配送。在日本和中国台湾地区，它已成为一种消费文化，但在中国大陆刚刚起步，如：牛奶配送、矿泉水配送。

Z

附录

中国一带一路规划

《推动共建丝绸之路经济带和 21 世纪海上丝绸之路的愿景与行动》
国家发展改革委 外交部 商务部
（经国务院授权发布）
2015 年 3 月

前 言

2000 多年前，亚欧大陆上勤劳勇敢的人民，探索出多条连接亚欧非几大文明的贸易和人文交流通路，后人将其统称为"丝绸之路"。千百年来，"和平合作、开放包容、互学互鉴、互利共赢"的丝绸之路精神薪火相传，推进了人类文明进步，是促进沿线各国繁荣发展的重要纽带，是东西方交流合作的象征，是世界各国共有的历史文化遗产。

进入 21 世纪，在以和平、发展、合作、共赢为主题的新时代，面对复苏乏力的全球经济形势，纷繁复杂的国际和地区局面，传承和弘扬丝绸之路精神更显重要和珍贵。

2013 年 9 月和 10 月，中国国家主席习近平在出访中亚和东南亚国家期间，先后提出共建"丝绸之路经济带"和"21 世纪海上丝绸之路"（以下简称一带一路）的重大倡议，得到国际社会高度关注。中国国务院总理李克强参加 2013 年中国—东盟博览会时强调，铺就面向东盟的海上丝绸之路，打造带动腹地发展的战略支点。加快"一带一路"建设，有利于促进沿线各国经济繁荣与区域经济合作，加强不同文明交流互鉴，促进世界和平发展，是一项造福世界各国人民的伟大事业。

"一带一路"建设是一项系统工程，要坚持共商、共建、共享原则，积极推进沿线国家发展战略的相互对接。为推进实施"一带一路"重大倡议，让古丝绸之路焕发新的生机活力，以新的形式使亚欧非各国联系更加紧密，互利合作迈向新的历史高度，中国政府特制定并发布《推动共建丝绸之路经济带和 21 世纪海上丝绸之路的愿景与行动》。

一、时代背景

当今世界正发生复杂深刻的变化，国际金融危机深层次影响继续显现，世界经济缓慢复苏、发展分化，国际投资贸易格局和多边投资贸易规则酝酿深刻调整，各国面临的发展问题依然严峻。共建"一带一路"顺应世界多极化、经济全球化、文化多样化、社会信息化的潮流，秉持开放的区域合作精神，致力于维护全球自由贸易体系和开放型世界经济。共建"一带一路"旨在促进经济要素有序自由流动、资源高效配置和市场深度融合，推动沿线各国实现经济政策协调，开展更大范围、更高水平、更深层次的区域合作，共同打造开放、包容、均衡、普惠的区域经济合作架构。层次、复合型的互联互通网络，实现沿线各国多元、自主、平衡、可持续的发展。"一带一路"的互联互通项目将推动沿线各国发展战略的对接与耦合，发掘区域内市场的潜力，促进投资和消费，创造需求和就业，增进沿线各国人民的人文交流与文明互鉴，让各国人民相逢相知、互信互敬，共享和谐、安宁、富裕的生活。

当前，中国经济和世界经济高度关联。中国将一以贯之地坚持对外开放的基本国策，构建全方位开放新格局，深度融入世界经济体系。推进"一带一路"建设既是中国扩大和深化对外开放的需要，也是加强和亚欧非及世界各国互利合作的需要，中国愿意在力所能及的范围内承担更多责任义务，为人类和平发展做出更大的贡献。

二、共建原则

恪守联合国宪章的宗旨和原则。遵守和平共处五项原则，即尊重各国主权和领土完整、互不侵犯、互不干涉内政、和平共处、平等互利。

坚持开放合作。"一带一路"相关的国家基于但不限于古代丝绸之路的范围，各国和国际、地区组织均可参与，让共建成果惠及更广泛的区域。

坚持和谐包容。倡导文明宽容，尊重各国发展道路和模式的选择，加强不同文明之间的对话，求同存异、兼容并蓄、和平共处、共生共荣。

坚持市场运作。遵循市场规律和国际通行规则，充分发挥市场在资源配置中的决定性作用和各类企业的主体作用，同时发挥好政府的作用。

坚持互利共赢。兼顾各方利益和关切，寻求利益契合点和合作最大公约数，体现各方智慧和创意，各施所长，各尽所能，把各方优势和潜力充分发挥出来。

三、框架思路

"一带一路"是促进共同发展、实现共同繁荣的合作共赢之路，是增进理解信任、加强全方位交流的和平友谊之路。中国政府倡议，秉持和平合作、开放包容、互学互鉴、互利共赢的理念，全方位推进务实合作，打造政治互信、经济融合、文化包容的利益共同体、命运共同体和责任共同体。

"一带一路"贯穿亚欧非大陆，一头是活跃的东亚经济圈，一头是发达的欧洲经济圈，中间广大腹地国家经济发展潜力巨大。丝绸之路经济带重点畅通中国经中亚、俄罗斯至欧洲（波罗的海）；中国经中亚、西亚至波斯湾、地中海；中国至东南亚、南亚、印度洋。21世纪海上丝绸之路重点方向是从中国沿海港口过南海到印度洋，延伸至欧洲；从中国沿海港口过南海到南太平洋。

根据"一带一路"走向，陆上依托国际大通道，以沿线中心城市为支撑，以重点经贸产业园区为合作平台，共同打造新亚欧大陆桥、中蒙俄、中国—中亚—西亚、中国—中南半岛等国际经济合作走廊；海上以重点港口为节点，共同建设通畅安全高效的运输大通道。中巴、孟中印缅两个经济走廊与推进"一带一路"建设关联紧密，要进一步推动合作，取得更大进展。

"一带一路"建设是沿线各国开放合作的宏大经济愿景，需各国携手努力，朝着互利互惠、共同安全的目标相向而行。努力实现区域基础设施更加完善，安全高效的陆海空通道网络基本形成，互联互通达到新水平；投资贸易便利化水平进一步提升，高标准自由贸易区网络基本形成，经济联系更加紧密，政治互信更加深入；人文交流更加广泛深入，不同文明互鉴共荣，各国人民相知相交、和平友好。

四、合作重点

沿线各国资源禀赋各异，经济互补性较强，彼此合作潜力和空间很大。以政策沟通、设施联通、贸易畅通、资金融通、民心相通为主要内容，重点在以下方面加强合作。

政策沟通。加强政策沟通是"一带一路"建设的重要保障。加强政府间合作，积极构建多层次政府间宏观政策沟通交流机制，深化利益融合，促进政治互信，达成合作新共识。沿线各国可以就经济发展战略和对策进行充分交流对接，共同制定推进区域合作的规划和措施，协商解决合作中的问题，共同为务实合作及大型项目实施提供政策支持。

设施联通。基础设施互联互通是"一带一路"建设的优先领域。在尊重相关国家主权和安全关切的基础上，沿线国家宜加强基础设施建设规划、技术标准体系的对接，共同推进国际骨干通道建设，逐步形成连接亚洲各次区域以及亚欧非之间的基础设施网络。强化基础设施绿色低碳化建设和运营管理，在建设中充分考虑气候变化影响。

抓住交通基础设施的关键通道、关键节点和重点工程，优先打通缺失路段，畅通瓶颈路段，配套完善道路安全防护设施和交通管理设施设备，提升道路通达水平。推进建立统一的全程运输协调机制，促进国际通关、换装、多式联运有机衔接，逐步形成兼容规范的运输规则，实现国际运输便利化。推动口岸基础设施建设，畅通陆水联运通道，推进港口合作建设，增加海上航线和班次，加强海上物流信息化合作。拓展建立民航全面合作的平台和机制，加快提升航空基础设施水平。

加强能源基础设施互联互通合作，共同维护输油、输气管道等运输通道安全，推进跨境电力与输电通道建设，积极开展区域电网升级改造合作。

共同推进跨境光缆等通信干线网络建设，提高国际通信互联互通水平，畅通信息丝绸之路。加快推进双边跨境光缆等建设，规划建设洲际海底光缆项目，完善空中（卫星）信息通道，扩大信息交流与合作。

贸易畅通。投资贸易合作是"一带一路"建设的重点内容。宜着力研究解决投资贸易便利化问题，消除投资和贸易壁垒，构建区域内和各国良好的营商环境，积极同沿线国家和地区共同商建自由贸易区，激发释放合作潜力，做大做好合作"蛋糕"。

沿线国家宜加强信息互换、监管互认、执法互助的海关合作，以及检验检疫、认证认可、标准计量、统计信息等方面的双多边合作，推动世界贸易组织《贸易便利化协定》生效和实施。改善边境口岸通关设施条件，加快边境口岸"单一窗口"建设，降低通关成本，提升通关能力。加强供应链安全与便利化合作，推进跨境监管程序协调，推动检验检疫证书国际互联网核查，开展"经认证的经营者"（AEO）互认。降低非关税壁垒，共同提高技术性贸易措施透明度，提高贸易自由化便利化水平。

拓宽贸易领域，优化贸易结构，挖掘贸易新增长点，促进贸易平衡。创新贸易方式，发展跨境电子商务等新的商业业态。建立健全服务贸易促进体系，巩固和扩大传统贸易，大力发展现代服务贸易。把投资和贸易有机结合起来，以投资带动贸易发展。

加快投资便利化进程，消除投资壁垒。加强双边投资保护协定、避免双重征税协定磋商，保护投资者的合法权益。

拓展相互投资领域，开展农林牧渔业、农机及农产品生产加工等领域深度合作，积极推进海水养殖、远洋渔业、水产品加工、海水淡化、海洋生物制药、海洋工程技术、环保产业和海上旅游等领域合作。加大煤炭、油气、金属矿产等传统能源资源勘探开发合作，积极推动水电、核电、风电、太阳能等清洁、可再生能源合作，推进能源资源就地就近加工转化合作，形成能源资源合作上下游一体化产业链。加强能源资源深加工技术、装备与工程服务合作。

推动新兴产业合作，按照优势互补、互利共赢的原则，促进沿线国家加强在新一代信息技术、生物、新能源、新材料等新兴产业领域的深入合作，推动建立创业投资合作机制。

优化产业链分工布局，推动上下游产业链和关联产业协同发展，鼓励建立研发、生产和营销体系，提升区域产业配套能力和综合竞争力。扩大服务业相互开放，推动区域服务业加快发展。探索投资合作新模式，鼓励合作建设境外经贸合作区、跨境经济合作区等各类产业园区，促进产业集群发展。在投资贸易中突出生态文明理念，加强生态环境、生物多样性和应对气候变化合作，共建绿色丝绸之路。

中国欢迎各国企业来华投资。鼓励本国企业参与沿线国家基础设施建设和产业投资。促进企业按属地化原则经营管理，积极帮助当地发展经济、增加就业、改善民生，主动承担社会责任，严格保护生物多样性和生态环境。

资金融通。资金融通是"一带一路"建设的重要支撑。深化金融合作，推进亚洲货币稳定体系、投融资体系和信用体系建设。扩大沿线国家双边本币互换、结算的范围和规模。推动亚洲债券市场的开放和发展。共同推进亚洲基础设施投资银行、金砖国家开发银行筹建，有关各方就建立上海合作组织融资机构开展磋商。加快丝路基金组建运营。深化中国—东盟银行联合体、上合组织银行联合体务实合作，以银团贷款、银行授信等方式开展多边金融合作。支持沿线国家政府和信用等级较高的企业以及金融机构在中国境内发行人民币债券。符合条件的中国境内金融机构和企业可以在境外发行人民币债券和外币债券，鼓励在沿线国家使用所筹资金。

加强金融监管合作，推动签署双边监管合作谅解备忘录，逐步在区域内建立高效监管协调机制。完善风险应对和危机处置制度安排，构建区域性金融风险预警系统，形成应对跨境风险和危机处置的交流合作机制。加强征信管理部门、征信机构和评级机构之间的跨境交流与合作。充分发挥丝路基金以及各国主权基金作用，引导商业性股权投资基金和社会资金共同参与"一带一路"重点项目建设。

民心相通。民心相通是"一带一路"建设的社会根基。传承和弘扬丝绸之路友好合作精神，广泛开展文化交流、学术往来、人才交流合作、媒体合作、青年和妇女交往、志愿者服务等，为深化双多边合作奠定坚实的民意基础。

扩大相互间留学生规模，开展合作办学，中国每年向沿线国家提供1万个政府奖学金名额。沿线国家间互办文化年、艺术节、电影节、电视周和图书展等活动，合作开展广播影视剧精品创作及翻译，联合申请世界文化遗产，共同开展世界遗产的联合保护工作。深化沿线国家间人才交流合作。

加强旅游合作，扩大大旅游规模，互办旅游推广周、宣传月等活动，联合打造具有丝绸之路特色的国际精品旅游线路和旅游产品，提高沿线各国游客签证便利化水平。推动21世纪海上丝绸之路邮轮旅游合作。积极开展体育交流活动，支持沿线国家申办重大国际体育赛事。

强化与周边国家在传染病疫情信息沟通、防治技术交流、专业人才培养等方面的合作，提高合作处理突发公共卫生事件的能力。为有关国家提供医疗援助和应急医疗救助，在妇幼健康、残疾人康复以及艾滋病、结核、疟疾等主要传染病领域开展务实合作，扩大在传统医药领域的合作。

加强科技合作，共建联合实验室（研究中心）、国际技术转移中心、海上合作中心，促进科技人员交流，合作开展重大科技攻关，共同提升科技创新能力。

整合现有资源，积极开拓和推进与沿线国家在青年就业、创业培训、职业技能开发、社会保障管理服务、公共行政管理等共同关心领域的务实合作。

充分发挥政党、议会交往的桥梁作用，加强沿线国家之间立法机构、主要党派和政治组织的友好往来。开展城市交流合作，欢迎沿线国家重要城市之间互结友好城市，以人文交流为重点，突出务实合作，形成更多鲜活的合作范例。欢迎沿线国家智库之间开展联合研究、合作举办论坛等。

加强沿线国家民间组织的交流合作，重点面向基层民众，广泛开展教育医疗、减贫开发、生物多样性和生态环保等各类公益慈善活动，促进沿线贫困地区生产生活条件改善。加强文化传媒的国际交流合作，积极利用网络平台，运用新媒体工具，塑造和谐友好的文化生态和舆论环境。

五、合作机制

当前，世界经济融合加速发展，区域合作方兴未艾。积极利用现有双多边合作机制，推动"一带一路"建设，促进区域合作蓬勃发展。

加强双边合作，开展多层次、多渠道沟通磋商，推动双边关系全面发展。推动签署合作备忘录或合作规划，建设一批双边合作示范。建立完善双边联合工作机制，研究推进"一带一路"建设的实施方案、行动路线图。充分发挥现有联委会、混委会、协委会、指导委员会、管理委员会等双边机制作用，协调推动合作项目实施。

强化多边合作机制作用，发挥上海合作组织（SCO）、中国—东盟"10+1"、亚太经合组织（APEC）、亚欧会议（ASEM）、亚洲合作对话（ACD）、亚信会议（CICA）、中阿合作论坛、中国—海合会战略对话、大湄公河次区域（GMS）经济合作、中亚区域经济合作（CAREC）等现有多边合作机制作用，相关国家加强沟通，让更多国家和地区参与"一带一路"建设。

继续发挥沿线各国区域、次区域相关国际论坛、展会以及博鳌亚洲论坛、中国—东盟博览会、中国—亚欧博览会、欧亚经济论坛、中国国际投资贸易洽谈会，以及中国—南亚博览会、中国—阿拉伯博览会、中国西部国际博览会、中国–俄罗斯博览会、前海合作论坛等平台的建设性作用。支持沿线国家地方、民间挖掘"一带一路"历史文化遗产，联合举办专项投资、贸易、文化交流活动，办好丝绸之路（敦煌）国际文化博览会、丝绸之路国际电影节和图书展。倡议建立"一带一路"国际高峰论坛。

六、中国各地方开放态势

推进"一带一路"建设，中国将充分发挥国内各地区比较优势，实行更加积极主动的开放战略，加强东中西互动合作，全面提升开放型经济水平。

西北、东北地区。发挥新疆独特的区位优势和向西开放重要窗口作用，深化与中亚、南亚、西亚等国家交流合作，形成丝绸之路经济带上重要的交通枢纽、商贸物流和文化科教中心，打造丝绸之路经济带核心区。发挥陕西、甘肃综合经济文化和宁夏、青海民族人文优势，打造西安内陆型改革开放新高地，加快兰州、西宁开发开放，推进宁夏内陆开放型经济试验区建设，形成面向中亚、南亚、西亚国家的通道、商贸物流枢纽、重要产业和人文交流基地。发挥内蒙古联通俄蒙的区位优势，完善黑龙江对俄铁路通道和区域铁路网，以及黑龙江、吉林、辽宁与俄远东地区陆海联运合作，推进构建北京—莫斯科欧亚高速运输走廊，建设向北开放的重要窗口。

西南地区。发挥广西与东盟国家陆海相邻的独特优势，加快北部湾经济区和珠江—西江经济带开放发展，构建面向东盟区域的国际通道，打造西南、中南地区开放发展新的战略支点，形成21世纪海上丝绸之路与丝绸之路经济带有机衔接的重要门户。发挥云南区位优势，推进与周边国家的国际运输通道建设，打造大湄公河次区域经济合作新高地，建设成为面向南亚、东南亚的辐射中心。推进西藏与尼泊尔等国家边境贸易和旅游文化合作。

沿海和港澳台地区。利用长三角、珠三角、海峡西岸、环渤海等经济区开放程度高、经济实力强、辐射带动作用大的优势，加快推进中国（上海）自由贸易试验区建设，支持福建建设21世纪海上丝绸之路核心区。充分发挥深圳前海、广州南沙、珠海横琴、福建平潭等开放合作区作用，深化与港澳台合作，打造粤港澳大湾区。推进浙江海洋经济发展示范区、福建海峡蓝色经济试验区和舟山群岛新区建设，加大海南国际旅游岛开发开放力度。加强上海、天津、宁波—舟山、广州、深圳、湛江、汕头、青岛、烟台、大连、福州、厦门、泉州、海口、三亚等沿海城市港口建设，强化上海、广州等国际枢纽机场功能。以扩大开放倒逼深层次改革，创新开放型经济体制机制，加大科技创新力度，形成参与和引领国际合作竞争新优势，成为"一带一路"特别是21世纪海上丝绸之路建设的排头兵和主力军。发挥海外侨胞以及香港、澳门特别行政区独特优势作用，积极参与和助力"一带一路"建设。为台湾地区参与"一带一路"建设做出妥善安排。

内陆地区。利用内陆纵深广阔、人力资源丰富、产业基础较好优势，依托长江中游城市群、成渝城市群、中原城市群、呼包鄂榆城市群、哈长城市群等重点区域，推动区域互动合作和产业集聚发展，打造重庆西部开发开放重要支撑和成都、郑州、武汉、长沙、南昌、合肥等内陆开放型经济高地。加快推动长江中上游地区和俄罗斯伏尔加河沿岸联邦区的合作。建立中欧通道铁路运输、口岸通关协调机制，打造"中欧班列"品牌，建设沟通境内外、连接东中西的运输通道。支持郑州、西安等内陆城市建设航空港、国际陆港，加强内陆口岸与沿海、沿边口岸通关合作，开展跨境贸易电子商务服务试点。优化海关特殊监管区域布局，创新加工贸易模式，深化与沿线国家的产业合作。

七、中国积极行动

一年多来，中国政府积极推动"一带一路"建设，加强与沿线国家的沟通磋商，推动与沿线国家的务实合作，实施了一系列政策措施，努力收获早期成果。

高层引领推动。习近平主席、李克强总理等国家领导人先后出访20多个国家，出席加强互联互通伙伴关系对话会、中阿合作论坛第六届部长级会议，就双边关系和地区发展问题，多次与有关国家元首和政府首脑进行会晤，深入阐释"一带一路"的深刻内涵和积极意义，就共建"一带一路"达成广泛共识。

签署合作框架。与部分国家签署了共建"一带一路"合作备忘录，与一些毗邻国家签署了地区合作和边境合作的备忘录以及经贸合作中长期发展规划。研究编制与一些毗邻国家的地区合作规划纲要。

推动项目建设。加强与沿线有关国家的沟通磋商，在基础设施互联互通、产业投资、资源开发、经贸合作、金融合作、人文交流、生态保护、海上合作等领域，推进了一批条件成熟的重点合作项目。

完善政策措施。中国政府统筹国内各种资源，强化政策支持。推动亚洲基础设施投资银行筹建，发起设立丝路基金，强化中国—欧亚经济合作基金投资功能。推动银行卡清算机构开展跨境清算业务和支付机构开展跨境支付业务。积极推进投资贸易便利化，推进区域通关一体化改革。

发挥平台作用。各地成功举办了一系列以"一带一路"为主题的国际峰会、论坛、研讨会、博览会，对增进理解、凝聚共识、深化合作发挥了重要作用。

八、共创美好未来

共建"一带一路"是中国的倡议，也是中国与沿线国家的共同愿望。站在新的起点上，中国愿与沿线国家一道，以共建"一带一路"为契机，平等协商，兼顾各方利益，反映各方诉求，携手推动更大范围、更高水平、更深层次的大开放、大交流、大融合。"一带一路"建设是开放的、包容的，欢迎世界各国和国际、地区组织积极参与。

共建"一带一路"的途径是以目标协调、政策沟通为主，不刻意追求一致性，可高度灵活，富有弹性，是多元开放的合作进程。中国愿与沿线国家一道，不断充实完善"一带一路"的合作内容和方式，共同制定时间表、路线图，积极对接沿线国家发展和区域合作规划。

中国愿与沿线国家一道，在既有双多边和区域次区域合作机制框架下，通过合作研究、论坛展会、人员培训、交流访问等多种形式，促进沿线国家对共建"一带一路"内涵、目标、任务等方面的进一步理解和认同。

中国愿与沿线国家一道，稳步推进示范项目建设，共同确定一批能够照顾双多边利益的项目，对各方认可、条件成熟的项目抓紧启动实施，争取早日开花结果。

"一带一路"是一条互尊互信之路，一条合作共赢之路，一条文明互鉴之路。只要沿线各国和衷共济、相向而行，就一定能够谱写建设丝绸之路经济带和21世纪海上丝绸之路的新篇章，让沿线各国人民共享"一带一路"共建成果。

一带一路中国沿线省市

一带一路中国沿线省区市

"一带一路" 18 个重点省：

新疆、陕西、甘肃、宁夏、青海、内蒙古等西北 6 省区

黑龙江、吉林、辽宁等东北 3 省

广西、云南、西藏等西南 3 省区

上海、福建、广东、浙江、海南等 5 省市

内陆地区则是重庆市

"一带一路" 10 个节点城市

依次是西安、兰州、西宁、重庆、成都、郑州、武汉、长沙、南昌、合肥。

入选 18 省区市的各自定位

新疆被定位为"丝绸之路经济带核心区"，福建则被定位为"21 世纪海上丝绸之路核心区"。

——广西的定位是 21 世纪海上丝绸之路与丝绸之路经济带有机衔接的重要门户。"一带一路的愿景与行动"提出，发挥广西与东盟国家陆海相邻的独特优势，加快北部湾经济区和珠江—西江经济带开放发展，构建面向东盟区域的国际通道，打造西南、

中南地区开放发展新的战略支点。

　　——云南的定位是面向南亚、东南亚的辐射中心。"一带一路的愿景与行动"提出，发挥云南区位优势，推进与周边国家的国际运输通道建设，打造大湄公河次区域经济合作新高地。

　　——对沿海诸市的定位，是"一带一路"特别是21世纪海上丝绸之路建设的排头兵和主力军。"一带一路的愿景与行动"提出，加强上海、天津、宁波－舟山、广州、深圳、湛江、汕头、青岛、烟台、大连、福州、厦门、泉州、海口、三亚等沿海城市港口建设，强化上海、广州等国际枢纽机场功能。以扩大开放倒逼深层次改革，创新开放型经济体制机制，加大科技创新力度，形成参与和引领国际合作竞争新优势。

　　——对陕西、甘肃、宁夏、青海四地的定位是，形成面向中亚、南亚、西亚国家的通道、商贸物流枢纽、重要产业和人文交流基地。"一带一路的愿景与行动"提出，发挥陕西、甘肃综合经济文化和宁夏、青海民族人文优势，打造西安内陆型改革开放新高地，加快兰州、西宁开发开放，推进宁夏内陆开放型经济试验区建设。

　　——对内蒙古、黑龙江、吉林、辽宁、北京的定位是，建设向北开放的重要窗口。

一带一路重要港口

恰巴哈尔港

所属国家：伊朗

位置：阿曼湾东北部，与巴基斯坦瓜达尔港相距大约 100 公里，处于西亚、南亚、中亚和印度洋的交汇之处，地理交通位置极其重要。

恰巴哈尔的背后是伊朗和中亚诸国富产矿物的地区，中国、印度等都有投资，日本、德国、奥地利的企业也有意在恰巴哈尔扩大投资，建立合资企业，作为进军中亚市场的基地。恰巴哈尔港项目是伊朗政府主导旨在规避波斯湾风险、推进本国东部地区经济发展的一大战略举措，但是客观上与我国的一带一路不谋而合。

中国主要建设项目：

（1）在基础设施方面，2013 年中国主动向伊朗提供 6000 万欧元（约合 4.83 亿元人民币），用于升级恰巴哈尔港。伊朗政府为保证未来庞大的工业用电需求，2016 年决定在恰巴哈尔港建设一座核电站并与中国签署了协议。

（2）经营设施，恰巴哈尔港自由区内已经建立了多个中国投资的商品批发和仓储设施。从自由区向北 20 公里，是正在建设中的由中国博思石油公司投资的石化工业城，正在当地建设大型炼油厂。中国政府正在考虑伊朗关于投资伊朗—巴基斯坦输气管线的建议，如果实现将彻底解决巴基斯坦能源供给严重不足的局面，同时有可能为中国提供新的天然气进口通道。

皇京港

所属国家：马来西亚

位置：位于吉隆坡和新加坡之间的马六甲市，距离吉隆坡不到 150 公里。

马六甲皇京港项目地处马六甲海峡战略位置，由三个人造岛和一个自然岛屿组成，占地 1366 英亩，计划总投资 800 亿马币。按照规划，第一岛将建造旅游、文化遗产及娱乐区；第二岛将建成物流中心、金融、商业、补给与高科技工业区；第三岛为综合深水码头及高科技海洋工业园；第四岛则为码头、临海工业园。它符合我国一带一路的需求。皇京港项目本来是马来西亚政府设想旅游地产项目带动经济发展，但是皇京港这个位置在马六甲海峡上，而马六甲海峡是全球最繁忙的海道之一，每年都有许多中国船只航行，这正好可以成为一带一路的货运中心。马来西亚政府来中国招商，李克强总理回应说："中国政府将支持这个项目。"

中国主要建设项目：

中国电建集团 EPC 总承包的马来西亚马六甲皇京港深水补给码头奠基仪式，已于 2016 年 10 月 19 日在马六甲举行，标志着马来西亚雄心勃勃的"马六甲第一港"计划正式起步。马六甲"皇京港"深水码头的建设与"一带一路"倡议相符。在中国企业的参与下，相关项目将为马来西亚海洋产业发展创造更多机遇，为马来西亚经济注入活力。预计其深水港项目将于 2019 年完成，超越新加坡成为马六甲海峡上最大的港口，而全部配套工程将于 2025 年竣工。

瓜达尔港

所属国家：巴基斯坦

位置：瓜达尔港地理坐标 25° 2'N、62° 19'E，地区面积 14636 平方公里，人口 8.5 万人。位于巴基斯坦俾路支省西南部瓜德尔市，东距卡拉奇约 460 公里，西距巴基斯坦—伊朗边境约 120 公里，南临印度洋的阿拉伯海，位于霍尔木兹海峡湾口处。

瓜达尔港是巴基斯坦第三大港口，为深水港，可以作为东亚国家转口贸易及中亚内陆国家出海口。

中国主要建设项目：

中国政府应时任巴基斯坦总统穆沙拉夫的请求为该港口建设提供资金和技术援助。该港口于 2002 年 3 月开工兴建，2008 启用，拥有三个 2 万吨级泊位。2013 年 1 月 30 日，巴基斯坦政府同意将具有重要战略意义的瓜达尔港的营运控制权移交给中国公司。2015 年 2 月瓜达尔港基本竣工，2016 年 11 月 13 日，巴基斯坦中资港口瓜达尔港正式开航，首艘中国货船出海。

配套设施：中国等投资附近的伊朗恰巴哈尔港（油管通向瓜德尔区域）。中国参建霍尔木兹海峡里的伊朗格什姆岛石油码头，首期租借油库十年。

由该港从中东运油，运输路程将缩短 85%。瓜达尔港开航也是与中国倡议的"一带一路"合作的一部分，目前中巴 36 个合作项目已经先后启动，中巴经济走廊是本地区发展的重要里程碑，瓜达尔港开航既是走廊作为"一带一路"示范和先行项目传出的重大捷报，也预示着巴基斯坦经济发展的光明前景。同时，广阔的南亚和中亚地区同中东、东南亚等印度洋沿岸地区，也通过中巴经济走廊历史性地联结在一起。有利于维持巴基斯坦的社会稳定，实现共同繁荣。还让中巴及周边国家的友谊更加紧密。

科伦坡港（又名斯里兰卡科伦坡港人工港）

所属国家：斯里兰卡

位置：位于斯里兰卡西南沿海凯拉尼（KELANI）河口南岸，濒临印度洋北侧，是斯里兰卡的最大港口，也是世界上最大的人工港口之一，是欧亚、太平洋、印度洋地区的世界航海线的重要中途港口之一。

中国主要建设项目：

科伦坡港城项目由中国交建集团和斯里兰卡港务局合作开发，一期投资 14 亿美元，是斯里兰卡史上最大的外商投资项目。二期将吸引世界各地的投资，投资额有望达到 130 亿美元，将为科伦坡打造一个新中央商务区，并为斯里兰卡创造上万个高收入的就业机会。科伦坡南港集装箱码头 2014 年 4 月全部投入运营后，助推科伦坡港成为当年全球吞吐量增长最快的港口。

比雷埃夫斯港

所属国家：希腊

位置：位于希腊东南部，为希腊最大港口，是全球 50 大集装箱港及地中海东部地区最大的集装箱港口之一、希腊航运业的基地，也是地中海地区最大的港口之一。比雷埃夫斯是距离苏伊士运河最近的西方港口。

中国主要建设项目：

中国远洋已经将其用作中国集装箱船从亚洲向欧洲出口的转运枢纽。

2006 年，中国远洋集团管理着该港口的两个集装箱码头。2008 年 6 月中远集团在比雷埃夫斯港集装箱码头私有化招标中成功中标，旗下控股公司——中远太平洋在希腊港口集装箱码头国际公开投标中胜出，获比雷埃夫斯港 2 号、3 号码头 35 年特许经营权。2014 年 11 月 20 日，中国远洋运输（集团）总公司宣布再投入 4 亿欧元（约 30.61 亿元），将该港口打造成地中海最大、增长最快的港口之一。2016 年 4 月，中远海运集团和希腊共和国发展基金正式签署比雷埃夫斯港口管理局（比港管理局）股权的转让协议和股东协议，标志着中远海运集团收购比雷埃夫斯港（比港）66% 股权项目取得了里程碑式的重要进展。

吉布提港

所属国家：吉布提共和国

位置：位于吉布提东南沿海塔朱拉（TADJOURA）湾的南岸入口处，濒临亚丁（ADEN）湾的西南侧，是吉布提的最大海港，也是东非最大的现代化港口之一。港口距国际机场约 6 千米, 可起降大型客机、货机, 是欧洲与非洲内陆国家的重要航空站。为打击索马里海盗活动的需要, 吉布提港逐渐成为一个各国军舰补给的万国港, 其中, 中国护航编队一半以上的补给都要靠吉布提港。

中国主要建设项目:

2013 年 1 月, 中国招商局国际有限公司与吉布提港口和自由贸易区管理局签订协议, 以 1.85 亿美元收购吉布提港口 23.5% 的股份。此次收购不仅不会影响埃塞对吉布提港口的现行使用安排, 还将会使港口运营现代化, 最终使客户受益。

2016 年 11 月 15 日, 招商局集团携手大连港集团、亿赞普集团与吉布提财政部就建设吉布提新自贸区签署了投资协议, 期望复制招商局蛇口工业区开发经验, 探讨"前港—中区—后城"的综合开发模式, 再造"东非蛇口"。吉布提现有自贸区占地面积 16 公顷, 主要从事保税仓储物流等传统业务, 但业务已经饱和。根据新协议规划, 吉布提新自贸区规划面积约 48.2 平方公里, 另有 30.9 平方公里作为预留发展区。新自贸区一期面积 6 平方公里, 首发区面积 2.4 平方公里, 包含商贸物流功能、出口加工以及商务配套功能。首发区内部投资约 4 亿美元。设立两个合资公司, 园区资产公司中吉布提政府占 60%、中方占 40%; 园区运营管理公司中中方占 60%, 吉布提政府占 40%。吉布提新自贸区项目将融聚各股东的优势资源, 通过开展商贸物流、出口加工等产业, 助力吉布提经济发展; 并通过引进金融服务、大数据服务、贸易便利化服务以及培训服务等, 提升吉布提软环境, 为践行"一带一路"和中非产能合作打造高质量平台。

汉班托塔港

所属国家: 斯里兰卡

位置: 汉班托塔港位于斯里兰卡南部。距离印度洋上的国际主航运线仅 10 海里, 全球 50% 以上的集装箱货运、三分之一散货海运及三分之二石油运输要取道印度洋, 地理位置十分优越。

中国主要建设项目:

汉班托塔港建设分为两期, 共八个 10 万吨级码头, 总造价 13.16 亿美元, 由中国港湾工程有限责任公司总承包。2006 年 10 月, 在中国的援助下, 斯里兰卡政府在汉班托特开始建设大型港口。2012 年 6 月, 中国投资兴建的汉班托塔深水港开始运转, 成为印度洋至太平洋地区所有舰船的最重要的后勤补给中心。现每天约有 300 艘船只到港。港口水深约 16 米, 可供油轮等大型船舶停靠及补给燃料。汉班托塔港提高了该地区居民的生活水平, 有力推动了本国经济发展。该港还增强了斯里兰卡港口在南亚地区的竞争力, 巩固斯里兰卡港口尤其是科伦坡港国际枢纽港的地位。同时, 该港对接中国"一带一路"倡议、重塑了斯里兰卡在海上丝绸之路的重要地位。

一带一路货运班列

铁路"一带一路"班列，指的是中国开往世界各地的适合装运集装箱的货运编组快速列车。

1. 长安号班列（西安—鹿特丹）

首列开行时间及线路：

2013年11月28日开行，总体规划是"一干两支"线路，其中"一干"为西安至鹿特丹，"两支"是西安至莫斯科、西安至阿拉木图。

运行区间：

"一干"：西安新筑站—阿拉山口—哈萨克斯坦—俄罗斯—白俄罗斯—波兰—德国—荷兰鹿特丹。连接七国，全长9850千米，运行时间18天。

主要货源地、货物：

货物品类涵盖工业原材料、机械设备、工业零配件、建材、食品、轻工产品等六大类，以及近百种日常生活所需的服装、电器、清洁用品、家具等轻工产品。主要是来自甘肃、宁夏、山东、江苏、河北、上海、浙江等省区市的外地货源。

2. 蓉欧快铁（成都—罗兹）

首列开行时间及线路：

2013年4月26日开行。

运行区间：

从成都始发，由阿拉山口出境，途经哈萨克斯坦、俄罗斯、白俄罗斯，至波兰罗兹站，全程 9965 千米，运行时间约 14 天。

　　主要货源地、货物：

　　主要货源地：西南、华南、华东等地区。货物主要是机械产品、衣服裤子、汽配、笔记本电脑 DELL 等。

3. 渝新欧班列（重庆—杜伊斯堡）

　　首列开行时间及线路：

　　2011 年 1 月 28 日开行，去程列车分三趟线路，分别由重庆至哈萨克斯坦阿拉木图、俄罗斯莫斯科和德国杜伊斯堡。

　　运行区间：

　　从重庆出发，经阿拉山口出境，途经哈萨克斯坦、俄罗斯、白俄罗斯、波兰，最后抵达德国的杜伊斯堡，全长 11179 千米，全程运行时间约 15 天。

　　主要货源地、货物：

　　主要货源地：上海、江西、浙江、深圳等地；货物类别：电子产品、汽车用品、家具、服装等几大类产品。

4. 汉新欧班列（武汉—捷克、波兰）

　　首列开行时间及线路：

　　首列于 2012 年 10 月 24 日开行，后因运价、货源等原因停开；2014 年 4 月 23 日常态化运营。

　　运行区间：

　　从武汉始发，经阿拉山口出境，途经哈萨克斯坦、俄罗斯、白俄罗斯到达波兰、捷克等国家的相关城市，行程 10700 千米左右，运行时间约 15 天。

　　主要货源地、货物：

　　货源主要是武汉生产的笔记本电脑等消费电子产品，以及周边地区的其他货物。

5. 苏满欧班列（苏州—华沙）

　　首列开行时间及线路：

　　2013 年 9 月 29 日开行。

　　运行区间：

　　从苏州始发，由满洲里出境，途经俄罗斯、白俄罗斯至波兰华沙站，全程 11200 千米，运行时间约 15 天。

　　主要货源地、货物：

　　货源为苏州本地及周边的笔记本电脑、平板电脑、液晶显示屏、硬盘、芯片等 IT 产品。

6. 郑欧班列（郑州—汉堡）

　　首列开行时间及线路：

2013 年 7 月 18 日开行，2013 年底开通了经二连浩特至欧洲的新线路。

运行区间：

从郑州始发，由阿拉山口出境，途经哈萨克斯坦、俄罗斯、白俄罗斯、波兰至德国汉堡站，全程 10245 千米，运行时间约 15 天。

主要货源地、货物：

货源主要来自河南、山东、浙江、福建等中东部省市。货品种类包括轮胎、高档服装、文体用品、工艺品等。

7. 义新欧班列（中欧：义乌—马德里）（中欧：义乌—德黑兰）

首列开行时间及线路：

至马德里班列 2014 年 11 月 18 日开行。至德黑兰班列 2015 年 1 月 28 日开行。

运行区间：

至马德里专列从中国义乌出发，经新疆阿拉山口口岸出境，途经哈萨克斯坦、俄罗斯、白俄罗斯、波兰、德国、法国，历时 21 天，最终抵达西班牙马德里。这条铁路线全长 13000 多千米。至德黑兰专列自义乌启程后，从新疆阿拉山口出境，途经哈萨克斯坦、土库曼斯坦，奔赴伊朗首都德黑兰。全程 10399 千米，预计运行时间 14 天。至中亚班列从义乌西站出发直达哈萨克斯坦的阿拉木图和乌兹别克斯坦的塔什干，历时 7 至 8 天。

主要货源地、货物：

货物基本都是义乌的小商品比如服装、鞋帽、小百货、小五金、床上用品、小家电、饰品等。

8. 合新欧班列（中亚：合肥—哈萨克斯）（中欧：合肥—汉堡）

首列开行时间及线路：

中欧班列 2014 年 6 月 26 日开行。中亚班列 2014 年 9 月 10 日开行。

运行区间：

从合肥始发，经阿拉山口直达哈萨克斯坦阿拉木图，全程 4954 公里，运行时间 9 天。西欧班列从合肥北站驶出，穿越欧亚腹地，直指德国汉堡，行程 11000 千米，运行时间为 15 天左右。

主要货源地、货物：

两路班列除了运送合肥本地家电、汽车、装备制造等产品外，还带动了周边的浙江、江苏等地的产品出口。以中亚班列为例，合肥本地产品占比在三分之一至二分之一之间，一大半来自周边省份。

9. 哈欧线班列（哈尔滨—汉堡）

首列开行时间及线路：

2015 年 6 月 13 日开行。

运行区间：

从哈尔滨出发，经俄罗斯、波兰等国家和地区最终抵达德国汉堡。该线路全程9820千米，历时15天。

主要货源地、货物：

货物主要包括电子元器件、液晶显示屏零部件、汽车零部件、电脑、飞机零配件、机械设备、化工产品、服装、工艺品等15大类产品。

10．沈满欧班列（沈阳—汉堡）

首列开行时间及线路：

2015年10月30日开行。

运行区间：

从沈阳东站始发，途经满洲里、俄罗斯、白俄罗斯、波兰，终到德国的汉堡，全程达11000千米，运行时间12—14天。

主要货源地、货物：

货物主要装载建筑材料、液晶显示屏、汽车配件、电路板等。

11．湘欧班列（长沙—杜伊斯堡）

首列开行时间及线路：2012年10月30日开行，具体实行"一主两辅"运行路线。"一主"为长沙至德国杜伊斯堡，"两辅"一是经新疆霍尔果斯出境，最终抵达乌兹别克斯坦的塔什干；另一条经二连浩特或满洲里出境后，到达俄罗斯莫斯科。

运行区间：始发站在长沙霞凝货场，通过新疆阿拉山口出境，途经哈萨克斯坦、俄罗斯、白俄罗斯、波兰、德国，全程11808千米，运行时间18天。

主要货源地、货物：

货物主要是湖南传统的茶叶、烟花、陶瓷、钢管、服装、化工、工程机械，品类比较多元化。其中还有吉利汽车、衡阳钢管等整列货物发送。来自广东、江苏、江西、浙江等省的电子产品、显示器、玩具、服装等，也成了湘欧快线的货源。

12．滇新欧班列（昆明—鹿特丹）

首列开行时间及线路：

2015年7月1日开行。

运行区间：

国内经过成都、宝鸡、兰州、阿拉山口，国际段经过哈萨克斯坦、俄罗斯、白俄罗斯、波兰、德国、最终到达荷兰鹿特丹。运行14000千米，运行时间为15天。

主要货源地、货物：

货物是向欧洲出口精深加工咖啡产品，包括咖啡豆和咖啡速溶粉等。

13．天马号班列（武威—阿拉木图）

首列开行时间及线路：

2014 年 12 月 12 日开行。

运行区间：

由武威南车站始发，在阿拉山口口岸换装出境，直达哈萨克斯坦阿拉木图，全程 2646 千米，运行约 5 天。

主要货源地、货物：

货物有机器设备、玩具、工程机械、白色家电、日用百货以及农副产品等中西亚紧俏的商品，分别来自宁波、连云港、无锡、郑州等不同城市。

14. 天业专用线（石河子—俄罗斯）

首列开行时间及线路：

2015 年 5 月 23 日开行。

运行区间：

经阿拉山口出境，沿途经过哈萨克斯坦、俄罗斯等国家，最终到达俄罗斯车里雅宾斯克，全程 2500 千米，历时 5 天。

主要货源地、货物：

货物是天业自产聚氯乙烯产品。

15. 兰州号班列（中亚：兰州—阿拉木图）（中欧：兰州—汉堡）

首列开行时间及线路：

中亚：2015 年 7 月 5 日开行。中欧：2015 年 8 月 21 日开行。

运行区间：

中亚：从兰州新区北站正式发车，开往 2683 千米之外的哈萨克斯坦阿拉木图。中欧：从兰州新区出发，通过新疆阿拉山口口岸出境，途经俄罗斯等四国，运行 13 天到站德国汉堡，全程 8900 千米。

主要货源地、货物：

专列货物包括各种机械装备和家用电器等物资。货源来自兰州市及甘肃周边地区的出口物资。

16. 临满欧－临沂号班列（山东临沂—汉堡）

首列开行时间及线路：

2015 年 10 月 20 日开行。

运行区间：

该班列经停哈尔滨香坊站办理甩挂业务，然后由满洲里口岸出境途经俄罗斯莫斯科最终到达德国汉堡或波兰华沙。全程 11000 万余千米，运行时间 20 天。

主要货源地、货物：

运送玩具制品和来自临沂小商品交易市场的玻璃纤维、石材等货物。

17．滨新欧－滨州号班列（博兴县—乌兹别克斯坦）

首列开行时间及线路：

2015 年 10 月 16 日开行。运行线路初步设计为"一干两支"，主干经新疆的阿拉山口到乌兹别克斯坦的塔什干，支线一经满洲里或二连浩特到俄罗斯的克拉斯诺亚尔斯克，支线二经阿拉山口至德国的杜伊斯堡。

运行区间：始发站为济南铁路局淄博车务段博兴站，主干途经哈萨克斯坦的阿拉木图进行货物分拨，全程 5630 千米；支线一全程 9661 千米；支线二全程 11161 千米。

主要货源地、货物：

货物为滨州的石油焦、机电产品、轮胎、纺织服装和钢材等。

18．青岛号班列（青岛—中亚）

首列开行时间及线路：

2015 年 7 月 1 日开行。

运行区间：

拟运行两条路线，一是通过阿拉山口进入哈萨克斯坦的阿拉木图、吉尔吉斯斯坦的比什凯克；二是通过霍尔果斯进入乌兹别克斯坦的撒马尔罕、塔什干，土库曼斯坦的阿什哈巴德。

主要货源地、货物：

汽车配件、电子产品、轮胎、润滑油、食品等货物。

19．中欧（南昌—鹿特丹）

首列开行时间及线路：

2015 年 11 月 24 日开行。

运行区间：经过满洲里站过境，途经俄罗斯、白俄罗斯、波兰、德国到达终点荷兰鹿特丹，全程运行 12000 万余千米，运行时间约 17 天。

主要货源地、货物：

货物主要为江西赛维 LDK 太阳能高科技公司生产的太阳能组件。

20．中欧（金华—阿拉木图）

首列开行时间及线路：

2016 年 1 月 7 日开行。

运行区间：

开到新疆阿拉山口，再到达哈萨克斯坦的阿拉木图。全程 5000 千米，历时 7 天。

主要货源地、货物：

货物包括大轮毂、机电产品、休闲服饰、工艺品等。

21. **连新欧班列（连云港—杜伊斯堡）**

   首列开行时间及线路：

   2015 年 12 月 13 日开行。

   运行区间：

   连云港开通的经哈萨克斯坦至欧洲的"连新欧"班列，途经六个国家，全程 11000 千米，历时 12 天。

   主要货源地、货物：

   货物及货源由长三角等地区输出的电子产品、生活用品等组成。

2017 年中国物流企业 50 强名单

排名	企业名称	物流业务收入（亿元）
1	中国远洋海运集团有限公司	1408.40
2	中国外运长航集团有限公司	764.33
3	冀中能源国际物流集团有限公司	729.00
4	厦门象屿股份有限公司	714.40
5	顺丰控股股份有限公司	574.83
6	河北省物流产业集团有限公司	286.01
7	天津港（集团）有限公司	280.20
8	山东物流集团有限公司	274.59
9	中铁物资集团有限公司	237.49
10	安吉汽车物流股份有限公司	185.71
11	德邦物流股份有限公司	170.00
12	中国物资储运总公司	163.32
13	高港港口综合物流园区	154.61
14	招商局物流集团有限公司	131.91
15	锦程国际物流集团股份有限公司	120.10
16	开滦集团国际物流有限责任公司	114.14
17	连云港港口集团有限公司	103.05

18	福建省交通运输集团有限责任公司	103.00
19	国药控股湖北有限公司	102.79
20	河北港口集团有限公司	101.76
21	厦门港务发展股份有限公司	89.92
22	广州铁路（集团）公司	89.10
23	中国石油化工股份有限公司管道储运分公司	84.69
24	石家庄内陆港有限公司	81.31
25	嘉里物流（中国）投资有限公司	81.16
26	全球国际货运代理（中国）有限公司	76.88
27	一汽物流有限公司	73.68
28	江苏省如皋港现代物流基地	71.10
29	重庆长安民生物流股份有限公司	68.38
30	武汉商贸国有控股集团有限公司	67.83
31	重庆港务物流集团有限公司	67.55
32	中铁铁龙集装箱物流股份有限公司	61.09
33	日照港（集团）有限公司	51.92
34	云南能投物流有限公司	50.61
35	日通国际物流（中国）有限公司	44.89
36	北京长久物流股份有限公司	42.96
37	广东省航运集团有限公司	39.93
38	中都物流有限公司	39.30
39	泉州安通物流有限公司	37.92
40	江苏宝通物流发展有限公司	36.74
41	上药控股江苏股份有限公司	36.62
42	湖南星沙物流投资有限公司	36.37
43	青岛日日顺物流有限公司	33.35
44	云商智慧物流有限公司	33.26
45	江苏苏宁物流有限公司	32.10
46	南京长江油运公司	31.07
47	南京港（集团）有限公司	30.92
48	唐山港集团股份有限公司	30.31
49	广州发展能源物流集团有限公司	30.12
50	九州通医药集团股份有限公司	28.54

2017 年世界物流企业 50 强名单

排名	企业名称	物流业务收入（亿美元）
1	DHL 德国邮政 – 敦豪丹莎海空	261.05
2	Kuehne + Nagel 德迅	202.94
3	Nippon Express 日通	169.76
4	DB Schenker 辛克物流	167.46
5	C.H.Robinson 罗宾逊全球货运	131.44
6	DSV 丹麦得夫得斯国际货运公司	100.73
7	XPO LogisticsXPO 物流	86.38
8	Sinotrans 中外运	70.46
9	GEODIS 法国乔达国际集团	68.30
10	UPS 联合包裹服务	67.93
11	CEVA Logistics 基华物流	66.46
12	DACHSER 德莎	63.20
13	Hitachi Transport 日立物流	62.37
14	J.B. Hunt 美国 JB 亨特货运运输公司	61.81
15	Expeditors 美国劲达国际 – 康捷空货运代理	60.98
16	Toll Group 拓领	58.22
17	Panalpina 瑞士泛亚班拿集团	52.76

18	GRFCO 法国捷富凯物流公司	48.00
19	Bolloré Logistics 博洛雷	46.70
20	Kintetsu 日本近铁国际货运	44.76
21	Yusen Logistics 日邮物流	41.69
22	CJ Logistics 希杰物流	36.62
23	Burris Logistics 贝尔雷斯	36.29
24	Agility 智傲物流	35.76
25	Hub Group 美国中心集团	35.73
26	Hellmann 德国海尔曼全球物流 – 汉宏货运	34.43
27	IMPERIAL Logistics 皇家物流	33.52
28	Kerry Logistics 嘉里物流	30.97
29	FedEx 联邦快递	29.16
30	Ryder Supply Chain 美国莱德物流	26.59
31	Damco 丹马士	25.00
32	Coyote Logistics 丛林狼物流	23.60
33	Total Quality Logistics TQL	23.21
34	Sankyu 日本山九株式会社	22.75
35	Schneider Logistics 施耐德	21.25
36	Wincanton 英国 Wincanton 物流	17.20
37	Echo Global Logistics 回声全球物流	17.16
38	Transportation Insight	17.10
39	APL Logistics 美集物流	17.00
40	NNR Global Logistics 台湾西铁	16.73
41	Mainfreight 迈辉国际物流	16.40
42	Landstar 美国 Landstar system 货运	16.32
43	Transplace	16.20
44	Arvato 欧唯特	16.15
45	Americold 美冷物流	15.55
46	Fiege 德国飞格国际通运	15.50
47	Penske Logistics 潘世奇物流公司	15.00
48	Swift Transportation 斯威夫特运输公司	14.31
49	Groupe CAT 法国彼得卡特物流	13.28
50	NFI	12.50

2017 年世界快递公司 100 强名单

排名	企业名称
1	USPS 美国邮政服务公司 USA Mail, express
2	DPWN (DHL) 德国邮政 – 敦豪丹莎海空 Germany Mail
3	UPS 联合包裹服务 USA Express, logistics
4	Maersk 马士基 Denmark Shipping, freight forwarding, logistics
5	FedEx 联邦快递 USA Express
6	La Poste 法国邮政 France Mail, Express
7	Cosco 中国远洋 China Shipping
8	Japan Post 日本邮政 Japan Mail
9	Nippon Express 日通 Japan Freight forwarding, logistics
10	Royal Mail 英国皇家邮政 UK Mail, Express
11	TPG (TNT) 荷兰邮政 – 天地 Netherlands Mail, Express, logistics
12	Deutsche Bahn inc Schenker 德国国有铁路公司 Germany Rail
13	Union Pacific Corp 联合太平洋 USA Rail freight, logistics
14	NYK Line (Nippon Yusen KK) 日本邮船 Japan Shipping, freight
15	Burlington Northern Santa Fe 北伯林顿三塔铁路公司 USA Rail
16	Exel 英运物流 – 金鹰 UK Freight forwarding/ logistics
17	Yamato Transport 日本大和运输公司 Japan Logistics

18	Poste Italiane 意大利邮政 Italy Mail
19	Mitsui OSK Lines 商船三井株式会社 Japan Shipping line
20	CSX Corp CSX 运输公司 USA Rail freight, logistics
21	SNCF 法国铁路联营公司 France Rail freight, logistics
22	PFCexpress 皇家物流 PFC logistics
23	China Post 中国邮政 China Mail
24	Norfolk Southern Corp 美国诺福克南方铁路 USA Rail freight
25	K Line 日本川崎汽船 Japan Shipping line, logistics
26	Panalpina 瑞士泛亚班拿 Switzerland Freight forwarding
27	NOL (APL) 新加坡东方海皇（美集） Singapore Shipping line
28	CNF 美国 CNF 运输 USA Freight forwarding, road haulage
29	Swiss Post 瑞士邮政 Switzerland Mail
30	Ryder 美国莱德 USA Leasing, Logistics
31	ABX Logistics 比利时享利物流 Belgium Rail freight, logistics
32	Canada Post 加拿大邮政 Canada Mail
33	Hapag Lloyd 德国哈帕罗德航运 Germany Shipping line,
34	Canadian National Railway 加拿大国家铁路 Canada Rail
35	Hyundai Merchant Marine 韩国现代商船株式会社 Korea Shipping
36	P&O Nedlloyd 荷兰铁行渣华 UK/Netherlands Shipping line
37	Geodis 法国乔达国际 France Freight forwarding, express,
38	Seino Transportation 日本 Seino 货运 Japan Logistics
39	Canadian Pacific 加拿大太平洋铁路 Canada Rail freight,
40	Hanjin Shipping 韩进海运株式会社 Korea Shipping
41	Penske 美国潘世奇物流 USA Road haulage, logistics
42	CMA–CGM 法国达飞海运 France Shipping line
43	Schneider 美国施奈德物流 USA Trucking, logistics
44	Posten Sweden 瑞典邮政 Sweden Mail, express, logistics
45	Gefco 法国捷富凯物流 France Road haulage, logistics
46	OOCL 中国香港东方海外集装箱 China Shipping, logistics
47	Yellow (inc. Roadway) 美国 Yellow Roadway 货车运输 USA
48	Australia Post 澳大利亚邮政 Australia Mail
49	Tibbett & Britten 英国天美百达物流 UK Logistics
50	DSV 丹麦得夫得斯国际货运 Denmark Freight forwarding,
51	CH Robinson 罗宾逊全球物流 USA Freight forwarding
52	Expeditors 美国劲达国际 – 康捷空货运代理 USA Freight
53	Lufthansa Cargo 德航汉莎货运 Germany Air Cargo
54	Dachser 德国超捷物流 Germany Road haulage, Logistics

55	Wincanton 英国 Wincanton 物流 UK Logistics
56	JB Hunt 美国 JB 亨特运输服务公司 USA Trucking, logistics
57	Hellmann 德国海尔曼全球物流 – 汉宏货运 Germany Freight
58	Swift Transportation 美国转运交通公司 USA Trucking
59	Sirva 美国 Sirva 物流 USA Removals, logistics
60	US Freightways 美国运输 USA Trucking
61	Ingram Micro Logistics 美国英迈物流 USA Logistics
62	Sankyu Inc 日本山九株式会社 Japan Logistics
63	Posten Norway 挪威邮政 Norway Mail
64	EGL 美商恒运国际货运 USA Freight forwarding
65	De Post 比利时邮政 Belgium Mail
66	SCAC SDV 法国 SCAC SDV 货运 France Freight forwarding
67	Ziegler 比利时 Ziegler 货运 Belgium Freight forwarding
68	Sinotrans 中外运 China Logistics
69	Thiel 卢森堡 Thiel 物流 Luxembourg Logistics
70	Correos y Telegrafos 西班牙邮政 Spain Mail, express
71	Bax Global 美国伯灵顿全球 USA Express, logistics
72	Kintetsu Worldwide Express 日本近铁国际货运 Japan Freight
73	Austria Post 奥地利邮政 Austria Mail
74	Hays 英国 Hays 物流 UK Logistics
75	Brazil Post 巴西邮政 Brazil Mail
76	Air France cargo 法航货运 France Air Cargo
77	Post Danmark 丹麦邮政 Denmark Mail
78	Caterpillar Logistics 美国卡特彼勒物流 USA Logistics
79	Hitachi Transport System Ltd 日立物流 Japan Logistics
80	Fiege 德国飞格国际通运 Germany Road haulage, freight
81	Landstar Systems Inc 美国 Landstar system 货运 USA Road
82	Korean Air 大韩航空 Korea Air Cargo
83	Stef TFE 法国 STEF TFE 物流 France Logistics
84	Christian Salvesen 英国 Christian Salvesen 物流 UK Logistics
85	Werner Enterprises 美国温拿服务 USA Road freight
86	JAL Cargo 日本货运航空公司 Japan Air Cargo
87	Singapore Airlines 新加坡货运航空公司 Singapore Air Cargo
88	Groupe Cat 法国彼得卡特物流 France Road haulage, logistics
89	Arkansas Best Corp 美国阿肯色货运 USA Trucking
90	Hub Group 美国中心集团 USA Road, rail, air
91	Yang Ming Line 台湾阳明海运 Taiwan Shipping Line

92	Toll Holdings Ltd 澳大利亚 TOLL 物流 Australia Logistics
93	Hub Group 美国中心集团 USA Road freight
94	KLM Cargo 荷兰皇家航空货运 Netherlands Air Cargo
95	Norbert Dentressangle 法国 Norbert Dentressangle 集团 France
96	Senko Co Ltd 日本 Senko 物流 Japan Road, sea, logistics
97	Cathay Pacific 香港国泰航空 Hong Kong Air Cargo
98	Senator Line 德国胜利航运 Germany Shipping, logistics
99	Geologistics 美国智傲物流 USA Freight forwarding
100	Autologic 英国 Autologic 物流 UK Logistics

后记

"十一五"特别是国务院印发《物流业调整和振兴规划》以来，西安市同全国一样，物流业保持较快增长，服务能力显著提升，基础设施条件和政策环境明显改善，现代产业体系初步形成，物流业已成为国民经济的重要组成部分。

由于我国物流产业起步晚，发展不平衡，特别是西安地处西北欠发达地区，与东部沿海城市相比，区域经济发展有一定差距，大型骨干物流企业几乎没有。究其原因除了经济发展相对滞后外，物流行业及从业者新的物流知识不多、思想僵化也是不可忽视的制约因素。

物流概念流入我国以来，其理论基础、名词解释大多来自美、英、日、新西兰等国家不同版本，这些版本不仅不规范、不统一，而且与我国的实际很不相符。加之我国专业教育起点不一、师资力量有限、适合国情的统编教材不多，致使学生参加工作若干年后在企业仍不能发挥很大的作用。

随着"一带一路"建设的迅速兴起，很多新的运输方式和经营理念不断出现，因而也派生出许多新的词汇，使管理者和从业者在工作交往中容易产生误解。西安作为"丝路"的起点城市和现代物流创新发展试点城市，理论创新、体制创新、管理政策创新是做好一切工作的基础。因此，政府管理者和专业工作者联合编纂一部《一带一路物流新词汇》是十分必要的，且迫在眉睫。

为了将这部《词汇》尽快尽好编纂完成，由西安市发改委牵头组建编辑委员会，主要领导和分管领导亲自把关，要求编纂必须要结合物流业发展态势，体现"一带一路"的特点，突出一个"新"字，为企业服务，为从业者知识更新服务。

陕西省物流学会充分发挥自身优势，云集了省内外50多名专家、教授和一线企业家们成立编辑部。制定编写原则、编写重点、编写内容，从而保证《词汇》体现思想性、科学性、先进性和实用性，立足西安充分发挥区域中心作用，积极构建国际化合作新平台。选择词目围绕"一带一路"，重点是陆港、口岸、保税及专业物流，如多式联运、工业品物流、城市配送、冷链物流、农产品物流、航空物流、邮政物流、电子商务等新词汇。经过半年多辛勤的努力，这部《一带一路物流新词汇》终于跟大家见面了。

　　参加编纂的单位和人员以及其承担编写的词目如下：

西安邮电大学：

张鸿教授、山红梅教授、薛蓉娜教授、赵会娟副教授（电子商务、快递、邮政）

朱长征副教授、方静副教授（冷链、专业物流）

周海明副教授（互联网、智慧物流）

西安交通大学：

郝渊晓教授（国际贸易、跨境物流、自贸区物流）

长安大学：

董千里教授（集成物流、供应链）

西北工业大学：

黄辉副教授（仓储、包装、加工、运输、技术装备）

西安理工大学：

苏菊宁教授（精益物流、逆向物流）

陈菊红教授（物流基础、概念）

空军工程大学：

王瑛教授（军事、物流、特殊物流）

西安工程大学：

赵小惠教授（逆向物流）

鞍山钢铁公司：

侯海云　研究员级高级经济师（钢铁物流）

中国航空工业供销西北有限公司：

别家昕、张晓鹏高级工程师（物流信息化）

陕西新北邦高科技开发有限公司：

陈新武高级物流师（物流园区）

中铁第一勘察设计院集团有限公司：
陈希荣高级工程师（铁路运输、配送、多式联运）

陕西省物流学会：
耿铁鹏高级工程师（附录搜集整理）
李忠琳高级物流师（物流企业、企业物流、物流产业）

参加选词、审编及提出修改建议的单位和人员如下：
西安朝华管理科学研究院：
单元庄教授、王随学研究员、贾映谦高级编审

法布劳格物流咨询（北京）有限公司：
张芸研究员

上海物流企业家协会：
范鸿喜会长教授、高级经济师
陈永军副会长高级物流师

湖南省物流与采购联合会：
刘平会长高级经济师

云南省物流学会：
董弋萱会长高级物流师

新疆维吾尔自治区物流学会：
毕殿国秘书长高级工程师

济南大学：
葛金田 教授

中国供应链协会：
符振东副理事长 研究员

中国物流学会：
王继祥副秘书长 高级工程师

西安外事学院：

徐德洪副教授

西安国际港务区：

王柏荀博士后

参加资料收集和文字整理的还有，西安理工大学、青岛理工大学琴岛学院、长安大学、西京学院、空军工程大学、中铁第一勘察设计院集团有限公司（按姓氏拼音字母顺序排列）

陈艳　崔荣洪　韩海强　何宇廷　胡必松　李松芮　吕茂隆　吕颖　满雅文　彭祯梅　秦东方　史苏欣　史文莉　孙赟　孙秀霞　王宁　王智鹏　许贺　杨冬辉　张少博　张义辉　赵永强　郑将矗　郑广昱等

以上这些高等院校、科研机构和物流企业对这部《词汇》的编纂提供了很大的帮助与支持，在此特向他们表示衷心的感谢。在编纂过程中部分词目引用了互联网上发布的相关资料，借此机会也向作者和网站致谢。

由于一带一路物流涉及的专业面很宽、政策性很强，许多词汇都是第一次出现，编纂难度很大。加之时间紧、编纂人员较分散，不易协调，难免会出现不尽如人意之处。读者在阅读过程中，如发现遗漏、谬误之处，欢迎批评指正，以便再版时更正。

编者

2018 年 3 月

图书在版编目（CIP）数据

一带一路物流新词汇 / 西安市发展和改革委员会，
陕西省物流学会编. -- 上海：文汇出版社, 2018.3
ISBN 978-7-5496-2504-8

Ⅰ. ①一… Ⅱ. ①西… ②陕… Ⅲ. ①物流—词汇
Ⅳ. ①F252

中国版本图书馆CIP数据核字(2018)第048176号

一带一路物流新词汇

联合编纂／西安市发展和改革委员会　陕西省物流学会

责任编辑／熊勇
装帧设计／张晋

出版发行／**文匯**出版社(上海市威海路755号　邮编200041)
印刷装订／苏州市越洋印刷有限公司
版次／2018年4月第1版
印次／2018年4月第1次印刷
开本／787×1092　1／16
字数／520千
印张／24.25

ISBN　978-7-5496-2504-8
定价／190.00元